MEINE MISSION

NACH

ABESSINIEN.

Faksimiledruck 1983 der Ausgabe von 1883.

Gedruckt und gebunden bei Brepols S.A., Turnhout, Belgien.
ISBN 9-06-182-759-0

besucht die Oasen von Tuat und Tafilet sowie den noch völlig unerforschten Hohen Atlas. Seine nächste Reise führt ihn 1864 zur Oase In-Salah, die er als zweiter Europäer betritt.

1865 folgt – nach kurzem Aufenthalt in Deutschland – eine weitere Expedition von Tripolis über Mursuk nach Kuka am Tschadsee, wo der Sultan Omar von Bornu ihn gastfreundlich aufnimmt; auf den Flüssen Benue und Niger setzt er die Reise fort, bis er Ende 1867 bei Lagos die Küste des Golfs von Guinea erreicht: Die Durchquerung Nordafrikas von Norden nach Süden ist gelungen und erregt großes Aufsehen.

Ein Jahr später besucht Rohlfs als Begleiter eines englischen Expeditionskorps zum ersten Mal Abessinien. Doch vor allem faszinieren ihn die geheimnisvollen, für jeden Ungläubigen verbotenen Oasenstädte der Sahara. 1873/74 führt er im Auftrag des Khediven von Ägypten eine Expedition durch die Libysche Wüste, bei der er, von zehn deutschen Wissenschaftlern begleitet, nach einem Marsch von 36 Tagen durch wasserloses Gebiet die sagenumwobene Oase Siwa betritt, die alte Kultstätte des Jupiter Ammon. Die Kufra-Oasen, sein nächstes Ziel, erreicht er – nach mehreren Anläufen – erst vier Jahre später; 1879 verläßt er sie, von den habgierigen, fanatischen Bewohnern überfallen und ausgeplündert, und kehrt über Benghasi und Alexandria nach Europa zurück.

Dort gilt er längst als unbestrittener Kenner Afrikas. Und schon im folgenden Jahr begibt er sich im Auftrag des Fürsten Bismarck auf die Reise nach Abessinien, von der er in diesem Buch berichtet. Ein Zwischenspiel folgte: 1885 wurde er zum Generalkonsul in Sansibar ernannt, verließ jedoch bald seinen Amtssitz. 1896 starb er in Rüngsdorf bei Godesberg.

Rohlfs hinterließ ein volles Dutzend veröffentlichter Reiseberichte, erschienen im Zeitraum von 1868 bis 1886. „Meine Mission nach Abessinien“ ist seine vorletzte Veröffentlichung; unserem Faksimiledruck liegt die Erstausgabe von 1883 mit sämtlichen Bildtafeln des Originals zugrunde.

Die Herausgeber

Dieses in wertvolles Leder gebundene Buch ist – wie jeder Band der Reihe „Klassische Reiseberichte“ – eine photographische Reproduktion einer heute nur noch in wenigen Exemplaren erhaltenen frühen Ausgabe, in der Schreibweise und typographische Eigenheiten des Originals gewahrt sind.

KLASSISCHE REISEBERICHTE

Meine Mission nach Abessinien" nimmt im Gesamtwerk des Afrikaforschers Gerhard Rohlfs eine Sonderstellung ein. Das Buch beschreibt seine letzte Reise – die letzte Reise eines Mannes, der mit den Wüsten und Urwäldern, den Oasen und Städten, den Seen und Flüssen von Marokko bis Äthiopien vertraut war wie kaum ein anderer. 1883 erschienen, ist dieses Buch nicht so sehr ein sensationeller Forschungsbericht voll neuer geographischer und ethnologischer Erkundungen als vielmehr ein Dokument des Wiederbegegnens und der gelassenen, geschulten und detaillierten Beobachtung.

Gelassenheit freilich war Rohlfs' Sache im Grunde nicht. Ihn mit berühmten Afrikareisenden wie Heinrich Barth und Gustav Nachtigal in einem Atem zu nennen ist durchaus erlaubt; dennoch unterscheidet er sich zumindest in einer Hinsicht von ihnen. Waren Barth und Nachtigal Forscher, denen es in erster Linie um die Erweiterung und geduldige Sicherung wissenschaftlicher Kenntnisse ging, so war Rohlfs ein Abenteurer, der unter Arabern und Moslems als Araber und Moslem auftrat und in gefährlichen Situationen das Wagnis nicht scheute.

Abenteuerlust prägte sein Leben. 1831 in Vegesack bei Bremen geboren, war er schon als fünfzehnjähriger Gymnasiast durchgebrannt und hatte sich, als man ihn in Holland faßte, bereits als Schiffsjunge anheuern lassen. Mit achtzehn wurde er als Freiwilliger im Krieg gegen Dänemark zum Offizier befördert. Ein kurzes Medizinstudium folgt; nach einem militärischen Zwischenspiel in österreichischen Diensten tritt er 1855 in die französische Fremdenlegion ein und verbringt sechs Jahre in Afrika, in denen er Arabisch lernt und den Koran studiert, bis er sich unentdeckt als Einheimischer unter Einheimischen bewegen kann. 1861 reist er in das für Europäer bisher verschlossene Marokko, wo er zum Generalarzt der Armee des Sultans aufsteigt; 1862 durchstreift er auf eigene Faust unter dem Decknamen Mustafa die marokkanische Wüste und

TIME LIFE BÜCHER

Time-Life Bücher, Amsterdam

JOHANNES, NEGUS NEGESTI VON ABESSINIEN

NACH EINER ZEICHNUNG VON VIGONI.

Titelbild.

MEINE MISSION

NACH

ABESSINIEN.

AUF BEFEHL SR. MAJ. DES DEUTSCHEN KAISERS
IM WINTER 1880/81

UNTERNOMMEN

VON

GERHARD ROHLFS.

MIT ZWANZIG SEPARATBILDERN UND EINER KARTE.

LEIPZIG:
F. A. BROCKHAUS.

1883.

VORWORT.

Das vorliegende Werk enthält in ungeschminkten Worten die Erzählung des von mir während der so schnell ausgeführten Reise nach Abessinien im Winter 1880/81 Erlebten.

Im grossen Ganzen ist das alte Aethiopien ein entdecktes Land zu nennen. Die zahlreichen Reisenden — zuerst Portugiesen, dann Engländer, Franzosen und Deutsche, zu denen in jüngster Zeit auch Italiener sich gesellten — haben bewirkt, dass wir im allgemeinen die Bodengestaltung, den Umfang der Seen, den Verlauf der Flüsse und auch die Höhen der Gebirge Abessiniens mit annähernder Genauigkeit kennen. Ebenso ist die Geologie des Landes hinlänglich erforscht, wenn auch über die mineralogischen Schätze Abessiniens, was ihre Fund- und Lagerstätten anbetrifft, wenig bekannt ist. Wir wissen, dass die Abessinier Eisen bearbeiten, wie das ja andere afrikanische Völker auch thun; wo und wie sie es gewinnen, ist uns aber unbekannt. Wir wissen, dass die Eingeborenen in den südlichsten Theilen des Landes Goldstaub aus dem Flusssande zu waschen verstehen, aber nicht das Wo, noch weniger die eigentlichen Lagerstätten des Goldes, welchen die Flüsse das edle Metall entnehmen. Man behauptet sogar, Steinkohlen kämen in Abessinien vor, aber auch am Tana-See sind die Gegenden der eigentlichen Kohlenschichten nicht näher angegeben worden. In der Flora und Fauna, namentlich unter den kleinern Thieren, dürfte in Abessinien noch manches Neue zu finden sein. Und damit auch diese Reise nicht ganz ohne wissenschaftliche Resultate bliebe, hatte Fürst Bismarck bereitwilligst genehmigt, dass Dr. Stecker, mein Gefährte nach Kufra, mich begleiten dürfe. Mittlerweile hat seine Reise sich zu einer eigenen gestaltet. In diesem Augenblick wissen wir, dass es Dr. Stecker gelungen sei, Abessinien in südlicher Richtung zu verlassen, und dass er vielleicht schon bald an irgendeiner Stelle am Ocean wieder auftauchen werde.

Die dem Buche beigegebenen Bilder entstammen zumeist der Feder Zander's. Herr Zander, dessen persönliche Bekanntschaft ich während der britischen Expedition machte, ein geborener Anhaltiner, kam schon in früher Jugend nach Abessinien, woselbst er den Botaniker Dr. Schimper, zu gleicher Zeit übrigens auch verschiedene deutsche und französische Missionare als Gesellschafter vorfand. Zander besass ein ausgezeichnetes Zeichentalent und hätte bei gehörigem und länger dauerndem Unterricht gewiss Bedeutendes geleistet. Seine vorzüglich ausgeführten Federzeichnungen, welche auf den ersten Blick aussehen wie Radirungen, schickte er ein an den verstorbenen Herzog von Anhalt. Dessen Sohn, Seine Hoheit der jetzt regierende Herzog, stellte mir mit grösster Liberalität sämmtliche Originale zur Vervielfältigung zur Verfügung. Auf den ersten Blick erkennt man, dass Zander vorzüglich begabt war Landschaften wiederzugeben, während seine Figuren geringere Geschicklichkeit verrathen. Durch den Anblick der landschaftlichen Bilder Abessiniens bekommt man aber ein viel klareres Bild von der Zerrissenheit der Natur, als dies durch detaillirte Schilderungen möglich sein würde. So etwas lässt sich nur durch den Griffel wiedergeben. Wie soll man, ohne stets dasselbe oder Aehnliches zu sagen, die Natur eines Landes schildern, welches bei einer Deutschland fast gleichkommenden Ausdehnung so wild und zerrissen ist, dass nirgends ein schiffbarer, nicht einmal ein flössbarer Strom vorkommt?

Zander verstand es auch, die architektonischen Arbeiten der Abessinier und ihre Ornamentik gut wiederzugeben. Was die Baulichkeiten anbetrifft, besonders die in und um Gondar, so haben die Abessinier daran wenig theil: alles ist auf die Portugiesen zurückzuführen. Die so eigenthümlich crenelirten Mauern, die ganze Anordnung der Gebäude, die Bearbeitung des Materials, alles zeugt aufs deutlichste von europäischem Werk. Ausserdem wissen wir das aus der Geschichte.

Original sind die Abessinier durchaus in der Malerei und Ornamentik.[1] Was die letzere anbetrifft, so erinnert die Ausführung ungemein an byzantinische Vorbilder. Und es kann ja auch recht gut zugegeben werden, dass in den ersten Jahrhunderten des Christenthums die Abessinier an den Quellen der übrigen christlichen Kirchen schöpften. Abgetrennt nach dem Chalcedonischen Concil von der Gemeinschaft der übrigen abendländischen und morgenländischen Kirchen — mit Ausnahme der koptischen — waren sie dann auf sich selbst angewiesen und sind fast ganz ohne weitere Entwickelung auf dem einmal erlangten Standpunkt geblieben.[2]

---

[1] Siehe die Tafeln am Schlusse des Buches.

[2] Eine grosse Eigenthümlichkeit entfalteten die Abessinier aber viel später in Behandlung der in Fels gehauenen Bauten. Diese lassen sich an Kühnheit der Ausführung und Besiegung der Schwierigkeiten vollkommen ähnlichen Wunderwerken Asiens und Amerikas an die Seite setzen. Ja viele, z. B. die Wunderkirchen in Lalibala, übertreffen an Ebenmaass und Schönheit manche viel berühmtere Bauten ähnlicher Construction. Nach Lalibala sind wenige Reisende gekommen. Da ich auf meiner diesmaligen Reise weder Lalibala berührte, noch

Dasselbe gilt von der Malerei. Die Abessinier kamen in der Malerei insofern den alten Aegyptern um einen Schritt voraus, als sie ihre Figuren nicht nur im Profil, sondern auch mit dem Gesicht dem Beschauer zugewendet wiedergeben. Ja, sie machen den sonderbaren Unterschied, dass sie sich selbst mit dem vollen Gesicht, ihre Feinde — und stets sind das Mohammedaner — von der Seite wiedergeben. So wird denn auch aus dem beigegebenen Bilde der Schlacht von Gudda-Guddi [1] der Beschauer leicht die Abessinier von den Aegyptern unterscheiden können, wenn er weiss, dass die im Profil Dargestellten stets Ungläubige, dagegen die en face Christen, d. h. Abessinier sind. Natürlich darf man derartige abessinische Leistungen nicht mit unserm künstlerischen Maassstab messen, den Culturhistoriker aber werden sie wegen der Lebhaftigkeit der Auffassung ungemein interessiren.

Kein Volk in Afrika, auch nicht einmal das stets mit dem Abendlande in Berührung gebliebene koptische, kann Derartiges aufweisen, und wenn wir in Deutschland, seit Albrecht Dürer hauptsächlich, so riesenhaft schnelle Fortschritte in der Malerei gemacht haben, so muss man eben bedenken, dass in Abessinien, abgeschlossen wie es nach aussen geblieben ist, bis auf diese Stunde jeder Anstoss fehlte, um neues Leben in die alte Weise hineinzubringen.

Gleich andern halbcivilisirten Völkern leisten die Abessinier Vorzügliches in der Filigranarbeit. Die Mannichfaltigkeit der Blumen, Arabesken, Schnörkelchen, Rosetten etc.,

---

auch sonst Gelegenheit hatte, derartige in den Fels hineingetriebene oder aus einem einzigen riesigen Monolith herausgearbeitete Kirchen zu besuchen, so liegt auch keine Veranlassung vor, hier näher darauf einzugehen. Die sich dafür Interessirenden verweise ich auf Alvarez oder auf meine im Globus und in Petermann's Mittheilungen 1868 veröffentlichten Berichte über Lalibala.

[1] Das sehr grosse Original befindet sich im Besitze des Verfassers.

welche sie in Gold und Silber herzustellen verstehen, ist wahrhaft bewunderungswürdig. Der abgebildete Schild[1], Geschenk des Negus Negesti für den Verfasser, 60 cm im Durchmesser, ist von dickem Büffelleder und aussen mit blauem Sammt überzogen. Die dicken Silberplatten, welche denselben bedecken, sind von wundervollen Gold-Röschen in Filigran bedeckt. Eine jede Rosette könnte einer Dame als Schmuck dienen. Reizend ist auch jener durch zahlreiche Ketten gebildete Halsschmuck, und originell insofern, als die beiden Schliessstellen verschiedene Formen zeigen: die eine stellt eine hohle Rolle dar, welche ein Amulet, zugleich aber auch Moschus aufnehmen kann. Das ebenfalls aus zierlichen Kettchen gebildete Armband sowie namentlich die goldenen Haarnadeln sind von vorzüglicher Arbeit. Letztere haben noch den Vorzug, dass sie sowol vom männlichen wie vom weiblichen Geschlecht getragen werden können. Und die Phantasie der abessinischen Goldschmiede ist so wenig beschränkt, dass man nie eine antrifft, welche wie die andere aussieht; gerade wie im Mittelalter die gothischen Architekten dadurch so grosse Erfolge erzielten, dass sie ihren Bauten durch Anbringung von tausend verschiedenen Verzierungen, trotz des im grossen Ganzen einheitlichen Gepräges, Mannichfaltigkeit zu geben verstanden. Und so haben denn alle abessinischen Filigranarbeiten denselben Charakter, aber nie gleicht eine der andern. Es gibt keine Haarnadel, keinen Halsschmuck, kein Armband, keinen mit Filigran geschmückten Schild, welche genau ein Vorbild hätten. Ueberall Originalität und Verschiedenheit, nirgends Uniformität in der Ausführung.

Die zierliche Strohflechterei[1], die schön gedrechselten Hornbecher, die Thongefässe, die hölzernen Becken, die mit Silber eingelegten Spiesse, sollen nur im Vorbeigehen

---

[1] Siehe die Tafeln am Schlusse des Buches.

genannt werden. In dieser Beziehung stehen übrigens die Abessinier nicht höher als viele innerafrikanische Völker. Erwähnung verdienen indess noch ihre Messingarbeiten. Ein abgebildetes Räuchergefäss aus Messing, wie man es in den Kirchen bei der Messe anwendet, eine Rassel aus eben solchem Metall und gleichfalls beim Messdienst gebräuchlich anstatt der kleinen Glocken, welche die Katholische Kirche vorschreibt, veranschaulichen genugsam, dass auch in der Gürtlerarbeit die Abessinier einen verhältnissmässig hohen Standpunkt einnehmen.

Seit Beendung der Reise vergingen ein Jahr und sechs Monate. Unterdess haben in Aegypten grosse und einschneidende Veränderungen stattgefunden. Das Land der Pharaonen ist der Machtsphäre des britischen Leuen unterstellt worden und dem Sultan der Türken so gut wie verloren. Factisch war ja überdies in den letzten Zeiten, eigentlich seit der Regierung Mehemmed Ali's, Aegypten nur insofern noch dem Sultan unterthan, als es alljährlich so und so viel Tribut zwangsweise zahlte, so und so hohe Bakschische leistete und bei gegebenen Gelegenheiten militärische Hülfe schickte, wenn letzteres von den Westmächten gestattet wurde. Mit der Türkei hat Abessinien direct schon seit langem nichts mehr zu thun gehabt. Man wird sich erinnern, dass die Pforte überdies ihre Hoheitsrechte längs der ganzen Küste des Rothen Meeres an der afrikanischen Seite bis Massaua südwärts an die ägyptische Regierung abtrat. Mit den Eroberungen südwärts von Massaua bis zum Cap Gardafui hat die Türkei nie etwas zu thun gehabt. Geleitet von ehrgeizigen Männern, führte dieselben Aegypten allein aus. Gordon bestreitet sogar den rechtmässigen Besitz. Ebenso verhält es sich mit den sudanischen Eroberungen, welche von Aegypten, obschon es Vasallenmacht ist, unabhängig von der türkischen Regierung gemacht worden sind. Ismaël hätte sogar, als die Pforte ihn auf Befehl der europäischen Mächte absetzte, sagen können: die Herrschaft von Türkisch-Aegypten gebe ich auf, aber das sudanische Aegypten ist von mir erobertes Gebiet. Er hat es nicht gethan. Gegenwärtig beginnt man, dasselbe als einen integrirenden Bestandtheil des ägyptischen Reiches zu betrachten.

Es fragt sich nun, was hat der Negus Negesti von den jetzigen Machthabern Aegyptens, von England, zu erwarten? Soll der Zustand, wie er jetzt ist, ewig dauern? Sollen die Grenzgebiete ewig im Kriegszustande verharren?

Die Sache liegt so: England betrachtete bis zum Hereinziehen Aegyptens in seine Machtsphäre Abessinien und Aegypten als nicht im Kriege miteinander befindlich. Die mangelhafte Kenntniss der abessinischen Zustände in Cairo mochte Sir Mallet bewogen haben, in diesem Sinne nach London zu berichten, trotzdem oft genug von Mordthaten, Ueberfällen, Plünderungen ganzer Ortschaften, ja Brandschatzungen ägyptischer Grenzprovinzen seitens der Abessinier berichtet wurde. Auch die ausdrückliche Versicherung des Negus Negesti, dass er sich stets als mit Aegypten im Kriege befindlich betrachte, konnte das britische Cabinet nicht veranlassen, aus seiner Reserve herauszutreten. Aber damit, dass England jetzt factisch am Nil herrscht, ist die Sache eine ganz andere geworden.

Nach festerer Gestaltung der dortigen Verhältnisse kann es nicht fehlen, dass England eine Stellung zu Abessinien einnehmen muss, welche binnen kurzem die Frage, ob dieses Land selbständig bleiben oder britisch werden soll, zur Entscheidung bringt. Will man Abessinien erhalten, will man dieses Land für die Civilisation der Europäer gewinnen, dann muss man ihm Zugang zum Meere verschaffen. Ohne das gibt es keinen Frieden, ohne das kann sich der abessinische Handel nicht entwickeln, ohne das gibt es keine wahre Cultur. Auf das mehr oder weniger der Küste kommt es dabei nicht an. Auch ist die Zurückgabe von Bogos und Mensa ganz gleichgültig, obschon, und mit Recht, der Negus Negesti dieselbe als einen Ehrenpunkt betrachtet. Aber ein grosses Volk darf nicht vom Meere abgesperrt bleiben, dadurch wird es zum Tode verurtheilt.

Wir hoffen, dass Gordon, dieser grosse Philanthrop, von dem man sagt, dass er in diesem Augenblick auf der englisch-ägyptischen Bühne erscheinen soll und der so grosse Sympathien für das christliche Abessinien hegt, diese Sache endgültig regeln wird. Jetzt heisst es: entweder Abessinien wird britisch, oder vollkommen frei, unabhängig und gelangt in Besitz einer Küste. Ein Drittes gibt es nicht. Denn wenn Aegypten jahrelang einen permanenten Kriegszustand an seiner Grenze dulden konnte, so liegt das in der Natur der ägyptischen Verhältnisse. Was kümmert es die kahiriner Regierung, wenn so und so viele Menschen alljährlich umkommen und ermordet werden, falls man nur seine noch dazu vollkommen unbegründeten Hoheitsrechte aufrecht erhalten kann! Und namentlich, wenn alles dies so weit entfernt von Cairo vor sich geht. Aber solche Zustände wird England nicht dulden. Nach Herstellung fester Zustände in Cairo wird auch Abessinien endlich zur Ruhe kommen.

Ein Wort über die Karte. Sie wurde zuerst in Petermann's „Geographischen Mittheilungen“ veröffentlicht, und ist speciell von Hassenstein gefertigt, welcher von den vielen Schülern, die Petermann herangebildet, als einer der ausgezeichnetsten bezeichnet werden darf — „ein junger Veteran“, wie Petermann ihn selbst vor nunmehr 20 Jahren nannte. Die Karte enthält nicht nur die eigenen Beobachtungen, sondern alles, was bis 1882 über Abessinien als neu zu vermerken war, ist mit verwerthet worden.

Zum Schluss noch ein Wort über die Schreibweise der abessinischen Namen. Ich habe den Grundsatz befolgt, welcher ja auch noch in diesem Sommer auf dem Allgemeinen Französischen Geographencongress als der allein richtige anerkannt wurde, die Namen so wiederzugeben, und zwar in deutscher Weise, wie ich sie hörte. Dass dabei Irrthümer unterlaufen können, soll nicht geleugnet werden: das Auffangen und Hören der Wörter ist eben eine zu individuelle Sache. Aber wenn ich Aksum oder Uadaï schreibe, habe ich nichts dagegen, wenn der Franzose Aksoum und der Engländer Wadaï schreibt. Als Deutscher aber schreibe ich Abessinien, Aethiopien, Aegypten, nicht Abyssinien, Egypten. Selbst nicht einmal die Italiener würden so knechtisch sein, Abyssinia zu schreiben, sie geben das Wort durch Abissinia wieder. Weshalb sollen wir denn unsere Eigenart aufgeben? Ist die deutsche Literatur über Afrika vielleicht geringer als die der Engländer und Franzosen? Würde es einem Engländer einfallen, uns zu Liebe Abessinien zu schreiben? Verinternationalisirt man sich nicht schon ohnedas genug? Also behalten wir unsere Schreibweise und lassen den übrigen Nationen die ihrige!

Weimar, im December 1882.

G. ROHLFS.

INHALT.

VIERTES KAPITEL.

AUFENTHALT IN HOTUMLU.

FÜNFTES KAPITEL.

DIE SCHWEDISCHE MISSION IN HOTUMLU, DIE FRANZÖSISCHE IN KEREN.

SECHSTES KAPITEL.

AUFSTIEG ZUM ABESSINISCHEN HOCHLAND UND ANKUNFT IN KASEN.

SIEBENTES KAPITEL.

EMPFANG BEIM RAS ALULA UND REISE NACH ADUA.

ACHTES KAPITEL.

VON ADUA NACH SOKOTA.

NEUNTES KAPITEL.

REISE NACH DEBRA TABOR UND BESCHREIBUNG DIESER LANDSCHAFT.

ZEHNTES KAPITEL.

MEINE AUDIENZEN BEIM NEGUS NEGESTI.

DREIZEHNTES KAPITEL.

VON GONDAR NACH AKSUM.

VIERZEHNTES KAPITEL.

AKSUM IM JAHRE 1881.

FUNFZEHNTES KAPITEL.

VON AKSUM NACH MASSAUA.

SECHZEHNTES KAPITEL.

RÜCKREISE.

VERZEICHNISS DER ABBILDUNGEN.

KARTE.

ERSTES KAPITEL.

AUF DEM ROTHEN MEERE.

Verhältnisse in Sues. — Der Dampfer Messina. — Sturm. — Die mohammedanischen Pilger. — Djedda. — Das Grabmal der Mutter Eva. — Suakin. — Herr Braun. — Kapitän Speedy. — Alamayo, nicht der einzige Sohn Theodor's von Abessinien. — Die Gemahlin Theodor's. — Sklavenhandel. — Seit Mehemed Ali Toleranz in Aegypten. — Massaua. — Munzinger. — Ali Risa und Ali ed din. — Herr Tagliabue. — Befestigungen und sonstige Verhältnisse von Massaua. — Die französische Mission. — Klima und Bevölkerung von Massaua.

Sues jetzt und Sues vor 15 Jahren, welch ein Unterschied! Zur Zeit der Erbauung des Kanals, als in Aegypten die Baumwollenerträgnisse, die grossen Unternehmungen des vorigen Chedive gewaltige flüssige Geldmittel in Umlauf brachten, machte sich dies am meisten fühlbar in den Städten am Kanal: Port Said, Sues und Ismailia. Namentlich in Sues herrschten amerikanische, ja fast californische Zustände. Und noch grösseres Leben entwickelte sich in dieser Stadt durch die englische Expedition nach Abessinien, wenn auch nur während eines Winters. Im Winter 1867/68 bot Sues in der That das Bild einer Hafenstadt ersten Ranges. Die Gasthöfe, namentlich das wegen seiner vorzüglichen Einrichtung bekannte Sueshotel, waren derart überfüllt, dass nachts die Gäste in den grossen Sälen campiren mussten; Theater, Ballerinen mit Gagen, so hoch, wie sie auf den ersten Hofbühnen Europas nicht gezahlt wurden, sorgten für Augenweide, während rauschende Concerte das Ohr befriedigten. Aber — gerade wie die Hunderte von Spielhöllen — konnte man die Tempel Terpsichore's und Apollo's nur besuchen mit dem „Revolver" in der Hand. Auf der Rhede aber lag eine Flotte von Kriegsschiffen und Transportdampfern.

Und jetzt? Im Jahre 1881/82? Die Einwohner von Sues vermehrten sich nicht; im Gegentheil, 1867 war die Zahl der Seelen viel bedeutender, aber es gewann eine festere Gestaltung: die Strassen sind vorgezeichnet, die Gebäude nehmen mehr das Aeussere europäischer Häuser an, mit einem Worte, die Stadt erhielt einen mehr gesitteten Zuschnitt. Geld und Revolver herrschen nicht mehr. Der obwol nach Sues benannte Kanal übt doch auf die Stadt geringen Einfluss aus: die Schiffe passiren meist, ohne sich um die Stadt zu kümmern, durch den Kanal, welcher östlich bei Sues vorbeigeht und dann weit südlich davon ins Rothe Meer oder, genauer, in den Busen von Sues ausmündet. Bis zur Mündung geht allerdings die Eisenbahn, welche von Kairo kommt. Und hier, wo der Hafenmeister wohnt und Marineetablissements sich befinden, haben sich denn auch schon Private, namentlich Restaurateure, niedergelassen. Ja, an diesem vorgeschobenen Punkte entstand am 31. Januar 1882 eine Schule und eine neue Stadt: „Port Tewfik". Obschon dieselbe voraussichtlich in nicht langer Zeit eine Stadt mit Sues bilden wird, entfernt sich dadurch das heutige Emporium doch immer mehr von der Lage des einstigen Hafens Arsinoë.

Unserm deutschen Consul verdanke ich folgende neueste statistische Nachrichten über Sues: Was die Einwohnerzahl anbetrifft, so liegt keine officielle Angabe vor. Eine solche lässt sich überhaupt in mohammedanischen Ländern nicht erzielen, selbst nicht in den Ländern des Islam, welche unter europäischer Herrschaft sind. Herr Meyer, der deutsche Consul, schätzt die Gesammtzahl von Sues auf 10000 Seelen. Meiner unmassgeblichen Meinung nach ist diese Annahme viel zu hoch. Die europäische Colonie zählt 600—700 Individuen. Sie besteht hauptsächlich aus Griechen, Engländern, Maltesern, Italienern und Franzosen. Deutschland hat in Sues nur 10 Angehörige.

Sues selbst producirt nicht, dennoch ist Import und Export nicht unbedeutend. Die fürs Rothe Meer bestimmten Waaren kommen in Sues auf der Bahn und dem Kanal, die für Europa bestimmten ausschliesslich zu Wasser an. Ungefähr drei Millionen Francs jährlich werden in Sues in Geld umgesetzt. Die Stadt steht in directer Handelsverbindung mit Djedda, Suakin, Massaua, Hodeida, Marseille, Italien, Syrien, Triest, Bombay, Madras und England. Von Suakin, dem in Beziehung zu Sues meistbegünstigten Platz, wurden 1880 in 11000 Collis 2400 Tonnen importirt, und dahin in ebenso vielen Collis 1200 Tonnen exportirt. Der grösste Export in 30000 Collis zu 3000 Tonnen fand nach Djedda statt, während von Hodeida mit 9400 Collis 840 Tonnen importirt wurden. Triest finden wir mit dem nicht unbedeutenden Posten von 4000 Collis zu 500 Tonnen mit Import und 6000 Collis zu 1200 Tonnen mit Export betheiligt. England weist allerdings nur 500 Collis zu 200 Tonnen Import und 5000 Collis zu 1000 Tonnen Export auf, aber man muss bedenken, dass Sues überhaupt nur Durchgangspunkt ist. Das, was von Europa kommt, geht meistens nach dem Rothen Meere, und umgekehrt. Bombay versorgt das Rothe Meer mit Korn, Madras mit Indigo. Im ganzen belief sich der Import auf 46600 Collis zu 6415 Tonnen, der Export auf 66800 Collis zu 8400 Tonnen. Man bringt nach Sues besonders Häute, Kaffee, Weihrauch,

Wachs, Sennesblätter, Elfenbein, Baumwolle, Sesam, Taback, Perlmutter, Tamarinden, Gummi, Colqual, Indigo, Stoffe, Glassachen, Porzellan, Steingut, Glasperlen, Conserven, Kurzwaaren, Weine, Schnaps, Mehl, Metalle, Essenzen, Seife, Zucker, Kerzen, Schwefel, Petroleum, Korn, Cement, Gewürze, Nahrungsmittel, Papier und Farben.

Im Jahre 1881 beobachtete man im Schatten ein Maximum von $+ 40^{\circ}{}_{4}$, ein Minimum von $+ 4^{\circ}{}_{7}$ C. Die relative Feuchtigkeit betrug 98° Maximum und 12° Minimum. Regen fiel 0,015. Herrschender Wind: Nord. Die Dichtigkeit des Seewassers bei Sues beträgt 1,039 (die des Mittelmeers 1,026) bei + 28° durchschnittlicher Wärme.

Nach Abessinien, wohin die Reise zum zweiten male gehen sollte — der Verfasser begleitete auch die britische Expedition unter Lord Napier — gehen zwei regelmässige Linien: ägyptische Dampfer und italienische der Compagnia Rubattino. Mit dem Worte „regelmässig“ soll aber keineswegs gemeint sein, dass die Schiffe beider Linien am festgesetzten Tage ihre Abfahrtszeit bestimmt innehalten. Das darf man in diesen Gegenden weder von der einen, noch von der andern Gesellschaft erwarten.

Am 6. November 1881 ging ich vormittags an Bord der Messina. Unser freundlicher Consul in Sues, Herr Meyer, hatte uns mit seiner Dampfbarkasse an Bord gebracht, und für lange Zeit zum letzten mal erfreuten wir uns an den prächtigen Farben unserer deutschen Reichsflagge. Obschon in vorgerückter Winterzeit, war es doch ausserordentlich warm und kaum zum Aushalten, zumal bei vollkommener Windstille. Nur die Zelte, welche von vorn nach hinten das ganze Deck beschatteten, gaben etwas Kühlung.

Nichts ist unangenehmer, als plötzlich eintretende Verzögerung in der vorher festgesetzten Abfahrtszeit, fast noch unangenehmer, als wenn man bei der Ankunft in einem Hafen plötzlich erfährt, man sei unter Quarantäne gestellt, auf die man, im Orient wenigstens, immer gefasst sein muss. Nun aber kam auf einmal die Nachricht, wir hätten eine Partie von Java kommender Pilger mit nach Djedda an Bord zu nehmen. Wunderbar genug, wenn man bedenkt, dass der britische Dampfer, welcher diese Gläubigen an Bord hatte, bei Djedda vorbeigefahren war, ohne sie zu landen. Aber wiederum erklärlich durch die Quarantäneverhältnisse. Endlich konnte man den englischen Dampfer am Horizont erspähen. Bald lagen wir Seite an Seite, und die menschliche Waare wurde herüber befördert. Keine angenehme Zugabe! Aber glücklicherweise machte doch keiner unter den Passagieren Anspruch auf die erste Klasse, obschon einige, welche besser, eleganter, aber nicht reinlicher als die Menge gekleidet waren, sich absonderten und auf hübschen Teppichen, von all ihrem Hausgeräth umgeben, eine Sonderstellung einnahmen. Die vollendete Uebersiedelung dieser indischen Kinder hatte denn auch bald die Abfahrt der Messina zur Folge, nachdem man vorher eine italienische *colazione* eingenommen.

Langsam glitten wir dahin, denn auf dem Rothen Meere ist fast immer gutes Wetter. So sagte uns der Kapitän des Schiffes, ein noch junger Herr aus der alten italienischen Seestadt Genua. Schon sein Auftreten erweckte Vertrauen, und sein seemännisches Benehmen wurde aufs glücklichste durch kindliche Gutmüthigkeit — die ja ohnehin den Seemann so gut kleidet — und ausserordentlich liebenswürdiges Benehmen unterstützt. Ueberfüllt war der Dampfer nicht: ein französischer Kapitän mit seiner Gemahlin, der, wie er vorgab, im Auftrage der französischen Regierung nach Abessinien reiste und oft genug betonte, „er sei im Besitze eines *passe-port diplomatique*"; einige Kaufleute aus Suakin und Massaua, griechischer Nationalität; mein Reisegefährte, Dr. Stecker, und meine Wenigkeit.

Angenehm ist eine Fahrt auf dem *Sinus Arabicus*[1] oder *Mare Erythraeum* nicht. Eingeschlossen von zusammenhängenden Gebirgsketten mit einer durchschnittlichen Höhe von ca. 2000 m hindern diese Berge, bei der verhältnissmässig geringen Breite des Rothen Meeres, dass die sich auf der Oberfläche der See ansammelnde Feuchtigkeit aus diesem fast eingeschlossenen Becken herausgetrieben wird. Man darf daher das Vorhandensein einer beständigen Luftschicht oberhalb des Wassers annehmen, vielleicht 100 m hoch oder noch beträchtlich höher, welche fast mit Feuchtigkeit gesättigt ist. Unser zur Beobachtung ausgestelltes Hygrometer zeigte während der ganzen Fahrt nie unter 98° relative Feuchtigkeit. Selbstverständlich sieht man dabei nichts von der Feuchtigkeit, und man beobachtet selten Wolkenformation, noch seltener Nebel auf dem Rothen Meere, aber man ist doch in einer äusserst feuchten Luft. Man kann sich einen Begriff davon machen, wenn man sich in Gedanken in ein Gewächshaus mit tropischen Pflanzen versetzt, wo man ja ebenfalls die feuchte Luft durchaus nicht „sieht“, aber die Anwesenheit derselben desto nachdrücklicher auf der Haut verspürt. Und um so unangenehmer empfindet man diese feuchte Luft, wenn sich mit derselben eine beständige Wärme verbindet, die fast den heissesten Gegenden inmitten der Sahara an Stärke nichts nachgibt. Wie gross übrigens allerorts die Wärme des Rothen Meeres ist, und zwar im Winter, dafür genügt die allerdings nur durch früher gemachte Messungen bestätigte Thatsache, dass man stets Badewannentemperatur, nie unter + 28° C. hat.

Verführt durch die bei Herstellung der Karten ausser-

---

[1] Der Golf von Sues hatte bei den Alten speciell den Namen *Sinus Heroopolites*, während der östliche, jetzt Akaba-Busen genannte Arm *Sinus Aelaniticus* hiess.

europäischer Länder angewandten kleinern Maassstabe, denkt man sich gewöhnlich das Rothe Meer nicht so lang und nicht so breit, wie es in der That ist. Von Sues bis zur Mandeb - Strasse[1] ist dasselbe fast dreimal so lang als das Adriatische Meer, von Triest bis Brindisi gerechnet. Und einmal aus dem Busen von Sues heraus und weiter fahrend auf hoher See, kann man, wenn der Dampfer in der Mitte[2] sich hält, nirgends die doch keineswegs niedrigen Bergketten sehen, welche auf beiden Seiten das Rothe Meer begrenzen.

Dazu kommt, dass die guten englischen, französischen und deutschen Dampfer, welche das Meer von Sues bis Aden, also in seiner ganzen Länge durchmessen, sehr schnell fahren und diese ganze Strecke in etwa vier Tagen und Nächten vollenden, dass aber die ägyptischen und italienischen Dampfschiffe, welche nebenbei die am Rothen Meere gelegenen Häfen besuchen, mindestens die doppelte Zeit gebrauchen, um nur nach Massaua zu kommen. Eine entsetzliche Fahrt, bei der man fortwährend wie in einem türkischen Dampfbad sich befindet.

An Bequemlichkeit, an guter Verpflegung, an Reinlichkeit war auf der Messina auch kein Ueberfluss. Zum Glück hatte ich mir, was überhaupt jedem Reisenden anzurathen ist, meinen eigenen Lehnstuhl mit an Bord genommen. Die stets nach italienischer Art zubereitete Kost war gut für den, der italienische Küche liebt, bei welcher Oel statt Butter zu den Speisen genommen wird, welche Fett erfordern. Glücklicherweise war ich in dieser Beziehung nicht voreingenommen. Auch der Schmuz hatte nichts Befremdliches für mich, woran man sich ja über-

---

[1] Ueber 2000 km beträgt diese Länge.

[2] Die grösste Breite, unter dem 16. Grad nördl. Br., beträgt über 350 km.

haupt gewöhnen muss, sobald man afrikanischen Boden betritt oder afrikanische Gewässer befährt. Nur war es in den Privatkajüten — Dr. Stecker und ich besassen eine gemeinschaftlich — wegen der zu grossen Hitze und der mephitischen Dünste nicht zum Aushalten. Das Ausgusswasser aus der Cabine des Schiffsarztes lief in unsere Kajüte hinein! Niemand dachte an Ausbesserung, auf die sich wahrscheinlich auch niemand verstand. Aber alles das, die grosse Hitze, die scheusslichen Ausdünstungen, das oft genug unappetitlich aussehende Essen waren doch nur Kleinigkeiten, welche man wol bemerkte, über die man sich aber nicht zu ärgern brauchte.

Nachts schlief man auf Deck, wie das überhaupt auf allen Dampfern, welche das Rothe Meer befahren, Sitte ist. Passagiere und Mannschaft, Herren und Damen, Jung und Alt — jeder liess sich seine Matratze herauftragen, und unter leichtester Decke gab man sich allabendlich dem süssen Zustand hin, wo man die kleinen irdischen Unannehmlichkeiten vergisst.

„Auf dem Rothen Meere ist stets gutes Wetter“, wiederholte oft genug unser braver Kapitän, der nach französischer Sitte sich gern „Commandant“ nennen hörte. „Sturm ist auf dem Rothen Meere unbekannt, ich fahre seit einem Jahre auf und ab und habe noch nicht nöthig gehabt, auch nur ein einziges mal das Sonnenzelt einreffen zu lassen.“ — Aber es sollte doch einmal geschehen.

Allabendlich hatten wir übrigens, seitdem wir Sues verlassen, vor uns im Süden starke Wolkenbildung und glänzendes Wetterleuchten gesehen, aber die Wolken hielten sich immer weit entfernt unter dem Horizont, und das Wetterleuchten war der Widerschein meilenweit entfernter Blitze. Aber am 10. Nov. kamen wir in die Zone der Wolkenbildung, und das fürchterliche Wetter, welches über und unter uns tobte — an dem nämlichen Tage fand das Erdbeben von Agram statt, und auch in Massaua verspürte man Erschütterungen — gehörte vielleicht zu den entsetzlichsten, das man auf hoher See erlebte. Da das Wetter nach Sonnenuntergang schon anfing bedenklich zu werden, begaben sich alle Passagiere unter Deck; ich selbst hatte mich gegen 11 Uhr abends aufs Sofa im Salon ausgestreckt und glaubte, dass das Gewitter, in welchem wir uns thatsächlich seit mehreren Stunden befanden, ohne besondere Ausschreitungen vorübergehen würde.

Der Regen war bis dahin mässig gewesen, die Luft angenehm, der Wind unbedeutend, nur die kolossale Menge der elektrischen Schläge, wenn auch nicht überlaut, doch durch ihre Häufigkeit auffallend. Und dies steigerte sich derart, dass bald der ganze Himmel wie ein Flammenmeer erschien, denn nun folgte nicht ein Blitz dem andern, sondern es war ein Zusammenrinnen unzähliger Zuckungen. Da, gleich nach 11 Uhr, erfolgte ein Schlag von so grosser Heftigkeit, dass man sogleich wusste, man sei im Mittelpunkte des Gewitters. Zugleich schlug der Regen heftiger herunter, und wenn der Wind sich auch nicht zum Sturm steigerte, so bearbeitete er doch mit so unregelmässigen Stössen den Dampfer, dass die Lage des Schiffes um so gefährlicher erschien, als der Capitano noch immer schlief und das Sonnenzelt anfing sich loszureissen. Endlich erschien er. „Alle Mann auf Deck!“ wurde gepfiffen, und trotz der Böen und Wellen, welche anfingen über Bord zu stürzen, wurde das Zelt bald gerefft und damit eine Gefahr beseitigt. Die Wuth der Elemente hatte sich aber so gesteigert, dass auch das Wasser Feuer zu sein schien. Nach dem Sturm, ich muss das besonders betonen, bestand ringsum das Meer aus nichts als Schaum und Gischt, noch weisser gemacht durch die unaufhörlichen elektrischen Entladungen. Wir waren natürlich wieder auf Deck gegangen. Plötzlich rief Hubmer: „Bemerken Sie die blaue Flamme oben auf dem Mastbaum?" — In der That zeigte sich oben während mehrerer Minuten eine 0,1 m lange blaue Flamme. So plötzlich, wie sie gekommen, verschwand sie. Das alles dauerte bis gegen 4 Uhr morgens. Als ich gegen 7 Uhr auf Deck kam, zeigte sich das Schiff ganz normal, das Meer war vollständig glatt, die Sonne brannte wie zuvor, und auch die allgemeinen Verhältnisse der Atmosphäre hatten keine Veränderung, keine Abkühlung erlitten. Das Thermometer wies um 9 Uhr morgens schon + 29° im Schatten.

Ich bin weit davon entfernt, eine Beschreibung des Rothen Meeres geben zu wollen, dieser alten, seit Eröffnung des Kanals zu neuem Leben erwachten Heeres- und Handelsstrasse, deren Frequenz sich fast mit der des „Broadway", der „Friedrichsstrasse", des „Strand" vergleichen lässt, wenn anders ein solcher Vergleich zulässig ist. Auch will ich hier nicht untersuchen, warum das Meer das „Rothe" genannt wird. Seit Plinius und andern alten Naturforschern und Geographen ist diese Frage noch so oft aufgeworfen, erörtert und beantwortet worden, ohne jedoch zum Abschluss gekommen zu sein, dass ich als einfacher Passagier, denn weiter war ich doch nichts, mir nicht gestatte, zu den vielen Hypothesen eine neue hinzuzufügen. Auch die, welche der Commandant der Messina aufstellte: der Name sei deshalb gegeben, weil man sehr oft grossen Inseln abgestorbenen Seegrases von röthlicher Farbe begegne, Inseln, welche manchmal meilengross, zuweilen länglich, dann wieder hufeisenförmig seien, verdient weiter keine Beachtung. Neu ist sie überdies nicht. Im Kapitän der Messina hatte ich übrigens einen Herrn gefunden, dem ich noch zu Dank verpflichtet war für die liebenswürdigen Gefälligkeiten, welche derselbe meiner Frau erwies, als sie in Gemeinschaft mit der Familie des italienischen Generalconsuls Marquis Goyzuetta Tripolis verliess, um nach Europa zurückzukehren.

Welchen Gefahren übrigens die mohammedanischen Pilger ausgesetzt sind auf ihren langen Wanderfahrten, davon gibt folgende mir vom Kapitän mitgetheilte Thatsache den Beleg. „Denken Sie sich", hub er an, „da tritt gestern ein Grieche, welcher diese Menschenfracht vermittelt und der ganzen Pilgergesellschaft als Agent dient, an mich heran mit den Worten: «Wir könnten ein Geschäft machen, Commandant.» — „Wie so?" — «Geben Sie mir die Erklärung, dass Sie nur nach Yanbo[1] führen, und die Sache ist gemacht. Ich theile das dem Schich der Pilger mit, und Sie werden finden, dass er sich auf der Stelle bereit erklärt, für jeden Pilger 10 Thaler mehr zu zahlen, als für die Fahrt nach Djedda ausbedungen ist. Mit diesen mohammedanischen Hunden braucht man es ja so genau nicht zu nehmen. Eine Entdeckung ist nicht zu fürchten; unter diesen verdammten Halbmondsanbetern versteht kein einziger eine europäische Sprache, und schriftlich wird ja nichts abgemacht zwischen uns und ihnen. Für mich würde ich mit einigen hundert Thalern zufrieden sein, der ganze Rest ist für Sie, Commandant.» — Ich erwiderte dem griechischen Lump kurz, ich sei von Rubattino angewiesen, direct nach Djedda zu fahren, und drehte ihm den Rücken. — Sie staunen", setzte er hinzu, „dass ich diesem saubern Agenten keinen Fusstritt gegeben habe, aber man muss Scenen an Bord vermeiden, und bei der Concurrenz, welche zwischen den

[1] Die Pilger waren nach Djedda verfrachtet und mussten dort eintreffen, um die am bestimmten Tage stattfindende Besteigung des Berges Arafat und das damit verbundene Opfer ausführen zu können. Hätte man sie bei Yanbo, das ca. 400 km nördlich von Djedda und noch weiter von Mekka gelegen ist, gelandet, dann wären sie viel zu spät gekommen, ihre weite Pilgerreise von Java wäre also vollkommen umsonst gewesen. Um nun ein Ausschiffen in Yanbo zu verhindern, würden sie sich zu jedem Opfer bereit erklärt haben.

verschiedenen Linien herrscht, muss man oft genug Bosheiten und Ungerechtigkeiten stillschweigend ertragen, um die Fracht für die Zukunft nicht zu verlieren.“ — Aber man sieht hieraus, welchen Gefahren die Pilger ausgesetzt sind, seitdem Speculanten sich der Beförderung derselben bemächtigt haben. Vom culturellen Standpunkt aus sollte man ja eigentlich nur wünschen, dass die Pilgerreisen nach Mekka, Lourdes, Allahabad, Kevelaer, Kerbelah, Jerusalem, Rom und wie alle andern Städte und Ortschaften heissen mögen, aufhörten. Nutzen und Segen für die Menschheit haben sie nicht gehabt, erweislichermassen sind sie aber oft genug Ursache verheerender Krankheiten gewesen, Krankheiten, welche nicht nur sich auf die Pilgerkreise beschränkten, sondern mittels derselben auch der übrigen Menschheit Verderben brachten. Aber was ist zu machen gegen Gewohnheit und Gewinnsucht? Nur Aufklärung kann hier helfen, und schliesslich muss man sich mit dem Gedanken trösten, dass trotz des erleichterten Verkehrs, trotz des viel billigern Reisens das Pilgern zu obengenannten und andern religiösen Sammelplätzen stets mehr abnimmt. Statistisch lässt sich das nachweisen. Eines Tages werden sich statt der verschiedenen Völker, die den Islam bekennen, in Mekka auch die Anthropologen versammeln, und wir zweifeln gar nicht, dass dies, wennschon erst in unabsehbarer Ferne, geschehen wird. Hätte im Anfang dieses Jahrhunderts ein christlicher Europäer auch nur irgendeine Moschee der Gläubigen betreten können? Seit dreissig Jahren besuchen die Europäer, ohne belästigt zu werden, die Moscheen Kairos, und eine der heiligsten Bethallen der Mohammedaner Nordafrikas, die grosse Moschee von Kairuan, ist jetzt einem jeden geöffnet.

Endlich kamen die hohen Berge Arabiens in Sicht. Ich war enttäuscht, aber angenehm. Ich hatte mir die arabische Bergkette nicht so hoch und malerisch vorgestellt, und nun zeichneten sie sich immer klarer am durchsichtigen Himmel ab. Die zackigen, wunderbar wilden Zerklüftungen wurden schon dem blossen Auge sichtbar und, wenn auch baumlos, konnte doch die Küste hinsichtlich der Bergformen in jeder Beziehung mit der süditalienischen einen Vergleich aushalten. Bald lag Djedda vor uns.

Wer zum ersten mal aus den grossen Culturländern Deutschland, England, Frankreich u. s. w. nach dem Süden kommt, wundert sich über die lärmende Zudringlichkeit der Fachini von Genua, über das Geschrei der Lazzaroni Neapels oder, wer gar nach Nordafrika kommt, über die Handgreiflichkeiten der Araber und Neger, der Fellachen und Berberiner in Alexandria, Port Said u. s. w. Es scheint aber, dass mit der Glut der Sonne sich die Heissblütigkeit der Bewohner steigert. Und Djedda liegt schon südlich vom Krebs!

So war denn unser Dampfer, sobald das Herabhissen der gelben Flagge das Zeichen zur *libera pratica* gegeben hatte, sofort auch von grossen und kleinen Booten umschwärmt, und bald wimmelte es auf Deck von stämmigen Maschobsträgern schwarzer, brauner, gelber und weisser Hautfarbe. Welch ein Gewirr, welch ein Durcheinander! Zum Glück war ihnen, wie den Javanesen, welche sich mit uns an Bord befanden, das Hinterdeck zu betreten verboten, und von der Brücke des Dampfers konnte man in Ruhe und ohne belästigt zu werden dem Entwirren des menschlichen Knäuels beiwohnen. Wie das vor sich ging, spottet jeder Beschreibung. Das Durchhauen des Gordischen Knotens konnte nicht schneller von statten gehen.

Hatten sie sich verständigt, war irgendeine Uebereinkunft geschlossen zwischen den Pilgern und den Bootsbesitzern? War überhaupt in der kurzen Zeit eine Verständigung möglich gewesen? So meine Frage. Aber beantwortet, praktisch wenigstens, wurde sie erst, als ich ans Land ging und dort wahrnahm, dass die Javanesen noch am selben Abend mit ihren Habseligkeiten der heiligen Kaaba in Mekka zupilgerten. Aber jetzt flogen Koffer und Kisten über Bord, Töpfe aus Steingut zerbrachen vor ihrer Ankunft in der Jolle, Säcke mit Reis barsten und vermischten ihren körnigen Inhalt mit der Ghee (flüssige Butter, wie solche fast ausschliesslich in Indien im Gebrauch ist) am Boden des Bootes. Dazwischen flogen vom Dampfer herab Sonnenschirme, Fächer aus Bambus, Vogelbauer mit lebendigem Inhalt aus der Papagaienwelt, Packete mit Kleidungsstücken, lose Kleider, Turbane, Teppiche, Decken und Matratzen. Die armen Asiaten hatten gut jammern, schreien, fluchen, sich sträuben — es half nichts. Drohen und schlagen richtete erst recht nichts aus. Was wollten die Schwächlinge machen gegen die muskulösen Hafenamphibien Djeddas? Stets wurden sie zurückgetrieben. Und als endlich alles Leblose und verschiedene den Pilgern gehörige Thiere vom Dampfer auf wunderbar schnelle Weise in die Leichterschiffe befördert worden waren, kamen sie selbst an die Reihe. Und fast ebenso schnell spedirte man sie über Bord. Was kümmerte es die rohen Leute, ob die Pilger gerade in die Jolle kamen, welche ihr Privateigenthum barg, wenn jeder der erstern nur eine rechte grosse Zahl der Gläubigen erhaschte: der Bezahlung wegen.

Um die Hunderte von Pilgern nebst allem Gepäck abzuladen, war kaum eine halbe Stunde verflossen. Wir selber mietheten nun auch ein Boot, um zur Stadt zu fahren. Mir lag besonders daran, einen Brief auf die Post zu geben. War aber eine solche in Djedda? Es lagen noch verschiedene grosse Dampfer auf der Rhede, Consulate sind in Djedda vorhanden, und das englische und holländische (dies wegen der indischen Pilger) sogar bezahlte Consulate. Also eine Post muss da sein. Es war mittags, das Amtszimmer geschlossen, ein Briefkasten nicht vorhanden, aber einer der Unterbeamten, welcher in einer Veranda seinen Kef abhielt, belehrte uns, wir sollten nur getrost den Brief und was immer — Briefmarken hatten wir von Aegypten mitgenommen — durch einen Spalt im Fenster schieben, es würde schon besorgt werden. Meine Briefe, wie ich später erfuhr, sind denn auch in der That alle gut übergekommen. Die Post ist nicht türkisch, sondern ägyptisch.

Djedda [1], altes Grossmütterchen, ich hatte gar nicht vermuthet, eine so stattliche Stadt in dir zu finden! Vom Landungsplatz führt gleich eine verhältnissmässig breite Strasse, mit zahlreichen Restaurants, türkischen Kaffeehäusern und Schnapskneipen eingerahmt, in das Innere der Stadt. Die Schnapsverkäufer, welche auch schlechtes und gutes Bier (deutsches von Dreher oder Puntingham) verkaufen, sind alle griechischer Nationalität. Grosse ansehnliche, mehrstockige, blendend weisse Gebäude überragen überall die Strassen, von denen die hauptsächlichsten, namentlich die, welche die Bazare bilden, mit Bretern, auch wol Zweigen, zum Schutz gegen die glühenden Sonnenstrahlen überdeckt sind. Nirgends in der mohammedanischen Welt gibt es so schöne und kunstvoll geschnitzte Muscharabiehn als in Djedda. Die Kunst, schöne durchbrochene Holzgitter herzustellen, hat sich von Syrien und Aegypten nach Arabien geflüchtet. Denn in den Städten der erstern beiden Länder existirt sie nicht mehr. In den Ländern des Islam, welche jetzt mit den Abendländern in so innigem Verkehr stehen, braucht man sie nicht mehr: man baut europäisch, man kleidet sich europäisch, und kaum verschleiern sich die Mislemate noch, jedenfalls nicht mehr, als es bei uns die europäischen Damen thun, um

---

[1] Djedda heisst auf Deutsch Grossmutter und, eigentlich Medina el Djedda, Stadt der Grossmutter oder Ahne, hat sie diesen Namen erhalten wegen des dort befindlichen Grabmals der Eva.

ihre Reizlosigkeit dem forschenden Auge zu entziehen. Aber hier in Djedda [1], wo der fanatische Argwohn gegen alles Fränkische noch lodert, werden die Frauen und Jungfrauen noch unter strenger Clausur gehalten, hier so nahe dem Mittelpunkt religiöser Voreingenommenheit, wo Hass und Wuth gegen Andersgläubige die unsinnigsten Pläne aushecken, ist alles noch echt und unverfälscht.

Djedda hat stark zugenommen: es ist der bedeutendste Hafen am Rothen Meere, und nach Aussage und Meinung der dort lebenden Engländer beträgt die Einwohnerzahl jetzt ca. 15000 und in der Pilgerzeit gegen 20000 Seelen. [2]

---

[1] Hier in Djedda wurde am 15. Juni 1858 jenes entsetzliche Blutbad unter Franzosen, Engländern und Griechen seitens der Mohammedaner angerichtet, welchem durch ihre Tapferkeit nur die Frau Emerald, Tochter des französischen Consuls, entging. Unbegreiflicherweise begnügte sich England mit einem dreitägigen Beschiessen der Stadt, während die einzige nachhaltige Strafe die Eroberung Mekkas gewesen wäre und hätte sein müssen. Dass dies nicht geschah, hatte schon zwei Jahre darauf, im Juli 1860, die Metzelei von Damaskus zur Folge, und die Christenmetzeleien in Aegypten 1882 sind nur Folge der blutigen Ausschreitungen von Djedda und Damaskus. Und auch diese ägyptischen sind nicht die letzten! Das einzige Mittel, die Mohammedaner von ihrem religiösen Wahnsinn zu heilen, ist, ihnen praktisch zu beweisen, dass die Welt nicht untergeht, falls irgendeine christliche Macht, wenn auch nur vorübergehend, Mekka und Medina besetzt. Zu zerstören braucht man ja deshalb noch nicht diese altehrwürdigen Städte.

[2] Der niederländische Consul, Herr Kruyt, hatte die Güte, mir brieflich mitzutheilen, dass unter diesen 15000 Einwohnern sich befinden:

Juden	3	
Europäer	70	(einschliesslich 45 Griechen, Malteser, und 5 syrischer Obersten)
Indier	2000	
Türken	1000	
Original-Araber aus Hadramaut	5000	(ein Drittel von ihnen Sklaven)
Araber aus Aegypten und Nordafrika	4000	(ein Drittel von ihnen Sklaven)

Und es liegt, wenn man die statistischen Nachrichten über die Handels- und Schiffahrtsbewegungen untersucht, kein Grund vor, an dieser Annahme zu zweifeln. Aber die Stadt schien wie todt, als läge alles im Grabe. Vollkommen ausgestorben. Nur die am Hafen zurückgebliebenen griechischen Kaufleute brachten noch Leben. Auch hier indess wenig Verkehr. Das eigentliche Volkselement fehlte ganz und gar. Jung und alt, reich und arm, Männer, Frauen und Kinder, befanden sich alle schon seit einigen Tagen in Mekka, in jenem „Harem“ [1] Gottes, das den Ungläubigen

---

Araber aus Hedjas	500
Perser	300
Takruri und Djeberti (befreite Sklaven)	1600
Andere Orientalen	527

Nach Djedda werden jährlich durchschnittlich 4—5000 Sklaven eingeführt. Meistens kommen sie von der gegenüberliegenden afrikanischen Küste zwischen Suakin und Seila. Einige wenige Circassier auch aus Aegypten und der Türkei.

Der Import beträgt jetzt durchschnittlich 10,000000 Maria-Theresienthaler (ca. 40,000000 Mark), der Export 2,500000 Maria-Theresienthaler (ca. 10,000000 Mark).

Es liefen ein in Djedda an Dampfern:

im Jahre	1878:	218	Dampfer zu	194473	Tonnen
„ „	1879:	241	„ „	213295	„
„ „	1880:	328	„ „	295302	„
„ „	1881:	251	„ „	245608	„

an Seglern:

im Jahre	1878:	1018	Segler zu	45070	Tonnen
„ „	1879:	1156	„ „	55932	„
„ „	1880:	1072	„ „	51035	„
„ „	1881:	1033	„ „	44836	„

Deutschland ist leider gar nicht bei diesem nicht unbedeutenden Handel und Verkehr betheiligt. Aber wir hielten es nicht für unangemessen, an dieser Stelle darauf aufmerksam zu machen.

[1] Mekka führt den Namen „Harem“, d. h. „verboten“, weil der Liebling Gottes allen andern, ausser Gläubigen, den Zutritt zu dieser Stadt des Heils verbot. In der That ist auch, seitdem Mohammed sich zum Propheten machte, noch nie ein Jude oder Christ dort gewesen, es sei denn unter der Maske des Islam.

zu betreten bei Todesstrafe verboten ist. Führte sie nun der Gewinn nach irdischen Gütern dahin oder die Aussicht auf die Freuden des himmlischen Paradieses, welche den Rechtgläubigen nach je öftern Pilgerrundreisen in desto erhöhterm Maasse verheissen werden — Mekka hatte magnetisch alle angezogen.

Plan des Friedhofs und Grabmals unserer Mutter Eva.

Nord.

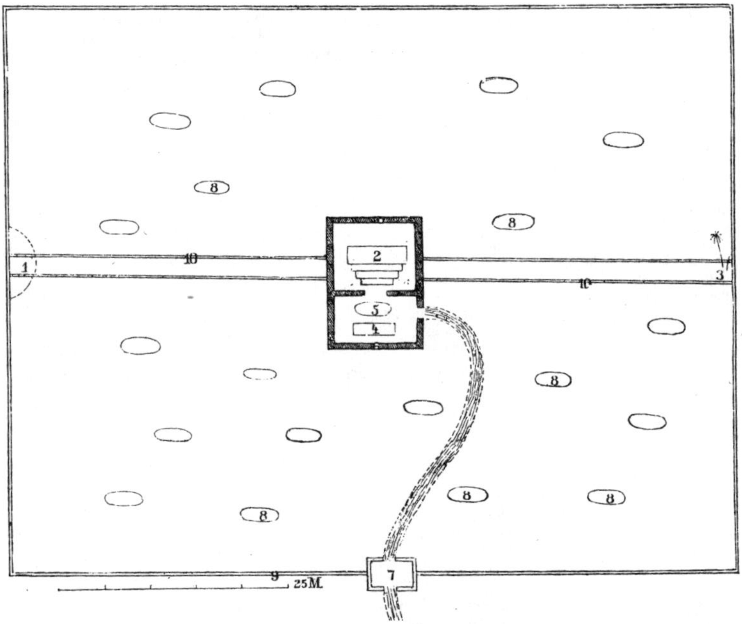

1. Füsse der Eva. 2. Lendengegend der Eva. 3. Kopf der Eva. 4. Grab der Mutter des Sultans Mahmud. 5. Grab eines Schichs. 6. Grabgebäude der Eva. 7. Eingangsgebäude zum Friedhof. 8. Beliebige Gräber. 9. Friedhofsmauer. 10. Mauer, um die Gebeine der Eva zu bezeichnen.

Ein kleiner Bube, den Stecker und ich mietheten, um uns das Grabmal Eva's zu zeigen — die einfachste Pietät erheischte doch den Besuch der irdischen Grabstätte unserer Stammmutter — gab aber wol die richtigste Erklärung für die Abwesenheit der Djeddenser: „Mein Vater hat sich als Kameltreiber verdungen, mein älterer Bruder ebenfalls, mein Oheim ist als Wächter mit, meine Mutter kocht für einen pilgernden Türken und meine Schwester hat sich Soliman, dem Kahiriner, angeheirathet."[1] — „Und du selbst, warum bist du nicht nach Mekka gegangen?" — „Ich bin schon seit langem Hadj"[2], erwiderte der höchstens zwölfjährige Bengel, „und wenn ich um diese Zeit hier bleibe, verdiene ich viel mehr als Führer, da fast alle Frengi das Grabmal unserer gnädigen Frau Haua zu besuchen pflegen und für mich dann immer ein gutes Bakschisch übrig haben." Und das mag wol im Durchschnitt für alle Djedda-Bewohner das Treibende sein. Das Grabmal der Eva liegt in einem etwas höher als 1 m ummauerten Friedhof, ausserhalb der Stadt, nach Norden zu. Unsere Urgrossmutter muss sehr lang gewesen sein, denn der Kopf liegt an der östlichen Mauer und ist durch einige verkrüppelte Palmen angedeutet. Eine niedere und etwas mehr als 1 m breite Steineinfassung bezeichnet die übrige Lage des Körpers, während Bauch und Lendentheile durch ein kleines Gebäude besonders beschützt sind. In diesem Gebäude zeigt ein alter Marabut — gegen ein Bakschisch natürlich — unter bunten Tuchüberwürfen einen hölzernen Sarkophag. Er öffnet auch auf Verlangen — gegen ein Extrabakschisch natürlich — ein kleines Kläppchen in dem hölzernen Sarge. Und auf den Einwurf, dass man nichts bemerke, zündet er eine Kerze an, und — gegen ein abermaliges Extrabakschisch — leuchtet er hinein, um einem das Herz der Eva zu zeigen. Man sieht natürlich nichts. Aber das ist auch selbstverständlich: „ein Ungläubiger ist ja mit Blindheit geschlagen; nur der Moslim vermag das

[1] Ueber die nur auf Zeit geschlossenen Ehen der mohammedanischen Pilger auf ihrer Rundreise lese man das Bezügliche bei Burton, Maltzan und andern Mekkareisenden nach.

[2] Hadj ist bekanntlich der Titel, den die Mekkapilger bekommen, sobald sie alle vorgeschriebenen Handlungen absolvirt haben.

Herz der gnädigen Frau Haua zu erblicken." — Ist das nun nicht ein Wunder? Wagt es angesichts einer solchen Thatsache ein Christ noch zu zweifeln an der Wahrhaftigkeit des Islam? Das westliche Ende der Kirchhofsmauer bezeichnet die Lage der Füsse der Eva, mithin hatte der Körper die achtungswerthe Länge von ca. 100 m. Aber schön muss sie nicht gewesen sein, diese unsere Stammmutter. Denn bei einer so grossen Länge nur etwas breiter als 1 m gewesen zu sein? Man stelle sich im Geiste eine solche Pappel vor: eine wahre Vogelscheuche!

Auf dem Friedhofe liegen auch noch einige andere Mohammedaner begraben, im Gebäude selbst wird sogar das Grabmal der Mutter des Sultans Mahmud des Grossen, wie die Türken ihn nennen, und das eines frommen Schich gezeigt, dessen Namen mir leider entfallen ist. Sollte sich jemand indess dafür besonders interessiren, so könnte sicher eins der Consulate in Djedda Auskunft ertheilen. Vielleicht würde man übrigens nicht weit von der Wahrheit ab sein, wenn man aufs gerathewohl sagte, es liegt dort der Schich „Mohammed" oder „Abdallah" begraben.

Etwas Grün sieht man auch auf dem Kirchhofe, wie auch ausserhalb desselben, namentlich fand ich einige blühende Sennesbüsche. Im allgemeinen macht aber die Abwesenheit von Grün, der Mangel an Süsswasser den Aufenthalt in Djedda zu einem entsetzlich trostlosen, was für die Eingeborenen nur durch die grosse Nähe ihres Sanctuariums — Mekka ist 100 km entfernt — ausgeglichen wird. Hiervon profitiren aber die Europäer nicht, wenigstens geistig nicht.

Nach einigen Erfrischungen bei englischen jungen Kaufleuten, welche uns zuvorkommend einluden, ihr „Home" zu besuchen, gingen wir nach dem Hafen zurück. Und, o Wunder! Die Javaner rüsteten sich in aller Ordnung und Eile zum Aufbruch nach Mekka. Ein jeder hatte seine Siebensachen wiedergefunden. Mochte jenem auch sein ganzer Oelvorrath verloren gegangen, diesem die Hälfte seines Mehls ausgeschüttet, einem dritten seine Essschale zerbrochen, einem vierten der Spiegel in tausend Scherben zerschlagen sein — das liess sich alles leicht verschmerzen. Mekka und die Kaaba winkten ja von fern, und damit war ja schon die Schwelle des Paradieses überschritten. Mochten die Beduinen auch doppelte und dreifache Taxe für die Kamele fordern, denn diese frommen Wüstensöhne wussten ja, dass sie fordern konnten, was sie wollten, da es der letzte Augenblick war, um noch zum Opfer und zum Kaaba-Umgang rechtzeitig einzutreffen — auch das liess sich verschmerzen, denn was bedeutete das Geld im Vergleich zu den in Aussicht stehenden Freuden des Paradieses! Freude glänzte daher auch auf den sonst so ausdruckslosen gelben Gesichtern, und uns, den Frengi, warfen sie verächtliche, mitleidige Blicke zu, als wir unser Boot bestiegen, um zur Messina zurückzufahren.

Wir mussten jetzt nach Suakin hinüber, das auf der andern Seite an der afrikanischen Küste in Süd zu Ost gelegen ist. Die Ueberfahrt war prächtig, die verhältnissmässig kühlen Nächte, durchschnittlich $+ 25°$ C., wirkten äusserst belebend nach des Tages Glut, welche man auszustehen hatte. Die Stadt liegt nicht unmittelbar an der Küste, sondern man gelangt zu ihr mittels eines ca. 1 km langen natürlichen Kanals, kaum breit genug, dass zwei Dampfer ausweichen können. Diese Seeenge läuft in einen Sack aus, und in diesem Wassertümpel liegt auf einer kleinen fast runden Insel Suakin oder, wie einige auch schreiben oder sprechen, Suakim. Mit dem Festlande durch einen Damm verbunden, befindet sich dort gleich der viel bedeutendere Ort Kef. Wenn man die Gesammtbevölkerung beider Orte auf 5000 Seelen veranschlagen darf, so kommt wol auf die eigentliche Insel Suakin kaum mehr als der dritte Theil der Einwohner. Später mehr hierüber.

Hier sind wir aber auf ägyptischem Grund und Boden, wenn auch noch nicht seit langer Zeit, denn erst 1865 wurde die Stadt nebst den andern am Rothen Meere von der Türkei an Aegypten abgetreten. Aber man merkt die ägyptische Herrschaft auch im Schlafe, möchte ich sagen, an der grössern Toleranz. Namentlich unter der Regierung des vorigen Chedive gab es wol kein Land auf der Erde, welches sich grösserer religiöser Duldung erfreute als Aegypten. Während der eigentliche Handel und die Hauptreichthümer Djeddas sich denn auch in den Händen der Eingeborenen, der Mohammedaner, befinden, obschon auch diese jetzt meist mit christlichem oder, wenn man diesen Ausdruck nicht liebt, mit europäischem Gelde arbeiten, liegt der commercielle Schwerpunkt in Suakin bei den Europäern.

Meerwärts am Ufer des Eilandes leuchtete uns ein „Hôtel du Soudan“ entgegen und, da ich ohnedies zur Stadt musste, um ein mir zum Verkauf angebotenes Zelt zu besichtigen, nahm ich dankend die Einladung des Kapitäns an, mit ihm ans Land zu gehen. Die Stadt macht einen freundlichen Eindruck; ein kleiner Markt oder, besser gesagt, Platz, zeigt einige europäische Restaurants, und im gastlichen Hause des Herrn Braun, eines liebenswürdigen Landsmannes, konnten wir eine angenehme Ruhepause machen. Herr Braun, welcher Anfang dieses Jahres vorzüglich unterweisende Aufsätze über die Häfen und Handelsverhältnisse des Rothen Meers schrieb und im berliner „Export“[1] veröffentlichte, liess mir darüber nichts weiter zu sagen übrig. Und ich bin überzeugt, selbst ein Kaufmann, welcher noch länger als Herr Braun in jenen Ge-

[1] Vgl. Jahrgang 1882, Nr. 5, 6 und 7.

genden geweilt hätte, würde kein besseres Urtheil als er abgeben können. Nur gegen Eins möchte ich eine Einwendung erheben.

Herr Braun sagt im „Export“ Nr. 9 vom 28. Februar 1882 in Beziehung auf Colonisation: „Keinem vernünftigen Menschen, welcher die hier besprochenen Gegenden kennt, wird es je einfallen, einer deutschen Colonisation von dieser Seite her nach Afrika hinein das Wort zu reden. Dagegen sprechen folgende Erwägungen: 1. Sämmtliche Plätze des Rothen Meers haben als nächste Umgebung und auf viele Meilen ins Land hinein nur «Wüste» und gänzlich unfruchtbare Gegenden. Aus diesem Grunde würde selbst eine allenfallsige Colonie im Innern wegen der zu grossen Entfernung des nöthigen Schutzes vom Meere her entbehren.“

Wir stimmen im allgemeinen mit Herrn Braun überein, bedauern aber, dass er unsere neuern Literaturerzeugnisse über Cultivation und Colonisation nicht genugsam beachtet hat. Und doch ist gerade in den letzten Jahren ein so reichhaltiges Material[1] in dieser Beziehung veröffentlicht worden, dass man mit entscheidenden Urtheilen sehr zurückhaltend sein sollte. Jedenfalls ist es, so competent Herr Braun in Handels- und kaufmännischen Sachen sein mag, vollkommen irrthümlich, wir bedauern das sagen zu müssen, dass in der Nähe der Städte des Rothen Meers nur „Wüste“ sei. Auch die meisten Reisenden, welche von Massaua aufbrachen, z. B. zuletzt Tagliabue, Matteucci, Vigoni u. s. w., sprechen von „Wüste“ (*deserto*), welche zu durchwandern sei, ehe man das abessinische Hochland erreiche. Aber diese Herren haben ebenso wenig wie Herr Braun die „Wüste“ gesehen, können also gar kein Urtheil, wenigstens aus Erfahrung nicht, darüber abgeben, was man

[1] Namentlich was Afrika anbetrifft, hat Hübbe-Schleiden sich in dieser Beziehung unvergängliche Verdienste erworben.

unter Wüste versteht. Ich frage aber einfach, ob man „Wüste“ die Umgebung von Suakin nennen kann, wo die Botaniker Hunderte verschiedenster Pflanzen einheimsen, welche dort unter den Mimosen wachsen oder im Schatten von Euphorbien gedeihen. Oder wo man, ab und zu wenigstens, Ackerbau treibt und zwar so, dass der Boden durch den Pflug aufgefrischt wird. Oder wo in nächster Nähe beim Tokar- und Ossip-Fluss (Tokar-Gegend, eine Niederung) grosse Baumwollanpflanzungen waren und vorzüglich gediehen? Wenn letztere zu Grunde gingen, ist es sicher nicht in klimatischer Ungunst oder in mangelhaften Bodenverhältnissen zu suchen. Der Grund liegt in ganz andern Dingen. Der Barka schwemmt so viel Wasser jahraus jahrein fort, und die ganzen weiten Ebenen südlich von Suakin sind so mit Feuchtigkeit durchtränkt, dass es selbst mehrere Jahre hintereinander nicht zu regnen braucht, und der Boden bleibt doch feucht. Die Feuchtigkeit des Bodens der weiten Ebene südlich von Suakin ist eben abhängig von dem abessinischen Regen, von den Niederschlägen auf Hamasen, Bogos und Mensa, und dort regnet es alljährlich.

Auch wenn Herr Braun unter 2 und 3 sagt: „Die Völkerstämme seien zur Arbeit und Cultivirung des Landes gänzlich unbrauchbar, und es würde daher ein grosser Aufwand europäischer Arbeitskräfte erforderlich sein“, so ist das nicht ganz zutreffend. Die Hinterlandsbevölkerung am Rothen Meere des afrikanischen Continents treibt Viehzucht und A c k e r b a u. Und namentlich, wenn es unter Umständen gelänge, abessinische Ackerbauer zu gewinnen, würde man die Cultivirung des Landes unter ganz andern Bedingungen beginnen können. Aber, wie gesagt, in allen übrigen Dingen wird jeder die von Herrn Braun mit Klarheit entwickelten Ansichten im „Export“ unterschreiben können; auch wir möchten nach diesen Gegenden namentlich keine

Deutschen locken, welche ihr Vaterland verlassen, um „auszuwandern“. Wer nach den Küsten des Rothen Meers geht und dort von vornherein sein Glück machen will, muss, so scheint es, noch aufgeweckter sein als die, welche es in Amerika, in Australien und Indien versuchen, aber, wie Herr Braun ganz richtig sagt, es ist Platz für jedermann dort und noch viele ungehobene Schätze sind zu gewinnen.

Mein Weg, um das vorhin erwähnte Zelt zu kaufen, führte mich durch das recht belebte Kef nach ausserhalb, wo eine halbe Stunde oder ca. 3 km entfernt ein Grieche eine recht hübsche Farm besass. Als alte Bekannte begrüssten wir die Calotropis procera, verschiedene Mimosen, und die nach allen Seiten (Wüste!) reichlich bestandene Landschaft wurde abgeschlossen durch eine Alpenlandschaft, welche in ihrer Grossartigkeit schon ganz an Abessinien erinnerte. Namentlich mein Begleiter, Dr. Stecker, schwelgte in Entzücken, denn im Handumdrehen konnte er eine schöne Ausbeute an Coleopteren, besonders grossen Buprestiden und reizenden Cetonien, welche hier auf den Akazien und Calotropis vorkamen, sammeln, ebenso einige Spinnen und eine sehr häufige, von den Blättern der Calotropis procera sich nährende buntgescheckte grosse Accidide.

Als wir abends durch die lange Strasse von Kef zurückkehrten, sahen wir dieselbe von stolzen Nubiern bevölkert, welche gravitätisch daherschreitend, in ihrem dicken, wulstigen, schwarzen Lockenhaar mit der langen hölzernen Spindel geschmückt waren. Hadendoa und Beschari erinnern im Aeussern und in ihrem Auftreten schon stark an die Abessinier, mit denen in frühern Zeiten auch wol ein innigerer Zusammenhang bestand, welcher durch die später eintretende Verschiedenartigkeit der Religion immer mehr abnahm.

Von Suakin führt eine der Hauptstrassen nach dem Innern von Afrika. Graf Krokow, Schweinfurth, Junker und verschiedene andere haben sie durchmessen, ja, nicht lange ist es her, als man ernstlich daran dachte, von hier eine Eisenbahnlinie ins Innere zu legen. Tags vorher war noch einer unserer alten Bekannten von Kassala oder doch aus der dortigen Gegend gekommen: Kapitän Speedy. Derselbe lebte vor Jahren längere Zeit in Abessinien, war eine Zeit lang nächst Plowden und Bell Günstling Theodor's gewesen und hatte sich infolge seines langen Aufenthalts in Aethiopien die beiden Hauptsprachen des Landes: Amharisch und Tigrisch, vollkommen zu eigen gemacht. In seinem Drange nach Abenteuern besuchte er, nachdem er sich mit dem Negus entzweit, Neuseeland, durchstreifte verschiedene andere britische Colonien und traf während des englischen Feldzugs wieder in Abessinien ein, um dem Oberstcommandirenden, Lord Napier, als Dolmetsch zur Seite zu stehen. Nach Beendigung des kurzen, für England aber so ruhmvollen Kriegszugs, wurde Speedy zum Gouverneur des jungen abessinischen Prinzen Alamayo auserwählt.

Was eigentlich die englische Regierung oder vielmehr Lord Napier bewog, den Prinzen Alamayo[1] nach Indien

[1] Alamayo war der einzige Sohn Theodor's, welcher in des Negus Augen Anrecht auf den abessinischen Thron hatte. Er stammte aus der Ehe mit einer Tochter Ubieh's, welche der Negus einst in der Kirche erblickte und zu besitzen wünschte. Ubieh's Tochter, selbst Prinzessin, bestand aber auf kirchlicher Trauung, und Theodor willigte in der That ein. Im Anfang lebten sie sehr glücklich miteinander, aber bald erhoben sich eheliche Streitigkeiten. So betrat eines Tags Theodor den Tokul seiner Frau, als sie gerade die Psalmen David's las. „Weisst du nicht“, sagte er, seine Frau grüssend, „dass du aufstehen musst, wenn ich, der König, mit dir rede?“ — „Ich unterhielt mich mit jemand, der grösser ist als du, mit dem König der Welten, und thue das im Sitzen“, erwiderte sie. Der Negus drehte ihr den Rücken zu und ging fort. Ein anderes mal sprang der Negus wuthentbrannt auf sie los und wollte sie schlagen. „Rühr'

und England zu bringen, wird wol stets ein Geheimniss bleiben. Kaum ist anzunehmen, dass der britische Befehlshaber es that, um den fremden Prinzen nach altrömischer Sitte an seinen Triumphwagen zu spannen. Wie der Erfolg lehrte, beabsichtigte man auch nicht, durch ihn später Einfluss in Abessinien zu gewinnen oder gar ihn selbst auf sein Herrscheramt vorzubereiten. Zudem waren die Rechte Alamayo's auf den abessinischen Thron doch eigentlich höchst zweifelhafter Natur. Kapitän Speedy blieb während sechs Jahren mit dem abessinischen Prinzen zusammen, dem ausserdem anfangs ein abessinischer Deftera beigegeben war, um ihm das Amharische schreiben und lesen zu lehren. Man weiss nicht, weshalb man Speedy die Oberleitung des abessinischen Prinzen nahm. Er selbst, dem ich zum grossen Theil diese Mittheilungen verdanke, wusste mir darüber keine Auskunft zu geben. Alamayo wurde 1874 von Indien, woselbst er bis dahin mit Kapitän Speedy geweilt hatte, nach England gebracht, um dort seine weitere Ausbildung zu erhalten. Die britische Regierung liess ihm in der That eine vollkommen prinzliche Erziehung angedeihen, und namentlich die Königin von England interessirte sich aufs lebhafteste für den äthiopischen Prinzen.

Sofort nach der Trennung von Speedy ergriff den Prinzen Alamayo ein unbesiegbares Heimweh (eigenste Worte des Kapitäns Speedy); er war untröstlich über den Verlust seines Freundes, den ihm seine sterbende Mutter, die Königin Durenesch, aufs wärmste empfahl. Ja, er fasste jetzt

---

mich nicht an! Zurück!" herrschte sie den Negus an. — „Ich bin der König der Könige und schlage und tödte, wen ich will", schnaubte Theodor. — „Nur nicht die Frau des Königs der Könige", erwiderte sie und sah ihn mit blitzenden Augen an. — „Du hast recht", sagte der Negus und liess seine Hand sinken. Durenesch (weisses Gold), so hiess diese bedeutende Frau, starb bekanntlich auf dem Rückzuge der Engländer, welche sie mitgenommen hatten.

einen förmlichen Hass gegen die Engländer, und als er von der unglücklichen Niederlage derselben durch die Zulu hörte, rief er: „Ich wollte, alle Engländer wären vernichtet!“[1] Ein anderes mal schrieb er an Speedy, ob er nicht etwas Geld zusammenbringen könne, um mit ihm zu fliehen, und zwar, wie er vorschlug, zum Negus Johann, dieser würde ihm gewiss den Thron abtreten. Auf einen so unsinnigen Vorschlag konnte sich der ehemalige Gouverneur des Prinzen natürlich nicht einlassen. Speedy erstrebte dann, als er von des Prinzen Krankheit hörte, noch einmal die Wiedererlangung seines alten Amtes, erreichte aber nur, dass er den Prinzen auf vier Wochen besuchen durfte. Als die englischen Aerzte endlich eine unheilbare Schwindsucht bei Prinz Alamayo constatirten, wollte man ihn nach Indien schicken, um ihn dort der Armee einzuverleiben. Aber es war zu spät. Prinz Alamayo starb im Jahre 1879, wie Kapitän Speedy sagt, am gebrochenen Herzen. Heimweh nach seinem afrikanischen Alpenlande tödtete ihn. Alamayo bekam eine prinzliche Bestattung. Auf Befehl der Königin Victoria wurde Speedy telegraphisch herbeigeholt; es war zu spät geworden, er konnte ihn nur noch einige Tage pflegen und dann seiner Beerdigung beiwohnen. So hatte er den Trost, dass der abessinische Prinz sich in den letzten Augenblicken in seiner Muttersprache unterhalten konnte, und dass sein erster Erzieher ihm im letzten Kampfe zur Seite stand.

Kapitän Speedy und sein Begleiter Kapitän Brooks kamen also an Bord. Ersterer hatte ausserdem ein Maulthier und einige Kamele mit sich, welche Thiere ebenfalls die Reise nach Massaua mitmachten. Durch die beiden

---

[1] Ob Prinz Alamayo wirklich diese Aeusserung gethan hat, muss ich dahingestellt sein lassen; Obenstehendes theilte mir Kapitän Speedy am 24. November 1880 mit.

Engländer erhielt unsere Tischgesellschaft eine sehr angenehme Vermehrung, denn Mr. Speedy war ein lebhafter Erzähler, und an Stoff mangelte es ihm nie. Er beabsichtigte, in die angrenzenden Nordländer von Abessinien zu gehen, da das eigentliche Abessinien zu betreten ihm verboten sei. Aus welchem Grunde, konnte ich eigentlich nicht erfahren, denn ich glaube kaum, dass der jetzige Negus Negesti Notiz von ihm nehmen würde.

Wir lagen einen ganzen Tag vor Suakin, keineswegs für uns angenehm, weil bei eintretender Ebbe das Wasser schreckliche Dünste aushauchte. Aber der Fischreichthum ist, wie überall im Rothen Meere, so auch hier ganz unglaublich. Oft sieht man eine durch leicht gekräuselte Wellen angedeutete Wolke sich auf der Seeoberfläche langsam fortbewegen. Man forscht nach der Ursache, man schreibt sie anfangs einer partiellen Brise zu. Aber keineswegs. Es sind Milliarden kleiner stint- oder sardinenartiger Fischchen, 5 cm gross, welche, wie wir später Gelegenheit hatten zu erproben, in Oel gebacken ein vorzügliches Gericht abgeben.

In Suakin gibt es kein Consulat, deshalb sind die dort wohnenden Europäer ganz auf sich selbst angewiesen. Wenn ein solches Verhältniss an der gegenüberliegenden arabischen Küste grosse Gefahren in sich schliesst, so ist das an der ägyptischen nicht zu befürchten.[1] Die Einwohnerzahl wechselt, da die Landbevölkerung, die Hadendaui, theilweise nur vorübergehend, namentlich in den Wintermonaten, dort Wohnung nehmen. Die Bevölkerung auf der Insel selbst kann man auf 1500 Seelen veranschlagen, von diesen waren 1882 ca. 60 Europäer, 20 Araber, 50 ägyptische Beamte, 300 Soldaten und 100 Galerensträflinge.

---

[1] Wenigstens nicht 1881; wie es ein Jahr später sein könnte, war damals nicht vorauszusehen.

Die Vorstadt Kef dürfte im Sommer 3000, im Winter 5000 Einwohner haben, wovon die meisten den Hadendaui angehören. An eigenen Schiffen besitzt Suakin nur einige Sambuk (jene ca. 50 Tonnen haltenden Schiffe mit unverhältnissmässig hohem Hinterdeck und grossem lateinischen Segel). Es kommen durchschnittlich im Monat vier ägyptische und zwei italienische Postdampfer, welche beide Linien Passagiere und Waaren befördern, nach Suakin.

Der Sklavenhandel wird von Suakin aus, namentlich aber von den Küstenpunkten in der Nähe noch immer betrieben. Bestimmte Angaben sind schwer darüber zu erhalten, da die Transporte nachts und so heimlich wie möglich stattfinden. Im Februar 1881 schaffte man von Suakin nach Djedda 65 Sklaven. Ein anderer Transport von 87 Seelen, meistens Kinder beiderlei Geschlechts, wurde im Sommer 1880 durch Militär in den Gebirgen von Singals (zwei Tagereisen von Suakin entfernt) abgefasst und durch die Behörden mit Freiheitsbriefen versehen und an die Bewohner von Suakin, zum Theil aber auch an die von Djedda abgegeben. Natürlich muss der Empfänger solcher Negerkinder eine Bescheinigung ausstellen, keinen Handel mit denselben treiben zu wollen. Halberwachsene oder ausgewachsene Burschen steckt die Regierung unter die Soldaten, während man die halbwüchsigen Mädchen dem ersten besten Soldaten als Frau beigibt.

In Suakin sind fünf Moscheen, zwei davon auf der Insel selbst, drei in Kef. Von Fanatismus weiss die Bevölkerung nichts, wie überhaupt, und wir betonen das noch einmal, unter allen mohammedanischen Ländern die ägyptische Regierung seit Mehemed Ali stets bemüht gewesen ist, religiöse Unterschiede soviel wie möglich durch vollkommenste Unparteilichkeit gegen alle verschiedenen Bekenntnisse zu verwischen.

So dampften wir denn wieder hinaus aufs hohe Meer,

um unsere Schlussfahrt zu machen, denn jetzt hielten wir direct auf Massaua. Immer schwüler und unerträglicher wurde die Wärme, bis endlich der hohe Gedem-Berg als Wahrzeichen der Stadt in Sicht kam. Die Dampfer halten gerade auf ihn los und sind dann sicher, nach Massaua zu gelangen, welches erst viel später am Horizont auftaucht.

Es war schon spät abends geworden, nach Sonnenuntergang, als wir dicht bei der Stadt Anker warfen. Trotz der vorgeschrittenen Zeit wurden noch alle Hafenförmlichkeiten erledigt, und an Bord kamen die Honoratioren der Stadt: der französische Viceconsul Monsieur Raffray, bekannter Naturalist und vor Jahren schon in Abessinien; Hassen Bei, ein Oesterreicher in ägyptischen Diensten; Herr Tagliabue, Italiener; Herr Lucardi, ebenfalls; Herr Habib, der Postdirector; Herr Michel, Zolldirector. Wir hatten die erste Etappe glücklich zurückgelegt, von hier aus begann erst die eigentliche Reise. Welche Erinnerungen aber tauchten in mir auf angesichts Massauas und des mächtigen Gedem-Berges! Vor zwölf Jahren hatte ich schon einmal Massaua besucht, nur auf einen Tag von der Adulis-Bucht aus. Auf meinen Wunsch, die Stadt zu besehen, liess damals der Commandant eines vor Sues liegenden französischen Kanonenbootes dieses heizen, und wir fuhren hinüber. Munzinger hatte mich gebeten, ihm seine Frau, eine Abessinierin, mitzubringen, was ich auch that. Später sah ich ihn noch einmal, als ich zur Ausführung der libyschen Expedition in Kairo eintraf. Kaum hatte ich dort mit meiner Begleitung den Perron betreten, als Munzinger den Zug zur Fortreise benutzte, um als Generalgouverneur der Küste des Rothen Meers den Befehl über ganz Sudan zu übernehmen und den Krieg gegen Abessinien zu organisiren, welcher so verhängnissvoll für die ägyptische Armee und für Munzinger selber werden sollte, da er auf diesem Feldzuge sein Leben verlor.

Massaua, das alte Sabaitikon stoma[1], hatte, seitdem ich es 1868 gesehen, bedeutende Veränderungen erlitten und zwar zu seinen Gunsten. Bei meinem Besuch im genannten Jahre war das einzige Gebäude, welches an europäische Verhältnisse erinnerte, das, welches Munzinger, zu der Zeit englischer und französischer Consul, bewohnte. Selbst das ehemalige Haus des Gouverneurs, sowie das des frühern Consuls Plowden konnte nicht als anständig bezeichnet werden. Jetzt aber hat man eine ganze Reihe relativ vorzüglicher Wohnungen gewonnen. Herr Raffray z. B. wohnt ganz gut, und das Gebäude des frühern Gouverneurs war ebenfalls für einen einheimischen Beamten vollkommen ausreichend. Besonders hübsch und elegant nahm sich das Massaua gegenüber aufgebaute Schloss aus, dermalen Chedivialisches Palais genannt, welches aber seinerzeit Arakel Bei für sich als Amtswohnung hatte errichten lassen.

Diesen ersten Eindruck erhielt ich sofort, als ich am folgenden Morgen Ali Risa, dem Generalgouverneur der Provinzen am Rothen Meere, meine Aufwartung machte und sodann Ali ed Din, den Gouverneur von Massaua, besuchte. Ersterer war mit einem eigenen Dampfer der Regierung gekommen und beabsichtigte nach Seila zu fahren. Ein gebildeter Herr, eigentlich seines Faches Architekt, sprach er fliessend Französisch und hatte sich auch sonst durchaus europäische Manieren angeeignet. Ali ed Din, von Haus aus tscherkessischer Sklave, verdankte andern mir nicht bekannten Umständen seinen hohen Posten. Beide Herren waren übrigens sehr freundlich und zuvorkommend. Man schickte gleich eine Ehrenwache, wie es überdies mir als türkischem Bei und dann speciell als Gesandten Sr. Maj. des Deutschen Kaisers zukam.

---

[1] Auch Sebastrium-os genannt.

Darauf wurden die Zollangelegenheiten geordnet, was gerade nicht sehr glatt abging. Freilich hatte ich dreissig Kisten und Koffer, und anfangs bestand der französische Director durchaus auf Durchsicht meines Gepäcks, bis er sich endlich durch den Platzgouverneur überzeugen liess, dass die von Kairo aus meinerseits gegebenen Befehle genau einzuhalten wären.

Nun war noch die Wohnungsfrage zu erledigen. Am besten wäre es gewesen, gleich hinauszuziehen nach Hotumlu und dort die Zelte aufzuschlagen. Ich hatte ein sehr geräumiges englisches Leinwandhaus, welches früher Speedy besass, gekauft, und in diesem mit doppeltem Dache und allen andern Bequemlichkeiten, wie Badezimmer, Küche u. s. w., versehenen Zelte hätte ich aufs beste wohnen können. Aber es fehlte noch manches andere, namentlich waren noch viele Einkäufe an Waaren, Geschenken und Lebensmitteln zu machen, sodass ich es für rathsam hielt, vorerst in Massaua selbst zu bleiben, und mit Dank das gütige Anerbieten des Herrn Tagliabue, in seine Wohnung zu ziehen, annahm. Der damalige italienische Minister der auswärtigen Angelegenheiten, Herr Cairoli, hatte die Güte gehabt, mir ein Empfehlungsschreiben für ihn mitzugeben. Und möge Herr Tagliabue, dem ich auf andere Weise gar nicht genügend meinen Dank abstatten konnte, an dieser Stelle denselben noch einmal entgegennehmen; er kommt von Herzen. Man bedenke nur, welche Last er sich durch meine Aufnahme in seine allerdings hinlänglich geräumige Wohnung aufbürdete! Und nicht blos um meine Wenigkeit allein handelte es sich, auch Dr. Stecker, Karl Hubmer, und gar bald eine Menge abessinischer Diener mussten untergebracht werden. Dazu die vielen Kisten und Kasten, die vielen Säcke mit Vorräthen, selbst Maulthiere und Hunde, die uns gehörten, füllten bald den Hof des Hauses. Wir speisten gemeinschaftlich mit Herrn Tagliabue und dessen jüngerm Bruder, und auch zu den Ausgaben des Tisches erlaubte uns unser Wirth keinen Beitrag.

Massaua, eine Insel, ist 1 km lang und von ONO. nach WSW. gelegen. Die Breite beträgt an der breitesten Stelle nicht mehr als ca. 250 m. Die Hälfte, und zwar die westliche, ist mit Häusern und Hütten bedeckt, während die östliche Seite auf der äussersten Spitze ein schlechtes Befestigungswerk mit einigen alten Kanonen und einer kleinen Kaserne aufweist. Dicht dabei befindet sich die französische Mission und Kirche. Wie in manchen Gegenden, z. B. in Posen, polnisch und katholisch, deutsch und protestantisch sich decken, so ist im Orient, besonders in Abessinien, französisch und katholisch, englisch und protestantisch ein und derselbe Begriff. Ich werde später noch darauf zuückkommen.

Auf der Insel Massaua, welche jetzt aber keine wirkliche Insel mehr ist, leben höchstens 1500 Einwohner. Zum Theil bestehen diese aus Europäern, besonders Griechen, Banianen, d. h. Ostindiern, in deren Händen sich der hauptsächlichste Handel, namentlich der Handel mit Perlen, concentrirt, und Eingeborenen vom Festlande. Wir besitzen von Massaua so vorzügliche Beschreibungen der neuern und neuesten Zeit [1], dass ich darauf verzichte, irgendetwas Neues über die dortigen Verhältnisse zu bringen.

Auf einige Aenderungen will ich indess in aller Kürze aufmerksam machen. So liess Munzinger, als er noch Generalgouverneur war, die Insel mittels eines festen Dammes mit der nahen Insel Tolhut oder Taulhut verbinden. Bei

[1] Die neueste Literatur dürfte weniger bekannt sein. Aus den vielen hebe ich hervor (abgesehen von der zahlreichen Literatur, welche infolge der britischen Expedition entstand): Girard, „Souvenirs d'un voyage en Abyssinie“ (Kairo 1873); Raffray, „Abyssinie“ (Paris 1880); „Matteucci in Abissinia“ (Mailand 1880); Vigoni, „Abissinia“ (Mailand 1881).

der geringen Tiefe von kaum 1,50 m war damit keine grosse Schwierigkeit verbunden. Grössere Mühe machte schon die Verbindung Tolhuts selbst mit dem Festlande, aber auch das bewerkstelligte Munzinger und vervollständigte diese nützliche Anlage dadurch, dass er ganz im Osten von Hotumlu am obern Flussbett des Mpasi, welcher durch Mkullu und Hotumlu fliesst, eine unterirdische Wasserleitung legte und bis Massaua führte. Da aber bei den Mohammedanern Unterhaltungskosten vollkommen unbekannte Dinge sind, so zerfiel die Wasserleitung nach Munzinger's Ermordung, und jetzt läuft das Wasser nur noch bis Hotumlu.

Auf der Südspitze von Hotumlu hat die ägyptische Regierung ein ziemlich starkes Erdwerk errichtet, dort, wo etwa vor nunmehr funfzig Jahren unser wackerer Landsmann Hemprich begraben sein mag. Hier concentrirt sich überhaupt jetzt das officielle Leben. Denn wenn auch der eigentliche „Divan“ in der Stadt selbst, gegenüber dem Zollbureau, dicht am Hafen gelegen ist, so befindet sich doch hier die Wohnung Ali ed Din's, wo er gleichfalls „Divan“ abhält. Ebenso die Telegraphenanstalt mit dem Staatsschatz. Die eigentliche Garnison von Massaua, ein Bataillon schwarzer, sehr gut uniformirter und vorzüglich (mit Remington) bewaffneter Soldaten, campirte auf Tolhut. Campiren ist eigentlich kaum der richtige und Kaserniren der richtigere Ausdruck, denn die Soldaten sind in geräumigen, mit Strohdächern versehenen Hütten untergebracht, deren Seitenwände aus durcheinandergeflochtenen Zweigen bestehen. Auf diese Weise circulirt die Luft, und die Sonne wird, ebenso wie feuchte Niederschläge, durch das Strohdach abgehalten.

Ein zweites noch stärkeres Fort haben die Aegypter bei Saga in der Nähe von Hotumlu errichtet, es mit Kanonen versehen und dort ebenfalls 1500 Mann untergebracht. Im ganzen stehen also in Massaua, denn auch das Fort von

Saga muss hinzugerechnet werden, ca. 3000 Mann regelmässiger Soldaten. Ausserdem verfügt aber der Gouverneur noch über einige hundert Mann Baschi-Bosuks.

Ich habe über die Zahl der Einwohner des eigentlichen Massaua meine ungefähre Schätzung mitgetheilt. Aber die Ortschaften Hotumlu und Mkullu nebst Saga sind, namentlich jetzt, so innig mit Massaua verwachsen, räumlich so wenig davon getrennt, dass sie eigentlich, wie Kef und Suakin, ein Ganzes bilden. Auf den Karten sieht man immer Mkullu als Ort angegeben, Hotumlu fehlt gewöhnlich. Gerade dieser Ort dürfte aber an Einwohnern, und auch sonst, der wichtigere und bedeutendere sein. Ich schätze Hotumlu auf 1500, Mkullu auf 500 und Saga auf ca. 100 Seelen. Im ganzen dürften also diese Orte, Massaua eingeschlossen, etwa 3500 Seelen haben. Die Verhältnisse des Handels hoben sich insofern etwas, als abessinischerseits der Export zu Lande nach Bogos zu (Suakin) vollständig geschlossen ist. Aber bei dem noch immer herrschenden Kriegszustand zwischen Aegypten und Abessinien sank der Verkehr, das Kommen der Karavanen, der Zufluss von Waaren aus Abessinien auf ein Viertel oder noch weniger herab, im Verhältniss zu dem, was unter normalen Verhältnissen auf den Markt gebracht werden müsste. Wachs, Butter, Häute, Felle, Kaffee, manchmal Getreide ist das Einzige, was die Abessinier bringen, und zwar darf vom Innern her alles nach Massaua gegen einen geringen und, wie ich glaube, etwas willkürlich erhobenen Zoll eingeführt werden. Erst beim Verladen nach auswärts erhebt die Douane eine Abgabe. Unter diesen Umständen leidet die Importation auch, obschon über Massaua Güter eingeführt werden, welche für den localen Consum, sowie für die umliegenden Oerter, z. B. Arkiko, und die jetzt ägyptischen Provinzen Bogos, Mensa nothwendig sind. Ja, selbst manche Waaren gehen von hier nach Kassala und Gedaref. Man importirt ausser den Artikeln für Europäer und ägyptische Beamte (hierher gehören z. B. Möbel und fertige Kleider aller Art, Kochgeschirr, Steingut, kurz alles, was die Europäer brauchen, auch Conserven u. s. w.), Baumwollstoffe, Seidenwaaren, Tuche, Brocatstoffe (diese werden von den Banianen aus Indien eingeführt: höchstwahrscheinlich lyoner Fabrikat; einen merkwürdigen Umweg machen also diese Stoffe, um nach Massaua und Abessinien zu kommen; die in Massaua lebenden Europäer gingen übrigens damit um, sich diese Stoffe direct zu verschaffen) und rothe Garne, welche, früher von England bezogen, jetzt auch Monza in Italien liefert. Ja, es ist den Italienern sogar gelungen, die Nationaltracht der Abessinier, die Schama (ein breites weisses Baumwoll-Umschlagtuch mit rothen breiten Streifen) herzustellen. Aber ich glaube kaum, dass sie damit in Abessinien sich ein grosses Feld erobern werden, da der Preis, drei Maria-Theresienthaler das Stück, für abessinische Verhältnisse zu theuer ist.[1] Auch Wein, Liqueure, schlechter Schnaps, Bier, Petroleum, Oel wird importirt, von diesen aber nur der Schnaps und nur in geringen Mengen weiter befördert. Deutsche Waaren kommen gar nicht auf den Markt, denn selbst das Bier ist österreichisch. Mit den griechischen Kramläden ist gewöhnlich ein Wein-, Schnaps- und Bierverkauf verbunden. Auch türkische Kaffeehäuser gibt es, und am Wasser befindet sich eine Art von Gasthof, den ein Grieche eigentlich nur für abessinischen Besuch ein-

[1] Ich kaufte bei Herrn Tagliabue mehrere Dutzend Schama, also ein Kauf im grossen, und zahlte für das Stück drei Maria-Theresienthaler. In Abessinien selbst bekommt man aber für drei Maria-Theresienthaler mit der Hand gewebte und besser als mit Maschinen hergestellte Schama, ja, ganz gewöhnliche für noch weniger als drei Thaler. Falls man das Stück für zwei Thaler herstellen könnte, würde man sich ein bedeutendes Absatzfeld erobern.

richtete, worin aber gelegentlich auch Europäer Unterkommen suchen, wie denn zu meiner Zeit zwei französische Offiziere dort abgestiegen waren. Arme Leute, wie schon so viele vor ihnen, kamen sie aufs gerathewohl nach Massaua, um in Abessinien Dienste zu nehmen, dort ihr Glück zu suchen! Aber waren Herr und Frau Lombard, welche mit mir gekommen waren, nicht in ähnlicher Lage?

Erwähnt wurde schon, dass Frankreich eine Mission in Massaua unterhält, welche aus vier Geistlichen besteht, abhängig von der viel grössern Mission der katholischen Kirche in Keren. Die Messe wird täglich, Hochamt Sonntags gefeiert, und auch Abessinier nehmen am Gottesdienst theil. Die Gebäude der französischen Geistlichkeit sind geräumig, massiv und schön gelegen. Die Missionare haben ihre eigene grosse Cisterne (eine von den alten Cisternen, deren noch mehrere in der Nähe der Mission vorhanden sind und heute noch benutzt werden; Heuglin meint, sie seien persischen Ursprungs, der Anlage und Bauart nach würde ich sie eher zu den griechischen oder römischen rechnen), welche ihnen fürs ganze Jahr Wasser liefert.

Das gesellige Leben in Massaua ist gleich Null. Kein Mensch geht in Gesellschaft. Wohin sollte man auch gehen? Die Europäer besuchen manchmal ein türkisches Kaffeehaus, um eine Tasse Mokka zu trinken; sie gehen zu irgendeinem Griechen, um ein Glas Absinth oder eine Flasche Dreher zu trinken; oder sie gehen zum Pascha, zum liebenswürdigen Postdirector Habib Schiavi, zum Director der Douane, wo sie eine Cigarrette und Tasse Kaffee bekommen. Das ist alles. Abends wird wol ein Spaziergang oder ein Spazierritt gemacht nach Hotumlu und einzelne thun sich zusammen, um am nahen Gedem oder sonstwo in der Ebene zu jagen.

Ueber die eingeborene Bevölkerung, unter welcher Bezeichnung ich, abgesehen von den ruhigen und anscheinend theilnahmlosen Banianen, hier alle die verstanden haben will, welche nicht Europäer sind, also Abessinier (und es haust immer ein guter Theil Abessinier in Massaua und Umgegend), Schoho und andere Küstenbewohner, berichten die Reisenden nicht viel Gutes. Namentlich wird viel über das zügellose Leben in Massaua geklagt. Möglich, dass die Ausweisung sämmtlicher Herumtreiber aus Massaua und umliegenden Orten andere Verhältnisse schuf: ich fand in Massaua die Bevölkerung nicht schlimmer als anderswo, jedenfalls besser als in andern grossen Hafenstädten.

Das Klima, wenn auch im Sommer die Hitze unerträglich wird und besonders nachts wegen der dann stets herrschenden Windstille sich zu einem wahren Martyrium für alle steigert, rühmt man als gesund, namentlich auch, weil es frei ist von epidemischen und ansteckenden Krankheiten. Die Jahresdurchschnittswärme dürfte etwas über 30° betragen, die des Sommers vielleicht 45°. Es regnet jährlich viel in Massaua, und die Feuchtigkeit der Luft ist selbstverständlich enorm.

Hiermit glauben wir über Massaua gesagt zu haben, was sich im Jahre 1881 über diesen Ort berichten liess. Was mich persönlich anbetrifft, so siedelte ich nach Beendigung meiner Einkäufe nach Hotumlu über. Dort, in der Nähe, wo einst die Herzogin von Koburg-Gotha campirte, liess ich meine Zelte aufschlagen und entfaltete die deutsche Flagge. Und stattlich genug nahm sich das Lager aus, denn die ägyptische Regierung lieh mir bereitwilligst noch ein grosses Offizierszelt, sodass ausser meinem doppelbedachten Riesenzelt, welches 30 Fuss im Geviert hatte, mein Lager noch vier andere Zelte aufwies. Ehe ich aber in der Entwickelung meiner Mission fortfahre, müssen wir einen Rückblick werfen auf die allerneueste Geschichte Abessiniens, um daraus zu ersehen, was mich eigentlich nach diesem Lande führte.

ZWEITES KAPITEL.

NEUESTE ABESSINISCHE GESCHICHTE.

Veranlassung der Reise. — Negus Johannes. — Dessen Brief an den englischen Feldherrn. — Sein Vertrag mit Lord Napier. — Johannes und Gobesieh. — Schimper's Bericht über Johannes' Krönung. — Munzinger's Ehrgeiz und Emporstreben. -- Chedive Ismaël's Lob. — Aegyptens Feldzug gegen Abessinien. — Johannes und seine Armee. — Die Schlacht im Abgrunde von Gudda-Guddi. — Munzinger's Tod. — Abermals Aegypten gegen Abessinien. — Prinz Hassan. — Die Schlacht von Gura. — Hassan's Flucht.

Meine Reise nach Abessinien geschah im Auftrage Sr. Maj. des Deutschen Kaisers. Der Negus Negesti hatte verschiedenemal an unsern Kaiser geschrieben, um Vermittelung bittend in seinem Streit mit Aegypten, und in der unserm Herrscher eigenthümlichen Leutseligkeit beschloss derselbe ein Antwortschreiben abzuschicken und, um dieser Höflichkeit noch mehr Ausdruck zu geben, dasselbe durch einen besondern Abgesandten überbringen zu lassen. Posten gibt es ja auch in Abessinien nicht. Und es war ja ganz natürlich, dass des Kaisers Wahl auf mich fiel, da ich ja vor Jahren schon einmal, wenn auch nur auf kurze Zeit, Abessinien besucht hatte. Ich begleitete die britische Expedition gegen König Theodor nach Abessinien. Mir kam diese Reise jedoch ganz unerwartet. Eben erst war ich von meiner Kufra-Expedition heimgekehrt. Aber hier galt kein Zaudern, und als eines Tags der Fürst-Reichskanzler mich kommen liess und mir die Mittheilung machte, mich bereit zu halten zu einer Reise nach Abessinien, fragte ich weder nach dem Wann und Warum, sondern stellte mich sofort zur Verfügung.

Um aber den ägyptisch-abessinischen Feldzug verstehen zu können, müssen wir zurückgreifen auf die Geschichte des abessinischen Kaisers selbst, welche zugleich die Geschichte des Landes ist, soweit uns die Nachrichten über denselben vorliegen. Der Negus ist unzweifelhaft aus alter und guter Familie. Seine sämmtlichen nähern und entferntern Anverwandten haben das Prädicat Lidj, d. h. sie gehören dem höchsten Adel an. Mit der alten Kaiserfamilie dürfte kaum andere Verwandtschaft existiren als entfernt cognatische, obschon Johannes II. ebenfalls seinen Ursprung bis auf Salomo zurückführt.

Als die britische Expedition begann, war Kassai Gouverneur von Adua und Lidj-Kassai sein Titel; aber Kassai regierte als Gouverneur keineswegs über ganz Tigre, sondern nur über die nächstliegende Gegend. Tigre hatte um diese Zeit keinen Herrscher, wie denn in den letzten Jahren der Regierung Theodor's die vollkommenste Anarchie in ganz Abessinien herrschte. Es ist daher auch nicht ganz genau, wenn im „Record of the expedition to Abyssinia", S. 16, gesagt wird: „Im Frühling 1867 rebellirte Dejach Kassai, Statthalter des Wagshum Gobaze in Tigre gegen seinen eigenen Herrn und bemächtigte sich der Herrschaft dieser Provinz." Denn er war keineswegs Dedjadj. Gobesieh rebellirte übrigens ebenfalls gegen Theodor, und dass letzterer auch nicht rechtmässiger Kaiser von Abessinien war, ist bekannt. Aber Theodor besass als Gekrönter und Gesalbter den Rechtstitel auf die höchste abessinische Würde. Wagschum Gobesieh, in den letzten Jahren der Regierung

Theodor's eigentlich mächtiger als der Kaiser, denn Schoa machte sich unter dem Enkel Sahela Selassie's, dem König Menelek, ebenfalls unabhängig, hatte den rechtmässigen Gouverneur von Tigre, Ras Bariu, schon 1863 vertrieben. Eigenthümlich genug tritt nun das Bestreben zu Tage, dass jeder Rebell, jeder Gouverneur, welcher sich unabhängig erklärt, sofort vermeint, Ansprüche erheben zu können auf die abessinische Kaiserwürde. Menelek [1] unterschreibt sich König der Könige. Gobesieh hatte die offen ausgesprochene Absicht, sich krönen zu lassen unter dem Namen Hesekias, und Kassai, eben noch Gouverneur zweiten Ranges, erklärte offen seine Anwartschaft auf die abessinische Kaiserwürde.

In der That sollte der junge Mann bald der erstaunten Welt zeigen, dass er der bedeutendste von allen um die höchste Macht Ringenden sei. Jung, kühn und berechnend, wusste Kassai jede sich ihm bietende Gelegenheit zur Befriedigung seines Ehrgeizes festzuhalten und auszunutzen. Tapfer wie Theodor, zeigte er sich als ein viel klügerer Herrscher. Was konnte ihm daher gelegener kommen als der Feldzug der Engländer 1867? Und wenn man es vom nationalen Standpunkt aus verdammen kann, dass der Fürst von Tigre, bereits 1867 Herrscher dieses Theils von Abessinien, sich mit den Feinden seines Landes

---

[1] Im Jahre 1866 erhielt Oberst Merewether folgenden Brief: „Geschickt vom Sultan Negus Menelek. Möge dies gelangen in die Hände des Herrschers von Aden. Wir grüssen Euch. Wir befinden uns wohl. Nach einer elfjährigen Abwesenheit von unserm Vaterlande haben wir den Thron unserer Väter bestiegen. Als dies Ereigniss statthatte, freuten wir uns und Ihr freutet Euch mit uns. Wir haben einen Diener geschickt. Er hat einen Auftrag. Bitte, denselben nach Verrichtung seines Geschäftes gleich zurückzuschicken. Er heisst Mekeb. Er bringt Euch ein Pferd und ein Maulthier als Geschenk." — Auch an die Königin von England schickte der König von Schoa eine Anzeige seiner Thronbesteigung und unterzeichnete, wie vorstehenden Brief: Negusa Negesh Menelek, d. h. König der Könige.

verband, so muss man immer bedenken, dass die Verhältnisse Abessiniens in den letzten Jahren der Regierung des Kaisers Theodor sich derart zugespitzt hatten, dass niemand mehr wusste, wer Freund oder Feind sei. Ausserdem besitzt der Abessinier nicht das Vaterlandsgefühl, welches sich gründet auf das Bewusstsein des mit dem Lande Verwachsenseins. Fanatisch wie der Moslim, gehorcht er leider nur den Gefühlen, welche einer Religion entspringen, die sich blos um Aeusserlichkeiten dreht. Die in Abessinien lebenden Falascha, d. h. Juden, sind in den Augen der Abessinier keine Abessinier, d. h. Christen. Die Begriffe Abessinier und Christen decken sich bei ihnen. Auch die Mohammedaner — als es noch solche gab, denn seit 1880 mussten sich alle Moslemin taufen lassen — sind dadurch bloss Abessinier geworden. Für den Anthropologen sind die christlichen Abessinier, die Mohammedaner, die Falascha stets derselben Abstammung. In der Anschauung der Abessinier ist nur Abessinier, wer Christ ist.

Wenn man dies in Erwägung zieht, wird man Kassai kaum tadeln, dass er sich empörte und die Gelegenheit ergriff, sich mit den Engländern gegen die „Gottesgeisel“ Theodor zu verbünden.

Uebrigens war Kassai keineswegs der einzige abessinische Fürst, der sich den Engländern anschloss: Hailo, Gouverneur von Hamasen, bot im September dem General Merewether seine Dienste an. Wir erfahren aber aus einem Bericht dieses Generals, dass er schon im October sich Kassai unterwerfen musste, und dieser nun immer mehr seine Herrschaft über Tigre befestigte. Er nahm sogar die für unüberwindlich gehaltene Amba Zion in Tigre, wobei verschiedene Kanonen in seine Hände fielen. Der Commandant der Bergfeste übergab sie freiwillig dem aufgehenden Gestirn, und in der That konnte Kassai nunmehr den Titel Negus von Tigre annehmen.

Bald darauf, im November 1867, eröffnete Kassai brieflich mit den Engländern officielle Beziehungen. Sein Brief lautete[1]:

„Im Namen des Vaters, des Sohnes und des Heiligen Geistes; Ein Gott. Brief, geschickt von Dedjasmadj Kassai, Anführer der Häupter von Abessinien, an den Anführer der britischen Truppen.

„Wie geht's Ihnen? Gut?

„Durch Gottes Gnade haben wir den Thron unserer Vorfahren bestiegen, den Thron Michael's, Ulda Salassie's und Sabagadie's. Wir sind alte Hausfreunde, von Consul Salt an bis auf Plowden. Ich erwartete einen Brief von Ihnen, aber da keiner kam, habe ich selbst geschrieben. Ich weiss nicht, weshalb Sie kommen. Wenn ich es wüsste, würde mir das Freude machen. Wir sind Hausfreunde. Ich sende Lidj Mircha[2], den Sohn von Atu Wurke, welcher meine Sprache und die Ihrige versteht. Ich sende Ihnen mein Herz und auch Sie, senden Sie mir Ihr Herz! Im Jahre 1860 nach Christi Geburt in der Zeit Johannes', des Evangelisten, im Monat Hadar, am 18., Mittwochs."

Am 21. Januar 1868 wurde dann der Gefährte Speke's, der damalige Major Grant, nach Adua geschickt, um persönlich mit Kassai zu unterhandeln. Am 7. Februar kam Grant zurück und konnte über den schmeichelhaftesten Empfang berichten. Es liegen aus dieser Epoche zwei Briefe Kassai's vor: an Lord Napier und General Merewether, in welchen der Prinz den Wunsch einer Zusammenkunft mit Lord Napier ausdrückt, die denn endlich auch, und sie ist denkwürdig genug, mit letzterm am 25. Februar

---

[1] Record of the expedition to Abyssinia, S. 320.

[2] Mircha war in Bombay erzogen worden. Diesen liebenswürdigen Greis lernte ich 1881 in Adua kennen, woselbst er jetzt pensionirt lebt.

stattfand, wobei man die Vereinbarungen traf, welche der britischen Armee zum grössten Vortheil gereichten. Welches Unheil hätte in der That der Fürst von Tigre als Feind den englischen Truppen zufügen können! Die Behauptung ist nicht übertrieben, dass er die britische Expedition hätte scheitern machen können. Theodor mit Kassai verbündet! Dann hätte Lord Napier letztern erst unschädlich machen müssen!

Kassai lag natürlich vor allem daran, als Negus Negesti von Lord Napier anerkannt zu werden [1] und letztern zu bewegen, ihn unter allen Umständen gegen seinen mächtigen Rivalen Wagschum Gobesieh zu schützen. Dies konnte indess Lord Napier auf keinen Fall versprechen! Aber nichtsdestoweniger kam ein vortheilhafter Vertrag zu Stande. Kassai garantirte dem englischen Befehlshaber absolute Neutralität, versprach, wöchentlich 60000 Pfund Weizen und Gerste zu liefern, den Telegraphen zu respectiren u. s. w. Es war daher auch nicht zu viel gesagt, wenn es im englischen Rapport hiess: „Kassai's Freundschaft war von grösster Wichtigkeit".

Im Verlaufe der britischen, mit so staunenswerther Geschwindigkeit zu Ende geführten Expedition begegnen wir dem Fürsten von Tigre erst wieder beim Abzuge der britischen Truppen. Seinem Versprechen, Prinz Kassai zu belohnen, falls er den Engländern freien Durchgang durch Tigre gewähre, kam Lord Napier in wahrhaft königlicher Weise nach.

Kassai erhielt an Waffen die alten Gewehre vom 3. und 25. Regiment der Eingeborenen, sechs Mörser, sechs Haubitzen, 725 Musketen, 130 Flinten, eine grosse Quantität Munition, Pferde- und Artilleriegeschirr. Ferner Lebensmittel, Kleidungsstücke und Geräthschaften aller Art, kurz alles das,

[1] Record of the expedition to Abyssinia, I, 415.

was für den Feldzug der britischen Truppen berechnet gewesen und jetzt überflüssig geworden war. Kassai hatte an Lebensmitteln auf Jahre hinaus Vorrath, und darunter fehlten selbst feinere Sachen nicht, wie Porterbier (230 Gallonen), Zucker centnerweise, Mixed pickles u. s. w.

So ausgerüstet, konnte er es allerdings unternehmen, gegen seine Gegner mit Zuversicht ins Feld zu ziehen. Es kamen ja eigentlich auch nur Gobesieh von Lasta und Menelek von Schoa in Betracht. Letzterer verhielt sich vollkommen ruhig, nur suchte er sich mehr und mehr in seinem eigenen Königreich Schoa zu befestigen, und wie sein grosser Vorfahr öffnete er sein Land bereitwilligst den Europäern, wovon namentlich die Italiener, sowie protestantische Missionare und katholische Bischöfe profitirten. Zwischen Gobesieh und Kassai entbrannte aber gleich der Kampf, der es nach verschiedenen Scharmützeln 1871 zur Entscheidung brachte. Gobesieh, der über eine viel grössere Armee verfügte — die Engländer geben an, dass ihm zur Zeit ihrer Anwesenheit über 60000 Krieger zu Gebote standen — hatte keine so guten Waffen wie Kassai. Aber tapfer und unternehmend, war er nach Adua gezogen, um Kassai bei und in seiner eigenen Hauptstadt anzugreifen.

Am 14. Juli 1871 standen sich die beiden Armeen nicht weit von Adua, der Hauptstadt von Tigre, gegenüber.[1] „Man kann heute noch die Knochen dort bleichen sehen", sagt Raffray, welcher 1873 Abessinien besuchte; „westlich von Adua, auf dem Wege nach Axum liegt ein Hügel, der sich an die Berge lehnt. Auf der Seite dieser Berge stellte Kassai seine kleine Armee auf, ungefähr 12000 Mann stark, während die 60000 Mann Gobesieh's die Ebene einnahmen, welche aus einem Wald von Spiessen zu bestehen schien. Endlich ertönte allerorts Gewehrfeuer. Aber die stockwerk-

[1] Raffray, „Abyssinie", S. 23.

weise übereinander aufgestellten Soldaten Kassai's konnten alle zu gleicher Zeit schiessen, während aus der Armee Gobesieh's nur die erste Reihe Gebrauch von den Feuerwaffen machen konnte. Kassai zeichnete sich durch grosse Tapferkeit aus. Mit einem Knie auf dem Boden, zielte er auf seine Feinde, unbeweglich und unbekümmert um die Gefahr, und jede Kugel brachte dem Gegner den Tod. Gobesieh, der seine Leute dadurch decimirt sah, wollte selbst den Hügel erstürmen, aber sein von einer Kugel getroffenes Pferd überschlug sich und stürzte mit ihm zu Boden. Jetzt brachen die Tigrenser hervor, und Gobesieh wurde gefangen genommen. Der Schatz und die Papiere Gobesieh's fielen in Kassai's Hände."

Raffray sagt ferner: „Der Gebrauch des Landes erheischte es, Gobesieh die Augen aus dem Kopfe springen zu lassen und zwar dadurch, dass man die Ohren mit Pulver vollstopfte und sodann den Schädel durch Explosion sprengte. Kassai wandelte jedoch die Strafe um: man blendete Gobesieh einfach die Augen durch ein im Feuer geröthetes Eisen. Man legte ihm sodann silberne Ketten an und sperrte ihn auf Amba Salama ein, wo er bald darauf gestorben sein soll."

Nach einem solchen Siege konnte Kassai daran denken, sich krönen zu lassen. In der That geschah das etwa ein halbes Jahr später, am 21. Januar 1872, in der alten Kaiserstadt Axum. Dr. Wilhelm Schimper, der zu der Zeit noch lebte, wohnte derselben bei und hat uns darüber in der „Zeitschrift für Erdkunde", 1872, S. 270, berichtet: „Dieselbe wurde durch einen aus Aegypten verschriebenen koptischen Bischof[1] vollzogen und nahm Kassai nun den Namen Johannes an. Einige 1871 nach Abessinien gekommene

[1] Es war der Abuna Athanasius.

italienische Arbeiter, namentlich die Gebrüder Naretti[1], hatten für den Kaiser — Negussa Negesti, König der Könige, lässt sich der Kürze halber durch Kaiser wiedergeben — ein sehr prächtiges Throngestell nebst Sessel angefertigt. Da letzteres aber nicht lang genug war, um bequem darauf liegen zu können, so liess Kassai an dessen Stelle eine Art Bett herrichten.“ Die weitern Ausführungen Dr. Schimper's seien hier übergangen, wie es denn auch absolut unmöglich ist, dass, wie Schimper berichtet, acht Tage nach der Krönung ein Priester in Axum den Kaiser und den Abuna in den Bann gethan hätte. Schimper war überhaupt sehr schlecht auf den jetzigen Kaiser zu sprechen, und die üble Behandlung seiner Tochter[2] konnte die Beziehungen nicht verbessern. Leider sind aber überhaupt die Berichte dieses sonst so ausgezeichneten Forschers keineswegs unparteiisch und vollkommen wahr, wie denn selbst der junge Schimper, der Sohn des berühmten Gelehrten, oft genug die Unzuverlässigkeit und den grossen Leichtsinn seines Vaters bis in dessen spätestes Greisenalter hinein beklagte.[3]

---

[1] Der jüngere Naretti ist 1881 in Abessinien gestorben.

[2] Vgl. Schimper's Brief an Consul Brüning, „Zeitschrift für Erdkunde“, 1872, S. 364.

[3] Im Jahre 1872 (vgl. hierüber auch „Zeitschrift für Erdkunde“, 1872, S. 272) wandte sich Schimper an Se. Maj. den Kaiser und bat um eine Unterstützung von 3000 Mark. Er motivirte seine Bitte: „weil ihm, dem 70jährigen Greise, seine 65jährige Frau noch einen Sohn geboren habe“. Der Kaiser schickte dieses Immediatgesuch an Fürst Bismarck zur Begutachtung und dieser mir zur Rückäusserung. Die bezügliche Stelle hatte der Kaiser roth angestrichen und dabei bemerkt: „Ist das möglich?“ — Ich befürwortete die obwol auf Unwahrheit beruhende Bitte Schimper's, da ich sie ebenfalls für wahr hielt; in Wirklichkeit hatte er sich aber zum zweiten mal verheirathet, wie mir sein Sohn 1881 mittheilte. Das Geld wurde ihm auch vom Kaiser bewilligt. Was er eigentlich mit einer solchen für Abessinien

Kassai hätte jetzt mit Ruhe an die Befestigung seiner Herrschaft in Abessinien denken können, wenn ihm nicht, und zwar schon im Jahre seiner Krönung, ein äusserer Feind in Werner Munzinger entstanden wäre.

Munzinger hat zu tief in die Geschichte und die staatliche Geographie Abessiniens eingegriffen, als dass nicht ein Wort über ihn hier am Platze wäre.

Munzinger hatte den britischen Feldzug in Abessinien mitgemacht. Französischer und englischer Consul zugleich, war er officiell nach der britischen Campagne nur noch französischer Consul in Massaua. England hielt es für unnütz, in Abessinien einen Vertreter zu unterhalten, da es glaubte, für lange Zeit in diesem Lande vollkommen aufgeräumt zu haben. „Dieses Land hat durchaus kein Interesse für Grossbritannien“, äusserte Lord Napier, „unsere Kaufleute wollen von commerziellen Beziehungen mit Abessinien nichts wissen.“ Aber Frankreich, schon blos der Thätigkeit seiner Missionare wegen, musste dort einen Consul haben. Trotzdem die Herrscher Abessiniens so und so oft in nicht miszuverstehender Weise den französischen Repräsentanten ihr Misfallen zu verstehen gaben [1], kommen sie immer wieder, zum Theil aus religiösen Gründen, auf ihre vermeintliche Unentbehrlichkeit zurück. „Nous sommes tellement aimés par ces peuples“, sagen sie, gerade wie sie es sich stets in Beziehung auf ihre Unterthanen in Süd-

---

zehnfach werthvollern Summe angefangen, ist vollkommen unbegreiflich. Mit Schulden überbürdet, für die der arme Sohn jetzt haftbar ist, starb Schimper 1879.

[1] Cameron und Rassam wurden eingekerkert von Theodor und keineswegs glimpflich behandelt; aber der französische Consul, der zur Zeit Theodor's dorthin kam, hatte von ihm eine viel schmachvollere Behandlung zu erdulden. Und selbst in neuester Zeit wird mit französischen Abgesandten in Abessinien auf eine staunenerregende Art umgesprungen.

algerien einbilden, und merken dabei nie, dass man ihnen empfiehlt, sie möchten die Thür von aussen zumachen. Munzinger war französischer Consul 1869—71, obschon kein einziger französischer Unterthan seinen Schutz beanspruchte.

Die britische Expedition hatte aber die Aufmerksamkeit des Chedive auf ihn gelenkt. Ismaël war ein weitschauender Mann. Mag man noch so sehr gegen ihn sprechen, die Geschichte wird ihm einst Gerechtigkeit widerfahren lassen. Sein Unglück, seine Entthronung wurde hauptsächlich durch europäische Speculanten und Schwindler herbeigeführt. Besonders französische Abenteurer, welche zu Hause kein Brot hatten, überschwemmten das Land, und die unglaublichsten Dinge kamen vor, welche den Chedive Ismaël in den Bankrott trieben.

Und mag man nun über Munzinger[1], welcher den Chedive zu den unglücklichen Feldzügen gegen Abessinien zu verleiten wusste, urtheilen wie man will: die Meinung kann man ihm nicht ersparen, dass alle seine Beweggründe sich auf maasslosen persönlichen Ehrgeiz zurückführen lassen. Keineswegs sollen hiermit auch nur irgendwie die grossen wissenschaftlichen Verdienste Munzinger's um die Erforschung Afrikas in Schatten gestellt werden. Seine „Ostafrikanischen Studien“ und besonders viele gelehrte Abhandlungen in den Petermann'schen „Mittheilungen“ werden stets ein glänzendes Zeugniss seines Wissens und seiner vorzüglichen Beobachtungsgabe bleiben. Von Geburt Schweizer, war in seinem Denken und gründlichem Wissen der so früh Dahingeschiedene ein Deutscher. Auch die politisch-

---

[1] Wie der Vicekönig Ismaël behauptet, trägt Nubar besonders die Schuld. Jedenfalls ist es nicht zu leugnen, dass Arakel Bei, Nubar's Neffe, mit der ersten Expedition gegen Abessinien betraut wurde.

administrativen Talente Munzinger's wollen wir nicht in Abrede stellen. Im britischen Feldzuge gegen Theodor lagen oft die politischen Fäden mit den eingeborenen äthiopischen Fürsten ausschliesslich in der Hand Munzinger's. Noch weniger soll irgendwie sein Charakter als Privatmann verdunkelt werden: ich selbst habe während der britischen Expedition und mit mir unsere Landsleute, Graf Seckendorf und Herr Stumm, zu oft Beweise seiner Güte und seiner Liebenswürdigkeit erhalten. Auch die zuerst von ägyptischen Beamten gegen ihn erhobenen Vorwürfe wegen übertriebener Grausamkeiten glaube ich zurückweisen zu müssen, denn Munzinger, ein zu guter Kenner der Eingeborenen und ihrer Verhältnisse, wusste zu gut, dass im dortigen Lande ein Regieren mit Phrasen und philanthropischen Redensarten unmöglich ist.

Aber blos aus persönlichem Ehrgeiz Tausende von Menschen in den Tod stürzen, ganze Provinzen auf Jahre hinaus unglücklich machen, kann das gutgeheissen werden? Konnte denn überhaupt schon die ägyptische Civilisation, ich meine die, welche sich in den sudanischen Provinzen dieses grossen Reichs breitmacht, würdiger auftreten und menschenbeglückender arbeiten, als dies unter den bestehenden Verhältnissen der Fall war? Und hatte nicht Munzinger schon 1871 den ausgesprochenen Wunsch, anstatt chedivialischer Gouverneur von Ostsudan, abessinischer Vicekönig zu werden? Es könnte eine solche Behauptung übertrieben erscheinen, aber für Munzinger galt es als nicht unausführbar. Der Chedive stand damals im Zenith seiner Macht. Wenn er auch verpasst hatte, im richtigen Augenblick sich unabhängig zu erklären, so hatte er doch eben erst bei Eröffnung des Sueskanals die Repräsentanten der mächtigsten Staaten Europas als Gäste im Lande der Pharaonen bewirthet und im Süden grosse, unbegrenzte Gebiete und Länder seinem Reiche einverleibt.

Einen Theil davon beherrschte Munzinger und zwar durchaus unabhängig, Herr über Leben und Tod. Man wird es verstehen, dass ein solcher, mit solcher Machtvollkommenheit ausgestatteter Mann nach dem höchsten Ziele streben konnte. Vielleicht nährte Munzinger auch im Innersten seines Busens den Plan, nach der obwol mit ägyptischer Hülfe vollendeten Besiegung und Unterjochung Abessiniens sich von Aegypten ganz unabhängig zu machen. Munzinger war vollkommen der tigrischen Sprache mächtig; er verstand es, sich der Denkungsweise, den Anschauungen und Sitten der Abessinier durchaus anzubequemen; er war verheirathet mit einer Abessinierin und hatte durch Bekanntschaft und Verwandtschaft mit mächtigen eingeborenen Familien durchs ganze äthiopische Land enge Beziehungen.

Im Sommer 1872 nahm Munzinger die beiden abessinischen Provinzen Bogos und Halhal für Aegypten in Besitz [1], und zur Belohnung dafür wurde er vom Chedive im selben Jahre [2] mit der Würde und dem Titel eines Pascha belehnt. Im Herbst 1873 legte Munzinger dem Chedive seinen Plan vor, ganz Abessinien zu erobern. Munzinger glaubte fest an das Gelingen seines Unternehmens: Bogos u. s. w. hatte er ja mit leichter Mühe unterworfen, und für Aegypten waren diese nördlichen Gebiete insofern von grosser Wichtigkeit, als man nun eine ununterbrochene Strasse, eine beständige Verbindung herstellen konnte zwischen Kassala, Gedaref und Massaua. Bislang musste man, wollte man nicht einen grossen Umweg machen oder den Weg über Suakin einschlagen, über abessinisches Gebiet reisen. Eine Telegraphenlinie wurde sogleich errichtet und

---

[1] Vgl. den Brief Dr. Schimper's in der „Zeitschrift für Erdkunde", 1872, S. 486.

[2] Vgl. den Brief von Hildebrand in der „Zeitschrift für Erdkunde", 1875, S. 1.

Senhit als Festung angelegt. Munzinger entfaltete die grösste Energie und Thätigkeit, um den leicht gewonnenen Besitz dem Chedive zu sichern. Der Negus, denn Kassai hatte sich mittlerweile schon zum Kaiser krönen lassen, musste, Wuth und Grimm im Herzen, dem Vorgehen Munzinger's, der Einverleibung des nördlichen Theils von Abessinien in Aegypten zuschauen, da ihm ein neuer mächtiger Feind mitten in Aethiopien entstanden war. Nach der Unschädlichmachung Gobesieh's empörte sich Ras Adal, Herrscher von Godjam. Johannes war vollkommen ohnmächtig, er konnte Munzinger keinen einzigen Soldaten entgegenstellen.

Wenn man nun bedenkt, wie Munzinger, einer der rührigsten Theilnehmer der englischen Expedition, noch ganz unter dem Eindruck der Leichtigkeit des britischen Erfolgs stehen musste, so wird man es vollkommen begreiflich finden, dass er fest vom Gelingen seiner Pläne überzeugt war. Und jetzt hatte er ja selbst schon einen Erfolg aufzuweisen und zwar einen sehr bedeutenden.

Trotz seines Erfolgs stand aber Munzinger nicht fest im Vertrauen des Chedive. Mochte von seinen Plänen einiges lautbar geworden sein, mochte man ihm seinen Erfolg neiden, oder verstand er es nicht, auf orientalische Weise zu kriechen — als man 1875 den Feldzug unternahm, war Munzinger nicht mehr Gouverneur, sondern Arakel Bei hatte ihn ersetzt.

Der von Aegypten in Scene gesetzte Feldzug wurde mit grösster Heimlichkeit ausgeführt. Wie viele Truppen man 1875 einrücken liess, lässt sich nicht bestimmen. Auf dem Kriegsministerium in Kairo wird man es auch nicht wissen. Nach den entsetzlichen Niederlagen liegt erst recht kein Grund vor, der Mitwelt bekannt zu geben, wie gross der Verlust gewesen.

Das Obercommando hatte man Arakel Bei, einem Neffen

Nubar Pascha's, übertragen, einem talentvollen, tüchtigen Manne, aber von Haus aus keineswegs gelernten Soldaten. Darauf kommt es ja auch in der Türkei und Aegypten nicht an. Die eigentliche höchste militärische Spitze war aber Arendrup Bei, dänischer Oberst a. D., wie denn überhaupt in der ägyptischen Armee viele europäische und namentlich auch amerikanische Offiziere dienten, letztere besonders aus der secessionistischen Armee. Der Ausgangspunkt war Massaua, und für die vollendete Expedition Senhit. Nach den Aussagen der Abessinier rückten die Aegypter mit 7000 Mann ein, wie jedoch letztere behaupten, nur mit drei Bataillonen. Es ist aber kaum glaublich, dass man mit einer so geringen Zahl die Eroberung Aduas unternommen hätte. Denn die Unterwerfung Tigres war das Nächste, was man wollte.

Die ägyptische Armee bewegte sich in kleinen Tagemärschen geradewegs südlich, und da sie sich auf dem Höhenzuge vom rechten Mareb-Ufer hielt, konnte sie ohne zu grosse Naturhindernisse vorwärts kommen. Ausgerüstet war dieselbe mit vorzüglichen Waffen neuester Construction. Die Soldaten hatten Remington-Gewehre, die Artillerie bestand aus Hinterlader-Kanonen. Bekleidung, Verpflegung, Ausrüstung — nichts mangelte in dieser Beziehung. Die Offiziere waren viel luxuriöser versorgt als damals die englischen während ihres Feldzugs in Abessinien. Aber es fehlte viel, was zu einem Gelingen berechtigte. Niemand kannte das Land, die allergewöhnlichsten Vorsichtsmaassregeln, welche beim Vorrücken in einem feindlichen Lande so nothwendig sind, liess man ausser Acht, strategischer Blick scheint keinem der höhern Offiziere eigen gewesen zu sein, und man hätte nicht vergessen sollen, dass die Taktik in einem Lande wie Abessinien, und einem Volke wie den Abessiniern gegenüber, eine ganz andere sein muss als in Europa, und wiederum eine andere, als man sie fast wehrlosen centralafrikanischen Negerstämmen gegenüber ausübte.

Mittlerweile bezwang Negus Johann seinen Gegner Ras Adal. Bedeutend besserer Politiker als Theodor, sein Vorgänger, bestätigte er Ras Adal nicht nur in seiner Regentschaft, sondern verpflichtete ihn auch grossmüthig durch Ueberlassung von Waffen und Munition. Er befand sich bei der Kunde vom Anmarsch der ägyptischen Armee in Enderta[1] und zog nun in Eilmärschen mit seinem ganzen Heere den Aegyptern entgegen. Anfangs — nach eigener Erzählung des Kaisers Johann — hatte er die Absicht, die feindliche Armee hinter dem Mareb zu erwarten. Der Mareb, welcher bis ca. 14° 80′ einen vollkommen südlichen Lauf nimmt, biegt dann ziemlich plötzlich nach Westen um und bildet so die Grenze des eigentlichen Tigre. Mitte November stand Johannes mit seinen Abessiniern schon am Mareb. Die Armee mochte 50000 Streiter zählen. Genau weiss der Kaiser von Abessinien nie, wie viele Soldaten ihm zur Verfügung stehen, da schriftliche Listen u. s. w. unbekannt sind. Die Abessinier hatten sechs Geschütze bei sich, waren aber im übrigen schlecht bewaffnet. Man wird sich erinnern, dass ihnen Lord Napier nur alte Waffen überliess.

Schon am 15. November 1875 kam es zwischen den Aegyptern, von denen einige kleine Abtheilungen sich bis zum Mareb vorgewagt hatten, und Vorläufern der abessinischen Armee zu Plänkeleien. Der Negus, von allen Vorgängen der ägyptischen Armee, von jeder noch so geringfügigen Bewegung derselben aufs genaueste durch die

[1] Vgl. „Matteucci in Abissinia“ (Mailand 1880), S. 187. Diese Angabe macht auch Matteucci, alle seine andern Erzählungen sind aber so voller Unrichtigkeiten, dass sie absolut keinen Werth haben. Viel gewissenhafter ist P. Vigoni in seinem „Abissinia“ (Mailand 1881).

Landleute unterrichtet, beschloss nun, mit der Armee vorzurücken. Unglücklicherweise war aber Arakel Bei gar nicht von den Unternehmungen der Abessinier unterrichtet, sondern im Gegentheil durch falsche Nachrichten irregeführt. So wusste er gar nicht einmal, dass er sich dem Negus und der Hauptarmee der Abessinier gegenüber befand, sondern glaubte, er habe es nur mit Banden zu thun. Unbegreiflicherweise begann er bei Mai Scheko den Abstieg, welcher von fast senkrechten Wänden zwischen Basaltsäulen hindurch beginnt und zu einem der schwierigsten in Nordabessinien gehört. Weshalb man überhaupt mit einer Armee diesen Weg nach Adua wählte, der freilich von Senhit aus der kürzeste, aber der schwierigste war, ist unerfindlich.

Zur selben Zeit begann aber der Negus den Aufmarsch. Während er selbst auf andern Wegen und ohne Gepäck mit einer Abtheilung seiner Armee das Ufer von Mai-Tsade bestieg, schickte er einen seiner besten Generale, den Ras Alula, auf die Anhöhen von Gundet. In Adirbate stand die Reserve, welche einen etwaigen Durchbruch nach Süden verhindern sollte. Die Strasse nach Godofelassie hatte man offen gelassen. Auf diese zu, sobald die Hauptarmee der Aegypter im Thale von Gudda-Guddi angekommen war, bewegten sich concentrisch der Negus und Ras Alula. Am 17. November waren die Aegypter schon verloren. Sie befanden sich wie in einer Mausefalle. Jede Disciplin hatte aufgehört. Einzelne Abtheilungen versuchten zwar, bis zum Mareb vorzudringen, wurden aber aus den Wäldern von unsichtbaren Feinden erschossen. Auf die Anhöhe zurückzukehren war vollkommen unmöglich. Ich habe selbst diesen Weg genommen und kann aus eigener Erfahrung bestätigen, dass der Aufstieg ein wahnsinniges Unternehmen gewesen wäre.

Gudda-Guddi ist ein schmales Thal; es heisst auch Gundet, nach den auf der linken Bergseite des Thals ge-

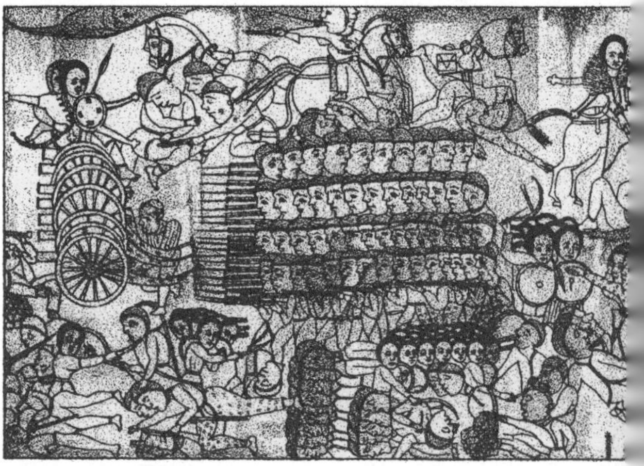

SCHLACHT

Das Original, 4 Meter lang, 80 Centimeter hoch, Geschenk des Ne
Der untere Theil schliesst sich an den obern rechts an.

S. 56

UDDA-GUDDI.

esti und in Abessinien gemalt, befindet sich im Besitz des Verfassers.
essinier sind stets *en face*, die Aegypter *en profil* dargestellt.

legenen Dörfern. Gudda-Guddi speciell sind einige Wasserlöcher oder Quellen, in deren Besitz sich die Aegypter gesetzt hatten. Unter fortwährendem Schiessen seitens der Abessinier, welche von den Anhöhen herab auf die Aegypter feuerten, ohne dass diese das Feuer zu erwidern vermochten, zogen sich die letzten Truppen unter Oberst Arendrup zwischen dicht bei den Quellen liegende Granitblöcke zurück und suchten sich hier zu befestigen. Die Blöcke sind haushoch, liegen dicht zerstreut beieinander und hätten mit ihren senkrechten Wänden, wenn man Zeit gehabt hätte, die Lücken zwischen den Blöcken zu schliessen, eine gute Redoute abgegeben. Aber diese Zeit mangelte. Sobald der Kaiser von oben her wahrnahm, dass dieses Häuflein — von Arendrup hatte noch ca. 4—500 Mann — sich den mörderischen Kugeln zu entziehen versuchte, stürzte er nach. Was vermochten die paar hundert gegen Tausende fanatisirter beutelustiger Krieger! Wirkte jetzt auch manche ägyptische Kugel verderbenbringend, denn bei dieser letzten Action fielen einige hundert Abessinier, am Ende musste man der Uebermacht weichen. Am 18. November lebte kein kampffähiger Aegypter mehr. Das Abschlachten des Arendrup'schen Häufleins begann um 9 Uhr morgens, um 3 Uhr nachmittags war alles vorbei. Von den Höhen hatte ein Bataillon Aegypter, welches bei Mai Scheka aufgestellt gewesen war, der Tödtung seiner Kameraden, ohne helfen zu können, zusehen müssen. Als sie sich anschicken wollten, herabzusteigen, rückten die abessinischen Truppen heran, und in wilder Flucht mussten sie sich zurückziehen. Viele von ihnen wurden noch, ehe sie die sichern Mauern von Senhit erreichten, unterwegs ermordet, denn nicht nur die Soldaten verfolgten sie, sondern auch die abessinische Landbevölkerung schlug jeden Aegypter todt, wo sie ihn fand.

Am 18. November 1875 hatte das Schlachten aufgehört.

Alle Aegypter, mit Ausnahme des Bataillons, welches nicht in den Abgrund von Gudda-Guddi hinabstieg, waren getödtet. Man liess allerdings viele lebendig auf dem Schlachtfeld liegen, aber als — Entmannte! Einige derselben pflegte man sorgfältig, aber nur damit sie im Stande wären, die Kunde dieser grauenvollen Niederlage nach Massaua und Senhit zu bringen. Alle übrigen waren niedergemetzelt worden. Einen österreichischen Grafen Zichy, welcher auch in der ägyptischen Armee diente, fand man als Schwerverwundeten zwei Tage nach der Schlacht und verpflegte ihn auf Verwendung des französischen Viceconsuls in Massaua, Mr. de Sarzec. Auch er starb, und nur auf wiederholtes Bitten des Consuls gestattete der Negus ein christliches Begräbniss in Aderbati.

Die Niederlage war so gross und empfindlich für die Aegypter gewesen, dass die Localbehörden darüber gar nicht nach Kairo zu berichten wagten. Man sagte einfach, man habe die Schlacht verloren, aber man verschwieg die grauenhaften Umstände, unter denen das Abmorden vor sich ging.

Die ägyptische Regierung hatte Munzinger, der, wie wir früher gesehen, von Massaua entfernt worden war, nach Berbera geschickt, um die Küste von Seila bis Cap Gardafui in Beschlag zu nehmen. Diese bis dahin unabhängig gewesene Küste wurde nun mit einem mal unter Munzinger und auf dessen Anregung ägyptisch. Aber nicht nur an der Küste, sondern auch im Innern wusste der Chedive seine Macht zu begründen, indem er 1875 die bedeutende Oase Harar seinem Reiche einverleibte. Munzinger rastete keinen Augenblick. Er hatte mit Negus Menelek von Schoa ein Bündniss abgeschlossen, und es war ausgemacht worden, dass, während Arakel Bei vom Norden her den Negus Negesti angriffe, Munzinger vom Süden her mit dem Negus Menelek einen Einfall in Abessinien unternehmen sollte.

Dass dieser kein Freund von Johannes war, dass er selbst nach der Würde der äthiopischen Kaiserkrone strebte, haben wir eingangs dieses Kapitels erfahren. Allerdings hätte dieses Unternehmen von zwei Seiten her für den jetzigen Kaiser von Abessinien bedenklich werden können. Aber Munzinger ging zu sorglos vor, er war kein Soldat, er unterschätzte offenbar die Eingeborenen, indem er sich auf seine gelegentlich des englischen Feldzugs gemachten Erfahrungen verliess. Von Tadjura im Herbst 1875 aufbrechend, an der Spitze einiger hundert Soldaten, hätte er wol mit dieser vorzüglich ausgerüsteten Truppe Schoa erreichen können, wenn dies stets unter militärischen Vorsichtsmaassregeln geschehen wäre; aber als er nachts bei Aussa lagerte und sämmtliche Wachen vor Ermüdung und Hunger dienstuntüchtig waren, überfielen ihn Galla. „Der Kampf dauerte bis 8 Uhr morgens; 175 ägyptische Leichen und 500 todte Galla bedeckten die Walstatt. Munzinger, welcher sich mit seiner Frau mitten im Lager, in seinem Zelt befand, wurde nicht ermordet, sondern er fiel kämpfend, sich vertheidigend, nachdem er selbst mit einem Gewehrschuss und zwei Revolverschüssen drei der anstürmenden Galla niedergestreckt hatte. Er erhielt einen Säbelhieb auf den Kopf, ein zweiter zerschmetterte ihm den linken Schulterknochen; ferner erhielt er noch fünf Lanzenstiche, aber er starb erst um 12 Uhr mittags. Es war eine vollständige Verwirrung und ein furchtbares Gemetzel. In wilder Flucht retteten sich die wenigen überlebenden Aegypter nach der Küste zurück, und auf der Flucht starben von ihnen noch ungefähr funfzig."[1] So endete auch dieses Unternehmen für Aegypten sehr unglücklich, aber keineswegs konnte das den Chedive von weitern Unternehmungen gegen Abessinien abschrecken. Vielleicht jedoch hatte man ihm dieses Unglück

[1] Petermann's „Mittheilungen", 1876, S. 107.

in seiner ganzen Grösse nicht gemeldet, sondern einfach gesagt, Munzinger sei ermordet. Die Wissenschaft erlitt aber durch den Tod Munzinger's einen schweren Verlust, denn neben seinen ehrgeizigen Unternehmungen fand er noch stets Zeit zu ethnographischen und linguistischen Studien.

Die nun geplante Expedition, zu welcher allerdings auch jetzt nicht der mindeste Grund vorlag, wurde mit grosser Sorgfalt ausgerüstet. Zum Oberstcommandirenden ernannte der Chedive seinen Sohn Hassan.

Prinz Hassan, dritter Sohn des Chedive, war 1873 nach Berlin geschickt worden, um sich militärisch auszubilden. Den Dragonern zugetheilt, that er Lieutenantsdienst bei dieser Waffe und wurde, als er nach etwa zweijährigem Dienste Abschied nahm, mit dem titulären Majorscharakter vom Kaiser entlassen. Nun soll gewiss nicht bestritten werden, dass ein deutscher Major ebenso viel vom Kriegshandwerk versteht wie ein türkischer oder ägyptischer General; aber bei der Jugend des Prinzen war es doch ein wenig gewagt, ihn gleich an die Spitze einer Armee zu stellen. In Deutschland würde man dies nicht gethan haben. Mit seiner Truppe holte sich dann Prinz Hassan im russisch-türkischen Feldzug auch keinen Lorber. Aber Vorwürfe kann man ihm auch nicht machen. Und nun sollte er gar nach Abessinien!

Diesmal wurden 25 Bataillone nach Massaua geschickt, eine ungeheuere Menge Kriegsmaterial mit verladen und nach sorgfältig angestellten Terrainstudien eine ganz andere Route gewählt, welche zwar anfangs grössere Schwierigkeiten bot, aber directer auf Massaua zurückführte und eine kürzere und mehr sichere Linie auf der Basis bildete. Man ging von Massaua direct in den Bergfalten nach Gura, wo man alsbald ein regelrecht befestigtes Werk errichtete, welches 15000 Soldaten aufzunehmen vermochte.

Im Februar brach die Armee von Massaua auf, und

der Aufmarsch wurde ohne Verlust bewerkstelligt. Die ägyptische Regierung hatte von Kairo ganz neue Truppen geschickt und ohne Aufenthalt über Massaua weiter befördert, damit sie durch Erzählungen einiger von Gudda-Guddi entronnenen Entmannten nicht entmuthigt würden. Dennoch ging man nicht siegestrunken in den Kampf. Gerüchte von der Grausamkeit der Abessinier, namentlich die Gewissheit, dass die Abessinier keine Gefangenen machten, sondern jeden, der in ihre Hände gerieth, abzuschlachten pflegten, erweckten ein gewisses unheimliches Gefühl. Und wofür sollten denn auch die Aegypter sich begeistern? Was konnte dem ägyptischen Soldaten im besten Falle geboten werden? Ruhm? Kaum! Denn wer erfuhr von ihrem etwaigen Siege über die Abessinier? Schätze? Die Abessinier hatten und haben ja nichts. Das ganze Eigenthum des abessinischen Soldaten besteht nur in seiner Waffe von zweifelhafter Güte, in seiner schlechten, schmuzstrotzenden Schama.[1] Länderbesitz? Was ging es den Soldaten an, dass der Chedive noch so und so viele Quadratkilometer seinen weiten Besitzungen hinzufügen wollte? Fanatismus? Die ägyptischen Soldaten haben von Natur aus keinen Religionshass, und namentlich die schwarzen Kinder Sudans versuchten während der grässlichen Niederlagen bei Gudda Guddi und Gura oft genug, das Herz ihrer Feinde zu rühren, indem sie sich bereit erklärten, auf der Stelle zum Christenthum überzutreten, falls man sie nicht entmanne, falls man ihnen nur das Leben lasse.

Mit aller Anstrengung arbeiteten die Aegypter, ihr Werk sturmfest und für die Abessinier uneinnehmbar zu machen, was ihnen in kurzer Zeit gelang.

---

[1] Schama, ein grosses baumwollenes Umschlagetuch von weisser Farbe mit rothem Streifen. Die Schama ist Nationaltracht der Abessinier, und Jung und Alt, Mann und Frau, Civilist und Soldat bedient sich derselben.

Aber auch der Kaiser von Abessinien war nicht unthätig gewesen. Boten, welche das Land durchzogen, die Priester in den Kirchen riefen und predigten zum Kampf für das Vaterland gegen die ungläubigen Mohammedaner. Durch Herolde liess der Kaiser verkünden, es gelte, die Frauen und Töchter zu schützen, welche die Aegypter in ihre Harems schleppen wollten; Männer und Jünglinge sollten zum Schwert greifen, um die Bibel gegen den Koran zu vertheidigen. Und alle folgten dem Rufe. Auch der mächtige Ras Adal kam mit seiner ganzen Armee. Ganz Abessinien erhob sich, die Gefahr hatte alle geeinigt. Selbst Menelek von Schoa, der doch eben erst ein Bündniss mit Aegypten abgeschlossen, wagte nicht, sich der allgemeinen Strömung entgegenzusetzen, und wenn er auch nicht selbst kam, so schickte er doch Truppen, Geld und Vorräthe. Der Chedive hätte dem Kaiser Johann keinen grössern Gefallen thun können als mit diesem zweiten, ohne Ursache, ohne jeglichen Grund unternommenen Einfall. Zum ersten mal, seit Hunderten von Jahren, stand das Aethiopische Reich geeint da, einem einzigen Führer, dem Negus Negesti gehorchend.

Der Negus verfügte über ca. 200000 Bewaffnete: in der That eine Achtung gebietende Macht, wenn man bedenkt, dass Abessinien kaum 1,500000 Einwohner haben dürfte; dass das Land keine Wege und Stege besitzt; dass die Verbindungen sehr schwierig, oft durch reissend und tief gewordene Ströme ganz unmöglich geworden sind. Und in kurzer Zeit geschah die Zusammenbringung so vieler Krieger! An Geschützen besass Johannes etwa ein Dutzend, mit Gewehren Bewaffnete etwa 10000, alle übrigen hatten nur Lanzen[1], Schwerter und Schilde. An Pferden (Cavalerie) standen dem Kaiser höchstens einige hundert zu Gebote.

[1] Pfeil und Bogen kennt man in Abessinien nicht mehr.

So vorzüglich die abessinischen Pferde und namentlich so billig sie sind, so gibt es doch keine eigentliche Cavalerie. Dem gegenüber standen 20000 mit Remington bewaffnete, aufs vorzüglichste ausgerüstete und eingeübte [1] ägyptische Soldaten. 24 Geschütze vertheidigten das Fort von Gura, es war natürlich Feldartillerie. Cavalerie hatten die Aegypter nicht mit heraufgebracht. In dieser Beziehung also standen beide Armeen sich gleich.

Aber die Abessinier waren elektrisirt durch den Gedanken an die Vertheidigung ihres Vaterlandes, ihrer Frauen, ihrer Kinder, und fanatisirt durch die Aussicht, gegen die Ungläubigen kämpfen, für die christliche Religion sterben zu können.

Die Truppen lagen sich eine Zeit lang unthätig gegenüber, nur hin und wieder fanden kleine Scharmützel statt, welche bald mit dem Siege der einen, bald mit dem der andern Partei endeten. Und die Sache hätte für die Abessinier sehr schlimm werden können, wenn die Aegypter ruhig und defensiv in ihrem Fort geblieben wären. Die Einnahme desselben durch Sturm war einfach unmöglich.

Da geschah das Unglaubliche, dass Prinz Hassan am 7. März die Truppen ausrücken und angreifen liess. Der blutigste Kampf entspann sich, ein Kampf, wie er wol nie in Abessinien ausgefochten ward. Solche Feinde hatten sich nie gegenübergestanden. Selbst die Schlachten zur Zeit der Portugiesen und des Sultans Mohammed Granje waren nichts dagegen. Die Aegypter, abgedrängt von der Festung, von der kolossalen Uebermacht fast erdrückt, kämpften wie Verzweifelte. Die Aussicht, entmannt und getödtet zu werden, machte sie tapfer. Sie wussten, es galt siegen oder sterben. Aber immer mehr schmolzen die Aegypter zum Häuflein zusammen. Zwanzig Bataillone

---

[1] Die Aegypter hatten sechs Batterien hinaufgeschafft.

waren bis abends niedergemetzelt, und wenn die Abessinier auch den doppelten Verlust erlitten: sie konnten stets die empfindlichen Lücken, welche das Schnellfeuer der Aegypter in ihren Reihen anrichtete, wieder ausfüllen. Der Prinz Hassan war überall. Tapfer focht er wie ein gemeiner Soldat, zwei Pferde wurden ihm nacheinander unter dem Leibe erschossen. Ebenso aber wusste der Kaiser von Abessinien durch sein persönliches Eingreifen seine Leute zu entflammen. Zuletzt nur noch ein Morden und Schlachten, denn nachmittags war man handgemein geworden. Die Abessinier sowol wie die vom Fort abgedrängten Aegypter hatten sich verschossen. Beiden Theilen fehlte die Munition.

Endlich gegen Abend gelang es Prinz Hassan, mit einigen Bataillonen trotz der Terrainschwierigkeit das Fort wiederzugewinnen. Die Abessinier aber drängten nach. Welche Nachlässigkeit! Der Festungscommandant, der es versäumte, gleich mit Kartätschen dareinzuschiessen, auch auf die Gefahr hin, 50—100 Aegypter mit tödten zu müssen, um durch Schnell- und Massenfeuer den Abessiniern den Eingang zu verwehren!

Kaum gelang es dem Prinzen Hassan, mit einigen hundert Mann sich in einen im Fort befindlichen Reduit zu flüchten. Hier befand er sich vorläufig in Sicherheit, hier hatte er noch einige Geschütze, Waffen, Munition, Lebensmittel, nur kein Wasser. Aber es war Nacht geworden, und so konnte er nicht verhindern, dass man alle übrigen Truppen abschlachtete, dass die Kanonen des Forts, die Lebensmittel, die Munition in die Hände der Sieger fielen. Ungefähr 50000 Menschen bedeckten das Schlachtfeld, einige leicht, einige schwer verwundet. Alle Lebenden wurden entmannt. Die Todten waren glücklicherweise die Mehrzahl. Der Kaiser von Abessinien hatte am 7. März 1876 den vollkommensten Sieg erfochten und eine der grössten Schlachten geschlagen, die je in Abessinien stattfanden.

Prinz Hassan fing sogleich Unterhandlungen an. Er erbot sich, bei seinem Vater die Abtretung von Bogos und Mensa zu erwirken, ein hohes Lösegeld zu zahlen. Aber der Negus, welcher mittlerweile das Fort wieder hatte räumen lassen, verlangte unbedingte Unterwerfung. Er liess das Fort räumen, weil bei Tage Prinz Hassan aus dem Reduit ihn hätte beschiessen können. Ausserdem war der Prinz wegen Wassermangels zur baldigen Uebergabe gezwungen. Mit dem Sohne — dem Lieblingssohne — des Chedive in Händen, hätte der Negus alles erlangen können[1]: Massaua, die Ansley Bai, Kassala, Gedaref, Harar, kurz alles, was die Aegypter den Abessiniern seit Theodor's Tod abgenommen hatten. Aber an Unterwerfung dachte Prinz Hassan nicht. Vielleicht fürchtete er einen erzwungenen Uebertritt zum Christenthum oder das noch schlimmere Schicksal seiner meisten Kameraden, obschon mit Unrecht, denn der Kaiser, so unerbittlich er sich gegen die übrigen Aegypter gezeigt, würde doch das Leben und die Gesundheit des Sohnes des Chedive geschont haben.

Mittlerweile, fast in Verzweiflung, knüpfte Prinz Hassan directe Unterhandlungen an mit dem abessinischen Anführer Ras Bariu, welcher mit seiner Truppe den Weg von Gura nach Massaua versperrt hielt. Und hier war er glücklicher. Gegen Auslieferung der Kriegskasse, in welcher sich 20000 Pfd. St. in Gold und ca. 30000 Thaler (österreichische Maria-Theresienthaler) in Silber befanden, liess Rass Bariu seine Truppen rücken, sodass Prinz Hassan in der Nacht vom 8. auf den 9. März durch die Lücke

[1] Dies äusserte der Negus selbst, in einer Audienz, die ich bei ihm am 14. Februar 1881 hatte. Ueberhaupt folgte ich in Erzählung dieser Schlacht von Gura fast ausschliesslich den Aeusserungen des Negus.

hindurch entfliehen konnte. Er erreichte ganz allein[1], zu Pferde, um Mitternacht am 9. März Massaua, die wenigen Soldaten, todmüde, halb verhungert und verdurstet, welche mit entfliehen konnten, trafen erst am Morgen des 10. März ein. Schreckliches Ende einer Unternehmung, die man ohne jeglichen Grund anfing, welche Tausenden von Menschen einen schmachvollen Tod bereitete und welche zurückgeführt werden muss auf den Ehrgeiz nur einiger wenigen.

Ras Bariu sollte übrigens seines Geldes nicht froh werden. Die Nachricht von der Flucht des Prinzen verbreitete sich am andern Morgen sofort durchs ganze Lager. Wie konnte so etwas auch verborgen bleiben! Kaiser Johannes eilte herbei, und ehe der Verräther Zeit hatte, mit der Kriegskasse zu fliehen, hatte sich der Negus Negesti in Besitz derselben gesetzt und den Ras gefangen genommen. Man behandelte ihn glimpflich. Beweisen konnte man ihm auch ein Einverständniss mit Prinz Hassan nicht. Das Zerrissene der Gegend, die Dunkelheit der Nacht konnte, bis zu einem gewissen Grad wenigstens, als eine Entschuldigung für ihn gelten. Man blendete ihn daher blos und steckte ihn für immer auf eine Amba.

---

[1] Es ging damals durch die Zeitungen das Gerücht, Prinz Hassan sei gefangen genommen worden, und der Kaiser von Abessinien habe ihn gezwungen, Christ zu werden, und ihm zur Bestätigung seines neuen Glaubens ein Kreuz auf den rechten Arm brennen lassen. Durch ein schweres Lösegeld (20000 Pfd. St.) befreit, habe Prinz Hassan das Kreuz ausgemerzt und die Wunde sodann für eine in der Schlacht erhaltene ausgegeben. Von dieser ganzen Erzählung ist nichts wahr. Prinz Hassan fiel nicht in abessinische Hände, wie mir dies der Negus Negesti ausdrücklich versicherte.

DRITTES KAPITEL.

FORTSETZUNG DER NEUESTEN GESCHICHTE ABESSINIENS.

Menelek von Schoa. — Aegypten und Abessinien. — Mitchell's Gefangennahme. — Negus Johannes und König Menelek. — Gordon Pascha. — Johannes schreibt an Gordon. — Gordon's Unterredung mit Johannes zu Debra Tabor. — Johannes schreibt an den Chedive. — Johannes schreibt an die Grossmächte Europas. — Gordon verlässt den ägyptischen Dienst. — Gordon's Brief an die Times. — Der griechische Consul Herr Mitzaki.

Durch den Sieg von Gura am 7. März 1876 änderten sich zauberhaft schnell die staatlichen Verhältnisse Abessiniens. Die dem Negus Negesti bislang von vielen verweigerte Anerkennung verwandelte sich in Unterwerfung. Empörungen gibt es ja immer in Abessinien, und das, was man in den Culturländern Europas, in Frankreich, Deutschland und England, durch „mittelalterliche Zustände" bezeichnet, ist eben im äthiopischen Reiche noch in vollster Blüte. Aber die Grossen, die Fürsten und Könige im Lande standen nun fest zum Kaiser. Man sah in ihm ein Werkzeug Gottes, einen Auserwählten. Zweimal hatte er den Erzfeind des Landes, den verhassten Mohammedaner, geschlagen. Nur durch den directen Beistand Gottes konnte das geschehen sein! Die Priesterschaft forderte daher den Negus Negesti auf, officiell seinen Titeln hinzuzufügen: „Auserwählter Gottes“, und gern folgte er einer solchen Aufforderung. Nur einer hatte sich noch immer nicht unterworfen: nach ihm der mächtigste König in Abessinien, welcher selbst schon früher nach der Kaiserwürde strebte, den man namentlich fürchten musste, weil er directe Verbindung mit verschiedenen europäischen Mächten, namentlich mit den Franzosen und Italienern unterhielt und im Bündniss stand mit den Aegyptern: Negus Menelek von Schoa.

Vorläufig aber kräftigte sich Kaiser Johann im eigentlichen Abessinien. Aegypten knüpfte Unterhandlungen an, die jedoch zu keinem Resultat führten. Ohne irgendwelche Kenntniss von abessinischen Zuständen — in keinem Lande der Welt ist man mangelhafter über Abessinien unterrichtet als in Aegypten — schickte man verschiedene Gesandte ab, um die Freilassung der ägyptischen Gefangenen zu bewirken. Aegyptische Gefangene! Man sprach davon, dass man die ägyptischen Artilleristen und Musikanten gezwungen habe, in die abessinische Armee zu treten. Wie komisch das klingt für den, der mit abessinischen Verhältnissen vertraut ist! Abgesehen von denen, die man als lebende, aber entmannte absichtlich laufen liess, überlebte kein einziger Aegypter die Schlachten von Gudda-Guddi und Gura, ausgenommen die wenigen, welche sich durch die Flucht zu retten vermochten. Das musste man in Aegypten doch wissen!

Der Gesandte, welcher gleich darauf, im Mai 1876, nach Adua kam, Ali Bei, wurde vom Negus gut aufgenommen. Ueberhaupt hat man die Grausamkeit des Negus Negesti übertrieben. Gerade in dieser Beziehung sollte man sehr vorsichtig sein und sein Urtheil nicht vom europäischen Standpunkte, sondern von dem des betreffenden Volkes abgeben. Und was soll man dazu sagen, dass man im folgenden Jahre 1877 eine abessinische Gesandtschaft, welche der Negus abschickte, um Frieden zu schliessen und einen neuen Abuna an Stelle des Anfang 1877 gestorbenen zu holen, zu Kairo ins Gefängniss steckte! Der Schmerz und die Trauer über die eben verlorenen Schlachten war allerdings noch zu frisch, aber eine Gesandtschaft hätte man doch respectiren müssen. Erst durch Intervention des britischen Generalconsulats wurden die Abessinier befreit und kehrten sodann unbelästigt, aber auch unverrichteter Sache nach ihrem Vaterlande zurück.[1]

Kleinere Revolten eingeborener Fürsten, so der Abfall des Uald Michael, welcher zu den Aegyptern überging, konnten die immer mehr sich vollziehende Befestigung des Negus Negesti nicht verhindern. Auf das Allgemeine hatten sie gar keinen Einfluss, wie denn kleinere, oft auch grössere, zuweilen nicht einmal gegen die Gewalt des Negus Negesti gerichtete Aufstände in Abessinien von jeher chronisch gewesen sind.

In diese Zeit fällt auch die Gefangennahme des in ägyptischen Diensten stehenden Geologen und Geodäten Mitchell, welcher über seine Gefangennahme und schlechte Behandlung einen äusserst lamentabeln Bericht publicirte. Herr Mitchell befand sich im Winter 1876 als chedivialischer Beamter unter dem Schutze von 50 ägyptischen regelmässigen Soldaten in Ailet und nahm diese Grenzgegend geodätisch auf, welche zu Abessinien gehört, dagegen von Aegypten als ägyptisches Gebiet beansprucht wird, in der That aber freies, d. h. von keiner Behörde regiertes Gebiet ist. Eines schönen Tages überfiel ihn eine Abtheilung abessinischer Soldaten, die meisten ägyptischen Soldaten konnten sich durch die Flucht retten, Mitchell

[1] Vgl. hierüber Russ, „Abessiniens gegenwärtige Lage“, in „Deutsche geographische Blätter“ (Bremen 1878, Bd. II).

gerieth in die Hände der Abessinier. Natürlich wurde er in Ketten gelegt und nicht gerade zu glimpflich behandelt, nach kurzer Gefangenschaft jedoch vom Negus Negesti selbst in Freiheit gesetzt. Mitchell wundert sich in seinem Buche darüber, dass ihn der Negus Negesti ohne Gelddarbietung entliess! Kann man sich eine grössere Naivetät vorstellen? Man denke sich einen solchen Fall in Europa, sagen wir, zwischen zwei der civilisirtesten Nationen, zwischen Deutschland und Frankreich. Also diese beiden Länder befinden sich miteinander im Kriege. Auf der Grenze ertappen die Franzosen einen deutschen Geodäten, welcher ihr Gebiet vermisst, aufnimmt und kartographirt. Die Franzosen würden zweifelsohne den Deutschen auf der Stelle erschossen haben. In Abessinien blieb dagegen Herr Mitchell einige Wochen in Ketten und wurde dann bedingungslos entlassen. Aber er verlangte noch Entschädigung, Geschenke, Geld dafür, dass er für seine Regierung, die ägyptische, auf abessinischem, d. h. feindlichem Gebiet, mappirt hatte! Diese sogenannte schmähliche Behandlung, die Fesselung eines ägyptischen Beamten rief einen Schrei der Entrüstung in Aegypten und Europa gegen den Negus Negesti hervor, und selbst denkende Männer stimmten mit ein, ohne aber den wahren Sachverhalt zu kennen, nämlich dass Abessinien und Aegypten noch immer im Kriege miteinander sind.

Es kam aber der Zeitpunkt immer näher, wo ganz Aethiopien Ein Reich werden sollte, was es seit Jahrhunderten nicht gewesen war. Mitte 1879 zog der Kaiser nach dem Süden, um Schoa zu unterwerfen und Menelek zu zwingen, ihn anzuerkennen. Aber es kam nicht zur Schlacht. Als die beiden Armeen einander gegenüberstanden, zeigte Menelek an, er sei bereit, sich zu unterwerfen. Auch er, der viel Aeltere, was Abkunft anbetrifft, und Vornehmere, wollte sich beugen vor dem neuen Kaiser, vor dem „Auserwählten Gottes". Und aus Erfahrung an andern Fürsten wusste er, dass der Negus Negesti ihn nicht entthronen würde. Hatte er doch Ras Adal zweimal verziehen! Eine von der Politik Theodor's ganz verschiedene befolgte Johannes. Während jener, wenn er sich eine Provinz, ein abessinisches Königreich eroberte, stets einen neuen und, wie er annahm, ihm ergebenen Gouverneur oder König einsetzte, lässt der jetzige Negus Negesti, wenn irgend möglich, den Bewohnern ihre angestammten Gouverneure und Regenten. Und hierauf rechnete auch Menelek, der Sohn von vielen Königen!

Menelek schrieb Johannes, er würde sich bei ihm einstellen, mit dem Stein auf dem Nacken: ein noch immer geübter Brauch der erniedrigendsten Art der Unterwerfung in Abessinien, etwa das, was die Römer mit ihrem „durchs Joch gehen" verstanden. Der Kaiser schrieb ihm, es sei dies nicht nöthig, er möge nur auf dem Evangelium einen Eid schwören, nie wieder revoltiren zu wollen. Sein Königreich dürfe er behalten[1], aber alljährlich müsse er bestimmten Tribut zahlen.

König Menelek erschien aber in der That vor versammeltem Hof mit einem schweren Block auf dem Halse. Als der Negus Negesti den Mann in einer solchen Erniedrigung erblickte, sprang er auf und befahl dem General Ras Alula, den Stein abzunehmen, worauf er Menelek umarmte und unter einem Strom von Thränen seine eigene Krone bringen liess, mit der er ihn krönte. Mit dieser Krönung Menelek's, mit der Unterwerfung Schoas war Abessinien, abgesehen vom Küstenbesitz, auf welchen es mit Recht Anspruch machen kann, ein einziges Reich geworden.

---

[1] Vgl. auch Matteucci, welcher die Begebenheit mit der ihm eigenen Phantasie erzählt und die Unterwerfung im März 1879 stattfinden lässt.

Für den Nachfolger Theodor's hatte sich dessen Traum erfüllt.

Ein wichtiges Ereigniss, denn die verschiedenen europäischen Gesandtschaften, welche der Negus Negesti inzwischen empfing, können nur als Höflichkeitsbesuche gelten, war im Winter 1879/80 die Gesandtschaft Gordon Pascha's an den Hof des Kaisers von Abessinien. Der ehemalige englische Oberst, welcher in China so Vorzügliches leistete, stand seit Jahren in ägyptischen Diensten und hat sich als Generalgouverneur der sudanischen Provinzen unvergängliche Verdienste um die Abschaffung der Sklaverei und des Sklavenhandels erworben. Auch seine Bemühungen zur Heranbildung gerechter und unbestechlicher Beamten, welche die ihm anvertrauten Provinzen und Unterthanen mit Güte und Gerechtigkeit regieren, können gar nicht hoch genug angeschlagen werden. Aber wir zweifeln, ob er für eine solche Reise zu einem solchen Herrscher sich eignete. Seine Mission schlug denn auch gänzlich fehl, sodass das Verhältniss zwischen dem Negus Negesti und dem Chedive womöglich sich noch verschlimmerte. Ohne Zweifel beleidigte Gordon den Negus durch zu barsches Auftreten, und dann wieder und jetzt aufs höchste dadurch, dass er den an den Chedive geschriebenen Brief erbrach.[1] Dazu war Gordon Pascha unzweifelhaft vom Chedive ermächtigt.

Erwähnen will ich noch, dass ein gewisser Uadenkal, welcher in Bogos lebte und, obschon Abessinier, sich Aegypten anschloss, angewiesen wurde, sich ruhig zu verhalten, was er jedoch so wenig that, dass er sogar den

---

[1] In einem an Bianchi geschriebenen Brief von Gordon, Lago Tzana 10./11. 1879 datirt und veröffentlicht im „Esploratore“ 1880, S. 59, heisst es: „Mehr als je war ich unzufrieden, als ich nach Eröffnung des vom König an den Chedive veröffentlichten Briefes sah, dass derselbe nichts als leere Worte enthielt.“

Sohn Theodor's, den damals noch lebenden Prinzen Alamayo, als Gegenkaiser aufstellen wollte. Erst als er die Unterwerfung Menelek's erfuhr, kehrte er nach Abessinien zurück und der Kaiser verzieh ihm auch.

Gordon stand seit 1877 in Unterhandlungen mit dem Kaiser. Im Jahre 1879 schickte er den Herrn Winstanley an den Negus mit Geschenken und Friedensvorschlägen, und obschon der Negus auf Gordon's Vorschläge sich nicht einliess, welche im Namen des Chedive, aber gegen Gordon's eigenen Wunsch, auf den Verbleib von Bogos bei Aegypten lauteten, schrieb er doch folgenden recht freundlich gehaltenen Brief[1] an ihn:

„Von Seiner Majestät Johannes, König der Könige von Aethiopien, an Gordon Pascha.

„Mein lieber Freund, Gott sei Dank, ich und mein Volk befinden uns wohl. Die Sachen, welche Sie mir geschenkt haben, habe ich erhalten aus den Händen Winstandling's: Sammt, einen Silbersattel, zwei goldene Anzüge (d. h. Brokatstoffe), fünf Ellen roth Bannasi, zwei rothe Anzüge, einen Silberteller mit zwölf Silbertassen und einer goldenen, eine schöne Flinte und einen schönen Teppich.

„Mein Freund, ich bin sehr dankbar für die Güte, welche Sie mir erwiesen haben; ich habe alles gesagt, was nöthig ist. Meine Wünsche wird er (der Ueberbringer des Briefes) Ihnen mittheilen. Ich hoffe, Sie bald zu sehen.“

Gordon, mit der Administration seiner ausgedehnten Provinzen beschäftigt, wurde sodann im August 1879, nachdem Tewfik die Regierung angetreten hatte, nach Kairo berufen und erhielt den Auftrag, sich sofort nach Abessi-

---

[1] Anti-Slavery Reporter, Juli 1880, Vol. 22, Nr. 3. Dieser Brief ist aus dem Englischen. Aber die englische, vom Madrigal, dem Dolmetsch des Negus, verfasste Uebersetzung scheint mir keineswegs wörtlich dem Amharischen zu entsprechen.

nien zu begeben, um mit dem Negus Negesti Frieden zu schliessen. In Massaua am 5. September 1879 angekommen, brach er von dort am 11. September auf, war beim Gouverneur von Hamasen, Ras Alula, am 17. desselben Monats, und erreichte nach fast sechswöchentlicher ununterbrochener Reise Debra Tabor, woselbst er sogleich zum Negus geführt wurde. Der griechische Consul Mitzaki von Sues befand sich ebenfalls dort. Gordon überbrachte ein chedivialisches Schreiben mit der Anfrage, unter welchen Bedingungen der abessinische Herrscher gewillt sei, Frieden zu schliessen. Sodann sollte er die Herausgabe der Gefangenen[1] beantragen.

Gleich die erste Zusammenkunft trug einen unfreundlichen Charakter. Da stand auf der einen Seite der Mann, welcher, von Glücksumständen getragen oder, wie er selbst glaubte, durch göttliche Vorsehung erkoren, sich zum Alleinherrscher eines bis dahin stets zersplitterten Reiches aufschwang, eines Reiches, welches seiner Meinung nach zu den mächtigsten der Erde zählte; der ausserdem von den geographischen Zuständen und namentlich von den Machtverhältnissen der übrigen Länder die kindlichsten Begriffe besass, etwa wie weiland sein berühmter Vorfahr David oder Salomon; der, im Vollgefühl, die Aegypter zweimal aufs Haupt geschlagen zu haben, glaubte, als Sieger sein vae victis! unbedingt durchführen zu können. Und auf der andern Seite Gordon, der, im Bewusstsein seiner grossen Verdienste um Humanität im allgemeinen, sich beim Frie-

---

[1] Ich habe oben mitgetheilt, dass die Abessinier gar keine Gefangenen hatten. Sämmtliche Mohammedaner wurden getödtet. Verschiedene Individuen aber aus den ägyptischen Grenzprovinzen Galabat, Gedaref, Bogos u. s. w., von denen der Negus behauptete, sie seien abessinisch, schonte man, und da sie der amharischen oder tigrischen Sprache mächtig waren, wurden sie als Artilleristen dem abessinischen Heere einverleibt.

densschluss nach dem Krimkrieg als vorzüglicher Politiker erwies; der an der Spitze der chinesischen Armee die Aufständischen bezwang und dadurch ein wahres Feldherrntalent an den Tag legte; der endlich in Aegypten durch seine administrativen Maassnahmen sowie durch die Mittel, welche er zur Unterdrückung des verabscheuungswürdigen Sklavenhandels in Anwendung brachte, einen neuen Lorberkranz seinem alten Ruhme hinzufügte; der, obwol in ägyptischen Diensten, seine englische Zugehörigkeit nicht aufgab, ja nicht einmal aus dem Verband der britischen Armee schied; der jederzeit das Bewusstsein: „civis romanus sum“, in der Brust trug; der jetzt über ein Gebiet regierte, fünfmal grösser als das des abessinischen Kaisers und fast mit derselben persönlichen, sonst aber mit grösserer Machtfülle als dieser!

Der Negus Negesti musste schon deshalb für Gordon kein wohlwollendes Gefühl in seiner Brust hegen, weil dieser in die Dienste eines mohammedanischen Herrschers getreten war. Die Mohammedaner oder Türken oder Aegypter, alle diese drei Namen decken sich für die Abessinier und sind ihnen das Verabscheuungswürdigste, was auf der Erde existirt. Allerdings ist es ja oft genug vorgekommen und kommt noch immer vor, dass abessinische Häuptlinge sich mit den Mohammedanern verbündeten, dass christliche Abessinier zum Islam übertraten; aber der echte Abessinier sieht sein Heil nur im Christenthum, Abessinier und Christ ist ihm so gleichbedeutend wie Türke und Mohammedaner.

Bei der Audienz erfuhr Gordon nun zum ersten mal, was der Negus, um Frieden zu gewähren, verlangte, nämlich: Bogos, Metemmeh, Schangalla, die Häfen von Sula und Amphila, einen Abuna und eine Kriegsentschädigung. Zum Theil waren diese Forderungen den Aegyptern bekannt. Aber merkwürdigerweise hatte Gordon die Instruction von der chedivialischen Regierung, keine einzige zu bewilligen. Doch eine, nämlich Abessinien dürfe sich einen Abuna „kaufen“ vom koptischen Patriarchen. Auch wolle sich die chedivialische Regierung zu Verhandlungen wegen freien Durchgangs von Waaren über Massaua herbeilassen. Von vornherein konnte man unter diesen Umständen durchaus kein Resultat erwarten.

Die letzte Audienz, am 8. November, spiegelt den Gang der ganzen Unterhandlungen wider, weshalb wir darüber nach Gordon's eigener Mittheilung im „Anti-Slavery Reporter“[1] die wörtliche Wiedergabe als historisch und culturhistorisch interessant mittheilen:

Am 8. November hatte Gordon seine letzte Zusammenkunft mit Johannes, welcher sehr schlecht gelaunt war und keine Lust sich auseinanderzusetzen zeigte. Der griechische Consul (Herr Mitzaki) von Sues war auch anwesend.

Der König sagte: „Haben Sie noch irgendetwas zu sagen?“

Gordon erwiderte: „Nein.“

Dann sagte der König: „Gehen Sie zu Ihrem Herrn zurück, ich werde Ihnen den Brief senden.“

Gordon fragte: „Wollen Sie mir nicht die gefangen gehaltenen ägyptischen Soldaten zurückgeben?“

Johannes wurde sehr böse und rief aus: „Weshalb fragen Sie danach? Sie haben viele von meinen Soldaten als Gefangene zurückbehalten.“

Gordon antwortete: „Nein, jeder ist freigegeben worden; fragen Sie den Consul.“

Der Consul schwieg[2], und der König hob die Zusammenkunft mit den Worten auf: „Ich habe schon einen

---

[1] Anti-Slavery Reporter, Juli 1880.

[2] Dieses Benehmen war höchst sonderbar.

Brief dieserhalb geschrieben, und ich werde noch einen andern schreiben. Geh."

Eine Stunde später erhielt Gordon den Brief und brach auf, um über Galabat nach Chartum zu gehen. Aber in der Voraussetzung, dass der Brief seinem Inhalt nach nicht in Ordnung sei, öffnete er ihn und fand Folgendes[1]:

„Wie geht's Dir in dieser Woche?[2] Gott sei gedankt, ich und meine Soldaten wir befinden uns wohl. Der von Dir mir geschickte Brief ist mir zugekommen. Wegen eines Friedensschlusses hast Du mir jenen Mann geschickt. Nachdem Du mich beraubt hattest, kämpftest Du gegen mich ohne Wissen der Könige, aber die Könige werden davon in Kenntniss gesetzt werden. Und jetzt möchtest Du heimlicherweise, wie man es zwischen Räubern thut, Frieden schliessen. Wie kannst Du den Frieden schliessen, wenn Du die Kaufleute und die Landbevölkerung im Verkehr hinderst? Die Könige werden über mein Verhalten und Deines in Kenntniss gesetzt werden. Geschrieben in Senna am 29. October[3] 1879."

Wie Gordon mit Recht hervorhob, bildete dieser Brief einen seltsamen Contrast mit dem so höflich gehaltenen des Chedive. Aber andererseits darf man nicht vergessen, dass, wenn auch der Chedive äusserst höflich schrieb, Gordon doch keine einzige Concession mitbrachte, um auch nur einigermassen den von Aegypten Abessinien verursachten Schaden zu vergüten. Aegypten hatte doch die Provinzen Bogos und Mensa geraubt, und die früher von Abessinien halb abhängigen Galabat, Gedaref und Harar, welche alljährlich bis zur Thronbesteigung Theodor's Tribut entrich-

---

[1] Anti-Slavery Reporter, 1880, S. 77.

[2] Das Dutzen erklärt sich wol daraus, weil der Chedive im Arabischen wahrscheinlich auch gedutzt hat.

[3] Alten Stils.

teten, ganz einverleibt. Ausserdem erfahren wir aus diesem Schreiben, dass der Negus Negesti gar keine eigentliche Vorstellung von der Macht des Chedive, von der Grösse Aegyptens besitzt. Wahrscheinlich lebt man in Abessinien immer noch im Glauben, Aegypten sei, wie vor Mehemed Ali's Regierungsantritt, ein von der Türkei durchaus abhängiges Paschalik. Ferner erhellt aus dem Briefe des Negus, dass er von europäischen Verhältnissen die eigenthümlichsten Vorstellungen haben muss. Denkt er sich „die Könige" als eine Vereinigung, als einen Areopag? Alles das ist so unklar.

Aber Gordon hat vollkommen recht, wenn er ausruft und einestheils seinen Miserfolg diesem Umstand zuschreibt:

„Ich war überzeugt, dass der König aufgehetzt worden war von Personen an seinem Hof, welche ihn überredeten, nur zu fordern, es würde schon bewilligt werden."

Nichts wollte er indess unversucht lassen, und so schrieb er denn an Herrn Mitzaki, den griechischen Consul, um zu fragen und zu erforschen, warum der König diesen Brief geschrieben, anstatt, wie er versprochen, einen mit den von ihm erhobenen Ansprüchen zu formuliren. In einer Audienz zuvor hatte nämlich der Negus Gordon versprochen, die oben mitgetheilten mündlichen Forderungen dem Chedive brieflich mitzutheilen. Es wurde Gordon geantwortet[1]: „Man hätte dem König wegen des Briefes gesprochen und derselbe habe geantwortet, er habe dem Chedive so geschrieben, wie er es für passend hielte, und dass er andere Briefe schreiben würde, wenn es in den Interessen seines Staates läge." Dies war eine offenbar von einem Europäer inspirirte Antwort. „Staatsinteressen",

[1] Anti-Slavery Reporter, S. 77.

das sagt kein Negus. Ein Negus Negesti kennt nur *l'État c'est moi.* Aber sei dem wie ihm wolle, Gordon hatte nichts erreicht und musste auf dem Rückwege noch die unangenehme Erfahrung machen, dass fast auf der Grenze von Galabat sich ihm Truppen des Ras Areya (Oheim des Negus) entgegenstellten mit der Weisung, die Abreise Gordon's nach dieser Seite hin zu verhindern und ihn auf Massaua zu dirigiren. Auch auf dieser Rückreise begegneten Gordon noch manche Widerwärtigkeiten. Am 7. December 1879 erreichte er Massaua wieder und zerstörte somit durch seine Ankunft alle namentlich über seine Gefangenschaft entstandenen Gerüchte.

Während der Negus Anfang 1879 schon Briefe an die christlichen Grossmächte wahrscheinlich durch Private hatte befördern und in Massaua auf die Post geben lassen, schickte er mit dem nach Sues zurückkehrenden Herrn Mitzaki neue Schreiben an die europäischen Mächte, Klageschriften, worin er die Könige aufforderte, ihm beizustehen im Kampfe gegen die Ungläubigen und Aegypten zu befehlen, an Abessinien die eroberten Länder und namentlich die Küste wieder abzutreten, die es vorher besessen habe. Aus diesem Schreiben geht deutlich hervor, dass der Negus sich sämmtliche christliche Mächte als in ihren Interessen solidarisch verbunden dachte. Wie er das vereinbarte mit dem Gedanken an den Krimkrieg, wo Frankreich, England und Sardinien auf seiten der Mohammedaner die orthodoxen Russen bekämpften, ist schwer zu sagen. Wahrscheinlich dachte er: wenn ein abessinischer Fürst, Uld Michael, sich mit Mohammedanern verbündete, dann konnte es zur Bekriegung Russlands auch Napoleon.

Wie wir in der Folge sehen werden, sind die Versuche des Negus Negesti, die europäischen Regierungen für die abessinischen Angelegenheiten zu interessiren, bislang erfolglos geblieben. Anders wäre es vielleicht gewesen, wenn der Kaiser es verstanden hätte, sich mit Gordon besser auseinanderzusetzen.

Gordon, mit seinem persönlichen Einfluss und in seiner Eigenschaft als Engländer, also der Nation angehörend, welche Indiens halber sich aufs lebhafteste für alles interessirt, was am Sueskanal und an der natürlichen Verlängerung desselben, am Rothen Meere, vorgeht, hätte es vielleicht vermocht, England für Abessinien zu interessiren, denn in seiner uneigennützigen, edeln Weise war er trotzdem ein Freund Abessiniens, ja, ein Freund des Negus Negesti geblieben, so schwer ihn derselbe auch beleidigt hatte. Freilich wusste Gordon, dass diese Beleidigung nur aus der Unkenntniss des Negus mit den auswärtigen Zuständen entsprang und ausserdem fremden Einflüsterungen ihre Entstehung verdankte. Aber wie mancher andere würde jetzt erst recht feindlich gegen den Negus aufgetreten sein. Gordon im Gegentheil verliess gleich nach seiner Rückkehr nach Kairo den ägyptischen Dienst für immer. Er wollte von nun an die Möglichkeit des activen Vorgehens gegen Abessinien vermeiden. Wenn er bis dahin in strengem Pflichtgefühl treu zu seinem Souverän stand und unter den schwierigsten Umständen und ohne Aussicht auf Erfolg eine Mission unternahm, welche viel Beschwerde und Mühe, aber keinerlei Lohn und Ruhm einbrachte, so wollte er jetzt nichts mehr mit einer Regierung zu thun haben, welche ihn möglicherweise in die Nothwendigkeit hätte versetzen können, feindselig gegen ein christliches Volk vorzugehen. Gordon ist eine durchaus christlich angehauchte Natur, ein eigenartig religiös angelegter Mensch. Daher musste auch das Christenthum der Abessinier auf ihn, den momentan in mohammedanischem Dienste stehenden Christen, einen bedeutenden Einfluss ausüben. Und wenn er auch aus Pflichtgefühl seinem Herrn nicht untreu ward, so scheint es doch unzweifelhaft, „dass die vom Negus gemachten

Versuche, Oberst Gordon von seinen ägyptischen Verpflichtungen gegen den Chedive abzuziehen, und dass die Vorstellungen, ein Christ und ein Engländer müsste doch eher freundschaftliche Gefühle für einen christlichen Monarchen haben, als für den Chedive, der doch Ungläubiger sei", nicht ganz ohne Einfluss auf ihn blieben.

Wir erfahren das aus einem Briefe, den Oberst Gordon am 1. Januar 1881 an die „Times" sandte. Derselbe lautet in freier Uebersetzung:

„Mein Herr, ein Telegramm meldet, dass der König von Abessinien Gesandte nach Kairo geschickt habe, um wegen des Friedens zu unterhandeln.[1]

„Abyssinia bildet seit Jahrhunderten eine christliche Nation. Die Abessinier besitzen die Heilige Schrift, worin sie wohlbewandert sind. Sie sind frei von den Lastern der Orientalen und ein schöner männlicher Volksstamm. Sie haben das Recht auf die Sympathie der christlichen Nationen; denn wie trübe auch das Licht ihrer Kirche brennt, es lebt doch noch, und es hat sich erhalten trotz der zahllosen Invasionen, welche ihre mohammedanischen Nachbarn unternahmen, und obschon keine andere christliche Kirche Hülfe brachte.

„Lord Napier kann davon erzählen, zu wie grossem Dank er und seine Armee Prinz Kassai (jetzt König Johann) verpflichtet waren für die Hülfe, welche dieser Prinz ihm

---

[1] Um dieselbe Zeit, als Gordon seinen Brief veröffentlichte, befand sich der Verfasser in Abessinien und zwar unfern der Residenz Debra Tabor. Fast alle zwei Monate liefen und laufen derartige Telegramme durch die Zeitungen, welche die Ankunft von abessinischen Gesandten melden. Gewöhnlich sind es Pilger, welche nach Jerusalem wollen. In Aegypten, wo eine vollkommene Unkenntniss abessinischer Zustände herrscht, sieht man in jedem ankommenden Abessinier einen Gesandten, und diese lassen sich gern als solche ansehen, um umsonst befördert zu werden, wenigstens bis Kairo.

leistete im Kriege gegen Theodor. Und so sollte man hoffen, dass bei etwaigen Unterhandlungen zwischen Abessinien und Aegypten — und hierbei muss unsere Regierung nothwendigerweise um Rath gefragt werden — keine parteiische Hinneigung zu letzterer Macht stattfände.

„Der Gegenstand des Streites ist das Gebiet von Bogos, das durch Munzinger 1869 oder 1870 den Abessiniern abgenommen wurde. Die ägyptische Regierung erklärt, dass eine Rückgabe dieses Gebietes eine Verletzung des Firmans des Sultans in sich schliesse, welchem zufolge kein Theil des ägyptischen Gebietes abgetreten werden dürfe. Aber das passt hier nicht, denn Bogos war nie ägyptisches Gebiet. Und da Aegypten niemals der Pforte die Einverleibung von Bogos anzeigte, kann diese auch nichts davon wissen.

„Bogos ist ein kleines Land und liegt als Vorsprung auf dem abessinischen Hochlande, Wenn eingesammelt, betragen die Einkünfte jährlich 700 Pfd. St.; in den letzten vier Jahren wurden keine Abgaben eingesammelt. Die fortgesetzte Einverleibung von Bogos kostet den Aegyptern 12000 Pfd. St. jährlich; man sollte es daher zurückgeben im Interesse der Gerechtigkeit und des Staates. Oder die ägyptische Regierung müsste sich mit dem König für die Besitzergreifung abfinden durch einen zu zahlenden Tribut oder durch Kauf. In Wirklichkeit ist das Land werthlos für Aegypten; es hat nur den Nutzen, dass die von Massaua nach Aegypten führenden Telegraphenlinien dasselbe schneiden. Diese könnten aber ebenso gut längs des Ufers von Massaua nach Suakin geführt werden. Der sudanische Handel geht nicht durch Bogos, sondern nach Suakin.

„Die nächste Frage betrifft den Handel eines grossen Landes, es ist das die abessinische Hafenfrage. Der Einwand ward erhoben, man könne den Abessiniern keinen Hafen geben, weil sie ein zu wildes Volk seien. Ist es aber nur möglich, sie weniger wild zu machen, wenn man sie nicht aus ihrer Isolirung befreit? Betrachtet man das Zollamt in Massaua, so sieht man, dass die meisten dort aus- und eingeführten Waaren von Abessinien sind und nach Abessinien gehen. Aegyptischer Handel existirt dort fast gar nicht. Der Hafen von Annesley Bai, den der König mit einem kleinen dazugehörigen Gebiet zu haben wünscht, bringt jährlich 100 Pfd. St. an Abgaben ein. Es ist noch eine Frage, ob es zu Aegypten gehört. Einst besassen wir es, und Frankreich machte in vergangenen Zeiten Anspruch darauf. Es würde nicht mehr als billig sein, dem König einen freien Zugang zur See zu gewähren, wie man einen solchen auch für Montenegro geschaffen hat.

„Die nächste Frage ist die Forderung des Negus, einen Erzbischof oder Abuna zu besitzen. Seit Jahrhunderten erhält die abessinische Kirche diesen Abuna aus der koptischen Kirche. Dies ist von Wichtigkeit, da blos der Abuna die Priester ordiniren kann. Der König hat deshalb wegen der Feindseligkeit der beiden Regierungen seit Jahren ohne Abuna sich behelfen müssen[1], und während der ganzen Zeit konnten keine Priester ordinirt werden.

„Die Aegypter haben deshalb eine so grosse Abneigung gegen die Abtretung eines Hafens, weil sie der Sage glauben, dass vor der Auferstehung oder dem Jüngsten Tag die Kaaba von den Abessiniern würde zerstört werden; aber da diese Zerstörung ein Zeichen vom Herannahen des

[1] Der Abuna Athanasius war, wie oben berichtet, 1877 gestorben. Im Juli 1881 gelang es dem Negus Negesti, einen neuen Abuna, Namens Petros, und drei koptische Priester von Aegypten zu „kaufen“.

Jüngsten Tages sein soll, so kann das ja schliesslich für Aegypten ganz einerlei sein.

„Mohammed prophezeite auch seinen Anhängern Strafe, wenn sie sich je unterfangen sollten, die Abessinier anzugreifen; dankbar wollte er sich dadurch erweisen für den Schutz, den sie seiner Familie angedeihen liessen während der Verfolgung seitens der Koreischiten.“ —

Der griechische Consul in Sues, Herr Mitzaki, reich mit Ehren und Geschenken überhäuft, hatte den Negus bald nach Gordon's Abreise ebenfalls verlassen. Er überbrachte für den König von Griechenland, für den griechischen Kronprinzen und den Ministerpräsidenten die Decoration des vom Negus Johannes wieder erneuerten Salomonis-Ordens. Ursprünglich von Theodor gestiftet, hatte derselbe drei Klassen. Die Form war bei allen dieselbe: zwei ineinanderliegende Dreiecke, genau so, wie das Staatswappen der marokkanischen Kaiser und das der bairischen Bierwirthe. Kaiser Johannes lässt die Decoration aus massivem Gold herstellen und die Goldstäbe abwechselnd mit Diamanten und Türkisen besetzen. Man hat sich in Aegypten viel die Köpfe darüber zerbrochen, woher diese Intimität zwischen dem Negus und dem Basileus stamme; man sagte, der griechische Consul wolle den Negus überreden, einen griechischen Abuna, statt eines koptischen, zu nehmen[1], und ausserdem für Griechenland ausschliesslich Handelsvortheile gewinnen u. s. w. u. s. w. Alles das ist möglich. Und wir gestehen offen, dass, wenn es Herrn Mitzaki gelungen wäre, den Negus zu überzeugen, es sei vortheilhafter, einen griechischen Abuna statt eines koptischen zu nehmen,

[1] „Mitzaki avait proposé au Negus de prendre un Abuna de l'église grècque, mais le Negus ne le voulait pas. C'était Novembre 1879 quand j'étais à Debra Tabor.“ (Aus einem Briefe von Gordon an mich vom 24. Juli 1881, Isle de St.-Maurice.)

dies für Abessinien nur hätte von Vortheil sein können. Denn ein koptischer Abuna war doch einst ägyptischer Unterthan, Unterthan eines Mohammedaners und bot daher stets leichter eine Handhabe zum Intriguiren, was man von einem griechischen Abuna nicht zu fürchten brauchte. Griechenland ist ausserdem zu weit entfernt und zu schwach, um irgendwie Einfluss auszuüben oder gar activ in Abessinien einzugreifen. Davon hat allerdings ein Abessinier keinen Begriff; sagt ihm jemand, Griechenland sei mächtiger als alle übrigen Staaten Europas zusammen, so liegt kein Grund für ihn vor, dies für unwahr zu halten.

Als wichtiges Ereigniss muss sodann noch verzeichnet werden die Krönung des Gouverneurs von Godjam, Ras Adal, zum König Teklahaimanot; sie fand Mitte Januar 1881 statt. Ras Adal, welcher früher ebenfalls gegen den Negus Negesti rebellirte, bewies sich in letzter Zeit als treu, nahm lebhaften und wirksamen Antheil an der Schlacht von Gura und bewirkte gleich darauf die Unterwerfung von Kaffa und Enarea, wofür ihn der Negus Negesti nun belohnte. Um die Krönungsfeierlichkeit noch grösser zu machen und mit allem nur möglichen Pomp zu veranstalten, wurde auch der König von Schoa zu dieser Feierlichkeit eingeladen, und zum ersten mal seit undenklichen Zeiten sahen wir im Jahre 1881 das geeinigte alte äthiopische Reich mit seinem Negus Negesti Johannes an der Spitze und unter ihm die Königreiche Schoa, Godjam und den nördlichen Theil Tigre, welches allerdings heute noch keinen König besitzt, voraussichtlich denselben aber demnächst in der Person des Ras Areya, des einzigen Sohnes des Kaisers selbst, erhalten wird.

Mehr aus Höflichkeit als aus irgendeinem andern Grunde antworteten die verschiedenen Mächte auf die Schreiben des Negus Negesti. Der Verfasser war am ersten zur Reise gerüstet und konnte als erster noch im Jahre 1881 abessinischen Boden betreten.

Nach dieser kurzen Excursion auf das Gebiet der neuesten Begebenheiten in Abessinien wollen wir den Faden der Erzählung wieder aufnehmen, welche im ersten Kapitel die Uebersiedelung nach Hotumlu berichtete.

VIERTES KAPITEL.

AUFENTHALT IN HOTUMLU.

Der Berg Gedem. — An den abessinischen General Ras Alula. — Antwort Ras Alula's. — Abermals an Ras Alula und dessen Antwort. — Die Furcht vor den Abessiniern. — Fahrlässigkeit der Orientalen. — Die für den Negus Negesti bestimmten Geschenke. — Besteigung des Gedem. — Der Naib. — Der freundliche Besitzer einer Hütte. — Zahlreiche Begräbnissplätze. — Beschaffenheit und Umgebung des Gedem. — Affen. — Je ein geschlachtetes Thier für Mohammedaner besonders und für Christen (Abessinier) besonders. — Die Aussicht vom Gedem. — Messung des Gedem. — Abstieg. — Vegetation. — Fauna. — Der Klippschliefer. — Körperbeschaffenheit, Bekleidung, Nahrung der Bewohner. — Das weibliche Geschlecht.

Unser Lagerplatz befand sich auf einer kleinen luftigen Anhöhe und bot eine entzückende Aussicht. Nach Westen zu hatte man das unvergleichliche Alpenpanorama von Abessinien vor sich. Gegen Abend, zuweilen allerdings auch bei Tage, lagen gewöhnlich schwere Haufenwolken auf den Bergriesen, und an irgendeiner Stelle — das sah man deutlich — witterte und regnete es. Aber des Morgens, wenn die aus dem Meere auftauchende Sonne der Gebirgswand neues Licht spendete, zeichneten sich mit wunderbarer Klarheit die Umrisse der einzelnen Berge ab.

Imposant trat namentlich etwas südlicher der mächtige, vom eigentlichen Hochplateau abgelöste Bisenberg mit dem darauf befindlichen Kloster hervor. Letzteres konnte man jedoch der örtlichen Verhältnisse wegen nicht unterscheiden. Im Süden aber, etwas zu Ost, erhob sich nahe vor uns der grossartige Gedem, welcher, wenn auch im Vergleich zu den abessinischen Nachbarn an Höhe nur ein Kind — seine Höhe ist etwa die des Brockens — sich dadurch bemerkbar machte, dass er plötzlich aus einer kaum über dem Niveau des Meeres am Meere gelegenen Ebene hervortrat. Vor dem Gedem lag Massaua, das Inselchen Tolhut, die grüne Insel Sidi Schich und links davon mit seinen phantastischen Formen zeichnete sich das von Arakel Bei erbaute chedivialische Schloss ab. Nach Norden hatten wir den Blick auf das zwischen Tamarisken, Parkinsonien und Calotropis versteckte schmucke und stattliche Gebäude der schwedischen Missionare, während nach Ost zu die Hütten der Bewohner von Hotumlu uns die Ansicht aufs Rothe Meer entzogen. Unsern Hügel trennte nur ein schmaler Arm des Mpasi von der Wohnung Franz Hassen Bei's, welche als ein Musterhaus aller Gebäude in jener Gegend dienen kann. Allen Reisenden ein treuer Berather, lebt Hassen Bei schon seit Jahren in Massaua oder Senhit als ägyptischer Beamter. Im Jahre 1882 war er sogar von der ägyptischen Regierung mit einer Mission an Johannes betraut und erledigte sich seines Auftrags in Adua, wo der Negus damals residirte. Verheirathet mit einer Enkelin des berühmten Negus Ubieh von Tigre, versteht sich diese würdige Dame vortrefflich auf die Führung des Hausstandes ihres Gatten und hat sich vollkommen die Art und Weise, wie Europäer leben, zu eigen gemacht. Hassen Bei war, als ich mich in Massaua befand, Vicegouverneur oder Adlatus des Gouverneurs und füllte zur Zufriedenheit Aller seinen Posten aus. Neben Herrn Tagliabue, welcher während unsers Aufenthaltes in Massaua uns am meisten mit Rath und That zur Seite stand, sind wir Herrn Hassen Bei zu grösstem Dank verpflichtet. Durch seine Vermittelung wurde mir auch der Regierungsdolmetsch zur Verfügung gestellt, durch den ich folgenden Brief an den General Ras Alula, Gouverneur der Provinz Hamasen, amharisch schreiben und absenden liess: [1]

„Massaua, 18. November 1880. Der Brief gelange an den geehrten Ras Alula vom Kaiserlich Deutschen Gesandten Rohlfs! Wie geht es Ihnen? Ich bin wohl, Gott sei Dank! Ich komme gesendet vom König von Preussen (ich hatte «Kaiser» dictirt; «Preussen» oder «Borussia» ist, wie ich andern Ortes erwähnt habe, bei den orientalischen Völkern synonym für Deutschland) mit einer Antwort auf Seiner Majestät Schreiben. Das zeige ich Ihnen, dem geehrten Ras Alula, hiermit an und bitte Sie nun, das Seiner Majestät eilig schreiben zu wollen. Wenn Sie mir bestimmen, will ich zu Ihnen kommen, um bei ihm (das ist ein Schreibfehler, ich hatte Ihnen geschrieben) zu bleiben, bis von Seiner Majestät Antwort für mich anlangt. Ich bitte, dass auch von Ihnen die Antwort mir bald zukommen möge. 10. Hedar 1873.“ (Alter Stil.)

Man wird aus diesen Zeilen entnehmen, dass ich meinen Brief mit äusserster Höflichkeit abgefasst hatte; das Antwortschreiben des abessinischen Generals zeichnete sich aber keineswegs durch allzu grosse Höflichkeit aus. Es lautete:

„Der Brief des Ras Alua gelange an den kaiserlich

---

[1] Um ganz genau zu wissen, was der Dolmetscher geschrieben hatte, bat ich Professor Dillmann in Berlin, welcher der amharischen Sprache vollkommen mächtig ist, den amharischen Brief ins Deutsche zurückzuübersetzen, und im ganzen hatte der Abessinier meine Gedanken richtig amharisch zu Papier gebracht.

deutschen Botschafter Rohlfs. Wie geht es Dir? Ich bin Gott sei Dank wohl. An Seine Majestät werde ich sofort für Dich einen Eilboten mit einem Briefblatt senden, und Du beeile Dich, sobald Seine Majestät Dich vorzulassen befiehlt, dass ich Dich sende. Das Schreiben mit dem geehrten Auftrag, das Du mir geschickt hast, ist an mich gelangt. Im Jahre der Barmherzigkeit 1873 geschrieben im Lager von Tzaazaga am 15. Hadar" (23. November 1880).

Man ersieht hieraus, dass der abessinische General mich duzte, während ich ihn „Sie" genannt hatte. Und man glaube keineswegs, dass dies eine gewisse Freundlichkeit ausdrücken sollte. Ich war ihm ein Fremder, und gegen Fremde tragen die Abessinier ein hochfahrendes Wesen zur Schau. Unter sich sind sie derart höflich und ceremoniell, dass kleine Kinder, wenn sie einander fremd sind, sich gegenseitig „Sie" nennen und erforderlichenfalls die Titel „edler", „hochwohlgeborener", „right honourable", „Hoheit" u. s. w. u. s. w. mit peinlichster Gewissenhaftigkeit ertheilen. Ganz anders ist das bei den Arabern zwischen hoch und niedrig, Freund und Feind, alt und jung übliche „Du"! Wenn der Abessinier duzt, ist es nicht Vertrautheit, sondern es drückt einfach Geringschätzung aus, die allerdings zuweilen eine gewisse Vertraulichkeit in sich schliesst. Weder der ägyptische Regierungsdolmetsch noch andere hatten mir das gesagt. Erst bei meiner Rückkehr machte Schimper mich darauf aufmerksam, und die schwedischen Missionare bestätigten diese unhöfliche Angewohnheit. Ja, sogar die kleinen abessinischen, von ihnen aus Gnade und Barmherzigkeit aufgenommenen Zöglinge, die ihnen körperliches Wohlergehen, alles und alles verdanken, benennen sich unter sich mit „Sie" und sonstigen hochtönenden Redensarten, während sie ihre Pfleger, Ernährer und Erzieher duzen. Auf diese Mittheilung der Missionare erlaubte ich mir die Bemerkung, dass solche Unarten am besten durch schlagende Verbesserungen abzustellen seien, aber die weichherzigen Leute ziehen es vor, sich duzen zu lassen. Was mich anbetrifft, so erfuhr ich die unhöfliche Art des Benehmens der Abessinier gegen Fremde, wie gesagt, erst später; aber selbst im Anfang meiner Reise davon unterrichtet, würde ich ebenso wenig wie Gordon und die Missionare einen cas daraus gemacht haben. Ich hätte mich trösten müssen mit dem Gedanken, dass nur die Dummen und Unwissenden unhöflich sind und Dummheit mit Eitelkeit und Unhöflichkeit untrennbar verbunden ist.

Auf ein zweites Schreiben, welches ich an den Gouverneur von Hamasen richtete, erhielt ich auch schnell Antwort. Mein zweiter Brief hatte folgenden Inhalt[1]:

„Der Brief gelange an den geehrten Ras Alula von Gerhard Rohlfs (ich hatte dictirt: der Brief gelange von Gerhard Rohlfs an den geehrten Ras Alula), Diener des Kaiser-Königs von Preussen! Wie ist es Ihnen ergangen? Ich bin wohl, Gott sei Dank! Ihr geehrtes Briefblatt, wofür ich danke, ist mir zugekommen. Ich danke Ihnen vielmals für Ihre Botschaft an Seine Majestät meinethalben. Jetzt habe ich noch 14 Tage hier zu warten, bis Babur (d. h. *il vapore*, der Dampfer) von Sues kommt. Ich bitte, dass Sie mir in diesen Tagen Leute und Vieh nach Sabarguma entgegenschicken wollen. Funfzig Ochsen zur Belastung bedarf ich. Zwei Tage, ehe ich aufbreche, werde ich nochmals Botschaft schicken, dass Sie mir 20 Soldaten bis Ginda entgegenschicken, die mir Sicherheit geben. Am 19. Hedar 1873“ (27. November 1880).

Hierauf traf rechtzeitig schnell folgende Antwort ein:

„Der Brief des Ras Alula gelange an den geehrten Gerhard Rohlfs, Minister (d. h. Diener) des Königs von Preussen. Wie ist es Dir ergangen? Ich bin, Gott sei Dank, wohl.

---

[1] Nach Rückübersetzung von Professor Dillmann in Berlin.

Wenn Du kommst, mache, dass Du nach Ailet kommst. In Ginda sind muselmanische Räuber, welche plündern. Nach Ginda komme nicht! Wenn Du in Ailet anlangst, sende an mich! Ich werde Dir sofort Leute schicken, die das Geleit geben.“ (Ohne Datum.)

Hieraus ersieht man schon, dass ich noch längere Zeit in Hotumlu zu weilen hatte. Indess war der Aufenthalt in meinem grossen schönen Zelte mit Schattendach weit angenehmer als in Massaua. Die Nächte wurden gegen Morgen sogar kühl im Vergleich zur Tageswärme, denn vor Sonnenaufgang fiel das Thermometer häufig auf + 20° C. Auch sonst unterhielten wir mit allen Bewohnern der Gegend gute Beziehungen. Mr. et Madame Lombard, welche sich nun auch zum Aufmarsch nach Abessinien rüsteten, hatten Wohnung genommen in der französischen Lazaristenmission, nahe beim schwedischen Missionsgebäude, und öfters machten wir uns Besuche. Sehr häufig kamen auch die ägyptischen Stabsoffiziere und blieben zum Essen bei mir. Der Generalgouverneur liess vor meinem Zelte einen Doppelposten aufstellen, und nachts bezog stets ein ganzer Zug mit einem Lieutenant Wache bei meinem Lager. Trotzdem ich innerhalb der befestigten Linie lagerte, denn das äusserste mit guten Kanonen bewehrte Fort, welches ein ganzes Bataillon regelmässiger Soldaten beherbergte, lag noch ca. 2 km von mir in Saga, wurde nicht selten bis zu meinem Lager, ja, bis zum eigentlichen Massaua alles in Angst und Schrecken gesetzt. Kurschid Bei, der Höchstcommandirende, kam einigemal sogar spät abends angeritten: „Die Abessinier, Ras Alula, sind im Anrücken!“ Es war immer blinder Lärm, aber die Panik so gross, dass alle ausserhalb der Vertheidigungslinie sich befindenden Bewohner eiligst zurückflüchteten. Ich bin fest überzeugt, dass wenn die Abessinier wirklich gekommen wären, kein ägyptischer Offizier, kein Soldat standgehalten hätte.

Mit Leichtigkeit würden sich die Abessinier sogar Massauas bemächtigt haben. Darin sich zu behaupten, war allerdings unmöglich. Trotz der guten Waffen, trotz der anscheinend festen Disciplin und der übrigen guten militärischen Einrichtungen möchten ägyptische Truppen jetzt gegen Abessinier nicht zu verwenden sein. Die Angst und Furcht vor ihnen sitzt ihnen noch zu sehr in den Gliedern. Mehreremal, und das war sehr komisch, kamen von Senhit Depeschen: die Abessinier hätten grosse Niederlagen erlitten, hundert Mann seien gefallen, der und der Ras gefangen worden. Hinterher aber kam der hinkende Bote: „irgendein abessinischer Häuptling habe von Bogos oder einem andern ägyptischen Gebiete so und so viel hundert Schafe, Rinder u. s. w. weggetrieben, bei welcher Gelegenheit sich die ägyptischen Soldaten wohlweislich nach ihren Schanzen zurückconcentrirten!“ —

Seit den Munzinger'schen für Massaua wirklich grossartigen Verbesserungen hat man alles wieder ins alte Nichts zurückfallen lassen. Bei gegebenen Gelegenheiten können die Orientalen unternehmen, Bauten ausführen, Verbesserungen anbringen, aber die Anreizung dazu müssen sie immer von aussen empfangen. Einmal ausgeführt, denken sie nie an Unterhaltung. So ist denn die Wasserleitung, welche Munzinger von Mkullu bis in die Stadt Massaua leitete, schon zur Hälfte wieder eingestürzt und nur noch bis Hotumlu wirksam. Der Damm, welcher Massaua mit Hotumlu und dem Festlande bildet, ist dem Einsturze nahe. Kein Mensch denkt an Ausbesserungen. Der Palast, den Arakel Bei mit so grosser Sorgfalt errichtete, droht binnen kurzem zu einer malerischen Ruine zu zerfallen, Unterhaltungskosten dafür gibt es nicht. Am meisten setzte mich aber in Erstaunen, dass ich auf einem aus Hotumlu östlich hinaus unternommenen Spaziergange die Telegraphenleitung von verschiedenen umgewehten und nicht wieder aufgerichteten Stangen am Boden liegen — und doch Dienste verrichten sah. Ich konnte mir das anfangs nicht erklären, bis ich fand, dass der Draht auf basaltischem Boden lag, welcher vielleicht isolirend wirkte.

Mittlerweile wurde die Ausrüstung eifrig betrieben. Instrumente nahmen wir natürlich aus Europa mit. Auch hatte mir die Afrikanische Gesellschaft die Geschenke, welche bei der Katastrophe von Kufra gerettet oder wieder herausgegeben waren, zur Verfügung gestellt. Das neue, glänzende, prachtvolle Schwert von Solingen hatte gar nicht gelitten; die echt goldenen Fransen des grossen Sonnenschirms waren durch neue noch schönere ersetzt worden; der violettblaue Sammtmantel hatte sich ebenfalls gut erhalten. Das waren die Hauptstücke, welche ich dem Negus Negesti als mein Geschenk überreichen wollte. Absichtlich habe ich geschrieben: als mein Geschenk, da irrthümlicherweise das Gerücht sich verbreitete, der Deutsche Kaiser übermittele durch mich Geschenke an den Souverän von Abessinien.

Im übrigen completirte ich meine Geschenke durch Einkauf von echtem und unechtem Sammt, Schama (grosse, weisse, rothgeränderte Umschlagetücher, von denen ich Dutzende mitnahm), Baumwollenstoffen geringerer und besserer Qualität, Taschentüchern, Sonnenschirmen aus Seide und Kattun, Messern u. s. w. Sodann hatte ich eine ganze Partie billiger in Deutschland fabricirter Schmucksachen, die ich ebenfalls als Geschenke verwerthen konnte. Billige Ferngläser, Spiegel und besonders Goldbrokatstoffe von wundervoller Farbe und schönen Mustern vervollständigten die Geschenke. Man ersieht daraus, dass ich aufs reichste ausgerüstet war, aber wie viele Gouverneure, wie viele Provinzen und Städte mussten auch vorher besucht werden, und überall sollten und mussten passende Geschenke für die Machthaber und für die Bevölkerung dem Träger des kaiserlichen Briefes den nöthigen Glanz verleihen.

Auch die übrige Ausrüstung wurde hinsichtlich der Dienerschaft, der Fortbewegungsmittel und der Nahrung aufs grossartigste hergestellt. Es gelang mir, schon in Massaua einige Diener und Maulthiere zu bekommen, erstere durchaus Christen, d. h. Abessinier, da ich im Lande durch Mitnahme von Mohammedanern keinen Anstoss erregen wollte. Als Proviant hatte ich Mehl, Hülsenfrüchte, Reis, Zwiebeln, Zwieback, Zucker, Thee, einige Dutzend Flaschen Cognac und Absinth (diesen zum Verschenken), Gewürze und diesmal nur wenige Conserven, da ja in Abessinien täglich auf frisches Fleisch zu rechnen war.

Alles dies, selbst feinere Gemüse, europäische Kleidungsstücke u. s. w. konnte man recht gut und verhältnissmässig billig in Massaua bei griechischen Ladenbesitzern erhalten.

In die Zeit meines Aufenthaltes von Hotumlu fiel auch die Besteigung des Gedem, welcher ein nach Norden vorspringendes Gebirge bildet, dessen nördlichste Spitze unter 15° 4′ nördl. Br. sich befindet und in seiner höchsten Spitze vom 39° 4′ östl. L. von Greenwich geschnitten wird. Die Hauptachse des Berges ist von NNO. zu N. nach SSW. zu S. gerichtet. Etwa 24 km lang, beträgt die Durchschnittsbreite ca. 5 km.

Von weitem gesehen, hat der Gedem ein herausforderndes, abschreckendes und doch zugleich äusserst malerisches Aussehen: herausfordernd, weil er so zur Hand liegt, dass man meint, man müsste ihn besteigen, und er ist ja auch oft bestiegen worden; abschreckend, weil er von tiefen Furchen durchsetzt erscheint und keinen Baum und Strauch zeigt; malerisch, weil kaum ein Berg sich durch harmonischere Formen hervorthut. Seine Höhe steht mit der Breite und Länge in schönstem Verhältniss. Aber der Gedem täuscht doch: er ist nicht kahl, sondern durchaus, von unten bis oben mit Bäumen und Unterholz bestanden, nur sind die Bäume nicht gross, sondern scheinen durch häufige Brände in ihrem Wachsthum gehemmt zu sein.

Es war ein wundervoller Morgen, als ich mit einigen Dienern, einem Führer und einem Naib[1], alle beritten und reichlich mit Proviant versehen, aufbrach. Der Weg führt um die Bucht herum, und, fortwährend durch grosse Gebüsche von Calotropis procera und Euphorbia quadrangularis reitend, erreicht man bald das freundliche Städtchen Arkiko, die Residenz des Naib, mit etwa 1500 Einwohnern. Es war nicht zu vermeiden, ihm, dem Hauptnaib, in seiner Wohnung einen Besuch abzustatten. Noch weniger konnten wir der üblichen Tasse Kaffee, der Cigarrette und zum Schluss dem Geschenke eines Hammels aus dem Wege gehen. Ja, der Naib wollte sogar, wir sollten wenigstens einen Tag bei ihm bleiben, was wir indess entschieden, aber mit grosser Höflichkeit ablehnten, denn wir mussten weiter eilen, um noch vom frühen Morgen zu profitiren. Sobald man nun das freundliche Arkiko verlässt, dessen Häuser und Hütten zwischen riesigen Uscherbüschen, Mimosen und Hadjilidj (balanites aegypt.) versteckt liegen, hält man sich dichter dem Meere zu, dessen Anblick sich hier oft selbst dem Reiter durch doppelt mannshohe Meerlorberbüsche, auch Schora (Avicennia tomentosa) genannt, entzieht.

[1] Eigentlich hat den Titel Naib nur der Aelteste in der Herrscherfamilie von Arkiko, welche in der ersten Zeit der Türkenherrschaft dorthin verpflanzt wurde. Gewöhnlich nennt sich aber jedes Mitglied der Familie Naib. Der Aelteste steht in officieller Beziehung zur ägyptischen Regierung, welche ihm einen Theil der Einkünfte, welche er von den Küstenbewohnern erhebt, belässt. Diese, die Schoho u. s. w., erkennen den Naib als ihren unmittelbarsten Herrscher an.

Im Uadi Fareg Bei, welches, wie viele andere, westlich vom Gedem verläuft und unterirdisch fliessendes Wasser enthält, machten wir bei einer Oertlichkeit, welche Airuri heisst und aus einigen Hütten besteht, halt, um zu frühstücken. Der Besitzer einer Hütte liess es sich nicht nehmen, uns mit schönen selbstgezogenen Wassermelonen zu bewirthen, auch Kaffee liess er von seinem Töchterchen in einem eigens dazu eingerichteten steinernen Kaffeetopf kochen: ein Beweis, wie selbst bei armen Bewohnern dieses Getränk in Ansehen steht. — Hier konnten wir denn, während das Frühstück bereitet wurde, schönblühende Blumen sammeln, wie denn überhaupt, je näher an den Gedem heran, der Pflanzenwuchs zunimmt. Nach kurzer Rast ging es weiter. Eigenthümlich aber: hier sowol wie auch nördlich und westlich von Massaua weisen die zahlreichen Begräbnissplätze auf eine einstmals viel zahlreichere Bevölkerung. Wann lebte diese? Wann wurde sie verdrängt? Getödtet? Darüber konnte ich keinen Aufschluss erhalten. Aber ich vermuthe stark, dass die schwache Bevölkerung erst seit der neuesten Zeit datirt. Die Furcht vor den Abessiniern hat sie vertrieben.

Die Wasserlöcher von Airuri sind 2,5 m tief und hatten, als wir nachmittags um 4 Uhr das Wasser hinsichtlich der Wärme massen, bei 29° Lufttemperatur 27° C. Von hier an beginnt der Aufstieg.

Der Gedem, aus zwei fast senkrechten Granit- und Gneisschichten bestehend, zeigt ausserdem mächtige Lavaergiessungen, welche, so sieht es aus, jene beiden ersten Gesteinsmassen hier durchbrachen, dort überfluteten. So abgerundet der Gedem von der Wasserseite her aussieht, zeigt er doch, wenn man angekommen ist, äusserst durchklüftete Wandungen. Während die Ostseite steil abfällt, zeigt die Westseite Zwischenstufen, die sich zur Ferara-

Ebene absenken, welche den Berg von den abessinischen Vorbergen trennt. So hat der Berg denn nach Westen zu auch zwei bedeutende Rinnsale: das nördlichere heisst Mülhohinna, das südliche bedeutendere Avero. Beide, sowie zahlreiche andere Rinnsale, ergiessen sich in den zuweilen auch nach der Ferara-Ebene benannten Sillikit, der sich im Norden mit dem aus Abessinien kommenden Chor Gatra vereint und später noch weiter nach Norden zu den Namen Airuri und schliesslich Fareg Bei annimmt. Das Mülhohinna-Thal hat 1 km von seiner Mündung aufwärts einen Brunnen mit Süsswasser, dessen Temperatur, bei 30° Lufttemperatur und einer Tiefe von 2 m, Stecker am Vormittag zu 30° C. fand. Der Mülhohinna-Brunnen befindet sich schon 160 m über dem Meere. Bemerkenswerth ist, dass man diesen Quell mit vorzüglichem Süsswasser während der englischen Expedition verborgen hielt. Selbst nach zweijähriger Trockenheit zeigte er noch eine ergiebige Fülle Wasser. Der südlichere Avero-Giessbach hat übrigens eine bedeutendere Länge, welche mit allen Krümmungen ca. 5 km betragen dürfte.

An der Quelle angelangt, wo gerade Schäfer eine kleine Ziegen- und Schafheerde tränkten, störten wir eine zahlreiche Affengesellschaft auf, von welcher ein Theil den Hundsaffen, Hamadryas kynokephalos, die kleinern Affen dagegen den Hamadryas gelada anzugehören schienen. Bei der Flucht sprangen die Jungen auf den Rücken der Mutter. Wir zogen noch höher hinauf und campirten dann, von grossen Feuern umgeben, in einer ziemlich engen Schlucht. Nachts wurden wir verschiedentlich aufgestört durch das Geheul von Raubthieren, die wol herbeigelockt sein mochten durch den Geruch der geschlachteten Schafe und die weggeworfenen Gedärme. Letztere waren denn auch am andern Morgen spurlos verschwunden.

Ich musste nämlich zwei Thiere schlachten lassen, da

die eine Hälfte der mich begleitenden Leute aus Christen (Abessiniern), die andere aus Mohammedanern bestand. Letztere essen nicht das von jenen geschlachtete Fleisch, und umgekehrt, obschon bei beiden, abgesehen von den dabei ausgesprochenen Formeln, das Abschlachten absolut auf dieselbe Art geschieht. Da ein Thier für alle vollkommen ausreichte, konnten sie, indem sie zwei verzehrten, recht eigentlich im Fleische schwelgen, von welchem auch nicht ein Titelchen übrigblieb.

Am andern Morgen, noch vor Sonnenaufgang, vollendete ich, nur von einigen Leuten, welche Waffen und Instrumente trugen, begleitet, den Aufstieg, während die Mehrzahl aufs obere Avero-Thal zugingen, um mich dort zu erwarten. Trotz der frühen Stunde begegneten uns schon Eingeborene, welche auf Klippschliefer (Hyrax abessin.) ausgegangen waren, von denen sie Dutzende auf der Schulter trugen. Das Fleisch dieses reizenden Thierchens essen die Mohammedaner, während es die Abessinier aus religiösen Gründen verschmähen. Unter unerwartet grossen Anstrengungen bei der Steilheit und ausserordentlichen Schwierigkeit der Wege ging es nun bergauf. Mehreremal wollte ich davon abstehen, den doch gar nicht so hohen Berg zu erklettern, aber wenn ich dann bemerkte, mit welcher Leichtigkeit die von Jugend auf an Bergsteigen gewöhnten Abessinier die schwierigsten Stellen überwanden, mir sogar noch hülfreiche Hand leisteten, dann trieben Ehrgeiz und Scham mich vorwärts. Die grosse Affenheerde, vermuthlich dieselbe, der wir tags zuvor bei Mülhohinna begegneten, und wahrscheinlich die einzige auf dem Gedem, stellte sich uns wieder entgegen, wurde aber durch einige blinde Schüsse vertrieben. Endlich oben! Die Sonne ging gerade auf, und ein wunderbares Bild bot sich unsern überraschten Blicken. Noch einen grossen, von seitwärts wachsenden

Boswelien und Avalo (Olea chrysophylla) überschatteten Lavablock, welcher 4 m im Geviert hielt, mussten wir erklettern. Wir standen auf der höchsten Spitze.

Leider waren durch tief hängende Wolken die Ortschaften Massaua, Hotumlu, Arkiko u. s. w. verhüllt, aber nach allen andern Seiten beschränkte nichts unsern Blick. Im Süden die Ansley Bai! Ich dachte an die Gründer von Adulis, an das von Kosmas aufgefundene Denkmal ptolemäischer Herrschaft, welches auf eine vormalige langdauernde Grösse und Wichtigkeit des Ortes zurückschliessen liess. Im Geist sah ich jene Scharen indischer Soldaten, welche dem stolzen britischen Leu folgten; die Eisenbahn, die Lagerbefestigungen, die grossartigen Wasserbecken, um Elefanten und die 40000 andern Lastthiere zu tränken. Jene wunderbare Bucht mit den grossen Transportschiffen, welche damals oft zu Hunderten dort ankerten! Und jetzt — nicht einmal ein einsames Fischerboot durchfurchte die klaren Fluten.

Und hätte nicht England ein viel grösseres Recht, sich bei Adulis einen Denkstein zu errichten, als jener Grieche, der die stolze Inschrift setzte: „Der grosse König Ptolemäus, Sohn des Ptolemäus und der Arsinoe u. s. w., hat das vom Vater erhaltene Reich durch Hülfe der von ihm und von seinem Vater aus Aethiopien herbeigeholten Elefanten erweitert und grosse Eroberungen in Kleinasien gemacht u. s. w.“ Hätten nicht auch, fragen wir, die Briten das Recht und die Pflicht, dort bei Adulis ihrer Grösse ein Denkmal zu errichten? Ein Denkmal, um der Nachwelt zu verkünden, wie sie, blos um einige der Ihrigen aus den Händen eines mächtigen afrikanischen Tyrannen zu befreien, hierher kamen mit Tausenden von englischen und indischen Soldaten, mit indischen Elefanten und 40000 Lastthieren, und wie sie hierauf nach Magdala zogen, die Engländer befreiten, das äthiopische Reich zertrümmerten und dann siegreich nach blos drei Monaten Aufenthalt das Land wieder verliessen!

Nach hinlänglicher Erholung wollte ich die Gedalospitze, eine der höchsten des Gedem, messen. Aber leider hatten wir den Alkohol vergessen. Das Aneroid konnte zwar auch eine annähernd richtige Höhe angeben, aber wünschenswerth war es, diese Messung durch eine hypsometrische zu controliren. Und nun — einer der jungen Abessinier, welcher unsere Verlegenheit bemerkte, machte sich sofort auf, um das Gewünschte vom Lagerplatz zu holen. In unglaublich kurzer Zeit war er auch mit der Flasche zurück. Die hypsometrische Messung ergab 1029 m, während das Aneroid nur 825 m[1] anzeigte; ein anderes

---

[1] Stecker mass einige Tage darauf mit Hypsometer 989 m, mit einem Secretan'schen Aneroid 845 m, mit einem andern Hypsometer 1008 m. In Petermann's „Mittheilungen" 1867 hat Taf. 14 3264 engl. Fuss, Taf. 15 3062. Und so geben alle verschiedene Höhen an. Zum Theil liegt das an den verschiedenen Instrumenten, zum Theil am verschiedenen Luftdruck. Es ist daher auch unserer unmassgeblichen Meinung nach ganz überflüssig, auf solchen Reisen Quecksilberbarometer mitzunehmen, da dieses so leicht zerbrechliche und so oft in Unordnung gerathende Instrument täglichen Gefahren ausgesetzt ist. Denn ein absolut sicheres Höhenresultat ist nach ein- und selbst nach mehrmaliger Messung mit dem Quecksilberbarometer auch nicht zu haben. Der Luftdruck wechselt, je nach den Jahreszeiten, mehr oder weniger täglich, ganz abgesehen von den oft kolossalen, durch die Witterung hervorgebrachten Schwankungen. So findet ein Entdeckungsreisender z. B. bei Besteigung eines Berges das Quecksilberbarometer auf 495 m, also die Höhe des Berges zu 3424,7 m, und zu Haus berechnet er sich mit den Tafeln und mit Zuhülfenahme des Thermometerstandes und der Wärme des Barometers selbst die Höhe noch um einige Meter genauer. Nun meint er ganz genau die Höhe des Berges gefunden zu haben. Mit nichten! Bestieg er den Berg zu einer andern Tageszeit, so fand er, dass das Quecksilberbarometer bei einem Stande von 496 die Höhe von 3408,6 m ergab, zu einer andern Jahreszeit bei 490 mm die Höhe des Berges zu 3505 m und hielt diese nach genauer Nachrechnung

Aneroid ergab 811 m. Anscheinend war dies die höchste Spitze des Berges. Von Kuppen merken wir an: Arbara, im äussersten Südwesten; Idet, 2 km ostnordöstlich von Gedalo entfernt; Maderali, von Gedalo 2 km in westnordwestl. Richtung entfernt; Koma, nordnordöstlich davon ca. 6 km entfernt, also ungefähr gleich hoch, im Unterschiede von höchstens 50 m. Durch scharfkantige Riffe miteinander verbunden, senden sie nach den Hauptthälern tief eingeschnittene Rinnsale hinab, wodurch der Gedem seinen so wilden Charakter erhält. Namentlich vom Arbara aus senkt sich nach Ansley Bai ein grosses, tiefes Thal hinab.

Wir blieben nur so lange oben, um die mehreremal nacheinander vorgenommenen Messungen zu vollenden, und begannen dann den Abstieg. Die nach zweijähriger Dürre gehemmte Vegetation erfreute doch jetzt durch einen gewissen Reichthum, namentlich auch deshalb, weil man auf gar keinen Pflanzenwuchs gerechnet hatte. Viele Bäume

---

für ebenso sicher, er hatte ja ein Quecksilberbarometer mit sich! Da aber der nach den Jahreszeiten verschiedene Luftdruck an Einem Tage wechselt, so gibt eine Quecksilberbeobachtung keineswegs ein sichereres, sondern nur ein relativ besseres Ergebniss als ein mit Aneroid und Hypsometer erhaltenes. Nur wenn man von dem Luftdruck der betreffenden Oertlichkeit ganze Jahresmittel hat, kann man durch das Barometer ein genaues Resultat gewinnen. Ein sicheres Ergebniss liefert nur die relative Höhenmessung mit einem Quecksilberbarometer. Gesetzt den Fall, der Reisende geht aus von 740 mm, befindet sich also auf 212 Höhe und findet beim Ersteigen eines Berges das Barometer 720 mm, also 431 die Höhe, so kann er schliessen, falls bei öfterer Besteigung immer dieselbe Millimeterdifferenz sich ergibt, dass die relative Höhe richtig ist, also die Berghöhe 219 m. Bei anderm Barometerstande, beim Abgang z. B. 738 mm, beim Gipfel 718 mm, entsteht dasselbe Resultat, nämlich 219 m Höhe. Während des Aufstiegs könnten aber schon barometrische Schwankungen vorkommen. Dieses, sowie öfteres Besteigen und Inbetrachtziehen aller Verhältnisse würden aber doch zu einer richtigen relativen Höhe führen.

jedoch waren blattlos, und junge Knospen schienen es nicht recht zu wagen, sich hervorzuthun. Hin und wieder ragte aus den Spalten der höchsten Bergpartien grosses Büschelgras hervor; aber überall sah man die Spuren einer jüngst viel reichern Vegetation. Ja, die verschiedenen Flechten, Moose und Pilze an den Bäumen und am Gestein deuteten auf eine gewöhnlich grosse Feuchtigkeit hin.

Ausser verschiedenen Mimosen nannten die abessinischen Diener Saffa, Gerar, Kema, Karmea (Boscia reticulata), Dudena, Unkueï, Ankoa (Boswellia papyrifera) und Tolnua. Am meisten aber auf dem Gedem setzte mich in Erstaunen das Vorkommen wenn auch nicht sehr grosser Exemplare der Adansonia digitata, gewiss ein Beweis von grosser Feuchtigkeit des Erdreichs. Fast alle Bäume sind von Stapelien umschlungen, welche oft in den Kronen wahre Schattendächer bilden.

Ausser vielen Gazellenheerden, die aber nur in kleinern Truppen erschienen, wurden die schon erwähnten Affen und Klippschliefer bemerkt. Hyänen, Leoparden, Luxe, wilde Schweine, Schakale, vielleicht auch Löwen, Ichneumone, Stachelschweine, Ratten und Mäuse bilden den Säugethierbestand. Von Vögeln bemerkte ich Aasgeier, Raben mit weissem Hals (Corv. leuconotus), Falken, Haubenlerchen, Rebhühner, Perlhühner, Webervögel und Nectarine, viele jedoch in ihrem flüchtigen Vorbeihuschen konnte ich nicht erkennen.

Bei der grossen Trockenheit war die niedere Thierwelt weniger sichtbar. Von Ameisen machte sich die Häuser bauende Termite durch ihre 2—3 m hohen plumpen Gebäude noch am meisten bemerkbar. Grössere Schlangen bekamen wir nicht zu sehen, Echsen und kleinere Schlangen wurden eingeheimst, ebenso einige Libellen, Skorpione und Scolopendren gesammelt.

Den Gedem bewohnen im Norden die Saurta, auf der

südlichen Hälfte die Terroa, beide Stämme dem Naib von Arkiko unterthan. Der Religion nach sind sie Mohammedaner, von Fanatismus ist jedoch bei ihnen keine Rede. Sie haben auch keine Tholba (Geistliche) und keine Moscheen. Nach Aussage des Naib soll jeder Stamm mindestens 1000 Seelen stark sein, was ich indess für sehr übertrieben halte. Die Terroa besitzen auf dem Südgehänge des Gedem eine grössere Ortschaft, sonst aber leben sie zerstreut wie die Saurta in einzelnen, rund und auf einfachste Art erbauten Hütten. Beide Stämme, nahe verwandt mit den um Massaua wohnenden Triben, reden tigrinisch, d. h. einen stark mit arabischen Wörtern verquickten Dialekt des echten Tigrischen. Ihr Aeusseres ist ebenfalls nicht von dem der Küstenstämme zu unterscheiden. Alle Männer, Frauen und Kinder sind von dunkler, ins Schwarze spielender Hautfarbe und sehr mager, und diese Spärlichkeit in der Entwickelung und Befettung der Muskeln, die infolge davon mehr hervortreten, macht ihre stark markirten kaukasischen Gesichtszüge nur noch markanter. Ihr Haar tragen sie nicht, wie die übrigen Küstenbewohner und verschiedene Nubiervölker, in wulstigen Flechten oder geflochtenen Wülsten, sondern kurz geschnitten; aber nie rasiren sie sich den Kopf, wie es Araber und andere im Norden Afrikas wohnende berberische Stämme zu thun pflegen. Möglich, dass ihr Haar, welches ich überall nur 2 cm lang fand, bei der Neigung, sich zu kräuseln, nicht länger wächst. Die Männer gehen ohne jeden Schmuck, ohne jedes Abzeichen. Ihre Bekleidung ist die möglichst einfache: ein um die Lenden geschlagenes Stück Zeug. Für gewöhnlich tragen sie keine Waffen, und bei solchen Naturkindern ist das gewiss ein Beweis grosser Friedfertigkeit, aber alle besitzen Wurfspiesse.

Als Nahrungsquelle kann man ihre Schaf- und Ziegenheerden bezeichnen. Die Terroa besitzen auch Rinderheerden. Jagd betreiben beide Stämme eifrig, und besonders liegen sie dem Fange der Klippschliefer ob. Jenes kleine, murmelthierartige, nach den Zoologen mit unserm grössten Säugethier, dem Elefanten, nahe verwandte Thierchen, fangen sie mit Fallen oder graben es aus seinen Höhlungen heraus. Der Hyrax haust übrigens ebensowol in hohlen Baumstämmen wie in Felsspalten und Löchern. Mit der grössten Gewandtheit läuft das zierliche Thierchen an glatten Felswänden auf und ab, gerade so wie es die Fliegen an Fensterscheiben thun. Bei der verhältnissmässigen Grösse des Thierchens ist dies um so mehr zu verwundern.

Das weibliche Geschlecht der Saurta und Terroa ist, wie wir das bei fast allen auf nicht hoher Cultur stehenden Völkern wahrnehmen, bedeutend kleiner als das männliche. Die jungen Mädchen haben angenehme Züge, aber die grosse Magerkeit im allgemeinen thut der Schönheit ihres Körpers Abbruch. Sie machen auf ihre Haut keine Tätowirungen, durchbohren aber die Nasenflügel, die Nasenscheidewand und, wie wol auch die Damen in Europa, die Ohrlappen, um durch die Löcher Silberringe oder Glasperlen zu schieben. Den Hals, das Hand- und Fussgelenk schmücken sie mit Metallringen. Ihre Hände, aber auch die der Männer, sind ausnehmend klein: eine Eigenthümlichkeit nicht blos der Küstenbewohner, sondern aller Abessinier, deren Hände (eine jede Pariserin würde den gemeinsten Soldaten in Abessinien um seine Hände beneiden) überhaupt zu klein sind, als dass sie könnten schön genannt werden. Der Grund der Kleinheit, der Verkümmerung liegt im Nichtgebrauch, in der Arbeitslosigkeit.

Im Charakter der Saurta und Terroa scheint eine grosse Gleichgültigkeit, eine grosse Theilnahmlosigkeit gegen alle äussern Vorkommnisse zu liegen. Abgeschieden wie sie sind, von den Abessiniern nicht belästigt, weil bei ihnen nichts zu holen ist, von der ägyptischen Regierung nicht übermässig bedrängt — man lässt ihnen mindestens so viel, um nicht zu verhungern — leben sie jahraus jahrein auf dieselbe Art. Von der Heirath, dem einzigen wichtigen Lebensabschnitt, wird kaum Aufhebens gemacht. Ohne Festlichkeit übergibt man das junge Mädchen gegen Erlegung einer Kleinigkeit dem Gatten, und dieser beginnt dann mit ihr eine Murmelthierexistenz in der Weise der Aeltern und Grossältern.

Die Isolirtheit, das Inselartige des Gedem ist Hauptursache davon. Andererseits trägt die immerwährend hohe Temperatur gewiss nicht wenig dazu bei, eine Theilnahmlosigkeit zu erzeugen, welche unter andern Umständen unerklärlich wäre. —

Wir stiegen ins schöne Avero-Thal hinab, das an manchen Stellen prachtvolle Bäume und auch Spuren von Ackerbau zeigt, welchen die Terroa — sie säen Durra und Mais — nach anhaltenden Regengüssen zuweilen betreiben. Unter einer schönen Tamarinde hielten wir Mahlzeit. Schäfer mit kleinen Heerden kamen uns entgegen. Schnell handelseinig, brieten wir zwei für einen Thaler erstandene Zicklein über dem Feuer, und die Hirten, ihre Hunde und viele Aasgeier, Raben u. s. w. hatten auch noch was davon. Alsdann ging es weiter. Aber erst mit Sonnenuntergang erreichten wir Arkiko und unser Zeltlager bei Hotumlu.

Die Erzählung meiner kleinen zweitägigen Reise, abends bei einem guten Glase Dreher'schen Bieres, welches wir leider aber nur bis auf + 26° zu kühlen vermochten, animirte Stecker derart, dass er gleich darauf ebenfalls einen Ausflug dahin unternahm und ebenso befriedigt zurückkehrte. Als Vorbereitungsreise kann auch in der That kein besserer Weg von Massaua aus eingeschlagen werden, als nach dem Gedem, diesem Abessinien im Kleinen in pflanzlicher und thierlicher Beziehung.

Inzwischen war der sehnlichst erwartete Dampfer eingetroffen. Mr. Lombard und seine Frau hatten sich bereits fertig gemacht. Der französische Consul nebst zwei französischen Offizieren, die ihn begleiten wollten, rüsteten ebenfalls. Ein spanischer Abgesandter, Herr Sosten d'Abargues, schon seit einem Jahre in Aegypten, sowie Herr Mitzaki, der griechische Consul, dieser in neuer Mission, sollten von Sues eintreffen. Ausserdem wollten noch zwei Jagdgesellschaften ihr Glück in Abessinien versuchen: eine englische unter Mr. James, und eine österreichische, die aus den Herren Pálffy, Esterházy und Prinz Liechtenstein bestand. Von einem Eindringen in das eigentliche Abessinien konnte bei beiden freilich nicht die Rede sein, aber erfolgreiche Jagden im Norden des Landes haben sie allerdings gehabt.

Ehe wir aber jetzt die eigentliche Reise beginnen, sei es uns gestattet, einen Blick auf die Mission der Schweden zu werfen, welche sich seit Jahren so grossartig in Mkullu entfaltete.

FÜNFTES KAPITEL.

DIE SCHWEDISCHE MISSION IN HOTUMLU, DIE FRANZÖSISCHE IN KEREN.

Maltzan über die schwedische und die katholische Mission. — Anders der Verfasser. — Die Kaiser Theodor und Johannes gegen die Missionare. — Die französische Regierung daheim meist freigeistig, draussen orthodox-katholisch. — Die Engländer evangelisiren und anglisiren dann. — Die Wohnung der schwedischen und französischen Missionare. — Negus Johannes' Unterredung mit schwedischen Missionaren. — Die abessinischen Kinder in der Anstalt. — Schutzlosigkeit der nichtenglischen und nichtdeutschen Protestanten. — Gordon unterstützte die schwedischen Missionare. — Die französische Mission in Keren. — Der Abuna der Abessinier. — Kaiser Theodor und der Abuna. — Die Kirche der französischen Mission in Tigre von den Abessiniern verbrannt.

König Theodor sagte, zuerst kommen die Missionare, dann die Consuln, endlich die Soldaten. So unrecht hatte er eigentlich nicht. Der Verlauf der ganzen Colonisationsgeschichte zeigt fast überall diese, wenn auch öfters umgekehrte Reihenfolge.

Es kann natürlich hier nicht die Absicht sein, eine Geschichte abessinischer Mission von den ersten Anfängen an zu geben. Auch nicht von den Ursprüngen der protestantischen Mission in Abessinien. Wozu auch? Man würde nur ein Bild verkehrter und verfehlter Bestrebungen entrollen, verzerrter noch dadurch, dass durch die Feindseligkeit der Protestanten und Katholiken in einem fremden

Lande die Bewohner daselbst keineswegs den vortheilhaftesten Eindruck vom europäischen Christenthum erhalten.

Die schwedische Mission begann ihre Thätigkeit gleich nach Beendigung des britischen Feldzugs. Der ursprüngliche Zweck war auf die Evangelisirung Abessiniens gerichtet; aber ins eigentliche Land der Monophysiten sind sie nie gekommen. Ohne Schutz einer weltlichen Macht, mit Mühe gegen die Plackereien der sonst in religiösen Dingen so duldsamen ägyptischen Regierung sich wehrend, haben sie nicht einmal sich von der Küste loszumachen vermocht. Und doch ist die schwedische Missionsanstalt diejenige, welche am meisten unsere Bewunderung und Achtung verdient!

Das ist freilich nicht die Meinung aller. Selbst Maltzan [1], wol aber nur durch Munzinger beeinflusst, welcher als französischer Consul eine protestantische Mission natürlich mit nicht wohlwollenden Blicken ansah, fällt das wegwerfendste Urtheil:

„Gern hätte ich diesen Gesprächen [2] auch den Nachmittag gewidmet, aber leider wurde mir dieser verdorben, und zwar durch die Ankunft eines schwedischen Missionars, gewiss des unwissendsten und bornirtesten Menschen, der je nach Afrika geschickt wurde, um «Heiden zu hekehren». Schweden besitzt nämlich eine Mission in Massaua, in deren Gründung und Statuten es alle andern Missionen an Ungeschicklichkeit übertrifft. So besteht hier die Bestimmung, dass ein Missionar nur drei Jahre in Afrika bleibt; hat er es hier so lange ausgehalten, so bekommt er zur Belohnung eine fette Pfarrei in Schweden. Nun sind aber drei Jahre das Minimum, welches ein Missionar an Zeit braucht, um sich in dem hiesigen Sprachenchaos zurecht-

[1] „Ausland“, 1870, S. 117.

[2] Mit Munzinger.

zufinden. Also kommen diese Missionare gerade dann fort, wenn sie vielleicht anfangen, leistungsfähig zu werden. Die hiesigen Schweden sind übrigens so schwerfällig, dass sie noch viel längere Zeit bedürften, um sich zu wirklichen Leistungen zu befähigen. Mit der Sprache unbekannt, in ihrer nationalen Exclusivität sich streng abschliessend, haben diese Leute auch fast mit niemand Umgang, mit «Heiden», die es in Massaua nicht gibt, natürlich auch nicht. Sie leben also hier ein gemüthliches Stillleben, halten Betstunden, schreiben erbauliche Briefe nach Schweden, und damit ist wahrscheinlich den dortigen frommen Seelen gedient u. s. w.“

In anderm Sinne äussert sich aber Maltzan über die katholische Mission[1]: „Ganz anders ist dagegen der Eindruck, welchen die katholischen Missionare machen. Diese schlauen Mönche sind zwar überall gehasst und gefürchtet, aber sie fassen trotzdem doch Fuss. Jagt man sie fort, so kommen sie auf Schleichwegen zurück und erobern bald wieder ihr altes Praestigium. So ging es neulich in Tigre dessen Fürst Dedschatsch Kassa (der jetzige Kaiser Johannes), ein fanatischer Monophysite (bekanntlich die äthiopische Heterodoxie), sämmtliche katholische Priester fortgejagt hatte. Und siehe da! jetzt sind sie wieder im Besitz aller ihrer verlorenen Stationen und sollen bereits elf Dörfer «bekehrt», d. h. vom Monophysitismus zum römischen Katholicismus gebracht haben. Diese Priester sitzen aber nicht müssig wie die Schweden, welche nichts anderes zu thun zu haben scheinen, als den ganzen Tag Orgel zu spielen, zum grossen Skandal der Moslems, denen dies «Bimbaumbimmel» gar nicht gefallen will.“

Es ist kaum zu begreifen, wie Maltzan ein so vorurtheilsvolles Urtheil über die schwedischen Missionare hat

[1] „Ausland“, 1870, S. 117.

fällen können. Die Schweden sind allerdings keine wissenschaftlich gebildeten und grossen Gelehrten, aber sie „unwissend“ und „bornirt“ zu nennen, ist geradezu eine Unwahrheit. Die schwedischen Missionare bleiben nicht drei Jahre in Massaua, sondern meistens lebenslänglich. Die schwedischen Missionare sind fast alle der amharischen Sprache mächtig, auch ihre Frauen. Von vielem Orgelspiel der Schweden habe ich nichts vernommen, obschon ich nicht einige Tage, wie Maltzan, in Massaua verweilte, sondern mehrere Wochen in der Nähe der protestantischen Mission in Hotumlu lagerte. Und wenn auch, welches Unrecht läge daran? Jedenfalls würden die Mislemin auch kaum etwas dagegen sagen. Viel richtiger ist aber, was von Maltzan über die Katholiken oder Franzosen sagt. Denn beide Namen, wir können das nicht genug betonen, decken sich im Orient, sobald es sich um Missionare handelt. Erst im vergangenen Sommer wurden sie wieder aus Abessinien verjagt; wer zählt zum wievielten male!?

Der eingangs erwähnte König Theodor hat in der That recht gehabt. Er liess Missionare in sein Land kommen, aber er gebrauchte sie — die protestantischen wenigstens — zur Fabrikation von Pulver und Kanonen; er empfing Consuln, aber er sperrte sie ein; er gab Veranlassung, dass eine feindliche Armee sein Land überschwemmte, und, besiegt und gedemüthigt, gab er sich den Tod! Es liegt also in der That etwas Wahres im Ausspruch des abessinischen Monarchen. Hat er doch an sich selbst die Erfahrung gemacht und als Held der blutigen Tragödie mit dem Opfer seines Lebens die Richtigkeit seiner Worte besiegelt. Auch sein Nachfolger, der Kaiser Johannes, hat über Missionare und ihre Thätigkeit, soweit es Abessinien betrifft, dieselben Ansichten. Ja, er beruft sich in dieser Angelegenheit ausdrücklich auf die Meinung und die Aussprüche seines Vorgängers.

Und speciell auf Abessinien angewandt, lässt sich ja kaum bestreiten, dass hinsichtlich des Glaubens ein Fernbleiben europäischer Missionare nur geboten erscheint. Die Abessinier sind doch Christen, wie der jetzige Negus Negesti ganz richtig betont. Und ob ihr Glaube, der Monophysitismus, der richtige ist oder nicht, wer würde das mit Bestimmtheit zu behaupten wagen? Ein vernünftiger Mensch sicher nicht. Hat man denn in Europa schon angefangen zu entscheiden, welche Religion die richtige sei? Verfluchen nicht die Katholiken die Protestanten? Fragt man die Träger der Religion, die Geistlichen, dann ist nur Heil in ihrer resp. Kirche. Aber wenn man z. B. sieht, dass die Mehrzahl der aufgeklärtesten Nationen: die Deutschen, Engländer, Schweden, Dänen, Holländer, der protestantischen Religion angehören, dass aber die protestantische Religion vom Haupte derjenigen Kirche verdammt wird, welche bei Völkern herrscht, die auf einer bedeutend tiefern Stufe der Cultur stehen, sollten einem da nicht berechtigte Zweifel erlaubt sein an der Urtheilsfähigkeit solcher Menschen, die sich freilich als von Gott besonders inspirirt hinstellen? Schliesslich dreht sich doch alles nur um Herrschergelüste: Wenn du so glaubst, wie ich, sagt der Katholik, dann wirst du selig. Wenn du so glaubst, wie i c h dir die Bibel auslege, dann kommst du in den Himmel, sagt der Protestant, u. s. w. Was ist nun das Richtige? Niemand weiss es, und der vernünftige Mensch hat auch heute weder Zeit noch Bedürfniss, darüber nachzudenken.

Abgesehen von der französischen Regierung, welche im Orient als das weltliche Schwert des Nachfolgers Petri gilt, ist daher auch keine einzige Regierung für die Sache der Missionare beim äthiopischen Herrscher eingekommen. Frankreich gilt, wie gesagt, als Beschützer der Katholiken im Orient. Und wenn auch ab und zu die französische Regierung im Lande selbst Voltaire'sche Freigeisterei treibt, so huldigt sie im Auslande und namentlich im Orient nicht nur dem orthodoxesten Katholicismus, sondern trägt sogar mit Vorliebe den Propagandisten des Glaubens die Schleppe.

Früher, und in vielen Ländern und Gegenden noch heute, hatte England in ähnlicher Weise den Protestantismus im Auslande vertreten. Und was England durch die protestantischen Missionare gewann, braucht kaum hervorgehoben zu werden. In der That verhielt es sich so, wie König Theodor es sagte. Die Missionare, und es waren ebenso viele deutsche, wie englische, erwiesen sich überall als die Pionniere der grossbritannischen Colonien. Sie evangelisirten und bald darauf anglisirten sie die Länder. Die Begriffe Protestantismus und Britisch fingen an sich zu decken. Die deutschen Missionare verleugneten ihre Heimat, sie nannten sich mit Vorliebe Briten.[1]

---

[1] Beke in seinem „The British Captives in Abyssinia", S. 192, sagt in einer Fussnote: „in page 77 of a work published in 1860, entitled: «Notes from the Journal of F. M. Flad, one of Bishop Gobat Pilgrim Missionaries», is the following note: — «by Englishman an Abyssinian understands not an English subject, but a Protestant as distinct from a Frenchman, by which he unterstands a Roman Catholic.» On this I must remark, that it is not so much the Abyssinians themselves, who unterstand the expression «Englishman» in that sense, as it is the Germans under English protection, who wish them so to understand it. The character of England, as a nation, has not been raised thereby in the estimation of the natives; for they say, that the «Englishmen», who formerly visited their country, were independent persons, who by travelling in Abyssinia benefited the princes and the inhabitants, whereas they are now poor persons who come to work in their service and get their living at their expense." Wir haben dem hinzuzufügen, dass die Missionare, einerlei ob Engländer oder Deutsche, alle gut bezahlt gewesen sind, also den Abessiniern gegenüber nicht „poor persons" genannt werden können. Damit soll indess keineswegs entschuldigt werden, dass sie es mit ihrer Missionsthätigkeit als Protestanten für nothwendig erachteten, wenn sie Deutsche waren, sich Engländer zu nennen. Ein politisches Deutschland gab es zu der Zeit allerdings nicht, und die meisten

Sollen wir ihnen einen Vorwurf daraus machen? Nein! In jener schmachvollen kaiserlosen Zeit konnten die deutschen Missionare nicht anders handeln. Fielen die Erfolge ihrer Bestrebungen einer andern Nation in den Schos, so war es nicht ihre Schuld. Wer im Vaterlande wollte sie dafür verantwortlich machen? Sollten sie etwa Länder christianisiren für Reuss Greiz, Schleiz, Lobenstein und für diese Weltmächte in Beschlag nehmen? War selbst Preussen zu der Zeit im aussereuropäischen Auslande geachteter als etwa Oldenburg oder die Hansestädte?[1]

Wir bekannten vorhin offen unsere Meinung, dass die Entsendung von Glaubensmissionaren nach Abessinien nicht schicklich und namentlich auch deshalb unrecht sei, weil die Regierung dieses Landes das Missionswesen unter den Einwohnern verboten habe. Schliesslich müssen doch immer die Gesetze eines Landes und nicht die religiösen Vorschriften die oberste Richtschnur bilden für die, welche darin leben. Es würde absolut unmöglich sein für die menschliche Gesellschaft, heutzutage blos nach religiösen Vorschriften zu leben. Selbst in Abessinien thut man das nicht. Und alle Völker, welche sich eine Zeit lang nur

---

protestantischen Missionare standen in englischen Diensten oder hatten sich gar zu Briten naturalisiren lassen. Wenn aber in Abessinien heute noch die Begriffe französisch und katholisch sich decken, so weiss man recht gut, dass nicht blos die Engländer Protestanten sind, sondern auch die Preussen (Deutschen) und die Schweden.

[1] So hatten z. B. vor 1866 die hanseatischen Generalconsuln und Consuln in Aegypten (und wahrscheinlich überall) die Instruction, in jeder Weise sich nicht vom preussischen Vertreter beim Repräsentiren verdunkeln zu lassen. Und da zu der Zeit die preussischen Consuln und Generalconsuln aufs ärmlichste besoldet wurden, die hanseatischen aber stets reiche Kaufleute waren, so standen erstere thatsächlich hinter letztern zurück. Namentlich in Aegypten, wo man zu jener Zeit die Macht eines Landes abwog nach dem Glanze, den der bezügliche Vertreter entfaltete, besonders wenn es sich um so nebelhafte Länder handelte, wie Hanseatien und Preussen es waren.

nach religiösen Stimmungen oder Bestimmungen richteten, sind daran bald zu Grunde gegangen. Wenn wir aber in Europa die Befolgung der Gesetze unserer Länder für alle verbindlich machten, so sollte man diese Forderung billigerweise auch für andere Länder berücksichtigen. Das haben denn auch die Schweden begriffen, denn wenn sie sich auch Eingang in Abessinien zu verschaffen suchten, thaten sie es doch immer offen, nie heimlich.

Die Missionsanstalt der Schweden, deren Existenzmittel durchaus aus privaten schwedischen Zuschüssen beschafft werden, besitzt ein geräumiges, äusserst zweckmässig eingerichtetes Gebäude auf der Grenze zwischen Hotumlu und Mkullu, welche zwei Ortschaften, wie schon erwähnt, am Festlande gegenüber Massaua gelegen sind. Die von Höfen und Gartenanpflanzungen umgebene Wohnung kann für dortige Verhältnisse luxuriös genannt werden, obschon sie nach deutschen Begriffen viel zu wünschen übriglässt. Jedenfalls ist die schwedische Mission in Massaua und Umgegend das besteingerichtete Gebäude, das an Zweckmässigkeit selbst das nicht unschöne Regierungspalais übertrifft. Dicht neben der schwedischen Mission haben die Franzosen ein unansehnliches Häuschen, dessen Vorzug aber darin besteht, dass es in einem wahren Hain von Lawsonien und Parkinsonien liegt, welche ehedem vom englischen Consul Plowden angepflanzt wurden. Mit ihren frischen immergrünen Blättern entzücken sie das in jener Gegend durch Baumüberfluss nicht verwöhnte Auge. Die eigentliche Hauptmission der französischen Lazaristen befindet sich jedoch in Massaua selbst. Der Boden wurde der schwedischen Mission von Gordon Pascha bewilligt. Gegründet 1870, hatten die Schweden anfangs auch landeinwärts Anstalten, zogen sich aber zurück, als sie vom Negus Befehl erhielten, ihre Missionsthätigkeit in Abessinien einzustellen. Selbst die nahe Station auf einem Hügel bei der heissen Quelle von Ailet verliessen sie, um in jeder Beziehung den abessinischen Vorschriften zu genügen. Ein von der Mission 1879 gemachter Versuch, durch Absendung von Geschenken, die ein Missionar nach Debra Tabor überbrachte, den Negus geneigter zu stimmen, scheiterte vollkommen. Vielleicht war der Ueberbringer der noch dazu dürftigen Geschenke nicht die geeignete Persönlichkeit.

Nach der üblichen Begrüssung fragte ihn der abessinische Herrscher: „Weshalb sind Sie eigentlich gekommen?“ — „Um mit höchster Erlaubniss die christliche Religion lehren zu dürfen.“ — „Aber wir sind ja alle Christen.“ — „Wir wollen auch nicht die christlichen Abessinier bekehren, sondern die Falascha (die Juden).“ — „Habt ihr denn in Schweden und Europa keine Juden?“ — „O ja, aber es gibt dort Geistliche genug, um sie zu bekehren.“ — „Aber wie seid ihr denn eigentlich hierhergekommen, welche Länder habt ihr durchzogen?“ — „Wir kamen durch Europa und dann durch Aegypten.“ — „Ei, welcher Religion gehören denn die Aegypter an?“ — „Der mohammedanischen.“ — „Dann bleibt doch lieber dort, um die Aegypter und Türken zu bekehren, statt nach Abessinien zu kommen, wo wir alle Christen sind. Vor allen Dingen lasst es euch angelegen sein, dass das Land und die Stätte, wo unser Heiland lebte und gekreuzigt ward, dass Palästina und Jerusalem christlich werde.“ — Sich mehr und mehr erwärmend fuhr der Negus fort: „Die christlichen Franzosen, Engländer und Deutschen prahlen immer mit ihrer Macht, und dass es eine Kleinigkeit sei, die Türken zu verjagen, aber warum lassen sie denn die Ungläubigen im Besitze der heiligen Stätten? Nur Russland und ich kämpfen fortwährend gegen die Mohammedaner, und hoffentlich werden wir uns einst in Jerusalem die Hand reichen.“ [1] — Natür-

[1] Aehnlich so sprach sich mir gegenüber der Negus aus.

lich konnte der schwedische Bruder hierauf nichts erwidern. Dem Negus die Sache auseinanderzusetzen, dass sich die schwedische Mission gar nicht mit Glaubensangelegenheiten befasse, sondern nur den Kindern Unterricht ertheile in Lesen, Schreiben, Geographie, Geschichte, nützlichen Handwerken und Künsten, daran dachte er wol nicht, oder der Negus hatte nicht weiter Lust, ihn anzuhören, kurz, der Missionar musste unverrichteter Sache wieder abziehen.

Dennoch bin ich überzeugt, dass, wenn jemand den Negus Negesti klar und ruhig über die Thätigkeit der schwedischen Mission in Kenntniss setzte, würde er gewiss gerade diesen Brüdern und Schwestern den Eintritt in Abessinien gestatten.

Will er doch Fortschritt für sein Volk insofern, als er nach mit Aegypten abgeschlossenem Frieden sein Land europäischen Künstlern und Handwerkern öffnen will. Warum sollte er diese Oeffnung nicht erleichtern durch die von der schwedischen Mission begonnenen Vorarbeiten? Trotz dieses Miserfolgs hat die schwedische Mission an der Grenze des Landes ihre Thätigkeit nicht eingestellt, und wir glauben bestimmt, dass schon nach wenigen Jahren der ausgestreute Same seine Früchte tragen wird. In der von dem Bruder Lundal und seiner Frau, sowie von drei bis vier andern verheiratheten Missionaren geleiteten Anstalt (wir lernten auch eine sehr feinfühlige, aus Nürnberg gebürtige Dame kennen) werden augenblicklich gegen 150 abessinische Kinder erzogen. Es ist eine Freude, zu sehen, wie die kleinen Wesen, vom zartesten Alter an bis zu 12 und 15 Jahren, gedeihen und wachsen. Alle Abstufungen der Hautfarbe von gelb zu schwarz sind vertreten. Ausser höhern Fertigkeiten im Lesen, Schreiben, Rechnen u. s. w. muss jedes Kind irgendein Handwerk oder eine Kunst erlernen. Hier werden die Mädchen im Stricken, Sticken, Nähen unterrichtet, dort sieht man Knaben schustern, drechseln u. s. w.

Alle sind reinlich und europäisch gekleidet, und dass die Ernährung eine vorzügliche und dem Klima angepasste ist, braucht wol kaum gesagt zu werden. Eine mit einer kleinen Orgel versehene Kapelle im Missionshause selber dient dazu, in den Abessiniern das Gefühl und die Liebe für die christliche Religion wachzuhalten.

Ausser der amharischen Sprache erlernen die Kinder das Schwedische. Es scheint uns dies aber ein grosser Fehler zu sein, da sie fürs spätere Leben diese Sprache gar nicht verwerthen können. Weshalb lehren sie den Kindern nicht die deutsche Sprache, da jeder Missionar doch deutsch versteht? Oder englisch? Von den Reisenden, welche nach Abessinien kommen, gehört die Hälfte der deutschen Nation an. Zur Zeit König Theodor's waren fast alle Europäer in Abessinien Deutsche, wenn auch die Missionare, wie wir gesehen haben, es liebten, sich Engländer zu nennen.

Jetzt aber möchten wir doch noch der Schutzlosigkeit der Protestanten erwähnen, sobald sie nicht der englischen oder deutschen Nation angehören. So die schwedische Mission. Die Missionare wagen es nicht, mit ihren Beschwerden den schwedischen Generalconsul in Alexandria anzugehen, weil sie wissen, dass er nicht die Macht hat, ihren Klagen abzuhelfen, vielmehr diese nur dazu dienen, ihnen noch grössere Unannehmlichkeiten zu bereiten. So liess der Gouverneur Alla ed din zu Massaua im December vorigen Jahres einen Diener der schwedischen Mission, einen christlichen Abessinier, derart prügeln, dass dieser zeitlebens ein Krüppel bleibt. Man wollte von ihm durch Prügel das Geständniss erpressen, er habe Zündhütchen nach Abessinien eingeschmuggelt. Die Sache war erlogen, wie sich später herausstellte, aber den Diener der Schweden konnte man damit nicht wieder gesund machen. Eine Genugthuung zu fordern wagten die Schweden nicht. Herr Lundal hat nie darüber an den schwedischen Generalconsul berichtet. Dadurch würde ihre Lage nur noch schlimmer, meinte er.

Friedrich Wilhelm IV. schuf 1841 im Verein mit der Königin Victoria das Bischofthum Jerusalem. Das eine mal wird der protestantische Bischof von Preussen, das andere mal von England ernannt. In Jerusalem also haben die Protestanten Schutz, und zwar die Protestanten aller Völker. Für damalige Zeiten konnte Preussen nicht mehr thun. Ausserhalb Jerusalems waren die Preussen ebenso schutzlos, wie die Holländer[1] und Schweden es jetzt sind. Katholiken irgendeiner Nation sind nie ohne Schutz gewesen; kamen sie in Noth, so wandten sie sich einfach an den officiellen Beschützer der katholischen Kirche im Orient: an den französischen Vertreter, der überall im Orient zugleich Protector der römischen Kirche ist, namentlich seitdem der Heilige Vater aufgehört hat weltlicher Fürst zu sein, also auch keine Consuln im Auslande unterhalten kann.

Wäre es aber nicht zeitgemäss, dass das mächtige deutsche protestantische Reich sich mit dem weithin herrschenden protestantischen britischen zum Schutze solcher Protestanten vereinbarte, welche im Ausland auf ihre eigene Regierung nicht zählen können? Jene beiden protestantischen Mächte haben ja in Jerusalem einen gemeinsamen Bischof! Warum sollten sie nicht auch in andern Orten und Ländern ihre Vertreter beauftragen, überhaupt die Protestanten, also auch die schwedischen, in Schutz zu nehmen?

Als Gordon Generalgouverneur war, welcher ihnen ja auch jenes Grundstück überwies, auf dem heute ihr so

---

[1] Die Niederlande sind so machtlos, dass die Mörder der Tinne, welche in Tripolis sich zeigten, vom niederländischen Generalconsul nicht ergriffen werden konnten. Eine Genugthuung und Bestrafung der Schuldigen ist nie erfolgt.

zweckmässig eingerichtetes Gebäude steht, hatten die schwedischen Missionare nicht das mindeste zu fürchten. Gordon in seinem grossen Rechtssinne, mit seinem durch und durch religiösen Gemüth unterstützte in jeder Weise ihre Bestrebungen. Aber seit er von der Statthalterschaft abtrat, werden die schwedischen Missionare oft in unverantwortlicher Weise mit kleinen und grossen Plackereien behelligt. Die ganz grundlosen Mishandlungen ihres abessinischen Dieners erzählten wir. Der katholische Consul thut natürlich nichts für die protestantischen Missionare; er würde wol einschreiten, wenn es ihnen ans Leben ginge; aber übrigens sie zu schützen, hält er nicht für geboten.

Was die französische Mission anbetrifft, so haben wir der in Massaua und Hotumlu befindlichen Filiale schon gedacht.

In Keren dagegen oder vielmehr in Senhit besitzen die Katholiken eine so grossartige Anstalt, dass derselben ein Bischof vorsteht. Auch sie beschäftigen sich hier mit Kindererziehung, wohl wissend, dass, wer die Kinder, die Jugend hat, einst Gebieter der Erwachsenen ist. Aber nebenbei betreiben sie auch Glaubensmission und verfehlen nicht, sich gelegentlich in die Streitereien zwischen Abessiniern und Aegyptern, oder zwischen abessinischen Parteien einzumischen. Wenn letztere üble Angewohnheit nicht wäre — und sie ist nur dem Umstande zuzuschreiben, dass die katholischen Missionare Franzosen sind, welche es nie unterlassen, himmlische Angelegenheiten mit irdischen zu verquicken — dann würde, unserer unmassgeblichen Meinung nach, beim abessinischen Volk der Katholicismus leicht Eingang finden. Bei der Regierung, bei einem Negus Negesti nie.

Beim Volke deshalb, weil der katholische Cultus mit dem abessinischen äusserlich die grösste Aehnlichkeit hat. Derselbe Mariendienst, dieselbe Bilderanbetung, dasselbe

Fasten, dieselben Aeusserlichkeiten, besonders dieselbe Sündenvergebung für Geld. Aber bei der Regierung scheiterte die Einführung der römischen Kirche immer an der Erwägung, dass man alsdann ein fremdes Oberhaupt anerkennen müsse. Eigenthümlich. Hier besteht ein scheinbarer Widerspruch.

Die Abessinier müssen nämlich, altem Herkommen gemäss, ein fremdes Oberhaupt für ihre Kirche haben, kein geborener Abessinier darf Abuna sein. Kein Negus Negesti will aber den Papst als Oberhaupt der Kirche anerkennen. Die Sache erklärt sich, wenn man bedenkt, dass der fremde Abuna im Lande selbst residiren muss. Dadurch wird er gewissermassen zum Abessinier. Und wenn auch der koptische, mit ausserordentlicher Gewalt ausgestattete Abuna, wie der Heilige Vater, lösen und binden, die schwersten Verbrechen durch ein einziges Wort entsündigen und durch ein einziges Wort denjenigen, welchen er hasst, verderben kann, so muss man doch immer bedenken, dass er schliesslich in der Hand eines energischen Negus auch weiter nichts als ein gefügiges Werkzeug ist.

Man erinnere sich des geschichtlichen Vorgangs, dass der vor öffentlicher Versammlung vom Abuna für verdammt und vogelfrei erklärte Kaiser Theodor eine Pistole auf den Abuna richtete, mit den Worten: „Lieber Vater, gib mir deinen Segen!“ — Der Abuna hatte angesichts der ihm drohenden Kugel nichts Eiligeres zu thun, als seinen Segen zu ertheilen. Diese Inderhandhabung des Abuna ist ein grosser Vortheil für den Negus oder dessen Regierung, denn in Abessinien ist Negus und Regierung ein und dasselbe.

Der Protestantismus wird sich aber am wenigsten durch Bekehrung Eingang verschaffen, weil seine Anschauung und die der Abessinier grundverschieden sind. Die Abessinier warfen den Protestanten vor, dass sie Maria hassen, nicht fasten, nicht beichten, nicht die Heiligen verehren; sie nennen die Protestanten schlechtweg „Mariahasser“. Weder Katholiken noch Protestanten haben in Abessinien nennenswerthe Erfolge aufzuweisen. Beide Missionen versuchten es daher mit Kindererziehung, und jeder, auch der Gegner von Missionsthätigkeit, wird ein solches Vorgehen nur billigen. Während aber die Schweden, die Gesetze des Landes achtend, ganz von der Glaubensverbreitung abstanden, lässt sich dies von den Franzosen nicht sagen. Nicht nur, dass Bogos und Mensa[1] fast ganz zum Katholicismus bekehrt sind, suchen die Franzosen auch in Hamasen fortwährend Proselyten zu machen. Und wenn sie auch noch so oft vertrieben, ausgeplündert und eingekerkert werden, mit echt römischer Zähigkeit kehren sie stets wieder. „Man muss Gott (d. h. hier der römischen Kirche) mehr gehorchen als dem Menschen“, ist ihr Motto, und damit gehen sie vorwärts.

So ist es denn auch im Sommer 1881 wieder zu argen Auftritten gekommen. In einem kleinen Orte der Provinz Agame (in Tigre), welchen die Franzosen St.-Etienne nannten, besassen sie eine Gemeinde von ca. 400 Seelen, denen vier Brüder vom Lazaristenorden, wie alle französischen Missionare in dieser Gegend, vorstanden. Es scheint nun, ob erwiesen oder nicht ist ganz gleichgültig, dass die Missionare einen Rebellen, den Dedjadsch Hagus, mit Geld und Pulver unterstützt hatten. So behaupteten wenigstens die abessinischen Behörden. Dafür wurde vom Generalgouverneur der Provinz Plünderung des Ortes anbefohlen. Der Ballata, d. h. der Districtsgouverneur, liess indess den Geistlichen sagen, für ihre Person hätten sie nichts zu

[1] Wenn Bogos und Mensa jetzt auch ägyptisch sind, so betrachtet der Negus Negesti doch diese Provinzen und die Bewohner als abessinisch.

fürchten. Die Soldaten jedoch, nachdem sie den Ort geplündert, drangen in die Kirche, nahmen die Altargeräthe weg, entkleideten den von Keren herbeigeeilten Bischof, Monseigneur Touvier, und liessen ihm nur sein Flanellhemd und seine Beinkleider. Ebenso verfuhren sie mit den übrigen Geistlichen, und einer der Brüder, in den Augen der Abessinier wahrscheinlich der am meisten schuldige, wurde gefangen fortgeschleppt. Die übrigen abessinischen katholischen Geistlichen, welche man fesselte, erduldeten sicherlich wegen ihres Uebertritts von der monophysitischen zur römischen Kirche eine harte Strafe. Auch Monseigneur Touvier und die übrigen Lazaristen liess man keineswegs gleich wieder los. Nein, ihre abessinischen Diener, sogar die eingeborenen Frauen, welche für sie Brot buken, sassen eine Zeit lang in Gefangenschaft. Das ganze Dorf sammt dem Gotteshause übergab man den Flammen. Herrn Raffray, dem französischen Consul, gelang es allerdings, schon im Verlaufe des Sommers die Freilassung seiner Landsleute vom Negus Negesti zu bewirken, aber dieser Vorfall war die Ursache seiner so unfreundlichen Aufnahme. Und von einer Genugthuung oder gar von einer Geldentschädigung wird nie die Rede sein, was auch französische Blätter darüber berichten mögen. Genugthuung kann Frankreich[1] sich nicht verschaffen, und eine Geldentschädigung kann der Negus nicht leisten, und wenn er könnte, würde er es nicht wollen. Frankreich hat sich durch die Einmischung seiner katholischen Missionare schon oft grosse Unannehmlichkeiten bereitet, ohne dass es Genugthuung erlangen konnte. Aber

[1] Frankreich würde z. B. ganz ausser Stande sein, einen Feldzug gegen Abessinien zu unternehmen, das hat selbst Napoleon III. eingesehen. Der französische Consul Lejean wurde seinerzeit vom Negus Theodor aufs schimpflichste behandelt und sogar eingekerkert, der Brief Napoleon's in Fetzen zerrissen. Frankreich war absolut machtlos, irgendetwas dagegen zu thun.

andererseits zog es auch häufig genug Vortheile aus seinem Missionswesen. Die französischen Missionare, so sehr sie auch ihre Arbeit für das Reich Gottes betonen, sind und bleiben bis zu einem gewissen Grad immer national. Besonders die englischen Missionare nehmen zuerst immer die Interessen ihres Landes wahr und dann diejenigen Gottes. Mögen sie auch das Gegentheil behaupten, die Geschichte bestätigt unsere Behauptung. Noch einmal also: man verzichte auf jede Glaubensbekehrung in Abessinien. Dagegen pflege man aufs eifrigste die Kindererziehung. Jeder Unparteiische wird darin nichts Feindliches gegen Missionare erblicken. Nur durch systematische geistige und körperliche Kindererziehung erreicht man seinen Zweck.

Nicht auf den Glauben an den Papst, nicht auf den Mariencultus kommt es an, sondern in erster Linie auf die Liebe zu Gott und allem Guten, auf die Liebe zu rüstiger, sich und andere belebender und erquickender Arbeit. Erreichen das die Missionare, was wollen sie mehr?

SECHSTES KAPITEL.

AUFSTIEG ZUM ABESSINISCHEN HOCHLAND UND ANKUNFT IN KASEN.

Das Geleit ägyptischer Soldaten. — Abschied von Hassen Bei und den schwedischen Missionaren. — Die Vorgegend zum abessinischen Hochland keine Wüste. — Menschenöde. — Lagerung im Thal Ailet mit heissen Quellen. — Aschuma-Beduinen. — Zahlreiche Friedhöfe. — Verabschiedung des ägyptischen Militärs. — Ansiedelungen der Aschuma. — Tropische Vegetation. — Wunderbare Fernsichten. — In Kasen wartet ein Offizier Ras Alula's auf den Reisenden. — Rasttag. — Dorfmusik. — Beschreibung von Kasen. — Die Geistlichkeit. — Musikanten. — In Ras Alula's Lager.

Der Tag des Aufbruchs kam. Die bis zum letzten Augenblick sehr dienstwillige ägyptische Regierung stellte Kamele, was ich um so höher anschlug, als man mir diese gerade damals schwer zu beschaffenden Lastthiere zu denselben niedrigen Preisen wie den ägyptischen Beamten überliess. Ich beschloss, am Tage vor Weihnachten aufzubrechen, da ich dieses so deutsche Fest nun doch einmal nicht nach deutscher Art, mit Tannenbaum u. s. w., hier feiern konnte.

Das Beladen der Kamele ging über Erwarten schnell. Auch blieben einige Thiere ausserhalb meiner Berechnung, da die Leute sehr grosse Lasten auffuderten; mindestens

5 Centner für ein Thier. Statt 25 Kamele nahm man nur 16. Indess muss ich bemerken, dass wir, ausser Reitmaulthieren, die man uns stellte, fünf eigene besassen, die man beladen konnte. Auch das Geleit ägyptischer Soldaten hatte sich eingefunden: ein Offizier, ein Naib und 25 Mann Baschibosuks, welche etwas abenteuerlich aussahen, aber gute Waffen besassen. Eine ziemlich bedeutende Ausgabe für mich, da ein jeder täglich einen Thaler bekam, der Offizier zwei und der Naib drei. Das war aber doch wegen der auf der Grenze herrschenden Unsicherheit nothwendig.

Karl Hubmer zog mit allen voran, während Stecker und ich noch einer Einladung des uns gegenüberwohnenden Hassen Bei folgten, um bei ihm das Mittagessen einzunehmen. Der Gouverneur, die obersten Offiziere, viele befreundete Europäer waren schon im Laufe des Morgens herausgekommen, um sich von uns zu verabschieden.

Da wir nicht zu lange von unserer grossen Karavane getrennt sein wollten, wurde diesmal bedeutend schneller gespeist. Wir konnten uns bald verabschieden von Frau Hassen, geb. Prinzess Ubieh, und von ihrem Gemahl, vom Naib Mohammed (d. h. dem Hauptnaib) und einigen Cavassen begleitet, ging es westwärts, nachdem wir noch einen Augenblick bei den freundlichen schwedischen Missionaren vorgesprochen hatten, um auch diesen Lebewohl zu sagen. Wer konnte wissen? vielleicht auf immer? Denn bei einer Reise nach Abessinien kann man sich stets von vornherein auf das Schlimmste gefasst machen.

Man reitet fast eine Stunde, ehe man aus den weitläufig gelegenen Hütten und Gehöften von Hotumlu, Mkullu und Saga heraus ist und die Wälle der äussersten ägyptischen Schanzen hinter sich hat.

Mit Unrecht ist die Vorgegend, welche das eigentliche abessinische Hochland vom Rothen Meere trennt, als

„Wüste, deserto“ verschrien. Diejenigen, welche diese so ungemein wilde, von tausend dem Hochlande entsprungenen Rinnsalen durchfurchte, und wenn auch nicht dicht, so doch licht mit Bäumen, Büschen und Kräutern bestandene Gegend Wüste nennen, haben nie Wüste gesehen.

Während an der Küste Kalk und Madreporenformation vorherrschen, kommen wir nun bald zu plutonischen Gesteinsmassen: Gneis, Urschiefer und namentlich Lavamassen bilden den Grund der stark hügeligen Gegend. Grosse, meist von Stapelien durchrankte Büsche der Euphorbia quadrangularis, stachelige Mimosen, die unvermeidliche Kranka, hier Uscher genannt, einige just hervorspriessende Gräser sind anfangs die Pflanzen. An Thieren bemerkten wir am ersten, übrigens nur kleinen Marschtage fast nichts. Auch keine Menschen bekamen wir zu sehen. Wir passirten zahlreiche Chor, welche alle trocken lagen, aber doch Spuren neuesten Wasserflusses zeigten, und erreichten um 5 Uhr abends Saati, nachdem wir im ganzen von Hotumlu ca. 20 km zurückgelegt hatten, die Wegkrümmungen mitgerechnet.

Saati schlechtweg bedeutet die Wasserlöcher oder Brunnen, welche im Chor gleichen Namens gelegen sind, welcher vom Bisen kommt und ca. 5 km nördlich von Massaua ins Rothe Meer sich ergiesst. Die Wasserlöcher, mit etwas brakischem, jedoch ganz trinkbarem Wasser, liegen in einer äusserst wilden, zerrissenen Ausbuchtung des mit steilen Ufern eingefassten Flussbettes, wo das Gestein zum Theil aus schneeweissen Quarzgebilden besteht.

Obwol bis dahin seit 25 Jahren in Afrika thätig, hatte ich es dort nie mit wilden Bestien zu thun gehabt, sah ich dort nie einen Löwen oder auch Panther lebendig. Auch nicht als ich den britischen Feldzug mitmachte, abgesehen von Hyänen, Luchsen, Schakalen. Aber das konnte man eben dem Umstande zuschreiben, dass vor einer so grossen Armee, vor einer so grossen Anhäufung von Menschen und dem damit verbundenen Lärm und Geräusch sich sämmtliche Thiere zurückzogen Diesmal aber glaubte Stecker mit Bestimmtheit auf einige aufregende Scenen rechnen zu können. Hatte sie doch Blanford gerade in dieser Gegend erlebt; liess doch Raffray gerade hier einen seiner Diener von einem Löwen verspeisen. Aber weder in Saati noch später begegneten wir irgendeinem reissenden Thiere. Stecker, der in Abessinien zurückblieb, erlebt vielleicht so ein „Löwenabenteuer". Sollte man jedoch von mir durchaus eins erwarten, würde ich Zuflucht nehmen müssen zu irgendeiner interessanten Reisebeschreibung, um danach mit einigen der Oertlichkeit und Zeit angepassten Veränderungen eine derartige überraschende Geschichte zu behandeln. Aus meinen eigenen Erlebnissen kann ich keine geben. —

Bei unserer Ankunft dunkelte es bereits. Ueberall wurden grosse Feuer angezündet, die Zelte aber nicht aufgeschlagen und so die erste Nacht unter freiem Himmel verbracht. Durch Kälte litten wir nicht, und dass man eine Karavane, die aus mehr als funfzig Menschen bestand, durch nichts, nicht einmal durch falschen Lärm störte, bedarf kaum der Versicherung.

Am folgenden Tag hatten wir bis Ailet nur einen kleinen Marsch. Die Gegend wird immer belebter, das Wild, besonders Hasen, Rebhühner, Francoline u. s. w., zahlreicher, und der Seecharakter tritt mehr und mehr zurück. Grosse Termitenhügel, in der Ebene viele Scolopendriden und Julus zeigten an, dass jetzt auch grössere beständige Feuchtigkeitsverhältnisse walteten. Ehe man in das breite Thal von Ailet kommt, übersteigt man eine fast nordsüdlich laufende Hügelkette von 300—350 m Höhe, welche den Namen Taracha, oder auch weiter im Süden

den Namen Digdigta führt. Oben angekommen, hat man eine herrliche Aussicht auf das breite schöne Thal, welches sich nordnordöstlich bis zum Meere erstreckt. Mit Wehmuth erblickt das Auge die reichen, von hundert Rinnsalen netzartig durchzogenen Gefilde vor sich, welche dem prachtvollen Boden regelmässig das Wasser zuführen. Mit Wehmuth, sage ich, denn Tausende könnten hier ihr Brot finden. Und jetzt? Das ganze Thal hat drei oder vier elende Weiler, von denen der bedeutendste Ailet ist.

Unter einigen schönen Bäumen, westlich von Ailet, liess ich, eine freundlich angebotene Wohnung ablehnend, die Zelte aufschlagen. Ein für allemal beschloss ich damals, nie in abessinischen Wohnungen zu schlafen, da ich auf der Rückreise während des britischen Feldzugs zu üble Erfahrungen gemacht hatte. Die heissen Quellen von Ailet, welche ca. 5 km südlich von der kleinen Oertlichkeit liegen, sind eine höchst merkwürdige Erscheinung. Ein daraus unausgesetzt hervorfliessendes kleines Rinnsal umgibt da, wo auf einem Hügel die Ruinen der schwedischen Mission liegen, in einem Umkreis von ca. 50 m so heisser Boden, dass man mit blossen Füssen nicht darauf wandeln kann. Das aus grossen, sehr tiefen Löchern hervorbrodelnde Wasser hat als heisseste Temperatur + 59° (nachmittags bei 31° Lufttemperatur), einige Meter unterhalb + 58°, 10 m weiter nach unten noch + 50°, und 15 m weiter entfernt noch + 48°. Bei dieser Temperatur leben schon Wasserkäfer[1] im Rinnsal. Trotz der Unsicherheit der Gegend fand ich verschiedene Familien, welche krankheitshalber badeten. Rheumatische Leiden sollen auf diese Weise schnell beseitigt werden. Mineralische Bestandtheile

---

[1] Napa, deren Biss giftig ist.

liessen sich durch den blossen Geschmack[1] nicht erkennen, im Gegentheil, wenn kalt geworden, war das Wasser von vollkommen süssem Geschmack. Durch meinen Dolmetsch[2] erfuhr ich, dass die sich Badenden christliche Abessinier aus Hamasen waren, welche in Massaua Felle verkaufen wollten.

Obschon es Weihnachten war und wir in Ermangelung von andern Festlichkeiten abends einige Extraschüsseln unserm Mahle zufügten, hatte uns das Marschiren während des ganzen Tags so ermüdet, dass um 9 Uhr nachts alles im Lager schlief. Nur die ägyptischen, diesmal durch einige Dorfbewohner verstärkten Soldaten hielten die übliche Wache. Das aber bemerkte ich schon, dass sie mich keineswegs bis zur wahren abessinischen Grenze begleiten würden, wie doch ursprünglich abgemacht worden war. Dazu mangelte der Muth. Sie wollten eigentlich hier schon umkehren, ja, sie beredeten sogar die Kameltreiber, fortzugehen: „Die Abessinier werden euch die Thiere abnehmen", sagten sie.

In der sichern Voraussicht, dass sie sowie die Kameltreiber am folgenden Tage mich verlassen würden, schickte ich am frühen Morgen den Naib voraus, um von Leuten, welche nicht fern von uns weideten, Ochsen zu miethen. Denn wenn auch Ras Alula versprochenermassen mir abessinische Soldaten und Ochsen entgegensenden wollte, so hätte mich das auf unbestimmte Zeit zu einem Aufenthalte in oder bei Ailet genöthigt, ohne einmal mit Sicherheit

---

[1] Irre ich nicht, so haben Blanford und Mitchell, deren Werke mir leider nicht zur Hand sind, Analysen der Quelle gegeben.

[2] Als Dolmetsch hatte ich bei mir einen gewissen Johannes, der von dem in der Bogos- und Agausprache so vorzüglich bewanderten Professor Reinisch in Wien seine Ausbildung erhielt, aber des Tigrischen nicht ganz mächtig war.

auf das Eintreffen derselben rechnen zu können. Glücklich für mich — wie mich denn überhaupt auf dieser ganzen Reise stets ein aussergewöhnliches Glück begünstigte — fanden wir denn auch Aschuma-Beduinen, welche sich bereit erklärten, unser Gepäck mit ihren Ochsen bis nach Kasen zu schaffen. Damit waren alle Schwierigkeiten überwunden.

Bis nach Adegani, einer Oertlichkeit, ca. 8 km westsüdwestlich vor uns, hatten wir jedoch noch das „beruhigende" Gefühl, unter dem militärischen Schutze Aegyptens zu reisen. Weiter erklärte der Offizier, sich nicht vorwärts wagen zu dürfen. Dort sollte es sich also entscheiden, ob wir wieder nach Ailet zurück oder allein, allerdings auf eigene Verantwortung, unsere Reise fortsetzen müssten. Das Chor Choar, welches uns nach kurzem Marsch nach Adegani führte, hat immer fliessendes Wasser, und wir befinden uns jetzt mitten im tropischen Afrika, schon die Papyrusstauden am Wasser deuten dies an. Wie überall auf unserm ganzen Wege, bemerken wir auch hier noch zahlreiche Friedhöfe. Sind sie alten, ältesten Datums? neuern Ursprungs? Oft sind es Tumuli nach Art der alten keltischen Denkmäler, oft Aufhäufungen, wie sie die Mohammedaner aller Länder zu machen pflegen. Aber wie stark muss einst die Bevölkerung hier gewesen sein! Und jetzt hausen in diesen segenspendenden Gefilden gar keine sesshaften Bewohner mehr. Nur Nomaden befinden sich in den Vorbergen Abessiniens, und der Stamm der Aschuma, welcher zwischen Ailet und Kasen weidet, dürfte höchstens 300 Männer zählen, dazu die Nebara mit 200, die Alaschkar mit 300, die Gedemsega mit 200, die Asus-Adaha mit 300, die Massali und Ueira ungefähr mit ebenso viel Männern, das ist die ganze Bevölkerung der östlichen Gehänge Abessiniens, etwa vom 15. bis zum 16.° nördl. Br. Also zu jedem Mann etwa noch drei Individuen hinzugerechnet, würde das die Gesammtseelenzahl von noch nicht 8000 Menschen ergeben.

Die Aschuma befanden sich, als wir Adegani erreichten, schon an Ort und Stelle. Das Militär wurde nun verabschiedet, abgelöhnt und, was mich besonders erfreute, ein jeder war mit der Ablöhnung und mit dem Extrabakschisch zufrieden. Und gleich von vornherein zeigten sich die Aschuma als höchst liebenswürdige und gutmüthige Burschen. Aber diese Laderei! Die meisten Ochsen trugen nur ein Stück Gepäck auf dem Rücken. Es fehlte also das Gegengewicht zweier auf beiden Seiten eines Saumthieres verladener Gepäckstücke. Die Aschuma hatten keine eigentlichen Buckelochsen, aber auch keine mit ganz flachen, breiten Rücken. Bei der Beladung fasste man die Thiere beim Maul oder griff ihnen in die Nüstern, und das Packen ging dann ziemlich schnell von statten. Aus freien Stücken führten die Aschuma noch Reservethiere bei sich, um täglich wechseln zu können.

Aber was waren das für Märsche! Man bedenke nur, dass Kasen in gerader Linie von Massaua nur etwa 60 km, von Ailet, wo doch schon die Schwierigkeiten beginnen, etwa 40 km entfernt ist. Aber mit der Schönheit der Natur wachsen die Hindernisse. Wasser überall in Hülle und Fülle und bald auch Regen dazu, als wir uns auf der schon bedeutenden Höhe von 1900 m befanden! Um nur diese kurze Entfernung von ca. 40 km zu überwinden, brauchten wir sechs Tagemärsche, denn erst am 29. December hatten wir bei Kasen die eigentliche Hochebene von Hamasen erreicht.

Keine Abenteuer. Zwar begegneten uns einigemal kleine Gruppen, aber nach freundlichen Begrüssungen, nachdem man sich über das Woher und Wohin unterrichtet, setzte jeder seinen Weg fort. Wir kamen auch zu einigen Ansiedelungen der Aschuma, namentlich im Uainathal, wo wir funfzehn elende Strohhütten fanden. Frische Waldbrandplätze deuteten an, dass hier die Aschuma ihre Durra dem Boden anvertrauen wollten. Sie sind also keine reinen Nomaden, d. h. Menschen, welche nur vom Viehstande leben, sondern sie erbauen sich ihr Korn selbst. Ihre Heerden sind, wie sie selbst sagten, •auch viel zu unbedeutend, als dass sie ausschliesslich davon leben könnten. Selbstverständlich nomadisiren, d. h. weiden sie auf ganz bestimmtem Grund und Boden. Sie sind in der unangenehmen Lage, dem Naib sowol als auch dem Gouverneur von Hamasen Steuern entrichten zu müssen, und werden ausserdem noch von beiden nicht selten durch willkürliche Abgaben bedrückt. Ihrer Abstammung nach nicht mit den Küstenbewohnern verwandt, dürften sie den Abessiniern angehören. Ihre mehr als einfache, oft aber nur aus einem Hemd bestehende Kleidung ist die Schama. Als Waffen führen sie einen Spiess, einzelne auch einen Säbel, zwei von ihnen besassen uralte Luntenflinten. Das Haar tragen sie kraus und kurz geschnitten. Ihre Sprache ist der tigrinische Dialekt. Die Hautfarbe der meisten ein schmuziges Braun, das man jedoch vielleicht ebenso sehr dem Schmuz als der Natur zuschreiben muss. Die wenigen Frauen, die wir sahen, hatten sanfte Züge, starrten aber auch von jahrelang auf ihrem Körper haftendem Schmuz. Wie alle auf dem Gehänge von Abessinien lebenden Stämme wollen auch die Aschuma Mohammedaner sein. Ich wüsste aber nicht, dass sie das durch etwas anderes als durch ihre eigene Behauptung erhärten könnten, denn von den üblichen Gebeten verrichteten sie keins, und auch sonst gaben sie keine auf den Islam hinweisende Andeutungen.

Ich erwähnte vorhin, dass wir in den Thälern der untern Gehänge vollkommen tropische Vegetation vorfanden: riesige Sykomoren, Tamarinden, wildwachsende hohe Citronenbäume mit saftgrünen, glänzenden Blättern, aus deren Kronen unsere flinken Abessinier einen willkommenen Vorrath von kleinen, aber kräftig schmeckenden Früchten herabholten, prachtvolle Ricinusstauden, Myrten, höher hinauf erst abessinische Rosen und Jasmine, Aloë, Carissa edulis, wilde Oelbäume und überall auf dem Boden schöner Graswuchs. Dass sich in einer mit so üppigem Pflanzenwuchs bedeckten Gegend ein grosser Thierreichthum vorfindet, brauche ich kaum zu bemerken. Einmal glaubten wir, es war nachts, als wir bei Chor Agenat lagerten, dicht bei unserm Lagerplatz sogar einen Löwen brüllen zu hören. Da wir aber am Morgen keine Spuren bemerkten und Löwen bekanntlich nicht wie die Paviane in Bäumen hausen, so wird es wol nur ein Ochse gewesen sein, welcher sich etwas von der Heerde entfernte.

Mitunter wahrhaft wunderbare Fernsichten! Bei einer Bergwandung erblickten wir sogar deutlich Massaua am Rothen Meere! Wir sahen es noch einmal bei unserer Ankunft zu Kasen am Morgen vom hohen Gerarabeg, welcher dem Kasenberge angehört. Ein unvergleichlich schöner Ausblick! Nachts zuvor hatte es geregnet. Als ich etwas vor Sonnenaufgang mein Zelt verliess, um wegen der im Zelte herrschenden feuchten Luft draussen meinen Kaffee einzunehmen bei einem prasselnden Feuer, dessen Nahrung aus wohlduftenden Wachholderästen bestand, zertheilten sich die Wolken und sanken dann, als würden sie auf einer Bühne vom Schnürboden herabgelassen, immer tiefer und tiefer. Oben der bereits lichtblau gewordene Himmel, als lächle er der Sonne entgegen, die sich noch unter dem Horizont befand! Immer fester ballten sich von Kuppe zu Kuppe die schweren Haufenwolken zusammen. Da entstieg die feurige Kugel dem Meere. Dort Massaua! Und zu unsern Füssen wie aus einem einzigen Guss ein riesiges Eisfeld, eine Schneefläche, ein grossartiger, silberstrahlender Gletscherteppich, der sich zur Ebene hinab entfaltete.

Das waren die Haufenwolken, welche nachts über uns regneten und jetzt, von der Sonne getroffen, sich den mächtigen Abhang hinabwälzten. Hier und dort einzelne schwarze Bergkuppen, welche das weisse Brauttuch der Natur durchbrachen! — Solche Augenblicke vergisst man nie.

Der letzte Aufstieg, nur noch ca. 400 m hinan, war der allerschlimmste. An Reiten konnte man der Steilheit wegen nicht denken. Ein eigentlicher Weg existirte ja auch gar nicht, denn sehr selten nimmt man die Richtung auf Kasen. Es ist das der Weg, den auch Herr von Katte vor Jahren einschlug, als er in Abessinien eindrang.

Westlich vom Rande des Berges in mehr niedriger Gegend befindet sich der kleine ärmliche Ort Kasen. Jetzt waren wir also in der Machtsphäre des Negus Negesti. Von dem Augenblick an hörte man auf, ein freier Mensch zu sein, denn im Grunde genommen ist jeder, einerlei ob Fremder oder Eingeborener, Privatmann oder Gesandter, im Bereiche des abessinischen Herrschers weiter nichts als ein Object, eine Persönlichkeit ohne eigenen Willen. Selbst Gordon, dessen Machtfülle seinerzeit die des Negus Negesti von Abessinien bei weitem überstieg, hatte sich, einmal innerhalb Abessiniens, solchen Erwägungen nicht entziehen können.

Welch ein Leben und Lärmen, als wir auf das ärmliche Dorf loszogen, obwol die Bewohner desselben von unserer Ankunft unterrichtet worden waren. Denn seit mehrern Tagen befand sich dort ein Offizier mit Soldaten von der Armee des Generals Ras Alula, um aus der ganzen Umgegend Lastochsen zu requiriren, womit er mir, einem Befehle des Generals gemäss, bis Ailet entgegenkommen sollte. Aber die Aufregung der Bewohner war eine freudige.

Nach so anstrengenden Aufmärschen beschloss ich,

Rasttag zu machen, und liess unser Lager sowie mein grosses Prunkzelt aufschlagen und die deutsche Flagge entfalten. Bald darauf kam der abessinische Offizier mit der Meldung, er habe 50 Ochsen zur Verfügung und würde mich, wie ihm befohlen, zum General geleiten. Mit Verwunderung bemerkte ich, dass seine Soldaten zum Theil gute Waffen und zwei sogar Remingtongewehre besassen. Die Aschuma wurden nun abgelöhnt und noch reichlich mit Geschenken versehen, worauf ich um so mehr hielt, als die Treiber, welche mit Mr. Lombard heraufgekommen waren, sich bitter über zu kärgliche Bezahlung beschwerten.

Unsere Zelte umlagerten unzählige Abessinier, welche aus der ganzen Umgegend, namentlich den Ortschaften Amne Petros, Asen und Amba Bero kamen, um uns anzustaunen. Auch die Dorfmusik von Kasen erschien, um uns ein Willkommständchen zu bringen. Zahlreich war sie nicht: nur zwei Individuen, welche dasselbe Instrument bliesen, d. h. eine Art Schalmei, der Vater ein 1,5 m langes, mit Leder überzogenes Tutrohr, der Sohn ein kleineres, aber ebenso construirtes. Nur zwei Töne konnten sie aus diesen riesigen Nachtwächterhörnern hervorbringen. Das Merkwürdigste, Niedagewesene bei diesem ohrenzerreissenden Concert war aber, dass sich beide Musikanten, nachdem sie, langsam hin- und herschaukelnd und ihr langes Blasrohr auf- und absenkend, sich in musikalischen Ergüssen versucht hatten, auf den Rücken legten und nun unisono den Himmel anbliesen. Entsetzlich, aber auch komisch zugleich, sodass Stecker und ich schnell ins Innere des Zeltes eilten, um nicht die andächtig lauschende Menge, welche das alles wunderschön fand, durch hier unpassende Heiterkeitsausbrüche zu stören.

Ich machte auch einen Spaziergang nach und durch Kasen, ein auf und an einem Hügel sehr unregelmässig gebautes Oertchen mit höchstens 700 Einwohnern. Die viereckigen, aber auch länglichen Häuser bestehen aus Thon. Ausserdem vereinzelte runde Hütten. Die Dächer sind aus Laubwerk und Schilf. Manche an die Bergwand gelehnte Wohnungen haben flache Dächer, von welchen man gleich zu Berg steigen kann. Die Kirche in Kasen ist entgegen der abessinischen Regel, welche Rundstil vorschreibt, viereckig. Daneben befindet sich eine runde Hütte für den Priester. Man sieht übrigens in Kasen ebenso viele leergebrannte Stätten wie bewohnte, und dies spricht deutlich genug von den auf der Grenze üblichen Plünderungen und Mordbrennereien. Kasen, zwischen Mai Adora und Mai Mesrob, welche sich gleich unterhalb des Ortes vereinigen und einen Quellfluss des Anseba bilden, liegt 2450 m über dem Meere, der Rand des Hochlandes dagegen nach Osten zu noch 110 m höher. Immerhin eine ganz ansehnliche Höhe, sodass morgens vor Sonnenaufgang das Thermometer auf den Gefrierpunkt sank. Das hinderte jedoch keineswegs ein und von nun an beständiges nächtliches Blitzen und Wetterleuchten. Wie weit waren wir denn auch von der tropischen Hitzegegend entfernt? Nach Osten, Süd und Nordost in gerader Linie höchstens 15—20 km. Dort fanden die Gewitter statt, von denen wir die feurigen Elektricitätserscheinungen sahen, den Donner aber nicht hören konnten.

Die Einwohnerschaft liess es an Aufmerksamkeiten aller Art nicht fehlen. Freilich die Lieferungen gingen spärlich ein. Der Hauptmann theilte mir mit, dass ich bis zum Hauptquartier täglich ein Anrecht habe auf einen Ochsen und 120 Brote. Am ersten Tage aber erhielt ich nur 20, am folgenden jedoch 80 Brote. Selbstverständlich zahlte ich dafür baares Geld und mindestens den dreifachen Werth. Zum Lobe des von Ras Alula geschickten Adjutanten muss ich erwähnen, dass er durchaus kein

Geldgeschenk annehmen wollte. Natürlich bestand ich nicht auf Eintreibung der Lieferungen. Nur im äussersten Nothfalle, wenn ich für meine zahlreiche Dienerschaft nichts zu essen hatte und für Geld keine Nahrungsmittel irgendwo erhalten konnte, machte ich von dem mir zustehenden Rechte der Eintreibung Gebrauch. Jedesmal aber zahlte ich dafür den Liefernden mindestens den doppelten Werth in Geld.

In Kasen war es schwer, sich Kleinigkeiten zu verschaffen. Aegyptische Kupfermünzen wollten die Leute nicht nehmen. Warum? weiss ich nicht, denn so nahe der Grenze, konnten sie dieselbe leicht wieder verwerthen. Amole oder Salzstücke hatten bei ihnen auch keine Währung, übrigens besassen wir auch noch keine. Für jede Kleinigkeit verlangten sie einen Thaler, und so erhielten denn auch die Musikanten für das vorhin erwähnte Ständchen einige Thaler. Allerdings etwas unvorsichtig von mir, denn meine Grossmuth zog mir nun alle Musikbanden der Umgegend auf den Hals. Jede Ortschaft schickte ihre Musik. Aber damit war es noch lange nicht genug.

Johannes, mein Dolmetsch, kam plötzlich mit dem Rufe ins Zelt gestürzt: „Die Geistlichkeit, die ganze Geistlichkeit kommt!“ Ich bat Stecker, Anordnung zu treffen, dass man unsere Lehnsessel vor die Zelte trage, einen Teppich ausbreite, um die Herren draussen zu empfangen, denn gerade bei der abessinischen Geistlichkeit ist der grösste Schmuz, da man es für gottgefällig hält, sich so wenig wie möglich oder auch nie zu waschen, es sei denn, dass man sich der Wiedertaufe unterzieht.

Und da kamen denn die würdigen Diener der abessinischen Kirche wirklich heran: langsam in feierlichem Schritt, wie es solchen heiligen Männern geziemt, alle im Ornat; der erste mit einem monstranzähnlichen Instrument, der andere mit einem Kreuz, der dritte mit einer Kirchenschelle, der vierte mit einem seidenen Fähnlein; im ganzen etwa 30 Personen, Knaben und Mönche einbegriffen, letztere mit gelben Käppchen und Ledermantel. Im Halbkreis standen sie vor meinem Zelt und begannen Litaneien zu singen, ja, sie tanzten sogar, und ich möchte ihre dabei gemachten Bewegungen keineswegs anständig nennen, wenigstens wie wir die Sache auffassen. Ich liess endlich dem Oberpriester einige Thaler reichen, worauf er eine lange Rede hielt: „Wir sind nicht des Geldes wegen gekommen, sondern um die Ankunft eines weit hergekommenen Glaubensgenossen zu feiern!“ u. s. w. Ich erwiderte: das Geld sei nicht für sie, dazu sei es viel zu wenig, sie möchten es den Armen ihres Sprengels geben. Damit, glaubte ich, habe die Geschichte ein Ende. Aber weit gefehlt. Die ganze Gesellschaft fing an, sich zu setzen und von neuem zu singen. Wie der Dolmetsch mir mittheilte, sangen sie jetzt mein Loblied, und erst als sie beim Dunkelwerden merkten, dass trotz der überschwenglichsten Lobeserhebungen nichts mehr herauszuschlagen sei, zogen sie ab. Aber ganz früh am andern Morgen vor Sonnenaufgang weckte man mich abermals durch Musik. Die Musikanten, weil maulthierberitten, kamen entweder weit her oder waren vornehm: der eine von ihnen, ein Minnesänger, trug sogar ein Ehrenkleid von Goldbrokat. Ihre Instrumente waren dieselben, und eine Art einsaitiger Violine war auch dabei.[1] Nachdem sie eine Zeit lang gesungen, liess ich ihnen der Vorsicht halber, um nicht allzu sehr von Musikanten überlaufen zu werden, blos einen Thaler verabreichen. Der Hauptbarde meinte zwar, dass wol ein jeder von ihnen einen Thaler verdient habe, da sie so weit her-

[1] Dieses Instrument mit viereckigem diagonalsitzenden Schallboden heisst Mussunko, auf tigrisch Uota, auf amharisch Tjera oder auch Ármari. Der Schallboden ist mit Leder überzogen.

gekommen seien. Indess ritten sie doch, mit der kleinen Gabe zufrieden, davon, und ich muss hier sagen, dass sich fast immer abessinische Bettler als genügsam und freundlich bescheiden erwiesen.

Da die Aschuma wieder zurückkehrten, so musste ich das Anerbieten des mir entgegengeschickten Offiziers, mir Ochsen und Esel zum Transport meiner Sachen nach Tsatsega zu stellen, annehmen. Ich beschloss aber, sobald wie möglich Maulthiere zu kaufen, um ganz unabhängig von der Regierung reisen zu können. Denn gerade das macht eine Reise in Abessinien so entsetzlich unangenehm, wenn man nur auf die Hülfe der Regierung angewiesen ist. Freilich kann man dadurch erheblich sparen, denn die Dorfbewohner sind ja gezwungen, das Gepäck des Reisenden umsonst, entweder auf ihren eigenen Schultern oder mit ihren Thieren, fortzuschaffen. Aber wie sinkt man dadurch nicht nur in den Augen der Bewohner, die natürlich höchst ungern für einen Fremden fronen, noch unlieber, als für ihre eigenen Beamten und Vornehmen, sondern auch in der Meinung der Regierung, welche mit Verachtung auf den Reisenden oder den Gesandten herabblickt, der ihr zur Last fällt.

Das Beladen der abessinischen Rinder bereitete aber weit mehr Schwierigkeit als das der Aschuma. Ich bat daher Stecker und Karl Hubmer, mit unsern beladenen Maulthieren voranzureiten und mich beim Ras Alula anzumelden, während ich selbst mit dem Offizier und den Soldaten bei dem übrigen Gepäck zurückblieb. Erst ziemlich spät brach ich auf. Der Weg nach Tsatsega, ca. 22 km entfernt, bietet keine grosse Schwierigkeit. Die Gegend ist grossgehügelt, manchmal mehr oder weniger mit Büschen bestanden. Vereinzelt erscheint nun auch der so echt abessinische Kandelaberbaum, Euphorbia kolqual. Im ganzen aber macht die Landschaft einen Eindruck von Kahlheit und Oede, denn wenn man auch auf zahlreiche, nach Westen abdachende, die Gegend belebende Wasserfäden und nach so schrecklichen Zeiten und Kriegen mit Staunen und Freude auf die grossen und schönen Rinderheerden blickt, so erinnern einen doch immer und immer wieder die eingeäscherten Dörfer an die Schreckensscenen, welche sich vor kurzem hier abgespielt haben mögen. Man passirt nur einen bewohnten Ort, Baderho, wo der General eine Ehrenwache, eine Compagnie gut bewaffneter Soldaten, hatte aufstellen lassen, unter deren Begleitung ich weiter zog. Endlich erblickt man auf einer Anhöhe, wo sich auch die grosse Kirche von Adeköntschi befindet, das imposante Lager. Man durchreitet noch den Mai Gola und ist dann inmitten der Truppen, welchen man für gewöhnlich die Vertheidigung des Landes gegen den Erzfeind, den Aegypter, anvertraute.

SIEBENTES KAPITEL.

EMPFANG BEIM RAS ALULA UND REISE NACH ADUA.

Ras Alula's Wohnung. — Balata Gebro. — Geschenke. — Ras Alula's Aeusserungen. — Gebro's Besuch. — Das Lager. — Bewaffnung und Ernährung der Soldaten. — Herr Lombard. — Abschied vom Ras Alula und Gebro. — Ehrlichkeit der abessinischen Diener. — Hauptmann Mariam. — Der Mareb. — Vegetation. — Das Profitmachen abessinischer Beamten. — Sicherheit bei Fortschaffung des Gepäcks. — Heuglin's Irrthum. — Der Ort Godofelassi. — Der Abstieg zum Mareb. — Gudda Guddi mit den bleichenden Gebeinen. — Der Mareb. — Die Stadt Adua. — Der Waffenschmied Mr. Baraglion. — Herr Schimper und Prinz Lidj-Ambe. — Der Markt in Adua. — Schwatzhaftigkeit der Abessinier.

Es ist Sitte in Abessinien, dass Fremde, sobald sie einen Gouverneur, einen Ras, einen Negus oder auch den Negus Negesti besuchen, sofort nach ihrer Ankunft, ehe sie ihre Wohnung beziehen, sich zu demselben begeben. So denn auch ich. Aber ein solcher Besuch dauert nur einige Minuten, man sagt Guten Tag, das ist alles.

Beim Betreten des sehr umfangreichen Lagers empfingen mich von allen Seiten Soldaten, Frauen und Kinder, sodass meine Ehrenwache nur mit grosser Mühe die Andrängenden von mir abzuhalten vermochte. Die auf einem beherrschenden Punkte mitten in Tsatsega errichtete Reisigwohnung des Generals bestand aus einer grossen Veranda von Holz und Laub, die in eine sehr geräumige runde, mit spitzem Dache versehene Hütte führte. Vorhof und Hütte waren gedrängt voll von verschiedenen Würdenträgern welche dem Ras zur Erhöhung seines eigenen Glanzes dienen sollten. Denn schliesslich sind ja auch dem Menschen die Menschen selbst ein höherer Schmuck als grosse Säle mit Prunkstücken.

Ras Alula sass auf dem Angareb, d. h. auf der mit Lederstreifen überspannten Bank, welche, abgesehen von der uns nicht angenehmen Höhe von 80 cm, recht bequem ist. Auf den Lederstreifen liegen zur Bereicherung des Sitzes Teppiche und Kissen. Neben seinem Angareb befand sich ein ähnlicher für mich, und auf der andern Seite ein grosser, auf der Erde ausgebreiteter Teppich, auf welchem die Anwesenden, welche das Recht oder die Erlaubniss hatten, in seiner Gegenwart zu sitzen, nach Art der Türken Platz nahmen. Hinter dem Angareb des Ras stand ein junger Mann, trotz seiner Jugend schon Oberst und überdies Verwalter eines wichtigen Amtes: er war Oberstfliegenwedler.

Nach kurzer Begrüssung ging ich auf den Ras zu und gab ihm die Hand; er fragte nach meinem Befinden und erzählte, was mir besonders auffiel, unmittelbar darauf, dass er soeben von den abessinischen Provinzen Bogos und Mensa Steuern eingetrieben, d. h. sie ausgeplündert habe, denn das ist in diesem Falle darunter zu verstehen. Mein Dolmetsch, Johannes, war nicht zur Stelle, und die Unterhaltung ging nur schwierig von statten, weshalb ich mich bald verabschiedete. Die Ehrenwache begleitete mich zum Wohnplatz des Generals Balata Gebro, jenes bekannten Freibeuters, welcher 1876 den ägyptisch-amerikanischen Geologen Mitchell gefangen nahm.

Die sehr geräumige Wohnung Balata Gebro's bestand aus verschiedenen grossen umzäunten Hütten, Zelten u. s. w., die er fast ganz zu unserer Verfügung stellte. Stecker jedoch, der meinen Widerwillen gegen abessinische Wohnungen kannte, gerieth mit ihm in grossen Wortwechsel, da er unsere Zelte ausserhalb der Umzäunung wollte aufschlagen lassen, was Balata Gebro entschieden verweigerte, indem er sich auf Befehle berief und meinte, nur innerhalb seines Gehöftes uns vor Neugierigen schützen zu können.

Und so mussten wir denn die Zelte innerhalb der Umzäunung aufschlagen lassen. Bald darauf schickte der Ras einen Ochsen, ein Schaf, 100 Brote, einen Topf mit Butter, einen Topf mit Honig und einen Sack mit Gerste, mit der Erklärung, dass von jetzt an alle Tage in jeder Ortschaft diese Lieferung an mich zu geschehen habe. Natürlich übergab ich dem Ueberbringer das entsprechende Gegengeschenk in Geld.

Am folgenden Tage, am 1. Januar 1881, überreichte ich dem Ras meine Gaben: einen Winchesterkarabiner (Repetirgewehr zu neun Schuss, von Lefaucheux in Paris), eine schön vernickelte Weckuhr, einen grossen wurzener Teppich und seidenen Sonnenschirm, beide Stücke für Frau Ras Alula. Alles fand den Beifall des Generals. Sodann wurde Tetsch gereicht. Als ich, wie tags vorher, mein Glas auf einen Zug leerte — in Massaua hatten mir die Europäer gesagt, es sei das so Sitte bei den Abessiniern — fragte mich der General verwundert lachend, warum ich den Inhalt so schnell leere? Auf meine Antwort erwiderte er: „Was wissen die verfluchten Türken von unsern Sitten? Im Gegentheil, wir trinken langsam und nie viel auf einmal.“ Aus der jetzt zwanglosen Unterhaltung will ich nur die Worte Ras Alula's anmerken: „Wenn Aegypten uns nicht die uns geraubten Provinzen zurückgibt, werden wir Massaua und Chartum zerstören.“

Abends besuchte uns in unserm Zelt Balata Gebro.

Wahrscheinlich hatte er tagsüber schon viel Tetsch getrunken. Er lehnte den Thee ab, den wir gerade tranken, aber einige Wassergläser voll Cognac — noch dazu Hennesy Cognac — verschmähte er nicht, sodass er bald in sehr erregter Stimmung zu prahlen anfing: „Bin ich nicht der gefürchtete Balata Gebro? Reicht nicht mein blosser Anblick hin, um 2000 Türken in die Flucht zu jagen? Ich bin der Held, der jenen Diener der Ungläubigen, Mitchell, gefangen nahm! Ich tödtete mit eigener Hand 100 Aegypter. Ich entmannte mit eigener Hand 25 Ungläubige.[1] Ich bin der Starke und Unüberwindliche. Ich bin der Träger des schwarzen Leopardenfells. Es mögen 5000 Türken kommen, ich allein werde sie vernichten. Man nennt mich den magern Balata Gebro, aber der magere Balata Gebro ist ein Löwe. Man nennt mich den magern Balata Gebro, aber der Balata Gebro entmannt und tödtet alle seine Feinde!“

So ging es noch lange weiter, bis ich seine Besiegung beschleunigte durch ein viertes Wasserglas voll Cognac, den Rest der ganzen Flasche. Er goss es hinunter und stürzte dann wie angeschossen zum Zelt hinaus nach seiner gegenüberliegenden Wohnung, um dort seine Niederlage zu verschlafen.

Merkwürdigerweise schien Balata Gebro am folgenden Tage vom Katzenjammer nichts zu spüren. Als ich morgens um 5 Uhr zum Frühgottesdienst ritt, kam er mir schon entgegen, da er mit dem Ras bereits ganz früh zur Kirche gewesen war. Diese dem heiligen Michael gewidmete Kirche von Tsatsega zeichnet sich durch nichts Be-

[1] Als ich Balata Gebro auf das Unmenschliche dieser Handlung aufmerksam machte, verwies er mich auf Kap. XVIII, V. 25, 1. Buch Samuelis, und, die Göttlichkeit dieses Buches zugegeben, liess sich allerdings nichts erwidern.

sonderes aus: nur die reich mit Elfenbein ausgelegte Bundeslade, angeblich 500 Jahre alt, ist sehenswerth. Als wir zur Kirche kamen, war trotz der frühen Stunde der Gottesdienst schon vorüber, welcher eigentlich von Mitternacht bis Sonnenaufgang dauert. Die Geistlichkeit, einige im Vorhof lungernde Mönche und Nonnen bekamen ihr Geldgeschenk und wir dafür den Segen.

Tsatsega liegt 2328 m über dem Meere auf dem rechten Ufer des Mai Gola, eines der Quellflüsse des Anseba. Der Ort selbst, welcher aus wenigen Hütten von Thon besteht, ist unwichtig, wichtiger das umfangreiche Lager. Indess fand ich die Grösse desselben und die Zahl der anwesenden Soldaten sehr übertrieben. Ich glaube kaum, dass in Tsatsega mehr als 2000 Soldaten standen, mit Alten, Weibern und Kindern im ganzen 10000 Seelen. Wenn aber dennoch der Ras Alula im gewollten Augenblick über vielleicht 20000, ja 50000 Mann gebieten kann, so muss man bedenken, dass die grösste Zahl der dem Bauernstande angehörenden bewaffneten Soldaten beurlaubt werden, aber verpflichtet sind, auf den ersten Ruf zu erscheinen. Das Lager war in Gruppen geordnet. Um ein grösseres Zelt, um eine grössere Hütte standen kleinere für die Soldaten, sodass der Offizier oder der Anführer immer inmitten seiner Untergebenen sich befand.

Was die Soldaten anbetrifft, so fand ich eine grosse Veränderung zwischen denen, welche ich zur Zeit des Kaisers Theodor sah, und denen des jetzigen Negus Negesti. Theodor's Soldaten hatten nur in vereinzelten Fällen und obendrein vorsündflutliche Gewehre; meistens nur Spiesse, Säbel, Schilde u. s. w. Spiesse und Schilde sind auch heute noch da, aber dass sie aus der Mode kommen, merkt man an der unsorgfältigen Arbeit. Nur selten noch sieht man jene sonst so häufigen, mit schönem Gold- und Silberfiligran versehenen Luxusschilde.

Jetzt sind fast alle Soldaten, sobald sie im Felde stehen, stets mit Flinten bewaffnet. Und wenn man auch noch oft genug Lunten- oder Steinschlossflinten sieht oder solche mit dem schon neuern Zündhütchenschloss, so findet man doch auch viele Hinterlader. Mindestens 15000 Remingtongewehre sind mit ausreichender Munition im Besitze des Negus. Man darf aber keineswegs glauben, dass die Soldaten Abessiniens irgendeinen Vergleich mit unsern regelmässigen Armeen aushalten. Bei weitem nicht einmal mit den ägyptischen, vielleicht nicht einmal mit den marokkanischen Truppen. Der abessinische Söldling bekommt nie Sold, der Offizier nie Zahlung. Die Soldaten sind wie die Civilpersonen gekleidet. Eine Schama, meist herzlich schlecht und immer von sehr zweifelhafter Reinlichkeit, darunter Hose und Hemd aus Baumwolle, bilden die Uniform. Der Kopf barhaupt, aber das Haar mit Vorliebe in kleinen oder auch grossen Wulsten geflochten, dazu ein dicker Siegelring und um die Schultern ein Schaf- oder Ziegenfell mit 2 Fuss langen Fransen, oft auch statt dessen ein Löwen- oder Pantherfell für die besonders Tapfern — das ist der Schmuck der Soldaten. Ausserdem im Sommer stets noch der unvermeidliche tellerartige Sonnenschirm von Stroh. Endlich ein langer krummer Säbel an der rechten Seite. So ausstaffirt kommt der abessinische Soldat daher. Stolz blickt er auf jeden hernieder: ihm gehört das Land, für ihn muss der Bauer arbeiten. Er selbst arbeitet nie, auch der geringste Soldat rührt nichts an, um etwa seinen Unterhalt zu erwerben. In dieser Beziehung hat er ganz den dummen Dünkel der mittelalterlichen Barone und Lanzknechte. Ja, er ist so eitel, dass er nicht einmal selbst seine Waffen trägt, dazu hat er seinen Pagen, seinen Waffenträger, ganz wie die Cavaliere des Mittelalters. Und man merke wohl, ich rede immer vom gemeinen Soldaten. Diese jungen Waffenträger, oft nur im Alter von zehn bis zwölf Jahren, alle freiwillig sich stellend, welche zuerst als solche eintreten und für ihren Dienst nichts erhalten als einen Theil der Beute beim Plündern, bilden die Rekruten des abessinischen Heeres. Im Alter von 18 Jahren oder auch schon früher suchen sie sich einen Schild zu verschaffen, denn der Schild gilt immer noch als besonderer Kriegsschmuck, namentlich wenn etwas Silber daran ist; dazu einen Säbel, ein Gewehr, und nun überreden sie andere Knaben, ihre Aeltern zu verlassen und in den Wehrstand zu treten. Aber wenn die Generale, die Offiziere und Soldaten nie Löhnung bekommen, wovon nähren, wovon kleiden sie sich? Mit den Lilien auf dem Felde kann man sie doch wol nicht vergleichen. Ausschliesslich von Plünderung! Die Beute wird regelrecht vertheilt. So und so viel bekommt der Anführer, so und so viel die Offiziere, so und so viel der Soldat. Daher auch die ewigen Raubzüge der Abessinier. Der Negus, die Grossen, welche eine seiner Armeen commandiren, müssen fortwährend Krieg führen, um ihre Truppen ernähren zu können. Das ist recht traurig, denn eigentlich ist es ein beständiger Krieg einiger gegen alle. Solange der Kriegszustand mit Aegypten dauert, kann man in diesen Raubzügen wenigstens eine gewisse Gesetzmässigkeit erblicken: man findet es begreiflich, dass die Abessinier sich für die geraubten Provinzen zu entschädigen suchen. Und solange noch auf der Grenze Völker und Gegenden existiren, auf welche der Negus Negesti glaubt seine vermeintliche Souveränetät ausdehnen zu müssen, kann man in den Kriegszügen wenigstens einen Schein von Recht entdecken. Aber wenn nun alles das einmal aufhört, wenn es gelingt, mit Aegypten Frieden zu schliessen, wenn die angrenzenden Provinzen unterworfen sind: was dann? Das ist eine Frage, welche ich kaum wage zu beantworten. Entweder man muss das Heer bedeutend vermindern, und im Innern würde dabei für die Regierung gar keine Schwierigkeit vorliegen, weil sie im Besitze der vielen Amben, d. h. natürlichen Festungen, mit Leichtigkeit auch das widerspenstigste Volk zügeln könnte, oder aber man muss das eigene Volk ausplündern. Regelmässige Abgaben nämlich gibt es bisjetzt nicht in Abessinien. Zwar steht dieses Land durch seine Religion immerhin auf einer relativ hohen Stufe der Cultur, aber wie unendlich viel ist darin noch zu thun!

Ras Alula hatte zu meiner schleunigen Abreise ebenso viel Lust wie ich selber. Wahrscheinlich kam ihm der Befehl, mich so rasch wie möglich zu befördern. Zwar erhielt ich von Herrn Hassen Bei aus Massaua die Meldung, dass Professor Reinisch meinen Dolmetsch Johannes für die österreichischen Jagdherren, Fürst Esterházy u. s. w., angeworben habe, aber ich trauerte seinetwegen nicht lange: einestheils dolmetschte er entsetzlich schlecht, andererseits war er trotz seines wiener Aufenthaltes körperlich schmuziger als der schmuzigste Abessinier. Ausserdem erhielt ich von Ras Alula das Versprechen, dass ich Schimper von Adua mitnehmen dürfe. Johannes wollte mich überdies noch einige Märsche begleiten.

Wie ich früher schon erwähnte, waren Herr und Frau Lombard vor mir aufgebrochen und demnach auch früher beim Ras Alula angekommen. Ich konnte am ersten Tage ihre Wohnung von der meinigen aus bemerken, da ich ihre französische Flagge sah. Am Tage meiner Abreise erblickte ich die Fahne nicht mehr. Wir haben uns im Lager nicht gesehen. Für mich lag keine Veranlassung vor, ihn zu besuchen, und er *wollte* vielleicht nicht zu mir kommen. Herr Raffray, der französische Consul, gab mir noch einige hundert Thaler für ihn mit, die ich ihm gegen Quittung in Tsatsega zustellen liess. Ich erfuhr nun, dass dem Herrn Lombard die Reise ins Innere Ras Alula untersagte, dessen Worte mir Balata Gebro folgendermassen wiederholte: „Ich weiss nicht, was Herr Lombard eigentlich beabsichtigt. Einmal will er nach Schoa, dann wieder zum Negus Negesti. Ein andermal verlangt er sogar von mir die Abhaltung einer Revue! Dann wieder ist er mit den gelieferten Lebensmitteln unzufrieden, ohne zu bedenken, dass dieselben keinem Muss entspringen, sondern eine freiwillige Liebesgabe sind.“ Und in der That, nur eine dieser Beschuldigungen, wenn sie begründet war, musste genügen, um das Mistrauen eines auch weniger mistrauischen Generals zu erwecken. Hätte Herr Lombard meine Vermittelung bei Zeiten angerufen, so konnte ich seine Weiterreise vielleicht ermöglichen. Vor allem würde ich ihm aber gerathen haben, sein Herz nicht auf die Zunge, seine Gedanken nicht auf die Lippen zu legen. Ich erfuhr sein Misgeschick erst am Tage meiner Abreise, und da war es zu spät, irgendetwas für ihn zu thun. —

Der Tag der Reise kam. Im letzten Augenblick gelang mir noch der Ankauf einiger Maulthiere, sodass mir die Regierung nicht viele Träger zu stellen brauchte. Jetzt ritt ich hinüber zum Ras, um mich von ihm zu verabschieden. In meiner Gegenwart gab er dem Hauptmann Mariam, der mich mit seinen Soldaten begleiten sollte, die letzten Anweisungen und einen schriftlichen Generalbefehl. Nun wollte ich mein Maulthier besteigen. Wie überrascht aber war ich, als ich vor dem Thore ein vorzügliches, prächtig gesatteltes Thier vorfand: eine Ehrengabe des abessinischen Ras.

Der Abschied von Balata Gebro war ein recht langer, obschon ich ihm gar keine besondern Geschenke dargereicht: einen ziemlich gewöhnlichen Revolver und einige hundert Mark in Maria-Theresienthalern, welche Stecker ihm heimlich zustecken musste. Er überwachte die Bepackung unserer noch durch sieben vermehrten Maul-

EUPHORBIA KOLQUAL ODER KANDELABERBAUM.

S. 151.

thiere und die schnelle Herstellung der Packsättel. Endlich um 10¾ Uhr setzten wir uns in Bewegung, die jedoch nur langsam erfolgte. Und dazu noch: ich hatte die Ehrenwache noch nicht abgelohnt! Jetzt die Abladung eines Maulthieres, die Oeffnung der Kiste, die Herausnahme des Geldes, und das alles unter den Augen der umstehenden Abessinier! Aber nicht genug kann ich die Ehrlichkeit der abessinischen Diener, ihr anständiges Benehmen hervorheben: auf der ganzen Hin- und Rückreise ist mir nie etwas abhanden gekommen. Auch murrten die Leute niemals, als ob sie zu wenig bekommen hätten. Und so ging es denn auch mit dieser Angelegenheit glatt ab, und die Ehrenwache zog sich ganz zufrieden zurück, während wir mit unserer kleinen Bedeckung, unter dem Commando des Hauptmanns Mariam, der uns bis zum Negus Negesti begleiten und namentlich für die täglichen Lieferungen sorgen sollte, Tsatsega verliessen.

Im allgemeinen ging es nun südlich, zuweilen westlicher und dann wieder mit östlicher Abweichung. Je mehr ins eigentliche Abessinien hinein, desto schöner und fruchtbarer wurde die Gegend. Wir passirten noch am selben Tage den Mareb, der etwas weiter östlich von der Stelle unsers Ueberganges tief eingebettete, steile, aber äusserst malerische Ufer hat. Ein kleiner Wasserfall belebt noch die wundervolle Scenerie. Trachyt, Basalt herrscht hier noch vor; der Kandelaberbaum drückt der Pflanzenwelt den Stempel auf; der Grund ist dick bestanden mit einem binsenartigen Gras, tara ualia, d. h. Mädchenhaar, das vielleicht auch einmal für die Industrie dienstbar gemacht werden kann, wie die Stipa tenacissima. Bei 2000 m Höhe lagerten wir nachts in der Nähe eines kleinen Dorfes Namens Addi Saul. Hier bemerkten wir zum ersten mal jene saftgrünen schönen Palmen, wahrscheinlich eine wilde Phönix, mit sehr feinen Wedeln, die Früchte reifen jedoch nicht, sind daher nicht geniessbar. Statt des Ochsen brachte uns der Schum (Ortsvorsteher) drei Schafe; der mich begleitende Hauptmann wollte nun zwar noch Geld drauf haben, aber ich verbot das ein für allemal.

Es ist eine in Abessinien ganz gewöhnliche Sitte — und man sagte mir, was ich kaum glauben mag, dass selbst europäische Reisende, sogar officielle Abgesandte dieselbe mitzumachen sich nicht scheuten! — dass die einheimischen Beamten, wenn sie für den Negus oder sonst in officiellen Diensten reisen, sich nicht unerhebliche Summen dadurch zusammenbringen, dass sie sich täglich die ihnen zukommenden Rationen in Geld auszahlen lassen. Gesetzt den Fall, sie haben, wie ich damals, das Anrecht auf täglich ein Rind, ein Schaf, einen Topf Honig, einen Topf Butter und einen Sack mit Gerste, so repräsentirt dieses unter Brüdern ca. acht Maria-Theresienthaler. Sie überlassen nun alles dem Schum, um ihm auch einen Vortheil zu gönnen, für vielleicht fünf Thaler baar, stecken das Geld ein und profitiren somit bei einer Reise von 30 bis 40 Tagen 150—200 Thaler, für Abessinien eine enorme Summe, eine Summe, welche nach unsern Verhältnissen mindestens 1000—1500 Thaler beträgt. Und der echte abessinische Beamte treibt das Handwerk noch besser, indem er sich von den auf seiner Marschroute immer vorgeschriebenen Ortschaften, auf welche seine Verpflegung lautet, diese in Geld zahlen lässt, dafür aber andere benachtheiligt, die ihm Nahrungsmittel in natura liefern müssen.

Es sollen, wie gesagt, europäische Reisende auch geldlich von diesem System profitirt haben, und unmöglich ist es nicht, denn selbst mir bot man einmal drei Thaler, wenn ich auf ein zu lieferndes Rind verzichten wollte. Ich brauche wol kaum zu sagen, dass ich Herrn Schimper, meinen damaligen Dolmetsch, beauftragte, auf das Rind sowol wie auf das Geld zu verzichten. Ein für allemal hatte ich beschlossen, die Lieferungen durch Geld auszugleichen, und bei den billigen Preisen konnte dies ja auch leicht geschehen. Gordon war in dieser Beziehung mit gutem Beispiel vorangegangen, oft vielleicht zu grossartig aufgetreten; aber ich wollte nicht, dass der Vertreter Deutschlands hinter ihm zurückstände. Vollkommen unbegreiflich finde ich es denn auch, wenn verschiedene Reisende, welche doch wissen und fühlen müssen, dass derartige Lieferungen wenigstens für Europäer „Gastgeschenke" sind, auftrumpfen, wenn sie nicht einlaufen und dann wol noch gar ohne entsprechende Geldgeschenke abziehen!

Die erste bedeutende Stadt, Namens Godofelassi, wenn ein Ort von ca. 1200 Einwohnern Stadt genannt zu werden verdient, erreichten wir, nach vielen Mühen und Weitläufigkeiten mit unserm Gepäck, am 7. Januar. Da ich noch nicht alle nothwendigen Maulthiere besass, so war ich immer noch für einen Theil des Gepäcks auf Träger angewiesen. Träger bekommt man stets nur mit Widerstreben, und dann gehen sie blos von Ort zu Ort. So musste manchmal ein Gepäckstück oder zwei liegen bleiben in einem Ort, da man so schnell keine Träger auftreiben konnte. Dann ging der uns begleitende Offizier zurück, und spätestens am andern Tage hatte ich alle meine Sachen wieder. Damals ärgerte ich mich über diese kurze Verzögerung. Bei ruhigem Nachdenken jedoch staune ich jetzt über die Schnelligkeit, mit der man alles Gepäck fortschaffte. Der arme Abargues de Sosten, welcher zum Fortschaffen des seinigen gar keine eigenen Maulthiere besass, musste wochenlang auf dasselbe warten. Eine Kiste lag am Wege, eine andere in einem Dorfe, eine dritte irgendwo. Und wunderbar! bei dieser Transportweise hat sich kein Reisender beklagt, dass ihm irgendetwas abhanden kam.

Die Gegend, welche wir durchzogen, war prachtvoll. Wie ein grosser mit herrlichen Bäumen bestandener Park:

schöngrüne, blühende, oft durch reiche Culturen unterbrochene Büsche; Felder mit Schimbera (Lathyrus), einer Hülsenfrucht, welche fast wie Erbsen aussieht und schmeckt; Kolqual und Mimosen; am Wasser stets riesige Sykomoren!

Erwähnen muss ich, dass der sonst so zuverlässige Heuglin in seinen Angaben auf dem Wege nach Godofelassi eines Vulkans erwähnt. Er sagt darüber[1]: „3—5 Meilen westlich von unserm Weg zieht sich ein niedriges tafelförmiges Hügelland hin, Daba Meda (Meda heisst Ebene) genannt, an dessen Ostrand sich ein Krater mit Caldera und pyramidalem Eruptionskegel im Centrum erhebt; der Berg oder die Gegend heissen Az-Schemer. Die relative Höhe des Vulkans schätze ich auf 3—400 Fuss, die Kraterwände scheinen nach innen sehr steil abzufallen und sein Rand ausserordentlich scharf zu sein.“ Man könnte fast versucht sein, aus dem Worte „caldera“ zu schliessen, es handle sich um einen noch thätigen Vulkan. Aber trotz der überall vulkanischen Gesteinsmasse der Gegend gibt es keine thätigen feuerspeienden Berge oder Geiser in Abessinien. Der Berg und Name Az-Schemer[2] existirt gar nicht. Wahrscheinlich meinte Heuglin den bei Addi Baro liegenden Berg Addi- oder Az-Schikel, welcher jedoch nie ein Vulkan war. Ferner ist Daba Matta (nicht Meda, hat also auch nichts mit Ebene zu thun) ein mächtiger Gebirgsstock, welchen man schon von Adua im Süden, von Asmara im Norden sehen kann, ein Wegweiser und Wahrzeichen, von dem es nur auffällt, dass ihn Heuglin übersah.

Prachtvolle Pferde wurden in Godofelassi zum Verkauf angeboten, zu 6—12 Thaler das Stück, gute Maulthiere

---

[1] „Reise nach Abessinien“ (Jena 1868, S. 134).

[2] Da es uns sehr interessirte, erkundigten wir, Stecker und ich, uns ganz speciell danach.

nur spärlich, aber meiner Heerde konnte ich doch einige hinzufügen. Wir erstaunten über die vielen Hyänen und Schakale, welche unser Lager umschwärmten, letztere zeigten sich sogar am Tage. Neun Diener zur Vervollständigung unserer Karavane wurden angeworben; einen, welcher aus Eitelkeit sich weigerte, Holz zu holen, weil das, wie er behauptete, Frauenarbeit sei, entliess ich.

Godofelassi, früher halb christlich, halb mohammedanisch, hat jetzt nur noch einige mohammedanische Familien und dürfte überhaupt wol einer der wenigen Plätze sein, welchen Mohammedaner bewohnen. Denn im Jahre 1880 erliess der Negus Negesti einen Befehl, demzufolge alle Mohammedaner zur christlichen Kirche übertreten oder auswandern mussten. Fast alle zogen es vor, sich taufen zu lassen, wodurch ein ganz neues frisches Element unter die christlichen Abessinier kam, nicht etwa, weil ein volksthümlicher Unterschied zwischen Mohammedanern und Christen bestanden hätte, sondern weil erstere vor letztern sich durch Arbeitsamkeit und Kunstfertigkeit auszeichneten.

Je näher dem wahren Ufer des Mareb, desto mehr bedeckt sich die Gegend mit basaltischen Steinmassen, welche das Gehen — eigentliche Wege gibt es ja in Abessinien nicht — sehr erschweren. In Adi[1]-Dochale nächtigt man gewöhnlich und beginnt dann am folgenden Morgen, je früher desto besser, den Abstieg, der, obgleich nicht sehr hoch, ca. 500 m, doch ganz fürchterlich ist und das Reiten stellenweise fast zu einer Unmöglichkeit macht. Manchmal windet sich der Weg wendeltreppenartig hinab durch senkrecht stehende schwarzpolirte Basaltsäulen, welche an Schönheit mit denen der Fingalsgrotte wetteifern können. Wie es den Aegyptern möglich gewesen ist, hier

[1] Addi, Adi, Ad oder Az ist gleichbedeutend.

Artillerie herabzuschaffen, erscheint unbegreiflich. Endlich sind wir bei den Granitblöcken von Gudda Guddi, zwischen welchen Herr von Arendrup und Arakel Bei ihren letzten Verzweiflungskampf fochten. Wir zogen so schnell wie möglich durch die bleichenden Gebeine hindurch, obschon die Abessinier nicht müde wurden, uns wieder und wieder aufmerksam zu machen auf die Gruppen und Schädel der Erschlagenen, an denen man oft noch die Schuss- und Hiebwunden erkannte. Ein schreckliches, schauderhaftes Bild! Und dabei die schönste, reichste Natur, denn bei Gudda Guddi hat man nun schon eine solche Tiefe erreicht, dass die Pflanzenwelt mit einem mal wieder tropischen Charakter zeigt. Wir lagerten südlich von Gudda Guddi bei Mai Gome, im Schatten einer riesigen Akazie, welche durch ihre kleinen gelben Röschen die Luft mit balsamischen Düften erfüllte. Mai Gome ist kein Ort, sondern eine Quelle im Thal, dessen östliche Wandung den District Gundet bildet, aus mehrern Weilern bestehend, welche dem Balamberrassobe[1] unterthan sind, der hier zugleich eine Zollstation besitzt. Der stattliche Mann machte uns einen Besuch und brachte vorzügliches Weizenbrot zum Geschenk. Aber trinken konnte er! Ein grosses Quantum Absinth stürzte er ohne Zumischung von Wasser hinunter. Sein Ansehen bewies die Pünktlichkeit, womit sich die Träger und zwar in solcher Zahl einstellten, dass ich durch sie alle meine Sachen hätte fortschaffen können. Ja, am andern Tage war das von ihnen getragene Gepäck schon vor uns an Ort und Stelle.

Der Mareb, dieser bedeutende Fluss Nordabessiniens, der später den Namen Sobat, Chor el Gasch und endlich Atbara annimmt, war schon einmal als schmalster Wasserfaden von uns überschritten worden, der sich jetzt aber

---

[1] Bale-Ambe-Raș-Ubich.

breitbettig, jedoch wasserlos ausweitete. Nur hin und wieder hatten sich Tümpel erhalten, welche von grössern und kleinen Fischen wimmelten. Das Wasser floss unterirdisch. Die herrlichen Bäume mit riesigen Schatten gewährten uns einen willkommenen Platz für unsere Mahlzeit. Gigantische Feigenbäume und Tamarinden, die uns ihre fast reifen Früchte boten, um durch Zerquetschen Limonade daraus zu bereiten! Die Mareb-Ebene, besonders das eigentliche Mareb-Thal hält man mit Recht für ungesund. Aber weshalb sich die südlich ansteigende Gegend, speciell Hamedo-Gegend genannt, eines so schlechten Rufes erfreut, ist mir unbegreiflich.

Schon von der Hamasenschen Hochebene aus haftet der Blick an den bei Adua liegenden Bergen, von so wechselnder und seltsam wunderlicher Gestalt, dass man nicht weiss, ob die Aduenser Berge oder die von Semien malerischer sind. Immer deutlicher zeichneten sie sich jetzt ab, und wenn man bei Daro Tachele die Mareb- oder, wie sie auch genannt wird, Daro Tachele-Ebene verlässt, hat man sie dicht vor sich.

In der Nähe der Hauptstadt von Tigre schickte ich einen meiner Diener voraus, um Schimper meine Ankunft wissen zu lassen. Auch sollte er ihm den Brief des Grossherzogs von Baden einhändigen, worin dieser ihm anempfahl, in meine Dienste zu treten. Adua's Nähe äusserte sich nicht nur durch die grössere Dichtigkeit der Ortschaften, sondern auch dadurch, dass man von Daro Tachele an ganz vereinzelt und einsam liegende Gehöfte erblickt, was in Hamasen bei so unsichern Zuständen nie vorkommt.

Den mächtigen Scholoda-Berg umgehend, hatten wir einen Vollblick auf Adua. Sofort erkannte ich die Stadt wieder, welche ich im Jahre 1868 schon einmal mit Herrn Stumm besuchte. Wie damals, liess ich auch jetzt ausserhalb der Stadt Lager schlagen und zwar auf dem rechten

Ufer des Mai Gogo, welcher sich dicht unterhalb Aduas mit dem bei dieser Stadt vorbeifliessenden Assam verbindet. Adua mit seinen grossen Kirchen und einigen nicht nach der allgemeinen Schablone gebauten Häusern, welche mehr europäisch aussehen, nimmt sich, zumal mit seinem prachtvollen Berghintergrunde, äusserst malerisch aus. Es ist, namentlich in den letzten Jahren, so oft beschrieben worden[1], dass ich dabei nicht zu verweilen brauche. Verändert hat sich nichts seit meinem letzten Besuche, nur ein grosses Gehöft: die Wohnung des Negus Negesti am Fusse des Scholoda, dann eine grosse neue Kirche, welche der Negus aus Dankbarkeit für die über die Aegypter erfochtenen Siege errichten lässt und an deren innerer Ausschmückung man noch immer arbeitet, sind Neubauten.

Gleich nach meiner Ankunft suchte ich Schimper auf, fand ihn aber nicht zu Hause, da er mit dem Gouverneur von Tigre, Lidj-Ambe, einem Neffen des Negus Negesti, verreist war. Indess konnte ich doch einen Einblick thun in die Wohnung Schimper's, welcher in Abessinien den Namen Ngdaschit führt, und freute mich, dass er, der kein geborener Deutscher ist, sondern nur etwa während zehn Jahre in Deutschland Erziehung genoss, aus unserm Vaterlande den Sinn für Reinlichkeit mitnahm. Ein sogleich abgeschickter Bote sollte Schimper von meiner Ankunft in Kenntniss setzen. Inzwischen schlugen wir Lager auf; einige Tage wollten wir hier bleiben.

Nun bekam ich auch Besuch von einem Europäer und zwar dem einzigen, der sich hier befand, einem Franzosen, Mr. Baraglion, einem echten Provençalen, welcher seit Jahren in Abessinien als Waffenschmied sich einiges Geld erwarb. Aber in Abessinien war leichter hinein- als wieder herauszukommen. Man verweigerte ihm stets die Erlaub-

---

[1] Raffray, Matteucci, Girard, Russ, Vigoni u. a.

niss, man brauchte ihn eben; er war der einzige wirkliche Waffenschmied im ganzen Lande, der sich auf die Ausbesserung von Flinten neuester Construction verstand. Zwar gelang es ihm, einen Theil seiner Gelder nach Massaua in Sicherheit zu bringen, aber er hatte noch eine namhafte Summe bei sich. Endlich erlaubte ihm der Negus Negesti Abessinien zu verlassen.[1] Aber mit wem die Reise machen? Mit Bianchi etwa, welcher kurz vorher durch Adua kam? Aber der schien ihm zu wenig Sicherheit zu bieten. Mit einer abessinischen Karavane? Die Abessinier würden mir das Geld geraubt haben, meinte er. Ganz allein? Nimmermehr! Da dachte er denn mit mir zu reisen, ich schien ihm zu seiner Befreiung aus diesem „Affenlande", wie er Abessinien nannte, die meiste Gewährschaft zu bieten. Er wolle geduldig meine Rückkehr abwarten. Ich sagte ihm, sein eigener Consul, Herr Raffray, würde bald eintreffen. Aber er wollte nichts davon wissen. Und so versprach ich ihm denn, seinen Wunsch nach meiner Zurückkunft zu erfüllen.

Lidj-Ambe, der Gouverneur, und Schimper kamen am folgenden Tag und letzterer direct zu mir geritten, um mich zu einem Besuche beim Gouverneur einzuladen. So ritten wir denn hinüber: alle unsere Diener mit Flinten und in neuen weissen Schama hinein in die Stadt mit den engen ungepflasterten Strassen, die jedoch eines gewissen Reizes nicht entbehren, da aus dem Mauerwerk grüne Kräuter und Buschwerk hervorwuchern und über die Mauern Uonzabäume, *Cordia abessinica*, *Arundo donax* und wilde Oelbäume ragen.

---

[1] Man ersieht hieraus, wie wenig frei man in Abessinien ist. Um den gemeinen Mann kümmert sich kein Mensch; der einigermassen Bekannte, Vornehme oder Reiche ist dagegen in allen seinen Bewegungen beaufsichtigt und muss zu grössern Reisen oder Unternehmungen immer eine besondere Erlaubniss erhalten.

Lidj[1]-Ambe, welcher Dedjatsch ist, hat, obschon Prinz und Neffe des Negus Negesti, keineswegs eine so hervorragende Stellung wie Ras Alula, der Gouverneur von Hamasen. Dies zeigt sich auch an seiner Wohnung, welche kleiner, und an seinem Gefolge, welches geringer an Zahl ist. Lidj-Ambe entfaltete allen ihm möglichen Pomp, unterstützt zumal von Adua selber mit seinen grossen Kirchen und seiner hochgestellten Priesterschaft, welche der Gouverneur von Hamasen nicht aufweisen konnte. Diese hochbeturbanten[2] Priester gaben der Gesellschaft des Lidj-Ambe und ihm selber ein gewisses Relief. Im Anfang steif und zurückhaltend, unterhielt man sich bald recht zwanglos, und reichlich wurde guter Tetsch herumgereicht. Was soll man aber eigentlich mit solchen Leuten sprechen, welche an Kenntniss und Urtheil tief unter europäischer Bildung stehen? Und je grösser die Unwissenheit der Geistlichkeit, desto grösser ihr Fanatismus. — Besonders interessirte mich eine Persönlichkeit, die ich hier kennen lernte, da sie einen gewissen geschichtlichen Hintergrund hat: Mircha, Murcha oder Mirscha, der seine Erziehung in Bombay erhielt und bei Grant und Lord Napier als Dolmetsch fungirte, damals häufig erwähnt in den officiellen englischen Berichten. Leider wollte Lidj-Ambe nicht erlauben, dass Schimper mich begleite, obschon ich mich auf die Zusicherung Ras Alula's berief. Seine beständige Antwort war immer: Ras Alula habe ihm nichts davon geschrieben. Da ich unmöglich vorher wissen konnte, dass die persönliche Freiheit in Abessinien so sehr beschränkt und der Einfluss des Ras Alula so weitreichend sei, hatte ich versäumt, mir von ihm ein Schreiben zu erbitten. Aber auf der Stelle schrieb und expedirte ich ein solches.

---

[1] Lidj bedeutet eine Persönlichkeit vom hohen Adel.

[2] Die abessinischen Priester tragen hohe weisse Turbane.

Wir besuchten auch einen Markt in Adua, und erstaunen muss man über die Menge der herbeiströmenden Käufer und Verkäufer, sowie über die Verschiedenartigkeit der zu verkaufenden Gegenstände. In Adua hat man als einziges Geld nur den Maria-Theresienthaler vom Jahre 1780, da das abessinische Kleingeld, die Amole[1], erst in den amharischen Provinzen Geltung hat. Indess kann man Amole kaufen. Für einen Thaler erhielten wir 48 Stück.

Der Markt von Adua findet im Nordosten auf einem keineswegs sehr ebenen und passenden Platze statt. Alles ist nach den Gegenständen auf kleine Gassen vertheilt. Hier steht das Vieh: Pferde, Rinder, Schafe, Ziegen, auch Hühner und getödtetes Wild. Dann eine Gasse, wo auf beiden Seiten Männer, Mädchen und Frauen hinter Säcken mit Getreide, Weizen, Gerste, Bohnen und Erbsen hocken. Grosse Haufen frischen und getrockneten rothen Pfeffers zeugen von dem starken Gebrauch dieses Gewürzes. Reihen von Honig- und Buttertöpfen; viele Töpfe mit Honigwein und Bier; auf grossen Tüchern kleine Spiegel, Perlen aus Venedig und Böhmen, Flacons mit schlechten Essenzen, Barille[2], Trinkgläser, Steingut, schlechte Messer und Scheren, Schreibpapier, schwarzer, weisser und rother Zwirn, Kattun in zwei Sorten (der bessere weiss, ziemlich gut; der schlechtere fast grau, stark gegipst), bunte Taschentücher, schlechte Seidenstoffe, schlechte Tuche in rother, gelber und hellblauer Farbe, Spiegel, hier auch eine Kiste mit elendem Cognac und noch giftigerm Absinth: das ist so ziemlich, was sie von europäischen Waaren feilbieten. Endlich abessinische Stoffe: prächtig mit bunter Seide ge-

---

[1] Eine Amole ist ein Salzstück, welches in der östlichen Tiefebene gebrochen und geschnitten wird und, mit Bast umwickelt, 750 gr wiegt.

[2] Glasflaschen mit engem Hals.

stickte Hemden und Hosen für Damen, Schama verschiedener Güte und Grösse [1], auch einige wunderschöne Margef [2], selbst für uns von bedeutendem Preis. Aber wenn man das sehr sorgfältig ausgeführte Baumwollgewebe betrachtet, welches ein Gemisch von Wolle und Seide zu sein scheint und ausserdem an beiden Enden einen in wunderbar schönen Farben gestickten 4 cm breiten Rand zeigt, so wird man für ein solches Tuch den Preis von 150—200 Mark nicht zu hoch finden. Auch Waffen: Spiesse, Säbel, alte Flinten, Pistolen, Büffel- und Rhinocerosschilde u. s. w. Bogen und Pfeile sucht man aber in Abessinien vergebens. Selbst naturhistorische Gegenstände: Löwen- und Pantherfelle, Häute kleinerer Raubthiere und Schlangen u. s. w. Ich kaufte die schöne Haut eines Python. In einer andern Gasse rohe, getrocknete und auch roth gegerbte Ochsen-, Schaf- und Ziegenfelle. In der That ein reichhaltiger Markt! Dazu dies Getreibe! Mindestens die eine Hälfte der Menschen gehörte zum schönern Geschlechte. Wie sie lachten und kicherten, wenn wir vorbeikamen! Aber nichts von Zudringlichkeit und Frechheit, nichts von jener sklavischen Scheu und jenem Verstecken, das man bei den Mohammedanerinnen wahrnimmt.

Der Marktrichter fehlte auch nicht. Er sass auf einer Art Plattform, und die eifrigen und lärmenden Erörterungen, welche vor ihm stattfanden, bewiesen, dass Kaufen und Verkaufen doch oft Streitigkeiten veranlassen. Ein eigentliches Kaufen nach unserer Art und Weise konnte ja auch nur stattfinden, wenn es sich um Gegenstände von Thalerwerth handelte. Bei geringwerthigen Sachen fand Tausch statt: für Gerste rother Pfeffer, für ein Zicklein etwas Baumwollenstoff u. s. w. Dabei ein Zungenlärm, als

---

[1] Italienische Schama wurden in Adua nicht verkauft.

[2] Margef sind ähnliche grosse Tücher wie die Schama.

befände man sich innerhalb einer geschlossenen grossen Börse. Man hat den Grundton der menschlichen Sprache aus solchen Versammlungen mit der Stimmgabel herausfinden wollen und behauptet, dass die Sprache der Engländer und Deutschen viel tiefer sei als die der Franzosen, und die der Franzosen tiefer als die der Spanier und Italiener. Ich glaube, dass, wenn man das vereinte Sprechgeräusch von tausend und abertausend Abessiniern, männlichen und weiblichen Geschlechts, gestimmgabelt hätte, würde man einen hohen Sopran gefunden haben. Wenn man aber über die Masse der Wörter und Phrasen, welche die verschiedenen Völker im Laufe eines Tages, eines Jahres, eines Lebens hervorbringen, ein vergleichendes Urtheil fällt, dann muss man jedenfalls den Abessiniern die Palme zuerkennen. An Schwatzhaftigkeit übertreffen die Abessinier sogar die Franzosen. Im Vergleich mit erstern kann man letztere Niemsi [1] nennen.

Wie oft gerieth ich in Verzweiflung, wenn mein Hauptmann Mariam das „Ja" oder „Nein", welches ich von ihm auf eine an ihn gerichtete Frage erwartete, mit einer halbstündigen Rede umspann. Es war so schlimm, dass ich, ihm und denjenigen meiner Diener gegenüber, die ich am meisten zu fragen hatte, zuletzt immer im voraus ausrief: „Ich will nur ja oder nein." Und doch wie schwer hielt es ihnen, diese so einfachen Wörter zu sagen! Sie waren jedenfalls noch unglücklicher über die Beschränkung ihres Redeflusses, als ich über die Ausströmungen ihrer Redseligkeit.

Am Abend vor unserm Aufbruchstag erhielten wir plötzlich Befehl, nicht über Axum zu reisen, sondern östlich den Weg über Sokota einzuschlagen. Anfangs glaubte

---

[1] Bei den slawischen und orientalischen Völkern heissen so die Deutschen, weil sie so wenig redselig sind.

ich, Ras Alula habe ebenfalls vom Negus die Weisung erhalten, nach Debra Tabor zu kommen und zwar in meiner Gesellschaft. Später jedoch erfuhr ich, dass der Weg durch Semien und westlich davon durch Rebellen oder Räuber versperrt und dies die wahre Ursache der veränderten Wegrichtung sei.

Von Schimper eine Strecke lang begleitet, zogen wir weiter, legten aber am ersten Tage nur einen kleinen Marsch zurück. Am westlichen Fusse des so merkwürdig geformten Berges Aba-Gerima schlugen wir unser Lager auf.

BLICK AUF DIE ALPEN SEMIENS.

S. 165.

ACHTES KAPITEL.

VON ADUA NACH SOKOTA.

Der Amben-Bezirk. — Der Mönch. — Die dünne Bevölkerung. — Die Region des Baobab. — Die schauerliche Schlucht. — Anmeldung beim Kaiser. — Sokota, der grösste Salzmarkt.

Der geringe Einfluss Lidj-Ambe's zeigte sich bald: der uns von ihm beigegebene Hauptmann, welcher dafür zu sorgen hatte, Träger aus den Ortschaften sowie abends Lieferungen herbeizuschaffen, fand nirgends Gehör. Zum Glück war ich auf letztere vorerst nicht angewiesen, da ich vorsorglicherweise die nächste Zukunft bedachte. Und nur für die beiden übermässig langen Geschenkkisten hatte ich Träger nöthig. Nicht, weil ich nicht genug Maulthiere besass: im Gegentheil, einige liefen stets ledig oder wurden von den Dienern geritten, sondern weil nach der Meinung der Abessinier diese Kisten überhaupt von Maulthieren nicht getragen werden könnten.

Abgesehen von der an malerischen Schönheiten überreichen Umgegend, hat man, sobald man die Höhe von Adua im Osten erstiegen, einen wunderbar überraschenden Fernblick auf die Alpen Semiens. Früher stritt man viel darüber, ob in Semien immer Schnee sei. Längst unzweifelhaft. Fast komisch musste es daher wirken, als

Abargues de Sosten im Sommer 1881 nach Aegypten berichtete, er habe zum ersten mal ewigen Schnee auf den Gipfeln Semiens entdeckt. Bruce [1] allerdings leugnete merkwürdigerweise ebenfalls die Existenz des Schnees in Abessinien überhaupt, aber Gobat, Combes und Tamisier lieferten den Beweis vom Gegentheil. Seltsam nur, dass ihn Bruce nicht sah! Bei seiner Uebersteigung des Lamalmon musste er den Schnee sehen; auch vorher schon, denn man sieht ja die Semienberge aus grosser Ferne. Aber diese Thatsache passte nicht in seine Theorie von der Nilwasseranschwellung, obschon sie keineswegs irgendwie damit im Widerspruch steht. Im Gegentheil. Wir alle riefen wie aus Einem Munde: „Schnee!“ Prachtvoll glitzerte die Sonne darüber hin, und die von mir befragten Leute der benachbarten Ortschaften versicherten, dass sie diesen Anblick stets hätten.

Bald kamen wir nun auch in jenen Amben-Bezirk, welcher der abessinischen Gebirgsgegend einen so sonderbaren Charakter verleiht. Schon der Umstand, dass wir manchmal im Sande wateten, deutete auf Sandstein, und aus diesem bestehen in der That diese Königsteine, wie man die Amben nennen kann. Aber nicht ausschliesslich sind die Amben aus Sandstein, sondern auch und namentlich im Süden aus vulkanischem Gestein, z. B. Magdala. Ja, Talanta ist eigentlich Eine Amba von riesiger Ausdehnung. Bekanntlich dienen sie häufig als Gefängnisse oder

---

[1] Bruce, VI, 641 (ich besitze nur die französische Uebersetzung), findet es merkwürdig, dass die von Cosmas Indopleustes in Abessinien aufgefundene Inschrift enthielt: dass Ptolemäus Euergetes bei Anführung seiner Eroberungen in Aethiopien sagt, er habe den Siris überschritten und sei ins Königreich Semien gekommen, ein Land, welches wegen seiner Kälte und des dort liegenden hohen Schnees unerträglich sei. Er sagt sodann: „Keineswegs möchte ich hierbei gesagt haben, dass es niemals in Abessinien geschneit habe.“

bieten Mönchen und Nonnen eine sichere Stätte für ihre unzugänglichen Klöster, z. B. Debra Damo in Tigre. Als wir am 21. Januar am Katschamo lagerten, von riesigen Amben umgeben: Debra Antsa im Westen, Sattia Amba und Swandat Amba im Süden, wollte Stecker Sattia Amba besteigen, aber am Fusse derselben schon wiesen ihn bewaffnete Wächter zurück: es wären oben Staatsgefangene, niemand dürfe hinauf.

Von Sattia Amba bis nach Abbi Addi ist einer der schönsten Märsche. Der Weg läuft am Fusse der hohen Debra Amba hin durch eine äusserst liebliche Gegend, und hier entdeckten wir eine kleine Euphorbie von der Art, wie sie im Vorland bei Massaua wächst, aber nicht mit viereckigen, sondern fünfeckigen Zweigen. Man sieht hier auch häufig Steinhaufen, ähnlich den in Nordafrika unter dem Namen Bu Sfor bekannten, die wahrscheinlich aus gleichen Gründen von der früher hier befindlichen mohammedanischen Bevölkerung errichtet wurden. — Die Abessinier erzeigen den Steinen eine gewisse Verehrung. Das hübsch gelegene Dorf Takarakiro oder, wie Rüppel schreibt, Tackeraggiro, hatte zu seiner Zeit nur mohammedanische Bevölkerung. Rüppel, I, 366, sagt: „Tackeraggiro, welches aus etwa hundert meist steinernen Wohnungen besteht, dürfte etwas über fünfhundert Einwohner zählen. Diese sind insgesammt Mohammedaner und beschäftigen sich grösstentheils mit Handel u. s. w.“ Im Jahre 1881 fand ich den ganzen Ort zum Christenthum übergetreten. Südlich von Hamasen gibt es keine Mohammedaner mehr.

So hart in unsern Augen nun auch der Befehl des Negus Negesti erscheinen mag, wonach alle Mohammedaner in einer vorgeschriebenen kurzen Zeit sich mussten taufen lassen, so lässt sich andererseits nicht leugnen, dass man bei dem Hange zum Intriguiren und Spioniren durch ihren Religionswechsel diesem Unwesen einen dauerhaften

Riegel vorschob. Die mohammedanischen Abessinier waren immer bereit, sich mit den mohammedanischen Feinden gegen ihr eigenes Vaterland zu verbinden. Ganz natürlich! Ihrer Religion folgend, gehorchten sie einem christlichen Herrscher nur mit Widerstreben. Die getauften Aelteren werden zwar noch immer feindselige Gesinnungen gegen die Christen, d. h. die Abessinier hegen, aber die heranwachsende Jugend nicht. Die abessinische Geistlichkeit sorgt dafür. Die Mohammedaner müssen die christlichen Fasten halten, nach christlicher Weise schlachten, eine blauseidene Schnur [1] tragen und die Mädchen sich die Excision [2] gefallen lassen: alles Gebräuche, welche, so verabscheuenswerth sie den Mohammedanern erscheinen mögen, sie zu echten Christen stempeln. Und ist der Widerwille gegen diese äusserlichen Gebräuche einmal erst geschwunden, dann kommt alles andere von selbst.

Bei Takarakiro vorbei gelangten wir nach dem reizenden Abbi Addi, wo ich auf einer wundervollen, am Mai Tankua gelegenen Wiese lagern liess, um der Hälfte meiner Diener einen Ruhetag zu vergönnen. Jeder kam nämlich einmal im Monat, um eine Kusso [3]-Cur durchzumachen. Da erlaubte ich denn, um nicht jeden Tag arbeitsunfähige Diener um mich zu haben, den Leuten alle vierzehn Tage jene Cur, der sich ein jeder mit Freuden unterzog. Ob wirklich der Genuss des Brondo [4] die Entwickelung des

---

[1] Die christlichen Abessinier tragen um den Hals eine blauseidene, gedrehte Schnur, die man auf den Märkten der Städte kauft.

[2] Mein Gewährsmann behauptete, dass die mohammedanischen Mädchen einer solchen Operation nicht unterworfen seien. Bei den christlichen Abessinierinnen wird sie aber allgemein ausgeführt, weil sonst, so behaupten die Eingeborenen, dieser Theil zu einer ganz aussergewöhnlichen Länge anwüchse.

[3] Kusso, bot. Brayera, ist das bekannte Anthelminticum.

[4] Brondo ist der abessinische Ausdruck für rohes Ochsenfleisch.

Bandwurms begünstigte, wage ich nicht zu behaupten, aber thatsächlich litten alle meine Diener daran. An solchen Tagen schien mein Lager ein Hospital zu sein. Schon früh morgens nahm jeder seine Portion Kusso, es wurde dazu gefastet, und wenn man die Patienten ganz und voll behandeln wollte, so gehörten dazu, wie sie behaupteten, für einen jeden schliesslich ein paar Gläser Tetsch. Da bei mir jeden Tag ein Rind geschlachtet und somit das rohe Fleisch täglich genossen wurde, ist es sehr gut möglich, dass der Genuss desselben dazu beitrug, diese lästigen Cestosen zu entwickeln. Herr Baraglion z. B., welcher sich auch an den Genuss des Brondo gewöhnt hatte, litt ebenfalls am Bandwurm. Wir, welche wir diesen widerlichen Brauch nicht mitmachten, sind indess nicht davon belästigt worden.

Unser Lagerplatz grenzte nach der Amba Gelah hin an ein prachtvolles jagdreiches Gebiet. Ich bedauerte, dass kein Jäger unter uns war. Indess erlegten wir doch einige Perlhühner und Tauben. Von hier an versuchte ich nun auch, die langen Kisten mit den Maulthieren fortzuschaffen, und es ging.

Aber welch eine entsetzliche Plage mit den Ameisen! Glücklicherweise ziehen sich diese nachts meist zurück, während die Termiten nur nachts bauen und zerstören Wenn man ganz früh vor Sonnenaufgang die grossen Termitenhaufen betrachtet, dann wird man stets eine oder zwei frische und feuchte Stellen finden. Bricht man sie mit einem Stock auf, so trifft man die Termiten an der Arbeit des Bauens. Ebenso sieht man die Termiten, welche keine Häuser bauen, aber die gefährlichsten sind, vor Sonnenaufgang bei der Arbeit, d. h. beim Werke der Zerstörung. Hebt man dann eine Holzkiste auf oder einen andern Gegenstand, welcher unmittelbar den Boden bedeckt, so kann man sie auf der That ertappen. Etwas später haben sie sich zurückgezogen, und man sieht dann nur die Wirkungen. Bei Tage bemerkt man nie die Termiten.

An unserm Lager kam ein Zug Gefangener vorbei, mit schweren eisernen Ketten an Armen und Beinen, sodass ein Entlaufen unmöglich schien. Und doch brachte uns bald darauf der sie begleitende Offizier die Nachricht: es habe sich ein und dazu noch mit einem Soldaten zusammengeketteter Gefangener geflüchtet. Auf unsere Frage, wie denn das möglich sei, erwiderte er: „Beide nahmen reissaus." Allzu viel ist ungesund, dachte ich. Meistens schliessen sie nämlich den freien, sie begleitenden Wachtsoldaten mit dem Missethäter zusammen, um somit, ihrer Meinung nach, ein Entweichen ganz unmöglich zu machen. Der suchende Offizier musste unverrichteter Sache abziehen, der Gefangene blieb sammt dem Soldaten verschwunden.

Ein empfindlicher Verlust traf mich in Abbi Addi, da mein guter wachsamer Hund Halebi starb. Ich liess den Cadaver gleich aus dem Lager hinausschaffen, der andere Hund aber, welcher Bull hiess, folgte demselben und hielt Wache. Aber noch vor Sonnenuntergang kam eine Hyäne, vertrieb Bull und lief mit dem Cadaver davon. Bald darauf zeigten sich noch andere Hyänen und Schakale, selbst ein Leopard, wie die Diener behaupteten.

Am 26. Januar zogen wir weiter, meist stets in südlicher Richtung. Nachträglich nahm ich auch noch einen Mönch in Dienst, welcher dem Kloster Tekla-Haimanot zugehörte und von einer Wallfahrt nach Axum zurückkehrte. Durch diesen Zuwachs erhielt meine Gesellschaft einen neuen Glanz, denn die Grossen in Abessinien pflegen nie ohne einen oder mehrere Priester zu reisen. Er war übrigens ein guter Mensch. Eigenthümlich unterwegs berührte uns die Abwesenheit der Bevölkerung, die vielen zerstörten Dörfer und der schwache Verkehr. Wir befanden uns doch jetzt auf einer der gangbarsten Strassen nach dem Süden, jedenfalls auf der geradesten von Adua nach Debra Tabor. Und wie wenige Menschen erblickte man! Denn wenn uns auch anfangs viele Soldaten begegneten, so geben diese doch keineswegs den Maassstab für die Bevölkerung ab. Wenn ich mich später im Geiste nach Abessinien versetzte und bedachte, wie wir Tag für Tag und auf grosse Sehweite keine Ortschaften und Menschen erblickten, dann kam ich zur Ueberzeugung, dass Abessinien keine so grosse Bevölkerung besitzt, wie man anzugeben pflegt. Ich glaube schon hoch gegriffen zu haben, wenn ich sie auf 1,500000 Seelen veranschlage. Es ist ja möglich, dass es früher eine zahlreichere Bevölkerung gehabt hat und wahrscheinlich dereinst auch haben wird, die Abessinier scheinen ein fruchtbares Volk zu sein: Ehen mit fünf bis sechs Kindern und mehr sind häufig genug. Auch beschränkt man sie nicht im mindesten. Jeder, den die Neigung dazu treibt, kann heirathen, und aus solchen Ehen entspringen ja meistens viele Kinder. Selbstmorde gehören zu den grössten Seltenheiten, und das Klima ist durchaus gesund, denn die ungesunden, tief eingeschnittenen Thäler sind fast gar nicht bewohnt. Der Reichthum des Landes kann eine grosse Anzahl von Bewohnern ernähren.

Aber verschiedene Umstände erklären die so dünne Bevölkerung Abessiniens. Der stete Krieg im Lande rafft eine Menge Männer in der besten Blüte ihres Lebens dahin. Zwar die Soldaten sind fast alle beweibt, aber vielleicht ein Drittel der Kinder stirbt keines natürlichen Todes. Und wie viel Opfer kostet im Lande das beständige Kriegführen, wohin man auch das häufige Revoltiren und Raubmorden rechnen muss. Oft auch verheeren Krankheiten ganze Ortschaften und Provinzen, so nach dem ägyptisch-abessinischen Kriege eine in Tigre ausgebrochene Pest oder ähnliche Krankheit, vielleicht die Cholera.

Möglicherweise hatte sie hier ihren Entstehungsherd, von wo sie sich später nach Aegypten verbreitete, durch eigene Schuld der Abessinier. Unzählige Hyänen, Schakale und Aasgeier, die von weitem herbeiströmten, reichten nicht aus, um alle die Leichen auf den Schlachtfeldern von Gudda Guddi und Gura zu verzehren. Daher die Fäulniss und daher die menschenmordenden Seuchen. Das früher zu 6000 Einwohnern geschätzte Adua hat, wie ich glaube, gegenwärtig kaum 3000. Matteucci (S. 83 seines Werks „In Abissinia") sagt: „Die über Abessinien berichtenden Schriftsteller sagen von der tigrischen Hauptstadt, sie sei wichtig wegen der dort blühenden Industrie, und geben ihr eine Bevölkerung von 8000 Seelen: als wir ankamen, waren daselbst nicht einmal 1000 Bewohner, einbegriffen selbst die in der Umgegend Wohnenden." Der italienische Reisende nahm 1878 also nur 1000 Seelen, und noch dazu die umliegende Gegend mitgerechnet, für Adua an. Man wird deshalb vielleicht meine 3000 Einwohner schon für übertrieben halten, aber Nachforschungen liessen mich zu diesem Ergebniss kommen. Auch die trotz des guten Bodens durch Heuschreckenplage oder andere Umstände verursachten Hungersnöthe muss man bei Festsetzung der Bevölkerung in Anschlag bringen.[1]

---

[1] Ich möchte bei dieser Gelegenheit noch einmal hervorheben, dass man die Einwohnerzahl Afrikas stets viel zu hoch schätzt. Ich selbst that das früher bezüglich Marokkos. Ich möchte aber glauben, dass dieses Land nicht mehr Einwohner als Algerien hat, weil die Bedingnisse für Hervorbringung einer Bevölkerung dort nicht so günstig sind wie in Algerien. So las ich kürzlich, um ein anderes Beispiel anzuführen, in dem „Archivio statistico" von Brunialti: Afrika habe 500000 Juden! Ganz sicher scheint mir nur Algier zu sein mit 34000, annähernd richtig Tunis mit 60000, und Aegypten mit 8000 Juden. In Marokko zählt Brunialti 200000, in Wirklichkeit sind es aber wol nicht mehr als 60000. Sogar diese Zahl, selbst die Draa- und Tafilet-Juden mitgerechnet, dürfte schon übertrieben sein.

An Thieren war kein Mangel, und als wir Abbi Addi verliessen, stiessen wir gleich auf eine grosse Heerde Paviane, welche neben uns auf den Bergen desselben Weges zogen. Ein paar blinde Schüsse brachten Leben in die Heerde, aber erst, nachdem sie durch grosses Geschrei und wüthende Grimassen ihren Unwillen zu erkennen gegeben, räumten sie das Feld.

Perlhühner und Tauben lieferten uns immer eine angenehme Beigabe zu unserer Küche. Wir nahmen eigentlich nur Eine Mahlzeit und zwar abends, wenn die Zelte aufgeschlagen waren. Morgens gleich nach dem Aufstehen Thee mit Milch und Zwieback dazu. Alsdann die Verpackung des Frühstücks. Stecker und ich ritten in der Regel voran, machten gewöhnlich an einer Stelle, wo klares Wasser floss, halt, und liessen, auf der Erde hockend, die Fasten brechen. Kalter Braten, Brot, Käse, Butter, Wasser mit Cognac war, was ein Diener, der eigens zu dem Zweck mit uns ritt, aufsetzte. Abends aber speisten wir warm und sehr gut. Ein Abessinier, Tassama, kochte unter der Aufsicht Karl Hubmer's. Stets gab es eine vorzügliche Suppe, dann Braten, Gemüse, manchmal auch Wild, und als Getränk Wasser mit Cognac oder Thee, häufig auch Tetsch. Täglich wurde ein Rind und sehr häufig noch ein Schaf geschlachtet. Vorräthe also, wie auf andern Reisen, braucht man nach Abessinien nicht mitzunehmen. Wer z. B. Kaffee dem Thee vorzieht, findet ihn überall und zwar billig und gut. Das einzige für die Mitnahme Empfehlenswerthe sind junge Gemüse in

---

Wie aber Herr Brunialti in Tripolis 100000 ansetzen kann, ist ganz unbegreiflich. Ich glaube, dass kaum 10000 Juden für Tripolitanien herauskommen. Denn wo stecken sie? Tripolis, Mesrata, Derna, Bengasi, Sliten sind die einzigen Städte mit Juden, und diese Städte haben, Mohammedaner und Christen einbegriffen, zusammen noch nicht einmal 70000 Einwohner. Nach meiner Schätzung würden also nur ca. 172000 Juden in Afrika sein.

Büchsen, Zucker und Butter, sowie gutes Weizenmehl, denn das abessinische ist grau und schmuzig.

Wir erreichten nun den nicht durch seine Einwohnerzahl, wol aber wegen seines bedeutenden Marktes wichtigen Ort Fenaroa. Südlich davon, nach Durchwatung des Tsellari, kamen wir in die Region des Baobab. Zwar erblickt man einzelne Exemplare dieses Baumes schon nördlich, z. B. ein prächtiges in der Nähe von Fenaroa, hier aber, erst südlich vom Samre-Fluss, treten sie massenhaft auf. Den Berg Amba Saka, welchen wir südlich vom Samre überschritten, fanden wir bei ca. 1400 m Passhöhe dermassen mit der *Adansonia digitata* bedeckt, dass man von einem Baobabwald sprechen konnte. Und was für Exemplare! Als ob man in eine vorsündflutliche Periode gekommen wäre. Schade, dass sich nicht im Tsellari, den wir hierauf passirten, einige grosse Saurier zeigten und von den Pachydermen die Flusspferde und Nashörner. Dann hätte man ein completes Bild vorsündflutlicher Schöpfung bewundern können.

Nach Ueberschreitung des unbedeutenden Tsellari-Flusses, dessen Thal und Wasserbecken von Wild und Fischen wimmelt, für unsere Mahlzeiten eine willkommene Zugabe, betritt man südlich eine wunderbare Spalte, deren unterste, von senkrechten Felswänden beseitete Weite oft nur einige Meter breit ist. Ungefähr sieben Kilometer geht es durch diese, überdies noch von seitwärts hervorschiessendem Buschwerk derart überschattete Schlucht, dass man zuweilen den Himmel nicht sieht. Grosse, in diesen Abgrund geschwemmte Sykomorenstämme versperren häufig den Weg und, eingeklemmt, müssen sie liegen bleiben, bis Vermoderung sie weiter bergab schiebt oder gänzlich auflöst oder kubikmetergrosse, von der Flut getriebene Felsmassen sie zermalmen.

Indem wir so rasch wie möglich diese gefährliche

Gegend durchzogen, fiel mir die lebendige Schilderung Munzinger's ein: „Weh dem, der hier weilt in der Regenzeit; von langer Fahrt müde, bettet sich der Wanderer in dem Thal. Er ist von der Hitze so erschöpft, selbst diese finstern Gründe laden ihn zur Ruhe. Im heissesten Mittag wiegt er sich in süsse Träume; seiner harret das freundliche Heim — da dröhnt es dumpf im Hochgebirg; ein Schuss, ein zweiter, dann der schreckliche den ganzen Himmel durchrasende Donner. Doch fürchtet er noch nicht, das Gewitter ist ja so fern. Er weilt und träumt, er sei schon bei den Lieben. Da erhebt sich von oben ein Rauschen, wie wenn der Wind durch die Blätter führe. Es wird lauter, gewaltiger, es zischst, es prasselt, es toset, es brüllt, als wenn die bösen Geister anführen — nun naht es, mauergleich, schäumend und sich überstürzend — es ist der Waldstrom. Der Bach, vom Regen angeschwollen, ist ein mächtiger Strom geworden, doch seines kurzen Lebens gedenk, stürzt wild und feurig er das Thal hinab; die tiefgewurzelten Sykomoren sinken unter seiner Wucht und die grasige Ebene wird von Schutt überrollt; das Wasser füllt das ganze Thal und langt hoch an die Felsen hinauf. Wehe dir, du armer Mann, wo solltest du hin entfliehen? Hast du die Flügel des Adlers, hast du die Krallen des Affen, der über dir schwebend deiner Noth höhnt? Bist du im Bunde mit den Geistern, dass sie dich forttrügen? Hier ist sie nicht dein Knecht, die Natur, sie ist dein dich vernichtender Feind u. s. w.“

In dieser Schegalo-Schlucht — das Wort Schegalo bedeutet Drachenschlucht — erinnerte ich mich des Abzuges der britischen Armee aus Abessinien, wo, trotzdem man die nahende Gefahr durch den elektrischen Telegraphen signalisirte, beim Durchziehen derartiger Felsspalten einigemal Truppen oder Vieh fortgeschwemmt und natürlich vernichtet wurden. Unmöglich sich zu retten! Ich erinnerte mich der Drachenschlucht bei Eisenach; aber wenn ich im Geiste einen Vergleich anstellte, erschien mir letztere gegen die an manchen Stellen Hunderte von Metern hohe Schegalo-Spalte wie ein Puppenwerk, wie ein Spielwerk.

Endlich erweitert sich das Thal, es wird wieder hell, und die gedrückte Stimmung, mit der Menschen und Thiere diesen grausen Schlund durchzogen, weicht einer heitern Stimmung. Die vielen Perlhühner laden zu Jagdstreifzügen ein; den Pavianheerden sendet man einen Schuss zu, um sie zu ihrer so ergötzlichen Eile anzutreiben. Und haben wir nun wieder die Höhe glücklich erklommen, alle Siebensachen mit den keuchenden und dampfenden Maulthieren, welche ausserordentliche Proben von Kraft und Geschicklichkeit ablegen, nach oben gebracht, dann ruht das Auge mit Wohlgefallen auf der grossartigen Gegend von Tsamara. In der Ferne erblickt man nach Osten zu die vor Jahren von der tapfern britischen Armee überstiegenen Grate und kann es im Geiste kaum fassen, wie solche Berge, solche Thäler von den Truppen, die man aus dem nordischen Europa und dem heissen Indien herbeiholte, konnten überwunden werden. Wir werfen noch einen Blick auf das Schegalo-Thal und bemerken mit Staunen, dass es breit, in fast gerader Nordrichtung in den Tsellari hineinmündet. Aber am nördlichsten Ende des Schegalo befindet sich auf der Sohle des Thales ein schwarzes Band, so wenigstens erscheint es aus der Entfernung von oben gesehen: das ist die Drachenschlucht, welche wir durchzogen. Dann, beim Wenden, erfreuen wir uns am Anblick des hoch in die Wolken hineinragenden Biala, eines alten Bekannten, den ich vor 15 Jahren besuchte. Majestätisch winkt er von Süden herüber, und wir wissen nun, dass wir nahe bei Sokota sind, und meinen sogar die Gegend des Aschangi-Sees zu erkennen.

Der letzte Weg bis Sokota war insofern interessant,

als wir rechts und links am Wege viele Haufen von Steinen bemerkten, die man wegen ähnlicher Form und Gestalt offenbar den Dolmen, Kromlechs u. s. w. zuzählen muss. Es wird jetzt überhaupt wol niemand mehr Afrikas vorgeschichtliche Steinzeit bezweifeln. Wenn auch manche im Nilthal gefundene, wie mit Steinkunstgebilden überdeckte Stellen nichts anderes sein mögen als die Producte vieljähriger Verwitterung, so hat man andererseits so viele Beweise vom Vorhandensein der Steinzeit, dass man gar nicht mehr die Sache ableugnen kann. Vor allem wichtig wäre es, wenn man die Höhlen, welche in Afrika überhaupt und besonders auch in Abessinien zum Theil künstlich, zum Theil natürlich in grosser Zahl vorkommen, durch Aus- und Nachgrabungen auf vorhistorische Gegenstände genau untersuchte. Das Land der Troglodyten hiess man es ja im Alterthum.

Immer bergauf und bergab geht es in Abessinien. So hatten wir denn auch, ehe wir Sokota erreichten, noch manche Höhe, jede über 2000 m hoch, zu überwinden. Einzige Belohnung war der Blick auf die stets wechselnde Scenerie, welcher aber leider sehr häufig die Hauptsache fehlte: das Allbelebende des Menschen. Denn mag eine Natur noch so schön sein, mag der Gebirgscharakter sich noch so grossartig entfalten, mögen zahlreiche Waldströme und Wasserfälle dem Auge ihre mächtigen Spiegel bieten, — wenn der Mensch fehlt, entsteht eine Lücke, eine Oede, welche selbst durch die Anwesenheit einer regsamen Thierwelt nicht ausgefüllt wird, wenigstens meiner Meinung nach.

Während aber bei weiterm Vordringen nach dem Süden die Thierwelt sich wenig ändert — unter den Vögeln bemerkt man jetzt öfters Papageien — zeigt sich unter den Pflanzen stets etwas Neues. Im allgemeinen sind auch hier noch auf den Gehängen die verschiedenartigen Mimosen und der Kolqual die Charakterbäume, und in den tiefeingeschnittenen Thälern vermisst man nie die oft in riesigen Exemplaren vorkommende *Calotropis procera.* Aber beim Lomin-Fluss finden wir jetzt Spargelgewächse, Ricinus, Aloë, welche letztere übrigens auch in Nordabessinien vorkommt, und Zizyphus, der mit kleinen rundlichen Blättern den wohlduftenden, sich durch die Aeste emporrankenden Jasmin stützt. Dann die jetzt immer zahlreichern, höchst sonderbar geformten, meist auf Mimosen festgewachsenen Schmarotzer; Lauranthusbüsche, oft roth, oft braun gefärbt; *Carissa edulis* mit ihren betäubenden, wohlduftenden Blumen; ein weissblätteriger Strauch mit stachelichten Blumen und stachelichten Blättern, *Octostegia integrifolia* genannt, beide nicht leicht zu brechen, denn heimtückisch verwunden sie die sich nach ihnen ausstreckende Hand; grossartig entfaltete Hypericumbüsche; Stechäpfel, welche ganze Felder dicht überwuchern, sodass man meint, sie wären künstlich angepflanzt. Man behauptet, die abessinischen Priester benutzten die Dämpfe dieser im getrockneten Zustande von ihnen verbrannten giftigen Pflanze, um Leute damit zu betäuben und dadurch allerlei aus ihnen herauszubringen. Oben auf den höchsten Gipfeln vor Sokota erblickten wir auch zum ersten mal jene sonderbaren, nur in Abessinien vorkommenden Kugeldiesteln (*Echinops giganteus*) mit 1 bis 1,50 m hohen Stämmen und kindskopfgrossen Kugeln. Vereinzelt sehen wir auch schon jene riesige Erica, welche wir bald in noch viel grössern Exemplaren vor Debra Tabor bewundern sollten.

So gelangten wir nach Sokota, zogen gleich über die Stadt hinaus und begannen auf einer schönen Wiese zu lagern, welche vom Ort der Mai Bellis trennt, hier nur mehr ein schmaler Wasserfaden, der etwas weiter im Südwesten seinen Ursprung nimmt. Aber wir hatten nicht mit der Bewohnerschaft gerechnet. Kaum war ein Zelt aufgeschlagen, als Soldaten aus der Stadt kamen mit der Erklärung, dass wir da nicht lagern dürften, das Gras würde zerstampft, es gehöre dem Wagschum Ras Buru. Dieser befand sich am Hof in Debra Tabor. Der mich begleitende Hauptmann wollte zwar von Wegziehen nichts wissen: ich sei Gast des Negus Negesti und als solcher habe ich das Recht, mein Zelt aufzuschlagen, wo ich wolle, auch kamen bald andere Soldaten mit der Weisung, mich dort zu belassen. Aber ich, ängstlich besorgt, irgendetwas den Bewohnern Unliebes zu thun, gab Befehl, weiter weg vom Ort auf einem Platze zu lagern, von welchem ich erfuhr, dass er kein Privateigenthum sei.

Wir waren nun in der Gegend der Agau, eines freilich in Sokota noch schwach vertretenen merkwürdigen Volksstammes, welcher als ein von den übrigen Abessiniern verschiedener gilt. Er soll mit den Bogos verwandt sein, und neuerdings brachte über ihn Professor Reinisch zu Wien, welcher Keren bereiste, viel Interessantes. Die Agau unterscheiden sich übrigens nicht im mindesten von den übrigen Abessiniern, weder durch die Hautfarbe, die ja ohnedies bei allen Abessiniern so sehr wechselt, noch durch das Haar, welches, obgleich gewöhnlich gekräuselt, doch auch schlicht ist. Nur ihre Sprache weicht von der amharischen und tigrischen ab, auch ihr Charakter, welcher mehr als bei der übrigen Bevölkerung Ungeschliffenheit und Wildheit zeigt. Nirgends mehr als hier hatten wir kleine Unannehmlichkeiten. Auf ihre Kleidung legen sie noch weniger Werth als die übrigen Abessinier. Freilich, wie Bruce vor allerdings nunmehr fast hundert Jahren sie schildert, sind sie nicht mehr. Auch in nichtcivilisirten Gegenden wird alles besser und vollkommener, wenn auch bedeutend langsamer als in unsern schnelldenkenden, schnellarbeitenden Ländern. Still stehen bleiben kann heute kein Volk mehr auf der Erde; gänzlicher Stillstand ist überhaupt wol nie bei den Völkern gewesen, auch nicht bei den afrikanischen. Aber wenn man die Berichte frühester Schriftsteller, eines Alvarez, Lobo u. s. w., über die Einwohner und Zustände Abessiniens liest, dann die spätern von Salt, Bruce, endlich die noch spätern von Rüppel, Heuglin, Beke, Combes und Tamisier u. s. w., welch ein gewaltiger Unterschied dann zwischen heute und damals! Ja, die zwanzig Jahre zwischen dem von Lejean, Cameron, Rassam, Flatt, Waldmeier und andern geschilderten Hofleben Theodor's und dem des jetzigen Negus Johann zeigen bezüglich der Hofhaltung eines regierenden abessinischen Fürsten einen Unterschied, welcher grösser ist als der zwischen dem Anfang und der Jetztzeit dieses Jahrhunderts.

Treten afrikanische Völker, wenn auch nur von Zeit zu Zeit, europäischen näher, so können sie sich dem Einflusse der Civilisation nicht lange entziehen. Kommt es vollends auf Handelsbeziehungen an, dann hilft keine Religion und nichts mehr, alles europäisirt sich. Man sehe nur einmal auf die direct von Europa beeinflussten Städte Alexandria, Port Said, Sansibar, ja selbst Massaua, Djedda — alle europäisiren sich. Wenn auch allmählich, lernt die Bevölkerung arbeiten, denken wie die Europäer; allmählich schwindet der stets durch die Religion hervorgerufene Hass, und endlich arbeiten die verschiedenartigst veranlagten Völker an den gemeinsamen Aufgaben der Cultur.

Sokota liegt ca. 2250 m über dem Meere. Ich hatte früher die Einwohnerzahl zu 5—6000 Seelen veranschlagt; aber auch hier ist ein ganz bedeutender Rückgang zu verzeichnen; auch hier wüthete jene Seuche, deren ich schon bei Adua erwähnte; auch hier vielleicht forderte der stete Krieg seine Opfer. Kurz, über 1500 Seelen däucht mir

1881 für Sokota kaum zu hoch.[1] Ganze Quartiere standen leer, und die verfallenen Gebäude zeugten nur zu deutlich von einer hier vormals dichtern Bevölkerung. Ehe ich dem Gouverneur einen Besuch machte, begab ich mich nach der etwas ausserhalb der Stadt gelegenen neuen Kirche Medani Allem, die nach dem Kriege ein Franzose oder Schweizer, Mr. Dubois, erbaute. Die Kirche zeichnet sich aber durch nichts Besonderes aus, war zudem nicht einmal vollendet, da man aus Geldmangel vom Weiterbau absehen musste.

Der Gouverneur, Dedjadj Tassama, der Stellvertreter des abwesenden Ras Buru, war mittlerweile mit Geschenken — Lebensmitteln — zu unserm Lager gekommen, und ich beeilte mich, ihm den Besuch zu erwidern. Ich fand ihn in einer Wohnung, zu welcher man nur mittels halsbrecherischer Stiege gelangen konnte, und auf schmuzigen Teppichen sitzend, ohne Angareb, konnte ich es nicht vermeiden, verschiedene Parasiten mitzunehmen, welche man sonst nur bei den schmuzigsten Arabern und Berbern mit besonderer Zärtlichkeit und Vorliebe auf dem eigenen Körper gepflegt findet. Tassama, dem ich natürlich entsprechende Geschenke mitgebracht hatte: einen Revolver, Baumwolle, Sammt und Seidenstoff, nebst verschiedenen deutschen Schmucksachen für seine Frau, fand es höchst unlogisch, dass mein Rock das seidene Unterfutter auf der Innenseite zeige. Er meinte, die Seide als das Kostbarere müsse doch nach aussen getragen werden, ich möge daher meinen Rock umkehren.

Eine unerwartete Freude hatte ich am zweiten Tage meines Aufenthalts in Sokota. Als ich nachmittags von

---

[1] Raffray, S. 184 seines „Abyssinie“ sagt: „Socota est située à environ 2500 m d'altitude etc.“, und etwas weiter: „La population peut être évaluée à 4000 habitants au moins.“

einem Spaziergange bis fast zur Quelle des Bellis, an welchem Sokota liegt, zurückkehrte, kam mir schon von weitem Hubmer entgegengelaufen mit dem Rufe, ein Europäer käme und das könne nur Schimper sein. Die Vermuthung bestätigte sich bald: eine nicht unbeträchtliche Karavane näherte sich, und ich erkannte Schimper, der sich hoch zu Maulthier aus den übrigen Begleitern deutlich hervorhob.

Man wird sich erinnern, dass ihm Lidj-Ambe die Erlaubniss, mich zu begleiten, ohne einen schriftlichen Befehl von Ras Alula verweigerte. Einige Tage nach meiner Abreise von Adua kam aber der berühmte General, und so hatte sich denn schnell die Schimper'sche Angelegenheit geordnet. Ras Alula gestattete nicht nur die Abreise desselben, sondern gab ihm noch ein Schreiben für mich mit, das ihm gewissermassen als Pass und Legitimation diente und ihn namentlich von lästigen Plackereien, Zollabgaben, Geschenkerpressungen befreite, womit die Districtsbehörden und selbst die Schum grösserer Städte gleich bei der Hand sind. Ich hatte vor meiner Abreise eine hinlänglich grosse Summe für Schimper zurückgelassen, damit er während seiner Abwesenheit die Kosten seines Haushaltes und die Anschaffung von Maulthieren und Eseln zum Transport seines Gepäckes bestreiten könne.

Zugleich beschloss ich, da ich ja jetzt an Schimper einen Dolmetsch besass, wie ich ihn nicht besser wünschen konnte, Hauptmann Mariam voranzusenden, mit einem Brief an den Kaiser, um ihn von meiner baldigen Ankunft in Kenntniss zu setzen. Die Gerüchte von der Abreise desselben nach dem Süden nahmen eine immer bestimmtere Fassung an. Jede uns von Debra Tabor oder überhaupt vom Süden entgegenkommende Karavane meldete, der Negus rüste zur Reise, ja, die letzten behaupteten sogar, er sei schon abgereist. Und da die meisten als sein

Ziel Kaffa angaben, so hätte ich, um zu ihm zu gelangen, eine noch einmal so lange Reise machen müssen als von hier bis Debra Tabor. Hauptmann Mariam brach denn auch auf, schweren Herzens, denn ein prachtvolles Rind sollte noch am selben Tage geschlachtet werden, aber erst abends, während er bereits am Morgen seine Reise antreten musste. Ein tüchtiges, in Aussicht gestelltes Geschenk machte ihn aber willfährig. Seine Flinte, seine besten Sachen, kurz alles einigermassen Werthvolle liess er bei mir zurück, denn allein durch solche Gegenden zu reisen ist immer ein Wagniss.

Sokota hat Mittwochs einen wirklich grossen und bedeutenden Markt, und da die Leute aus der ganzen Umgegend schon Dienstag nachmittags eintreffen, Donnerstag nachmittags aber erst Sokota wieder verlassen, so dauert er eigentlich drei Tage. Namentlich der Salzhandel, d. h. der Amole-Handel ist hier der bedeutendste von allen in Abessinien. Auch an kleinen Markttagen sieht man grosse Züge von Pferden, Maulthieren und Eseln anlangen und bald darauf schon bepackt wieder abziehen. Man beladet sie, indem man die Amole über ihren Rücken wölbt, zwei bis drei Gewölbe übereinander. Regnet es, dann pflegt man eine oder zwei getrocknete Häute oder sonstige das Wasser nicht leicht durchlassende Stoffe darüberzulegen. Aber wehe, wenn ein Lastthier während eines Flussdurchganges zu Falle kommt und die Ladung nass wird oder gar auseinandergeht. Dann ist wenig mehr zu retten, jedenfalls tritt durch das Schmelzen eine Gewichtsverminderung ein. Sonst ist der Salzhandel trotz der vielen Zollstellen ein sicherer und einträglicher. Je weiter von der Ursprungsstelle Taltal, desto mehr vertheuert sich das Salz. Während man z. B. an der Stelle, wo die Amole oder Galeb, wie sie auf Tigrisch heissen, für einen Thaler 80—100 Stück bekommt, erhält man in Sokota, dem ersten und grössten Salzwerk Abessiniens, 60—80 Stück, in Gondar 20—30, in Debra Tabor aber nur noch 15—20, und je weiter nach Süden, desto seltener wird das Salz, bis es ganz im Süden nur noch 4 Stück auf einen Thaler gibt. Matteucci (S. 238 seines Werkes) sagt, dass man in Fadasi und Baso vier Stücke Salz für einen Thaler bekäme.

Am Tage vor meiner Abreise kam mein Postbote, Namens Edris, vor Zeiten im Dienste des französischen Consuls und jetzt von mir angestellt. Als merkwürdiges Beispiel, mit welcher Leichtigkeit mohammedanische Abessinier, aber erst nach der letzten Massentaufe, ihren Glauben verlassen, führe ich an, dass dieser Edris als Mohammedaner nicht direct in meinen Dienst treten konnte. Um ihn aber doch zu entschädigen, hatte ich ihn bei mir als Postboten angestellt und pecuniär stand er sich auch so besser. Als ich nun aber ganz obenhin äusserte, eigentlich in der Meinung, er würde dies gar nicht für Ernst nehmen, dass er als Christ mit mir nach Debra Tabor hätte gehen können, meinte er, er habe nichts dagegen, sich taufen zu lassen. Ich beachtete seine Erwiderung gar nicht. Aber abends sah ich ihn angethan mit der blauseidenen Schnur, auch setzte er sich mit meinen übrigen Dienern zum gemeinschaftlichen Fleischgenuss, zum Brondo nieder. Das musste auch den Ungläubigsten überzeugen, dass er Christ geworden sei, und zwar aus innerstem Herzen. In der That fand sich in Sokota ein Priester, welcher ihn gegen Erleg von 20 Amolen taufte, ohne dass er das Glaubensbekenntniss abzulegen brauchte. Eine neue blauseidene Schnur war ebenfalls schnell gekauft und damit der Christ fertig. Als ich fragte, was werden aber in Massaua die Mohammedaner dazu sagen, wenn sie hören, du bist übergetreten? erwiderte er: „Ich bin Abessinier, und solange du dort bist, bleibe ich bei dir;

wenn du fort gehst, trete ich in die Dienste eines andern Frengi, und was können mir dann die Türken thun!“ Er war ein ganz guter Kerl, der Edris, welcher nun den Namen Gebr Maskal erhielt, und noch ehe ich Massaua verliess, trat er in die Dienste eines schweizer Kaufmanns, eines Herrn Müller; seine Stellung als Christ blieb also unangefochten.

NEUNTES KAPITEL.

REISE NACH DEBRA TABOR UND BESCHREIBUNG DIESER LANDSCHAFT.

Der hohe Geistliche. — Die Vorberge des Biala. — Die schauderhaften Wege. — Der hohe Geistliche und die drei Maria-Theresienthaler. — Der Takase. — Im Thal von Agissa. — Negus Johannes schickt hundert Mann Ehrenwache. — Eine Extrareinigung. — Schimper nach Debra Tabor voran. — Die Furt des Reb-Armes. — Ankunft in Debra Tabor. — Die Gebrüder Naretti. — Debra Tabor nicht Ort, sondern District. — Näheres darüber.

Am 2. Februar 1881 verliess ich Sokota in der Begleitung eines hohen geistlichen Würdenträgers in gelber Tracht. Wie unsere Geistlichkeit vorzugsweise für ihre Gewänder Schwarz liebt, so die abessinische Gelb, das aber mit der Zeit eine schmuzigbraune Farbe annimmt, die jedoch weiter nicht genirt, da die abessinische Geistlichkeit es für sehr gottgefällig hält, vom Wasser zum Zwecke der Reinigung so wenig Gebrauch wie möglich zu machen. Mit gelbem Sonnenschirm, auf schönem Maulthier sass er da, begleitet von verschiedenen Geistlichen niedrigern Ranges, von denen die einen grosse, die andern kleine Kreuze oder schön aus Messing gearbeitete Räuchergefässe trugen. Da ich durchaus keinen Zweifel erhob gegen die besondere göttliche Begnadung dieser heiligen Schar, so war ich bald ihr lieber Begleiter geworden, und ich bin fest überzeugt, sie würden mir jede Sünde vergeben haben. Glücklich ein

Volk, welches von einer so zahlreichen Klasse von Menschen gehütet und überwacht wird, die alle Gewalt zu binden und zu lösen haben. Auf 12000 Geistliche schätzt Heuglin die Zahl der „Drohnen“, wie er sich ausdrückt, aber ich glaube, er hat viel zu tief gegriffen. Man bedenke nur, dass eigentlich bei jeder Kirche 20 Geistliche oder doch mit der Geistlichkeit zusammengehörige Bedienstete angestellt sein sollen! Am meisten machte es mir immer Spass, wenn die abessinischen Geistlichen davon überzeugt zu sein schienen, ich glaube ebenso fest wie sie selbst an die Heiligkeit ihrer Person.

Dem guten Einvernehmen mit unserm frommen Priester verdankte ich es auch, dass ein Landmann, der uns bald darauf begegnete, mir unaufgefordert ein schönes Perlhuhn schenkte, welches er jedoch zuerst dem Diener Gottes anbot, der aber, da Wild den Abessiniern aus religiösen Gründen zu essen untersagt[1] ist, die Gabe zurückwies. Ueberdies wusste er ja auch, dass er abends Brondo bei mir erhielt.

Man steigt immer noch. Bei Ab Johannes zeigt sich, da im allgemeinen vulkanische Formation vorherrscht, noch einmal Sandstein, und gerade hier im Mai Saida entwickelt sich, wie nie zuvor, die üppigste Vegetation von Kolqual, Aloë und den sie umwickelnden Stapelien. Aber ein beschwerlicher Marsch, weil wir über die Ausläufer des Biala mussten. Wie verlockend lag der Riese da! Und dahinter, gar nicht in zu grosser Ferne, Lalibala mit seinen wunderbaren Kirchen aus einem Stein gemeisselt, wie nirgends in der ganzen Christenheit. Diese westlichen Ausläufer

---

[1] Das heisst Perlhühner sind nicht verboten. Das von Wildthieren Verbotene ist ihnen ganz genau vorgeschrieben. Hasen, Wasservögel z. B. dürfen sie nicht geniessen. Schweine werden in einigen Gegenden gegessen, in andern nicht.

oder Vorgebirge des Biala findet man auf der Karte unter dem allgemeinen Namen Maskalo und Kausawa. Uebrigens fliessen die von Maskalo kommenden Gewässer nicht in den Takazze, sondern in den Tsellari. Aber auch hier in dieser nicht nur scenisch wundervollen, sondern auch überall mit bestem Boden gesegneten Gegend leider nur eine äusserst spärliche Bevölkerung! Wohin man blickt, leere oder verlassene Stätten. An andern Stellen wol Spuren früherer Ortschaften, aber so verwittert und überwuchert, dass man meint, sie müssten vor Hunderten von Jahren zerstört sein. Und doch gingen vielleicht nicht so viele Jahrzehnte darüber hin. Unter den Tropen verschwindet alles schneller als bei uns, und namentlich viel schneller als im trockenen Nordafrika.

Aber welche entsetzlichen Wege jetzt, sodass es mir schier unbegreiflich erscheint, wie man sie überwinden konnte. Verschiedene Thiere fielen bereits, man überliess sie, nachdem man sie getödtet, den Hyänen. Kein Maulthier vollkommen heil mehr, auch das meinige und selbst das vorzügliche Stecker's nicht und nicht das fast ebenso gute, welches ich Hubmer schenkte. Und wenn man die eigentlichen Lastthiere ohne Sattel sah — welch ein Jammer! Die Rückenfläche bildete eine einzige grosse Wunde. Stühle und Tische längst zerschlagen. Die Bettstellen, als nicht mehr ausbesserungsfähig, mussten wir wegwerfen. Von unserer ganzen Ausstattung: wir hatten zwei Tische, sechs Stühle, Betten u. s. w., nichts mehr übrig als mein Lehnstuhl. Alles andere zertrümmert! — —

So erreichten wir die 2550 m hoch gelegenen Dörfer von Amde Uork: man glaubt mitten zwischen den Wolken zu sein. Amde Uork heisst auf deutsch Goldsäule. Eine in grossem Ansehen stehende Kirche, reizend versteckt zwischen hohem Wachholder und wilden Oelbäumen, enthält einige aus Einem Stück gefertigte und mit den Knochen ehemaliger Priester angefüllte Holzsärge. Als ich sie besuchte, traf ich dort meinen Privatpriester in inbrünstigem Gebet. Auf meine Frage, warum er so andächtig und laut bete, erwiderte er wörtlich: „Ich fand soeben drei Maria-Theresienthaler. Der Satan flüsterte mir zu, sie zu behalten, aber ein Blick auf die Kirche führte mich auf den richtigen Weg. Und da rief mich der Engel Gabriel herein. Wie dankte ich Gott, dass er mir Kraft gab, der teuflischen Versuchung zu widerstehen! Hier sind die drei Thaler, denn Sie können sie doch wol nur verloren haben." — Ich war ganz sprachlos. Das also war einer der Priester, so ein dummer Fanatiker, noch dümmer als die Abessinier selbst, wie es in den meisten Reisebeschreibungen heisst; ausgestattet mit allen möglichen Lastern, fähig zu jedem Verbrechen. Und wie einfach gut handelte dieser Mann! Es ist wahr, bei uns fällt es durchaus nicht auf, wenn einer gefundenes Gut wieder abgibt. Aber hier so ein Mitglied der so viel geschmähten abessinischen Geistlichkeit, wer hätte das gedacht! Unter allen Reisebeschreibungen gibt es von zehn kaum eine, welche den abessinischen Geistlichen das mindeste Gute nachsagt. Man übertreibe doch nicht! — „Behalten Sie nur das Geld", erwiderte ich, „ich habe es nicht verloren, und wenn sich niemand meldet, gehört es Ihnen." Kaum aber wieder im Lager, kam uns der jetzt Gebr Maskal getaufte Edris mit verstörter Miene entgegen. „Mein Geld, meine drei Thaler sind mir gestohlen!" rief er. Dass gerade ein Priester der Religion, zu der er eben übergetreten, ihm das gefundene Geld wieder einhändigte, freute mich doppelt und nicht minder ihn. Er wollte auch gleich meinem Priester einen Thaler geben, aber standhaft verweigerte dieser die Annahme irgendeines Geschenkes: „Ich habe einfach meine Pflicht gethan", war seine Antwort. Und ich bestärkte ihn darin. Dass ich ihn aber desto reichlicher beschenkte, als er mich in Debra Tabor verliess, um seine Reise nach dem berühmten Kloster Tekla Haimanot fortzusetzen, bedarf wol kaum der Erwähnung. Möge auch mir dieser Priester, wenn er in seiner einfachen Mönchswohnung wieder sitzt, ein gutes Andenken bewahren, wie ich es ihm hier thue.

Ich hielt die Einschaltung dieser kleinen Episode nicht für überflüssig, weil bisjetzt die abessinische Geistlichkeit nur mit Gift und Hass überschüttet ward, und zwar besonders von ihren europäischen Collegen, protestantischen sowol wie katholischen. Ich bin auch der Meinung, dass man die Eigenschaften eines fremden Volkes, statt sie herabzuwürdigen, soviel wie möglich der Wahrheit gemäss hervorheben soll.

Nach unsaglichen Mühen und Leiden, zu welchen sich abends noch Regen und Gewitter gesellten, stiegen wir hinab zum Meri, und von da, nach einem Marsch im Meri selbst, der etwas länger als 1 km war, zum Bett des Takase oder Takasiëh. Eben noch in freier Bergluft, 2500 m hoch, mit einer Temperatur von höchstens einigen Graden über dem Gefrierpunkt am Morgen, befanden wir uns jetzt, 1300 m hoch, in einer tropischen Dampfbadhitze.

Das war also der Takase[1], einer der bedeutendsten Ströme Abessiniens, welcher, wenn man annimmt, dass er mit Setit und Atbara denselben Fluss bildet, von der Quelle an bis zu seiner Einmündung oberhalb Berber ungefähr so lang ist wie der Rhein. Und dies wenige Wasser, diese geringe Breite der Thalsohle! Freilich ich bedachte im ersten Augenblick nicht, dass der Takase da, wo wir sein mit dem Meri gemeinschaftliches Thal betraten, noch ein kaum aus den Windeln genommenes Kind war. Das

[1] Man sagt im Tigrischen Takase, im Amharischen Takasiëh. Die Schreibweise Takazeh oder Takazzeh, für Franzosen ganz berechtigt, lässt sich im Deutschen durch nichts motiviren; Takaseh ist linguistisch ebenso richtig wie Takase.

Takase-Thal verläuft eine grosse Stecke unterhalb und oberhalb der Meri-Mündung in gerader Südnordrichtung, ist unten etwa 300 m breit, während sich nach oben zu natürlich die Thalwände erweitern und zwar zu einer Breite von 4—5 km. Der Takase hatte überall fliessendes Wasser, welches stellenweise im sandigen Flussbett tiefe Tümpel oder in felsigen Auswaschungen tiefe Wasserbehälter bildete. Krokodile, Flusspferde u. s. w. kommen, wie es scheint, so weit nach oben nicht vor, dahingegen wimmelte es von Wasservögeln: Gänsen, Enten, Reihern, Pelikanen u. s. w.

Das Flussbett bot einen recht guten Weg, denn wenn man auch manchmal auf Geröll gehen oder durchs Wasser waten musste, so fand man doch hinlänglich Platz, um den nicht selten hausgrossen Blöcken auszuweichen, welche von den oft gewaltig daherbrausenden Wogen fortgerollt wurden. Auch hat der Takase auf dieser Stelle kein grosses Gefälle.[1] Bei der Einmündung des Meri in den Takase mass ich die Höhe von 1260 m; aufwärts, 4 km südlich, hatten wir bei unserm Lagerplatz 1310 m. Das macht also eine Steigung von 12,50 m auf 1 km, was mit Leichtigkeit von einem Bahnzug könnte überwunden werden. Wir marschirten also südwärts und lagerten im Flussbett

[1] Stecker wollte sich auch die Mühe nehmen, die Geschwindigkeit des Takase zu messen. Aber wozu kann das dienen, da vielleicht 5 m oberhalb der Strom zehnmal so schnell fliesst, 10 m unterhalb aber stillzustehen scheint? Es gibt einem Berichte allerdings einen sehr gelehrten Anstrich, wenn es heisst: Ich fand den Takase so und so geschwind fliessend. Oft wird dabei noch vergessen, die Stelle zu bezeichnen, wo gemessen wurde, aber das schadet nichts: das Laienpublikum glaubt dann, dem betreffenden Fluss im allgemeinen die vom Reisenden gefundene Geschwindigkeit vindiciren zu können. Dem Bericht aber, je genauer die Zahl ist, gibt es einen um so wissenschaftlichern Anstrich. Und wenn dann später andere Reisende bei ganz anderm Wasserstand andere Resultate liefern, gibt dies wol gar Veranlassung zu gelehrten Controversen!

selbst, auf der höchsten Stelle, welche wir finden konnten, um vor einer plötzlichen Ueberraschung sicher zu sein. Den höchsten Wasserstand konnte man aber deutlich an den Felswänden messen, er betrug an der Stelle, wo wir lagerten, 6 m. Welche gewaltige Wassermenge musste sich dann hindurchdrängen!

Die hier verschiedene Temperatur deuteten wir oben schon an. Nachmittags hatte das Schleuderthermometer + 30°, während das zum Baden einladende Wasser des Takase + 27° zeigte. Und jeder benutzte das laue Wasser, selbst mein Priester konnte nicht umhin, ein Bad zu nehmen, obschon er innerlich gewiss Gott für dieses unfromme Gebaren um Verzeihung bat. Abends wieder Gewitter und Regen, der erst mit Sonnenaufgang aufhörte, jedoch auf die Vergrösserung der Wassermenge keinen merklichen Einfluss ausübte. Aber wie frisch erwachte am andern Morgen die Natur, und wie doppelt schön leuchtete die Sonne, nachdem sie die schwarzen Wolken gleich beim Aufgange nach Norden vertrieben!

Während der Takase südöstliche Richtung einschlug, gingen wir im Mai Felfel südwestwärts und gewannen allmählich wieder höhere Gegenden, ohne dass irgendeinem von uns der Aufenthalt im Takase geschadet hätte.

Man hätte denken sollen, dass, je näher an Debra Tabor heran, desto besser die Wege sein würden; aber das war keineswegs der Fall. Nur hin und wieder bemerkte man einige Verbesserungen der Pfade, ja, man hatte sogar auf recht schwierigen Stellen Fels ausgehauen und Sprengversuche gemacht. Letztere stammten jedenfalls aus den Zeiten der Regierung Theodor's, welcher ja im Anfange seiner Regierung wirklich bemüht war, Verbesserungen einzuführen. Einigemal z. B. im Mai Felfel bemerkte ich, wenn auch höchst primitive Versuche, höher gelegene Theile durch künstliche Kanalisation zu bewässern. Man hatte bedeutend weiter oberhalb der betreffenden Stelle das Wasser abgefangen, in einen kleinen Kanal geleitet und sogar nach verschiedenartiger Ueberbrückung des Flusses den Aeckern zugeführt. —

Endlich im schönen Thal von Agissa und damit aller Sorgen überhoben! Es war aber auch die höchste Zeit. Uebrigens befanden wir uns alle wohl, die nach und nach angesammelten 60 Diener einbegriffen, nebst deren Frauen und Kindern, denn mehrere waren bereits verheirathet. Ja, man kann wohl sagen, dass sie sich viel frischer und kräftiger befanden als beim Abgange von Massaua, denn so viel Fleisch und Brot hatten sie wol niemals im Leben gegessen. Auch Kaufleute schlossen sich uns an, um sicherer reisen zu können, besonders auch angelockt durch die reichlichen Lebensmittel, sodann viele Bettler von Profession.

Aber nicht so gut stand es mit den Thieren. Bei weniger reichlichem Gerstenfutter wären sie längst erlegen. Mühsam, mit Anstrengung aller ihrer letzten Kräfte schleppten sie das Gepäck weiter; kam nicht bald Hülfe, dann, so nahe am Ziel, hätten wir nach Debra Tabor um Hülfe schicken müssen. Denn wo solche in der Umgegend finden? Frische Esel und Maulthiere und Träger? Auch für Geld nicht. Hauptmann Mariam konnte es vielleicht, aber der war vorangeeilt.

Da, in Agissa, als wir gerade unsere Zelte aufschlagen wollten, erschien Mariam und mit ihm ein Oberst sammt 100 Mann Soldaten: eine mir vom Negus Negesti entgegengeschickte Ehrenwache! Nun hatte alle Noth ein Ende.

Wie durch Zauber, wie aus dem Boden gewachsen, kamen am folgenden Tage Träger und Maulthiere; alle unserigen konnten nun ledig gehen. Aber doch noch einige schwierige Märsche, ehe wir die Residenz erreichten: schwierige, aber voll herrlicher und grossartiger Aussichten! Ja, am vorletzten Tage konnten wir vom Kalim Mtrebbia-Berg im fernen Westen den Tsana-See erglänzen sehen, während vor uns der mächtige Guna-Berg sein Haupt in die Wolken erhob und hinter uns das Melsa-Plateau wie eine mächtige Festung sich aufbaute! Unvergleichliche und doppeltschöne Fernsichten, weil man durch mächtighohe, mit Rosen und Jasmin untermischte Heidekräuter (erica arborea) reitet.

Tags zuvor befahl ich den Dienern eine Extrareinigung und liess ihnen Seife zum Waschen ihrer Leibwäsche und Endotsamen (phytolacca habess.) zum Reinigen ihrer Schama geben. Sie behaupten nämlich, dass die grossen Tücher leichter mit dem sich verseifenden Mehl der Endotsamen gereinigt werden könnten, als mit Seife. Nach und nach fanden denn auch die mich bedienenden abessinischen Diener grösseres Wohlgefallen an Reinlichkeit. Namentlich bewirkte ich dadurch eine vollkommene Umwälzung bei ihnen, dass ich durchaus nicht, wenigstens bei denen nicht, die mich täglich bedienten, die Belegung ihres Haares mit Butter duldete.

Und als sie dann am andern Tage, unserm letzten Marschtage, alle in schneeweissen Schama erschienen, konnte ich in der That mit einem glänzenden, schmucken Gefolge auftreten, wie man es so einheitlich vorher wol selten in Abessinien sah. Wir freuten uns, nun bald am Ziel zu sein. Aber trotz der Versicherung des Obersten war der letzte Tag noch einer der schlimmsten. Schimper hatte ich tags vorher vorangeschickt, um die Ceremonien des Empfanges zu regeln. Am 12. Februar passirten wir noch einige nicht unbedeutende Zuflüsse des Reb. Und nun glaubte ich, meinen von Felsvorsprüngen, Dornen, Regen und Staub arg zugerichteten Anzug für den Einzug in die kaiserliche Residenz mit einem bessern vertauschen zu müssen. Dies geschah, nachdem wir eine kurze Zeit halt gemacht. Auch Stecker kleidete sich um. Aber als wir

SAMARA, RESIDENZ DES NEGUS NEGESTI IN DEBRA TABOR.

S. 195.

nun weiter zogen, standen wir plötzlich vor einem angeschwollenen, undurchwatbaren Reb-Arm. Das war schlimm. Ich wusste, dass der Negus meine Ankunft um Mittag desselben Tages erwarte. Hier durfte nicht lange gezögert werden. Also hinein zuerst mit den Maulthieren. Sie kamen gut durch, aber die kleinern mussten schwimmen, was uns einen Beweis gab von der Tiefe des Wassers. Wir suchten und fanden eine bessere Furt, besser auch dadurch, weil aus dem Wasser grosse Felsblöcke hervorragten, an denen man nöthigenfalls hätte Sicherheit finden können. Da erbot sich der Oberst, ein wahrer Hühne an Gestalt, mich auf seine Schulter zu nehmen, und ich sass auch auf, meine Beine über seine Brust kreuzend, während Leute eine Kette bildeten, von welcher er das mittlere Glied bildete, denn sonst wäre er wol nicht ungefährdet hindurchgekommen. Nass wurden meine Füsse aber doch, so sehr ich sie auch heraufzog. Indess ging doch alles gut ab. Und damit hatten denn die Wegbeschwerlichkeiten ihr Ende erreicht: wir befanden uns jetzt auf der grossen Ebene, wo der Negus Negesti lagerte. Welch ein Gewimmel und Getümmel! Indess mussten wir doch noch eine ziemliche Strecke reiten, ehe wir den Hügel Samara erblickten, auf dessen höchstem Gipfel das Gebäude errichtet ist, in welchem der Kaiser wohnt, wenn er in Debra Tabor weilt.

Unsere grosse Karavane erregte natürlich das grösste Aufsehen. Männer, Frauen, Knaben, Mädchen, alles eilte herbei, um den Abgesandten des Kaisers[1] von Preussen zu

---

[1] Im Orient heissen die Deutschen jetzt nach Wiederaufrichtung des Deutschen Kaiserreiches nicht Nemsaui, sondern Prussiani oder Brussiani. Der Name Nemsaui, von Nemsa, ist ein aus dem Slawischen genommenes, von allen Orientalen adoptirtes, auf Oesterreich und die Deutsch-Oesterreicher übergegangenes Wort. Es bedeutet die Stummen. Und in der That, im Gegensatz zu den Franzosen und Abessiniern hat man eigentlich vollkommen recht, die Deutschen die

sehen. Aber Aufdringlichkeit, Bettelei kommt nirgends vor. Hier beiläufig, aber keineswegs unangemessen sei bemerkt, dass der uns entgegengeschickte und uns begleitende Oberst ein sehr anständiger Mann war, der sich besonders noch dadurch auszeichnete, dass er alle Spirituosen mied.

Nun kamen auch Schimper und die beiden Gebrüder Naretti herangeritten. Der ältere[1] der beiden Brüder hatte sein seidenes goldbrokatenes Gewand, ein Geschenk des Negus Negesti, angelegt und war geschmückt mit dem abessinischen Salomonisorden. Herr Naretti theilte mir mit, der Negus wünsche mich gleich zu empfangen, ich möge nur eine Weile verziehen, bis alles geordnet sei.

Wir waren also in Debra Tabor: ein Name, welcher eine so grosse, zum Theil traurige Berühmtheit durch die Gefangenschaft der Europäer unter Theodor erlangte; ein Name, der nicht sowol einen Ort, als einen ganzen District bezeichnet, welchen im Süden eine Gebirgskette, im Norden der Reb begrenzt. Nach Osten zu umfassen die Ausläufer des Gunastockes die prachtvolle, wellige, von metermächtigem Humusboden gebildete Ebene, während sie sich nach dem Tsana-See ohne weitere bestimmt ausgeprägte Formation absenkt. Die verschiedenartigsten Beschreibungen existiren von diesem Ort, denn bisjetzt ist Debra Tabor meist als Stadt, als Lagerplatz beschrieben worden und Verwechselungen mit Gafat und Samara sind nicht selten gewesen. Einen so wichtigen Platz verlohnt es sich aber wol genauer

---

Stummen zu nennen, mehr aber vielleicht noch die Engländer, denn diese übertreffen die Deutschen noch bedeutend an Schweigsamkeit. In officiellen Schreiben geben die Orientalen Deutschland durch Germania, Germanie, Allemagne wieder, aber das Volk kennt nur Prussia und Prussiani.

[1] Der jüngere der beiden Brüder Naretti ist inzwischen im Sommer 1881 in Abessinien gestorben, von allen, die ihn kannten, tief betrauert.

kennen zu lernen, denn ein gut Theil der letzten abessinischen Geschichte hat sich hier abgespielt.

Debra Tabor tritt zuerst in den Vordergrund zur Zeit des Ras Ali, welcher hier unter der Aufsicht seiner Mutter Menenen heranwuchs und zuweilen auch im benachbarten Madera-Mariam sich aufhielt. Combes und Tamisier geben (Bd. II, S. 83) von Debra Tabor nachstehende Beschreibung:

„Wir hatten hinlänglich Musse, Debra Tabor kennen zu lernen. Diese Stadt ist auf einer unebenen Hochebene gebaut; sie nimmt einen grossen Raum ein, denn die Häuser liegen zerstreut. Je nach den Kriegen und der Jahreszeit wechselt der Stand der Bevölkerung, sodass es nicht möglich ist, eine Schätzung zu machen. Die Temperatur ist während der Regenzeit, welche dort den Winter bedeutet, angenehm, während der trockenen Jahreszeit wird man deshalb auf grosse Hitze schliessen dürfen u. s. w.“ Combes und Tamisier sprechen sich sodann noch bewundernd über die Kirchen aus, fügen hinzu, dass Debra Tabor den Soldaten gehöre, dass syphilitische Krankheiten dort stark grassirten, dass Montags ein Markt in der Nähe abgehalten werde, und dass man für einen Thaler 16 Amole bekäme. *Voilà tout.* Bei dieser Wenigkeit doch noch eine der besten Beschreibungen. Alles, was uns die englischen Missionare, die Gefangenen darüber berichten, ist noch dürftiger.

Waldmeier[1] gibt wol Abbildungen von Debra Tabor, aber eine auch nur einigermassen belehrende Beschreibung fehlt, er theilt nur seine Erlebnisse und die der übrigen Gefangenen mit. Und so alle. Erst Heuglin[2] belehrt uns, dass Gafat dreiviertel Stunde von Debra Tabor auf einem ziemlich isolirten Hügel, dessen Fuss ein lustiges Bächlein

[1] Erlebnisse in Abessinien von Theoph. Waldmeier. (Basel 1869.)
[2] Reise nach Abessinien. (Jena 1868.)

umfliesse, gelegen sei. Aber auch er scheint nicht gewusst zu haben, dass Debra Tabor Name der ganzen Gegend zwischen Reb und dem Gebirgszug ist, auf welchem die berühmte Kirche Medani Allem steht. Aber er berichtet doch über den von Qafat oder Gafat eine Stunde entfernten Reb-Wasserfall, der ca. 70 Fuss tief sich hinabstürzt, und von der daneben befindlichen Höhle aus phonolitischem Gestein.

Auch Beke[1] gibt uns die werthvolle Notiz: „Da Gafat auf den gewöhnlichen Karten von Abessinien nicht verzeichnet, und im Süden der Halbinsel von Godjam ein von mir im October 1842 besuchter District ist, welcher früher diesen Namen trug oder von einem Volke gleichen Namens bewohnt war, und von dem man sagte, er sei der Aufenthaltsort der europäischen Arbeiter, so möge es mir gestattet sein, darauf aufmerksam zu machen, dass die in Frage kommende Oertlichkeit ein in unmittelbarer Nähe von Debra Tabor gelegener Ort ist, wo Consul Plowden zu lagern pflegte, wenn er Ras Ali oder den jetzigen Kaiser besuchte, und welcher nun der ständige Aufenthaltsort der kleinen europäischen Colonie von Schmieden und andern Arbeitern geworden ist, eine Art von abessinischem Woolwich-Arsenal."

Auch die letzten Reisenden scheinen von der Thatsache nichts zu wissen, dass Debra Tabor der Name der Landschaft ist. Raffray[2] beschreibt es als „Stadt".

„Wir betraten die Stadt", sagt er S. 240 seines Werkes, „nichts: man würde sagen eine Todtenstadt. Der Negus ist abgereist, seine Armee mit ihm und Debra Tabor, mehr Lager als Stadt, ist jetzt wie ausgestorben."

Matteucci sagt in dem Kapitel seines Werkes, welches die Ueberschrift Debra Tabor trägt, S. 212:

---

[1] The British Captives in Abyssinia. (London 1867.)
[2] Journal of the Royal Geographical Society, Vol. XIV, p. 24.

„Gian (?) Gafat (so heisst der Hügel, auf welchem König Johannes lagert) liegt ungefähr anderthalb Stunden südlich von Debra Tabor. Es ist umgeben von Hochebenen und lachenden Hügeln, bekleidet mit der schönsten afrikanischen Vegetation, um so schöner, wenn man bedenkt, dass Gafat 2740 m über dem Meere liegt. Auf den Karten findet man Gafat nicht, weil man Debra Tabor auch den Hügel zu nennen pflegt, wo das Hoflager des Königs aufgeschlagen ist, und zwar weil Theodor hier wohnte und die Europäer zu empfangen die Gewohnheit hatte. Damals hatte Debra Tabor grössere Wichtigkeit. Aber der Ort Gafat existirt erst seit kurzem, und sein wahrer Taufname ist kaum bekannt, denn auch die Abessinier sprechen nur von Debra Tabor.“

Matteucci irrt sich. Gafat war bereits funfzig Jahre vor seiner Reise nach Abessinien bekannt. Und lange vorher schon hätte er es auf den Karten finden können, z. B. in den Petermann'schen Mittheilungen von 1867 auf der abessinischen Karte und ebenso auf der Heuglin'schen.

Wir müssen bedauern, dass Vigoni, dessen Reisebeschreibung sich vor der seines Collegen durch grössere Gewissenhaftigkeit auszeichnet, so kurz ist bei der Beschreibung von Debra Tabor, wie er denn ebenfalls irrthümlicherweise Debra Tabor ein Dorf und den Hügel, auf welchem die königliche Residenz liegt, Gafat nennt. Gafat ist der Hügel, wo Theodor seine europäischen Fabriken und Schmiedewerkstätten hatte; die königliche Residenz dagegen heisst Samara. Aber Vigoni sowol wie Matteucci stützten sich in ihren Erkundigungen auf Naretti, welcher, übrigens ein sehr guter Mensch, ihnen wahrscheinlich die Oertlichkeiten so angab, wie er es selber nicht besser wusste. Vigoni sagt S. 185 seines Werkes nämlich:

„Das Dorf Debra Tabor liegt unweit vom königlichen Lager und hat seinen Namen vom nächsten Orte, aber der wirkliche Name des Hügels, auf dem das königliche Lager steht, und welcher 2700 m über dem Meere liegt, heisst Gafat.“[1]

Nach unsern Beobachtungen wird die Landschaft Debra Tabor vom 38.° mit einigen Minuten östl. L. von Greenwich und vom 11.° 50′ nördl. Br. geschnitten und liegt ca. 2500 m über dem Meere. Am Fusse des Hügels Samara, auf welchem sich die königliche Residenz befindet, hatten wir die Höhe von 2496 m. Unter dem Einflusse des mächtigen Guna, der fast die Höhe des Montblanc erreicht und dessen Gipfel beinahe immer Wolken umhüllen, stürzen sich zahlreiche Bäche nach der Ebene hinab, welche auch zur trockensten Jahreszeit nicht des Wassers ermangelt. Auf dieser bedeutenden Höhe über dem Meere, zumal auf den höchsten Punkten der Gebirge, beginnt der Unterschied zwischen trockener und nasser Jahreszeit zu schwinden. In Semien z. B. und in andern ebenso hohen Gegenden Abessiniens regnet es in der sogenannten trockenen Jahreszeit fast täglich. So auch auf den Guna-Bergen, was denn bewirkte, dass seit Jahrtausenden die ewig rieselnden Wasserfäden sich tief in die fette Dammerde einschnitten, bis sie den basaltischen Grund erreichten, auf welchem sie nun weiter auswaschen und zerstören.

Diese prachtvolle Hochebene hat klimatisch ungefähr dieselben Verhältnisse wie Talanta und Uadela. Hier ist es im Winter nicht zu kalt und wegen der immerhin bedeutenden Höhe im Sommer nicht zu heiss. Hier könnte in der That der Boden alles hervorbringen, was auf der Erde wächst. Traurig aber, dass gerade in Abessinien gar kein Sinn für Obstcultur vorhanden ist, dass man Getreide und Gemüse nur insoweit anbaut, als man für den Jahres-

---

[1] Auf der Vigoni's Werke beigegebenen Karte ist Gafat 2800, Debra Tabor 2900 m hoch verzeichnet.

bedarf nothwendig zu haben glaubt. Zwar die jeweiligen Herrscher versuchen manchmal zusammengeraubte Einzelvorräthe in Magazinen zu vereinigen, aber jedesmal haben sie sich in ihren Vorausberechnungen geirrt, jedesmal kamen sie zu kurz, und Hungersnoth war die Folge. Man wird sich erinnern, wie traurig der Verproviantirungsversuch Theodor's in Magdala ausfiel, obwol er, wie man sagte, seit Jahren dort Korn und Vieh zusammenschleppte. Theodor hätte, falls er nicht ohnehin schon, nachdem man bei Aroge seine Armee aufs Haupt geschlagen, vernichtet gewesen wäre, bereits nach kürzester Zeit keine andere Wahl gehabt, als entweder kämpfend zu sterben oder sich zu ergeben. Trotz seines Geschenkes von zwölf Ochsen an Lord Napier, welche dieser bekanntlich zurückwies, stand er an der Schwelle der Hungersnoth.

Die Landschaft Debra Tabor hat andererseits den unschätzbaren Vortheil der centralen Lage und ist in dieser Beziehung weit besser gelegen als die Stadt der Atse[1], Gondar, welche zwar leicht zu befestigen wäre, aber während eines grossen Theils des Jahres ganz ausser Verbindung mit vielen Provinzen bleibt. Wenn der Takase seine Wassermengen durch die engen Thäler drängt, dann ist Gondar von Nordabessinien abgeschnitten oder kann doch nur auf grossen Umwegen erreicht werden. Dem ist die Landschaft von Debra Tabor, in der die königliche Residenz Samara liegt, nicht ausgesetzt. Maassgebend war auch wol für Ras Ali bei der Uebersiedelung nach Debra Tabor seine Unlust, denselben Aufenthaltsort mit dem Atse zu theilen. Denn wenn auch zu seiner Zeit schon die abessinischen Kaiser zu einer blossen Null herabgesunken waren, so hing ihnen doch noch immer ein gewisser historischer Nimbus an, und das schon musste für den Empor-

[1] Titel der alten abessinischen Kaiser.

kömmling zu viel sein. Seit Ras Ali haben, ob mit Ueberlegung oder nicht, die folgenden Herrscher Debra Tabor immer bevorzugt. Und wenn sie sich auch nicht immer dort aufhielten, denn bei der Verfassung des Landes kann jetzt der Kaiser gar nicht an einem und demselben Ort weilen, so war doch sowol bei Theodor wie bei Johannes Debra Tabor der bevorzugte Lagerplatz der kaiserlichen Heere.

ZEHNTES KAPITEL.

MEINE AUDIENZEN BEIM NEGUS NEGESTI.

Erste kurze Audienz beim Negus. — Seine Wohnung. — Der Balderaba oder Geschäftsvermittler. — Die Wohnung des Grossschatzmeisters. — Das Riesenzelt. — Gastgeschenke des Negus. — Feierliche Audienz beim Negus. — Der Etschege. — Ueberreichung des Briefes vom Deutschen Kaiser. — Seltsame Ansichten des Negus. — Vorlesung des Briefes. — Ueberreichung der Geschenke. — Die Wichtigkeit eines seidenen Schirmes in Abessinien. — Die Bettler. — Ein Markttag. — Tägliche Audienzen. — Der Negus will den Reisenden zum Friedensvermittler zwischen Abessinien und Aegypten. — Günstiges Urtheil über den Negus. — Die Wohnung und Stellung Naretti's. — Abschiedsaudienz. — Geschenke des Negus, darunter eine Anweisung auf 4000 Mark, die der Reisende ablehnt. — Herr Stecker bleibt bei den Narettis zurück.

Inzwischen kam vom Negus ein Bote: wir sollten ohne Verzug zu ihm kommen. So ritten wir denn durch eine kurze Hecke gaffenden Volkes. Grosse und kleine Gehöfte, in deren Mitte sich Hütten befinden, welche je nach dem Range des Besitzers aus drei, zwei oder auch nur einer bestehen, säumen den schmalen Pfad, an dessen Seiten Gras, Buschwerk und Unkraut lustig emporwuchern. Auch hier, in der unmittelbarsten Nähe der Residenz, sind die Wege derart holperig und krumm, dass man die Bewohner im Vergleich mit westeuropäischen Verhältnissen für vollkommene Barbaren halten möchte. Freilich, wenn man an die abscheulichen Wege des heutigen Russland, Ungarn denkt, wo die Bewohner doch halbwegs civilisirt sein wollen, so findet man in diesem abessinischen Zurückgebliebensein nichts Auffälliges mehr.

Wir erreichten jetzt eine Plattform, wo eine Batterie mit Kanonen neuester Construction, die man den Aegyptern abnahm, aufgestellt war. Hier empfing und begrüsste uns der Balata-Geta [1] und überliess uns einem zweiten höhern Hofbeamten, der uns in das mit konischem Strohdach versehene Thorgebäude führte. Hier mussten wir unsere Maulthiere verlassen. Das runde Thorgebäude war angefüllt mit Beamten, Offizieren, Landleuten, welche Geschenke oder Steuern brachten oder vielleicht appelliren oder Berufung gegen ein Urtheil einlegen wollten. Man musste sich fast durchdrängen.

Alsdann ging es in einen ca. 100 m langen, 20 m breiten Vorraum, in welchem Soldaten vierreihig in möglichst gerader Linie aufgestellt waren, alle ohne Ausnahme mit Remingtongewehren, die man ebenfalls früher den Aegyptern abnahm. Dennoch aber, trotz des kriegerischen Aussehens — mag man über die den Aegyptern abgewonnenen Schlachten denken wie man will —, die Leute, wie überhaupt die abessinischen Soldaten, machten doch den Eindruck, dass sie vor gutgeschulten europäischen und selbst vor gutgeführten ägyptischen Truppen nicht würden standhalten. Malerisch allerdings war der Anblick: die

---

[1] Balata-Geta übersetzt Schimper mit Obersthofmeister oder Oberhofmarschall. A. d'Abbadie's Blaten-Guetà (seigneur des errements) ou grand Sénéchal, espèce de procurator regius, grand maître de la maison, ist wol derselbe. A. d'Abbadie, Douze ans dans la Haute-Éthiopie" (Paris 1868), S. 338.

Offiziere mit schwarzen oder bunten Pardelfellen umhangen, andere mit kostbaren blau- oder rothsammtnen Schilden, beschlagen mit Silberplatten, auf welchen Goldfiligransterne sassen, dazu die Haltung der ohnedies so graziösen Abessinier — alles das machte einen überraschend schönen Eindruck. Man glaubte irgendeinen Aufzug vor sich zu haben, und ein Aufzug, eine Parade war es ja auch. Langsam schritten wir durch die lebende Gasse buntgekleideter Soldaten, und eine zweite, grössere runde Halle empfing uns, in welcher der Kaiser bei regnerischem Wetter Recht zu sprechen pflegt. Wir mussten hier kurze Zeit halt machen, da man abermals dem Negus unsere Ankunft anmeldete. Auch dieses Gebäude war voller Offiziere, Gouverneure, hoher Beamter sowie niederer Diener. Aber man bekümmerte sich fast gar nicht um uns, sei es, dass man sich bereits an das Erscheinen fremder Gesandter gewöhnte, oder auch wegen der Nähe des Negus eine grössere Zurückhaltung beobachten zu müssen glaubte. Blos einige Diener boten uns niedrige Schemel zum Sitzen.

Nun aber erschien der Afa Negusti[1], welcher ein hohes richterliches Amt am Hofe von Abessinien bekleidet, um uns zum Negus zu geleiten. Nach abermaliger Durchschreitung eines Hofraumes erstiegen wir auf einer sehr steilen, unangenehm glatten Treppe aus Basaltsteinen das grosse Gemach, in welchem der Kaiser fremde Gesandte zu empfangen pflegt. Dieser Raum, die vordere Abtheilung eines von Herrn Naretti erbauten und speciell zur Wohnung des Negus bestimmten Gebäudes ist keineswegs eines Kaisers würdig, selbst nicht in Abessinien. Wie ganz anders wohnten da die Kaiser in den noch ziemlich gut

---

[1] Afa Negusti heisst wörtlich „Mund des Negus“, weil er die richterlichen Entscheidungen des Kaisers den Parteien oder der Menge mittheilt.

erhaltenen monumentalen Schlössern Gondars! Die dunkle und finstere Wohnung des Negus in Samara glich ganz einer *Casa di campagna*, wie man sie in ihrer dunkeln Färbung auf den Bergen Umbriens und der Emilia sieht. Die unbehauenen, durch Mörtel verbundenen Basaltsteine haben mit dem niedrigen Dache *à cheval* nichts Imponirendes. Die Wohnung besteht aus zwei Abtheilungen, einem vordern und einem hintern Zimmer; aus letzterm kann der Negus gleich in seine grossen runden Wohnhütten gelangen.

Das vordere, etwa 10 m lange und 8 m breite Gemach, in das man uns führte, war durchweg mit schönen weichen persischen Teppichen belegt. An den Wänden ringsum hingen äusserst wirkungsvoll blendendweisse, rothgeränderte Schama, von welchen auch genügend Licht durch die einzige Oeffnung, die Thür, zurückstrahlte. Im Hintergrunde, gerade dem Eingang gegenüber, sah man eine Erhöhung, belegt mit blauem Sammt, an welchem massiv silberne Fransen hingen; ausserdem einen Angareb, d. h. ein abessinisches, hier mit schönen Teppichen, Fellen und seidenen Kissen belegtes Sofa. Der Negus sass nach türkischer Manier zwischen zwei Kissen. Neben ihm standen für uns zwei hübsche, weisslackirte und vergoldete Rococostühle, mit Polstern von geblümter rother Seide. Einige nicht mit jenen vorhin erwähnten weissen Tüchern behangene Nischen enthielten prachtvolle Krüge, Vasen, Becher u. s. w. aus getriebenem Gold oder Silber, alles abessinische Arbeit. Sie würden jeden Sammler und Kunstkenner entzückt haben.

Der Negus war in abessinischer Tracht: vollkommen in seinen Margef gehüllt, jenes prachtvolle Umschlagetuch, welches, weicher als Seide, aus feinster Baumwolle gewebt und an beiden Enden mit 40 cm breiten Seidenborden in wundervollen Farben durchflochten ist. Kopf und Gesicht steckten ebenfalls, Augen und Stirn ausgenommen, in der Umhüllung. Aber durch das feine Gewebe des Margef bemerkte man sein nach kriegerischer Art geflochtenes Haar, aus welchem eine reizende Goldfiligrannadel hervorlugte.

Wir verbeugten uns tief, worauf der Negus uns näher zu sich heranwinkte, seine Hand aus der Umhüllung hervorlangte und, die meine schüttelnd, uns ein herzliches Willkommen entbot. Bei dieser Audienz waren nur zugegen der Budjurun[1]-Lauti, Dr. Stecker und Ngdaschit Schimper als Dolmetsch. Der Negus erkundigte sich nach der Gesundheit des Kaisers, des kaiserlichen Hauses, des Fürsten Bismarck und des deutschen Heeres. Als ich darauf zufriedenstellend antwortete und auf meine Frage nach der Gesundheit des Negus und seines Heeres ebenfalls gute Antwort erhielt, meinte der Negus, dass wir, von der langen Reise ermüdet, es wol vorzögen, uns zurückzuziehen; unser Balderaba sei der Budjurun-Lauti. Von diesem geführt, verliesen wir die Wohnung des Negus. Während der Audienz donnerten der Gesandtschaft zu Ehren die Kanonen.

Zum nähern Verständniss füge ich hinzu, dass nicht nur jeder Ausländer, sondern auch die Abessinier zu ihrer Vermittelung mit einem Höherstehenden oder auch einem fremden unbekannten Gleichstehenden eines „Balderaba“ bedürfen, welcher gewöhnlich ein Vertrauter dessen ist, mit dem man in Verbindung zu sein pflegt. Der Budjurun, sonst schon eine der einflussreichsten Personen am Hofe der Kaiser von Abessinien — denn auch dort ist Geld und Gut wie bei uns gleichbedeutend mit Macht —, hat unter

[1] Budjurun ist der Titel des Generalschatzmeisters oder Finanzministers. Arnauld d'Abbadie in seinem bereits erwähnten Werke sagt, S. 341: „Le moulla-Bet-Beudjeround ou trésorier général et maître de la garde-robe.“

dem gegenwärtigen Kaiser den ersten Rang. Eigentlich soll ja der Fitorari, d. h. der Vorkämpfer der kaiserlichen Heere, über allen andern stehen, aber auch in Abessinien weiss sich manchmal durch eigene Geschicklichkeit oder sonstwie ein Beamter oder auch ein Offizier einen höhern Einfluss zu erringen, als ihm seiner Stellung nach zukommt. Wir hatten also nicht nur einen sehr einflussreichen Gastgeber, sondern auch einen allmächtigen Balderaba bekommen. Und ohne einen solchen geht es nun einmal nicht in Abessinien. Namentlich zwischen fremden Personen ist anfangs ein directer Verkehr undenkbar. Mir ist es z. B. häufig vorgekommen, dass ein von irgendjemand an mich abgeschickter Bote, wenn er auch nur einen Tag in meinem Lager blieb, sofort einen Balderaba verlangte, d. h. einen meiner Diener, welcher einen etwaigen Verkehr zwischen ihm und mir zu vermitteln hätte.

Wir ritten also, sobald wir die Wohnung des Negus verlassen hatten, vom Oberstschatzmeister begleitet, zu dessen Wohnung, die am Fusse des Hügels lag und aus einer grossen Umzäunung bestand, welche verschiedene grössere und kleinere Tokul enthielt. An der einen Seite fand ich ein weissleinenes Zelt aufgeschlagen, ein unwohnliches, weil von ungewöhnlicher Grösse: mein eigenes Prachtzelt, das doch auch 5 m im Geviert hielt, hätte viermal darin stehen können. Es war das grosse Zelt, welches die italienische Geographische Gesellschaft dem König Menelek von Schoa schenkte und dieser dann seinem Herrn, dem Negus Negesti, zu Füssen legte. Da ich es für mich in der That zu ungemüthlich fand, bat ich Budjurun-Lauti, mir zu gestatten, mein eigenes Zelt, das ausserdem ein doppeltes Dach und doppelte Wände besass, aufschlagen zu dürfen. Leider ging das nicht an; das wäre, meinte er, eine Beleidigung des Kaisers, der eigens befohlen habe, für mich sein grosses Paradezelt aufzurichten. Man hätte einen Ball darin geben können, so geräumig war es. Als Geräth enthielt es aber weiter nichts als zwei Angareb, jene hohen und breiten, mit Streifen ungegerbter Rindshaut überzogenen Bänke der Abessinier, die man jedoch hier mit hübschen Teppichen überdeckte. Auch vor denselben lagen solche. In einer Ecke befand sich eine ca. 0,5 m tief in den Boden gegrabene Röhre [1], um darin etwaige Bedürfnisse zu verrichten, brauche aber wol kaum zu sagen, dass ich diese Bedürfnissanstalt gleich zuschütten liess, welche an jene ominösen Spalten erinnert, wie man sie auf den französischen Bahnhöfen, in den Hotels der kleinen Städte Frankreichs und in fast allen französischen Privathäusern findet.

Mittlerweile war es Abend geworden, der Tag ging auch schnell genug dahin mit Empfang von Beamten und andern, welche uns besuchten. Für meinen Reisegefährten,

---

[1] Es war mir allerdings schon aufgefallen, dass die Abessinier gar keine Abtritte bei ihren Wohnungen haben, selbst in den grössten Städten nicht. Aber ich glaubte, dass sie es in dieser Beziehung hielten wie so manche Völker Innerafrikas oder auch die Zeltbewohner der Berberstaaten. Und da ich selbst zur Befriedigung der täglichen Nothdurft ein eigenes Zelt besass, war von mir die Abwesenheit dieser uns meisten Europäern durchaus unentbehrlich scheinenden Oertlichkeit auch gar nicht bemerkt worden. Schimper belehrte mich nun eines andern. Die Vornehmen und besser Gestellten in Abessinien verrichten ihre Nothdurft in ihren Wohnungen und zwar in solche Röhren, welche sie in den Boden graben und jeden Tag, nachdem man sich ihrer bedient, zuschütten lassen. Da die Vornehmen in Abessinien fast immer unterwegs sind und jeden Tag ein anderes Lager beziehen, ist die Unannehmlichkeit so gross nicht. Bei längerm Verweilen aber in einer und derselben Hütte entwickeln sich, abgesehen von der Gesundheitsgefährlichkeit, die abscheulichsten Gerüche. Als ich den Kentiba (Oberbürgermeister) in Gondar, einen sonst liebenswürdigen Mann, besuchte und Schimper auf die mephitischen Dünste in seinem Hause aufmerksam machte, verwies er mich auf das in Debra Tabor Erlebte.

Dr. Stecker, liess man ebenfalls ein Zelt aufschlagen, ebenso fanden die Diener ein gutes Unterkommen, und unsere müden und wunden Maulthiere trieb man auf die Weide, welche in vollster Pracht grünte und blühte. Natürlich erhielten wir gleich, nachdem wir uns kaum eingerichtet, die Gastgeschenke des Negus: 3 Ochsen, 5 Schafe, 300 Brote, Mehl, Gerste, Honig, Butter und Wachsdrähte, deren man sich in Abessinien anstatt der Kerzen bedient; grosse Krüge mit Tetsch; Krüge mit Bier, und ein besonderes Geschenk vom Negus für mich: eine Flasche mit in Gondar gebranntem Schnaps. Diese Gaben wiederholten sich von nun an regelmässig in derselben Weise, solange wir in Samara verweilten. Aber auch andere machten Willkommsgeschenke, vor allen natürlich unser Wirth, der Budjurun, ausserdem viele, die es für ihre Pflicht hielten, den Gast des Negus ebenfalls zu beschenken. Mancher freilich hatte es auch wol nur auf das Gegengeschenk abgesehen.

Am folgenden Tage sollte die eigentliche feierliche Audienz, die Ueberreichung des kaiserlichen Schreibens sowie die Uebergabe meiner Geschenke vor sich gehen. Früh zogen wir daher unsere besten Kleider an, liessen unsere Maulthiere besonders schön satteln, und um 8 Uhr morgens, von unserm Balderaba, dem Budjurun-Lauti abgeholt, ritten wir, begleitet von einer Zahl unserer Diener, welche bewaffnet waren, während andere die Geschenke trugen, nach der kaiserlichen Residenz hinauf.

Der Negus empfing mich mit demselben Ceremoniell wie tags zuvor, nur diesmal in Gegenwart des Etschege, zu der Zeit der oberste Geistliche Abessiniens, da das Land Anfang 1881 keinen Abuna besass. Von allen Abessiniern darf der Etschege allein sich in Gegenwart des Kaisers setzen, ohne specielle Erlaubniss dazu erhalten zu haben. Wie alle Geistliche des Landes, trug er einen weissen

Turban, der, um seine hohe geistliche Würde auch äusserlich in die Augen fallen zu lassen, von enormem Umfang und pyramidaler Höhe war. Sein übriger Anzug bestand in einem schwarztuchenen Burnus; hochschnabelige Schuhe standen ihm zur Seite. Er sass auf dem Teppich, der den Fussboden bedeckte. In der Hand hielt er ein grosses Kreuz aus massivem Golde.

Freudiges Entzücken malte sich auf dem Antlitz des Negus, als ich ihm den in einer rothsammtnen, geschmackvoll decorirten Mappe ruhenden Brief des Kaisers von Deutschland überreichte. Der Herrscher Aethiopiens löste die schwarzweissrothseidene Schnur, welche die Umhüllung zusammenhielt, und jetzt, auf weissem Atlas liegend, zeigte sich seinen erstaunten Augen der auch äusserlich prachtvoll ausgestattete kaiserliche Brief. Der Umschlag von blauem Papier, wie alle die, welche von unserm erhabenen Monarchen ausgehen, enthielt in goldenen und buntgemalten Buchstaben die Adresse: „An Johannes, König der Könige von Aethiopien, Majestät.“

„Das ist ein kaiserliches Schreiben!“ rief der Negus entzückt aus, indem er den Brief hervorzog und das rothe Siegel betrachtete, welches jedoch durch die fürchterliche Hitze in Massaua ganz den Wappeneindruck verloren hatte. Der Negus, dies bemerkend, stellte dann sofort die Frage: — Schimper dolmetschte wieder, Naretti war bei keiner der Audienzen zugegen — „aber hat Deutschland denn kein Wappen wie England und Frankreich?“ „Ja“, erwiderte ich, „aber die Hitze hat das Siegellack geschmolzen; indess werden Djanhoi[1] in dem Briefe selbst das

[1] Dies Wort bedeutet unser „Majestät“, hat aber nichts mit Johannes zu thun, wie denn manche daraus auch die mittelalterliche Benennung Pretegianni Prestre Jan, Priester Johannes, ableiten wollen. Vgl. hierüber: „Perchè l' Imperatore degli Abissini si

grosse Staatssiegel Deutschlands, welches das meines gnädigen Herrn ist, finden."

Der Negus drehte den Brief hin und her, triumphirende Blicke auf seine abessinische Umgebung werfend, als wollte er sagen: Seht ihr dies Schreiben, welches der mächtigste Monarch Europas dem mächtigsten König von Aethiopien[1] sendet? Habt ihr nun alle begriffen, dass ich wirklich der von Gott Auserwählte bin? Gibt es überhaupt noch jemand, welcher an meiner Allmacht Zweifel erheben könnte? Das mochten sicher die Gedanken des abessinischen Monarchen sein: man konnte sie fast von seinem Antlitz ablesen.

Der Negus drehte den Brief noch einmal hin und her, jede Einzelheit daran schien ihn zu interessiren, dann übergab er ihn dem Etschege, damit auch dieser die kostbare Umhüllung bewundern könne. Endlich wagte ich die Frage, da das Bewundern gar kein Ende nahm: „Wollen Majestät nicht den Brief öffnen, damit ich ihn lese und Herr Ngdaschit ihn übersetze?"

---

chiama communemente il Pretegianni? In Varie Operette del Lorenzo Neagallotti" (Venedig 1779, S. 32).

[1] Die Abessinier glauben, dass es drei Welten gibt: Aethiopien, Europien und Türkien, wenn es mir gestattet ist, das Reich der Türken so zu abessinisiren. Ferner: dass Europa ungefähr so gross wie Aethiopien sei, aber keinen Negus Negesti besitze; im Mittelalter sei das der römische Kaiser gewesen. Sie halten Russland für das mächtigste Land und den Kaiser von Russland mindestens so mächtig wie den König von Tigre. England und Frankreich sind in ihren Augen ebenfalls mächtige Königreiche, die Macht des erstern mussten sie ja fühlen, wie denn namentlich der gegenwärtige Negus die höchste Achtung vor England und Napier hat. Frankreich ist aber doch in ihren Augen gesunken, die ungeahndete Einkerkerung und Beschimpfung Lejean's, die Gefangennahme Napoleon's haben nicht verfehlt, den Werth des französischen Namens zu vermindern. Frankreich wird sich aber wol wenig aus der Meinung der Abessinier machen.

Der Kaiser sah mich an, drehte noch einmal den Brief um, ja, er schien eine gewisse Angst zu empfinden. Fürchtete er irgendeinen Zauber? Dann schnell zu Ngdaschit sich wendend, sagte er: „Bitte Herrn Rohlfs, das Siegel zu erbrechen und dann mir Satz für Satz den Brief vorzulesen.“ Ich nahm also das kaiserliche Schreiben wieder aus seinen Händen entgegen, zerbrach mit grosser Langsamkeit, mit einer gewissen Feierlichkeit das Siegel und entfaltete den auf grossen Quartseiten kalligraphirten Brief, welcher die eigenhändige Unterschrift unsers Deutschen Kaisers enthielt.

Eben wollte ich mit dem Lesen desselben beginnen, als der Negus rief: „Verzeih, lass mich vorher den Brief sehen!“ Ich beeilte mich, das Schreiben dem Negus wieder zuzustellen. Jede Seite wurde nun genau untersucht, besonders aber das unten sich befindende grosse Staatssiegel gemustert. „Frankreich hat auch einen Adler im Wappen“, hob der Kaiser wieder an. — „Ja“, sagte ich, „es hatte vorübergehend dieses Wappenzeichen unter der Herrschaft der Napoleoniden.“

„Warum sind gewisse Worte im Briefe besonders schön und grösser geschrieben?“ fragte dann der Negus, und dabei zeigte er auf die Worte „Wilhelm“ und auf seinen eigenen Namen „Johannes“. Ich erklärte ihm, dass der Künstler die Namen des Deutschen Kaisers und des Königs der Könige von Aethiopien stets durch besondere kalligraphische Schönheiten hervorgehoben hätte.

„Das ist eine grosse Aufmerksamkeit, welche früher auch in Habesch (Abessinien) Sitte war“, bemerkte er. — „Ihr Kaiser ist ein wirklicher Kaiser“, hob der Negus wieder an, „er ist Negus Negesti von Deutschland, wie ich es jetzt von Abessinien bin, denn man hat mir gesagt, dass viele Könige unter dem Kaiser von Deutschland regieren.“ — „Das ist vollkommen richtig, Majestät; früher hatten sich zwar manche Fürsten mit Hülfe des Kaisers Napoleon unabhängig gemacht, auch war die Kaiserwürde schon einmal erloschen, aber seit Jahren hat Deutschland einen Kaiser, und alle Fürsten Deutschlands erkennen im Kaiser ihren obersten Kriegsherrn.“ — „Das ist gerade wie bei uns in Abessinien“, erwiderte der Negus. „Aber seitdem ich den Thron[1] meiner Väter bestieg, den auswärtigen Feind, die gottlosen Mohammedaner, besiegte und endlich im Innern Herr der Rebellen wurde, habe ich das alte äthiopische Reich geeint und wiederhergestellt, so wie es bestand, als mein Urahn, Menelek, der Sohn Salomonis, es von seiner Mutter, der Königin von Saba, ererbte.“ Nach einer kleinen Pause — denn Schimper musste mir das alles verdolmetschen, und ich wusste nicht, was ich auf diese sonderbare Abstammungsrede erwidern sollte — fuhr der Negus fort: „Frankreich hat jetzt keine Regierung, und die Königin von England keine Könige unter sich, wie kommt das?“ — Er hatte sich inzwischen beim Reden so belebt, dass ihm der Margef, den er auch diesmal trug, ganz vom Gesichte glitt. Ich erwiderte durch meinen Dolmetsch: „Frankreich hat allerdings eine Regierung, und Englands Königin hat mehrere Könige, sogar

[1] Dies ist offenbar ein Irrthum vom Kaiser Johannes, denn seine Vorfahren haben nie den Thron von Abessinien besessen. Aber schon 1868 schrieb der jetzige Kaiser, damals Prinz Kassai Abbo Bubbus, an Lord Napier einen Brief, in welchem unter anderm die Stelle vorkommt: „Durch Christi Gnade habe ich den Thron meiner Vorfahren Michaël, Walda Selassie, Sabagadis u. s. w. wiedererlangt.“ Wie jeder Abessinier auf Gott weiss wen hinsichtlich seiner Abstammung zurückgreift, Theodor sogar einmal öffentlich verkünden liess, er stamme von Salomo, von „David“, von „Adam“, so auch wird Negus Johannes ebenso sicher von seiner Salomonischen und Sabagadisischen Abstammung überzeugt sein, wie Pio nono es war von seiner Unfehlbarkeit, und Sidi el Hadj Abd es Ssalem von Uesan von seiner Gottbegnadetheit.

mohammedanische Fürsten unter sich. Das englische Reich ist überhaupt das grösste der Welt, grösser als alle übrigen europäischen Länder.“ — „Wie ist das möglich? Man sagte mir doch jüngst noch, Griechenland sei das mächtigste Reich, mächtiger sogar als Russland, welches wir Abessinier bislang für das mächtigste Reich hielten.“ — Ich musste mich wirklich anstrengen, um mein Lachen über diese sonderbaren geographischen und politischen Ansichten zu unterdrücken. Aber wenn selbst sonst für vollkommen vernünftig geltende Leute[1] sich nicht scheuen, bei Audienzen diesen dergestalt unkundigen Beherrschern, welche nebst ihren Fürsten und Völkern doch nur auf solche Berichte angewiesen sind, die sonderbarsten Dinge zu erzählen, wie ist es da zu verwundern, wenn sich in ihren Köpfen über die Machtverhältnisse europäischer Staaten die seltsamsten Ansichten bilden. „Ist es also nicht wahr, dass Griechenland die Türken gezwungen hat, mit Russland Frieden zu schliessen und ganze Königreiche abzutreten?“ — Ich bat Schimper, mit wenigen Worten dem Negus den letzten Krieg zwischen Russland und der Türkei auseinanderzusetzen. „Aber Griechenland ist doch mächtiger als Deutschland?“ hob von neuem der Negus an. Auch hier überliess ich die Antwort meinem Dolmetsch, welcher ja in Karlsruhe eine vorzügliche Ausbildung, mithin auch geographischen Unterricht erhielt.

„Warum zwingt die Königin von England ihre mohammedanischen Könige und deren Unterthanen nicht, den christlichen Glauben anzunehmen?“ fragte der Negus; „aus verschiedenen Religionen in Einem Lande entspringen dem Herrscher stets Schwierigkeiten. Ich habe alle meine

[1] Man lese mit Aufmerksamkeit das Buch von Matteucci und wird dann staunen über die Dinge, welche er dem Negus erzählte oder schrieb.

mohammedanischen Unterthanen gezwungen, sich taufen zu lassen. Früher hatten sie stets gemeinsame Interessen mit unsern Erbfeinden, mit den Aegyptern. Sie pilgerten nach Massaua und Mekka und verriethen dann ihr Vaterland an die Türken. Jetzt habe ich nur noch Christen und einige Falascha in Abessinien."

Ich verbeugte mich blos, denn was sollte ich darauf erwidern, da selbst bei den gebildetsten Abessiniern der Gedankengang ein so himmelweit von dem unserigen verschiedener ist, dass es äusserst gefährlich gewesen wäre, demselben zu folgen, geschweige denn zu widersprechen. Hatte doch erst vor kurzem der Kaiser mit dem bald darauf aus Abessinien ausgewiesenen Bischof Massaya[1] und andern Geistlichen aus Schoa einen grossen Disput gehabt, der damit endete, dass man den eingeborenen Geistlichen, welche katholisch geworden und die Einheit in der Natur Christi anders auffassten, die Zunge abschnitt! Was gingen mich auch jene unfruchtbaren religiösen Streitfragen an? Ist selbst in Europa je etwas dabei herausgekommen? Als aber der Negus sah, dass ich keineswegs gewillt sei, mich mit ihm auf dem Gebiete religiöser Erörterungen zu tummeln, gab er mir den Brief, um ihn vorzulesen. Das that ich denn auch laut und mit Betonung, während Schimper Satz für Satz übersetzte und später den Brief Amharisch zu Papier brachte.

Hierauf reichte ich den kaiserlichen Brief zurück. Der Negus Negesti dankte und fragte dann: „Die deutsche Sprache ist sehr wohltönend, verstehen die Deutschen auch die französische, englische und italienische Sprache?" (Mich wunderte, dass er nicht fragte, ob wir nicht auch „Griechisch" verständen, denn ich glaube, innerlich war

---

[1] Man findet die Berichte darüber im „Esploratore" und in der französischen „Exploration".

er doch noch immer überzeugt, dass Griechenland das mächtigste Reich Europas sei, „grösser als alle übrigen Staaten zusammen".) — Ich erwiderte: „Nein, die Engländer, als unsere Vettern, können wir allerdings leichter verstehen, aber das Französische und Italienische muss gelernt werden, wie z. B. der Amhariner das Tigrische oder der Abessinier das Arabische lernen muss."

Darauf fragte ich den Negus, ob er gestatte, dass ich ihm einige Gaben überreiche. Nach erhaltener Erlaubniss hiess ich Schimper die vor dem Gemach mit den Geschenken wartenden Diener hereinrufen.

Zuerst brachte man das prachtvolle solinger Schwert[1], welches, ursprünglich für den Sultan von Uadaï bestimmt, sich eine Zeit lang in den Händen der räuberischen Suya von Kufra befand, später aber zurückgegeben wurde. „Hat Ihnen", fragte der Negus, „der Kaiser von Deutschland diese Geschenke für mich mitgegeben?" — „Nein, Majestät, diese Gegenstände sind alle von mir und sollten ein geringes Zeichen meiner Hochachtung sein für den Herrscher der Könige von Aethiopien."

Sodann erschien der bei Gerson in Berlin gefertigte Schirm, eigentlich ein kleines Sonnenzelt, und erregte durch seine gediegene Pracht fast noch eine grössere Wirkung als das Schwert. Von echtem grünen Sammt, reich mit Stickereien echter Goldarabesken bedeckt und langen echten Goldfransen ringsum behangen, war er inwendig mit dickem gelben Atlas gefüttert und hatte aufgespannt ca. 2 m Durchmesser. Die Stange und oben der Knauf

---

[1] Die Geschenke, selbstverständlich aus kaiserlichen Mitteln beschafft, sollten allerdings ursprünglich dem Sultan von Uadaï übergeben werden, sie wurden mir jedoch in Berlin schon 1878 mit dem Bemerk überwiesen, dass ich sie als Geschenk für einen andern Fürsten verwenden könne, falls ich Uadaï nicht erreiche.

waren echt vergoldet. Der Schirm ist in ganz Abessinien das Symbol der Fürsten, etwa wie bei uns das Scepter. In Abessinien ist heute noch der Besitz eines Schirmes sowie Zeltes aus rothem [1] Stoff Privilegium allein des Negus. Und wenn mein grüner Schirm solch einen überraschenden Erfolg erzielte, so war das nur der Goldstickerei und überhaupt der in jeder Beziehung reichen und meisterhaften Anordnung zuzuschreiben. Wie bei uns in unsern militärisch organisirten Ländern nur die grössten kriegerischen Thaten jemand die Auszeichnung des Sceptertragens (Marschallstabes) verschaffen können, so hängt bei den Abessiniern die Tragung eines seidenen Schirms immer von einer besondern Gunst des Negus ab. In letzterer Zeit erlaubte er allerdings vielen vornehmen Herren und Damen, sich eines europäischen Schirmes zu bedienen, und er wird jetzt wol bald jedem gestatten, in dieser Beziehung zu thun und zu lassen, was ihm beliebt; aber 1881 war diese Erlaubniss als für jedermann geltend noch nicht erfolgt. Nur des abessinischen Strohsonnenschirmes darf sich gegenwärtig jeder bedienen. Man hält in der Nähe der Residenz und innerhalb derselben so sehr auf die Schirmordnung, dass, als ich tags nach der Hauptaudienz wieder zum Negus gerufen wurde, ein im Hofe anwesender General mir durch Schimper zuflüstern liess, „ich möge meinen Schirm niederspannen lassen“ — ich liess mir nämlich nach abessinischer Weise von einem Diener den Schirm tragen — „in der Residenz dürfe niemand, ausgenommen

[1] Andree in seinen „Ethnographischen Parallelen und Vergleichen“, S. 253, sagt, dass in Konstantinopel früher die Sultane das ausschliessliche Privilegium hatten, einen rothen Schirm zu tragen. In Abessinien wird dem Negus der Schirm getragen, wie Andree, S. 251, aus Wilkinson's „Persepolis“ das Schirmtragen abgebildet hat.

der Kaiser, einen Schirm aufspannen.“ Ich that es indess nicht, sondern liess erwidern, ich würde mich eines Schirmes bedienen, solange der Negus mir es nicht verböte.

Der Burnus aus violettem Sammt, auch reich mit echtem Gold bestickt, 40 m deutsches Tuch feinster Art, war ebenfalls sehr willkommen, sowie einige Kleinigkeiten, die in Spielsachen[1] bestanden. Natürlich bedachte ich auch in entsprechender Weise die ersten Hofbeamten, ich hatte für sie Taschenuhren, Goldbrocatgewänder, Doppelferngläser, Revolver u. s. w. mitgebracht. Keiner von ihnen bettelte mich an, alle waren vollkommen mit ihren Geschenken zufrieden, und es macht mir besonderes Vergnügen, dies ausdrücklich bemerken zu können, weil fast sämmtliche Reisende über die Bettelhaftigkeit der Abessinier, namentlich auch der Grossen, zu klagen pflegten.

Freilich im allgemeinen ist in Abessinien Bettelei starker Brauch. Hungersnoth, Raub, Plünderung, Kriegführung tragen das Ihrige dazu bei. Schon früher erwähnte ich, dass in Abessinien eine ganze Menschenklasse davon lebt, Reisende zu begleiten und von deren Ueberfluss zu leben. Man sieht und hört sie, merkt aber keineswegs in unangenehmer Weise ihre Anwesenheit. Ist für sie etwas zu essen, so sind sie da; ist nichts übriggeblieben, dann sind sie auch zufrieden. Sie sind nie unzufrieden, zudringlich, nie klagen sie. Ja, im Laufe der Zeit bildet sich eine Art freundlichen Verhältnisses zwischen den eigentlichen Reisenden und diesen Bettlern: sie reisen eben mit. Auch leisten sie gern kleine Dienste, tragen Gepäck, bringen trockenes Holz zum Kochen und Brennen, holen

[1] Da alle afrikanischen Völker grosse Kinder sind, sollten die Afrikareisenden nie versäumen, sich mit Spielsachen zu Geschenken zu versehen. So kaufte ich unter andern noch in Massaua einen gehenden Pfau, der Rad schlug, einen geigenden Affen u. dgl. m.

Wasser, richten Botschaften aus und werden so, ohne je Geld oder Kleidungsstücke zu verlangen, Diener der eigentlichen Diener.

So fehlten denn auch in Debra Tabor die professionellen Bettler nicht. Schon frühmorgens sammelten sie sich ausserhalb der Umzäunung unserer Wohnung. Den näselnden einförmigen Gesang der Geistlichkeit um Mitternacht in der nahen Kirche verstärkten um 3 Uhr morgens Scharen von Mönchen durch Hymnen auf das Mitleid des deutschen Gesandten. Jung und alt, Männer und Weiber, alles sang, heulte, rief. Trat ich morgens um 6 Uhr oder später aus dem Zelt, sah ich wol Hunderte um mich her. Aber sie baten auch nie vergebens, alle bekamen ihr Theil, und das geht in Südabessinien um so leichter, als man ja Kleingeld zur Verfügung hat: die Amole. Wenn ich ausging, gab ihnen einer der mich begleitenden Diener eine Hand voll Thaler, gewöhnlich 10 Stück. Dass dabei unter viel Lärm und Geschrei die köstlichsten Scenen vorkamen — prügeln durften sie sich nicht — versteht sich von selbst, aber schliesslich vertheilten sie sämmtliche Gaben mit mehr Gewissenhaftigkeit und Verständniss, als wir es selbst hätten thun können.

Ich will noch erwähnen, dass ich dem Negus bezüglich der Herkunft der Geschenke einige Erklärungen gab, wobei er sich besonders dafür interessirte, zu wissen, ob alles in Deutschland verfertigt sei.

In Debra Tabor erlebten wir auch einen grossen Markttag, welcher jeden Montag stattfindet, kleinere dagegen alle Tage, aber an verschiedenen Orten des Districts. Die in Südabessinien vorkommenden Gegenstände sind hier schon sehr billig. Für einen Thaler kauft man z. B. 30, manchmal 40 Pfd. Kaffeebohnen; das in Südabessinien gebräuchliche Pfund ist freilich bedeutend kleiner als bei uns, etwa 350 Gramm. Ferner rothe, gegerbte Ochsenhäute, drei bis vier Stück für einen Thaler. Billig sind auch die in Abessinien gefertigten Waffen: für einen Thaler zwei Spiesse; für einen Thaler einen aus Büffel- oder Rhinoceroshaut gut gearbeiteten Schild. Bei mit Silberplatten belegten Schilden kommt der Silberwerth, kaum aber die Arbeit in Betracht.

In Debra Tabor hatte ich keinen Augenblick frei, da ich jede Minute gewärtig sein konnte, zum Negus gerufen zu werden. Dazu das lästige Gefolge einer grossen Ehrencompagnie, selbst bei einem Spaziergange. Es war mir daher keineswegs unangenehm, vom Negus selbst zu hören, dass er eine Inspectionsreise (d. h. einen Raubzug) nach dem Süden hin nur meiner Ankunft wegen verschoben habe. Nun aber würde er am 17. Februar Debra Tabor verlassen, niemand bliebe zurück, und so brauche auch ich nur bis zum 17. Februar zu bleiben.

Dieses „niemand bliebe zurück" ist nicht genau wörtlich zu nehmen. Wie Asmara, wo der Ras Alula mit der Grenzarmee zu lagern pflegt, ist Debra Tabor, vollends Gafat und Samara, ein fast nur von Soldaten und Hofbeamten bewohnter District. Es gibt allerdings einige kleine Hüttenansammlungen, z. B. um die Kirche von Medani Allem, wo auch Bürger und Bauern wohnen, aber alle diese stehen doch als Käufer und Verkäufer in irgendeinem Verhältniss zur Armee.

Bei einer der folgenden Audienzen, zu welchen man mich täglich abholte, hielt mir der Negus eine fast zweistündige Rede über die Vortrefflichkeit der abessinischen Religion, über die Einheit der Natur Jesu Christi u. s. w. Ich hütete mich wohl, ihm je zu widersprechen oder auch nur den Anschein zu erwecken, als ob ich nicht auch überzeugt wäre. Soll es schliesslich darauf ankommen, dass derjenige der christlichste sei, welcher am meisten und festesten glaubt, dann können sich die alten Aethiopier trösten: sie glauben alles, was in der Bibel Alten und Neuen Testaments steht. Daher die Mordlust, die Unduldsamkeit, der Fanatismus der abessinischen Kaiser. Was würde der Kaiser antworten, wenn ihn jemand aufmerksam machte auf das „Unchristliche“ solcher Raubzüge, welche Tod und Verderben über ganze Völkerschaften verbreiten? Er würde einen jene Verbrechen und Sünden glorificirenden Spruch aus den Büchern Moses' citiren. Was soll man da machen? Ein Missionar wagte den Einwand: „Aber das steht ja im Alten Testament!“ Da antwortete der Negus: „Der Heiland sagte: «Ich bin nicht gekommen, den Alten Bund aufzulösen, sondern zu erfüllen.»“ Er wollte dadurch beweisen, dass das Alte Testament ebenso bindend für die Abessinier sei wie das Neue. Kann man überhaupt mit einem Priester streiten? Und der jetzige Kaiser von Abessinien ist ja so ein Priester, der *summus episcopus*, er kennt die Bibel wie kein anderer.

Wenn es nun unter diesen Umständen für mich unmöglich war, auf seine religiösen Meinungen näher einzugehen, konnte ich mich doch weniger den politischen Gesprächen entziehen. Nicht nur erzählte mir der Negus ausführlich die in den ersten Kapiteln dieses Buches erwähnten Siege über die Aegypter, sondern auch seine Unterredungen mit Gordon bezüglich des Friedens.

Leider vermochte ich ihn nicht zu überzeugen, dass Gordon, als er in ägyptischen Diensten stand, gar keine andern Friedensvorschläge machen konnte als die, welche ihm von der ägyptischen Regierung zu machen befohlen waren. Dass Gordon gleich darauf den ägyptischen Dienst verliess und zwar wol hauptsächlich aus dem Grunde, weil er die Forderungen des Negus, zum Theil wenigstens, für gerecht hielt, das konnte er allerdings nicht leugnen, aber er wollte durchaus nicht glauben, dass Gordon seine Ansprüche, d. h. die des Negus, jetzt unterstütze. „Warum trat er nicht in meine Dienste? Warum verliess er nicht die Dienste des ungläubigen mohammedanischen Fürsten?" fragte er beständig.

Dabei legte er denn auch mir die Frage vor, ob ich als sein Bevollmächtigter für ihn Frieden schliessen wolle. Ich erwiderte, falls meine Regierung dies gestatte, würde ich es als eine grosse Ehre und für eine meiner schönsten Aufgaben betrachten, Frieden zwischen zwei Völkern zu stiften. „Aber", fügte ich hinzu, „ein vollkommen bindendes Versprechen kann ich, da ich augenblicklich im Dienste des Deutschen Kaisers stehe, nicht geben." — „Versprechen Sie mir nur in feierlichster Weise, dass Sie, wenn Ihnen Ihre Regierung keine Schwierigkeit bereitet, als mein Stellvertreter mit dem Chedive Frieden schliessen wollen." Dies that ich, nachdem ich gefragt hatte, welche Forderungen er an Aegypten stelle. Als ich ihm bemerkte, dass ich vielleicht einige, nicht aber alle Forderungen durchsetzen könne, sagte er: „Ich überlasse das Ihnen, führen Sie meine Sache als mein Anwalt nach bestem Können und Wissen." Das konnte ich abermals versprechen. Was in der That gab es Schöneres und Edleres, als zwischen zwei grossen Ländern Frieden zu schliessen, dazu beizutragen, dass man endlich jenen Raubzügen, jenen Plünderungen, jenem Abfangen von Menschen ein Ziel setze! Ist nicht Friedenvermitteln eine der erhabensten Thaten? Der Krieg erzeugt das Böse, der Friede das Gute. Jeder Krieg ist verabscheuungswürdig, wenn auch zuweilen unvermeidlich. Ausserdem war der Antrag und Auftrag des abessinischen Kaisers so ehrenvoll für mich, dass ich nicht umhin konnte, Schimper zu fragen, weshalb die Wahl des Negus auf mich gefallen sei. Hatten ihm meine Geschenke, welche ja persönlich von mir kamen, so imponirt? Glaubte er, ich würde ihm mit Deutschland einen guten Hinterhalt verschaffen? Meinte er, dass, weil ich an dem Feldzuge der britischen Armee theilnahm, also auch früher schon die Verhältnisse Abessiniens kennen lernte, für die mir zugedachte Rolle ich ihm besonders geeignet erscheine? Ich vermuthe, alles dies zusammen bestimmte den Negus zu seinem so ehrenvollen Vorschlage, vornehmlich aber doch meine Theilnahme am britischen Feldzuge. Denn nicht nur fragte er wiederholt, ob ich auch Lord Napier persönlich kenne, sondern er gab mir auch den vor Jahresfrist an ihn gerichteten Brief der Königin Victoria zu lesen. In der That wusste Johannes den Einfluss und die Macht Englands nicht hoch genug anzuschlagen und besonders über Lord Napier war er des Lobes voll. Und auch mit Recht, denn ohne Lord Napier wäre Kassai nicht Johannes geworden. So theilte er mir auch mit, Lord Napier habe an ihn einen Brief gerichtet, Gordon nicht als Gefangenen zurückzubehalten, was er selbstverständlich auch nie würde gethan haben, denn Gordon, obwol ägyptischer Pascha, sei doch Engländer. —

Auch dem Etschege, damals dem höchsten Geistlichen des Landes, machte ich einen Besuch. Ich war einigermassen in Verlegenheit, was ich diesem vornehmen Mann als Geschenk geben sollte, fand aber dann noch einen rothtuchenen, mit Gold gestickten Burnus, Brocatstoff, Sammt und andere Gegenstände, womit er auch zufrieden zu sein schien. Hätte ich seine Anwesenheit beim Negus vorher gewusst, würde ich natürlich passendere Geschenke für ihn bereit gehalten haben. Ich fand in ihm einen höchst aufgeklärten Mann, aufgeklärter, als man es von einem so hohen abessinischen Geistlichen erwarten sollte.

Auch meine vorgefasste Meinung über den Charakter des Negus Negesti musste ich zu seinen Gunsten corrigiren. Ein Wütherich, ein perfider Mensch sollte er sein, und zwar fällte man schon während der englischen Expedition dieses Urtheil über ihn. Und doch erwies er sich dort als ein treuer Bundesgenosse, als ein Mann von Wort. Mit Zagen ging ich zu ihm hin, die Berichte der Missionare lauteten über ihn äusserst ungünstig. Ich fand aber in ihm einen ganz vernünftigen Menschen. Dass er keine Missionare in Abessinien dulden will? Auch wir haben die Jesuiten ausgewiesen; er ist Herr in seinem Lande, sein Wille ist Gesetz, dem Gesetz muss man gehorchen. Dass er das Rauchen verbot? Auch bei uns war es einst verboten, wer wollte ihm das vorwerfen? Dass er bei vielen Gelegenheiten grausame Strafen verhängt? Er beruft sich dabei auf das Alte Testament!

Indess theilte er mir mit — ob diese Worte aber aufrichtig gemeint sind, wage ich nicht zu unterschreiben — dass er, im Fall es ihm gelänge, mit Aegypten Frieden zu schliessen, sein Land den Europäern öffnen wolle. Nicht nur wünsche er alsdann Handwerker und Künstler, sondern auch Gelehrte herbeizuziehen. Am liebsten wäre es ihm, wenn Eisenbahnen und Strassen sein Land durchzögen, um durch directe Verbindung mit europäischen Ländern seine Waaren dorthin zu schaffen und andere von dort zu beziehen. Aber erst müsse Friede geschlossen sein.

Bei den jetzigen militärischen Verhältnissen des Landes ist aber, auch nach geschlossenem Frieden, an eine eigentliche Civilisation des Volkes nicht zu denken. Die Soldaten leben eben nur durch Raub und Plünderung. Das Nothwendigste für Abessinien wäre, Regelmässigkeit in die Abgaben zu bringen und sonach auch eine Bezahlung der Soldaten möglich zu machen.

Von den beiden Brüdern Naretti empfingen wir viel Freundschaft, obgleich sie uns natürlich nicht das sein konnten, was sie den italienischen Reisenden gewesen waren, da wir ja Schimper zum Dolmetsch hatten. Der ältere Naretti, schon seit Jahren in Abessinien, mit einer Tochter Zander's, aus Anhalt, verheirathet, welcher beim Kaiser Theodor Kriegsminister gewesen war, nahm beim Negus die Stelle eines wirklichen geheimen Oberzimmermeisters ein und nicht, wie man wol angab, die eines Ministro della casa del Rè. Er leitete die Arbeiten zur casa del Rè, wie er denn auch das Holzwerk zu vielen Kirchen behauen, bearbeiten und hübsch schnitzen liess. Aber mit eigentlichen Regierungsangelegenheiten befasste sich Naretti wol schwerlich. Beide Brüder, in jeder Beziehung Ehrenmänner, besuchten wir nicht selten in ihrer dicht neben der Residenz des Negus befindlichen gemeinschaftlichen Wohnung und freuten uns jedesmal, dies thun zu dürfen. Sie waren, was Stühle, Tische, Betten, Anzüge u. s. w. anbelangt, ganz europäisch eingerichtet, gingen meist auch europäisch gekleidet, auch Frau Naretti, welche, in der schwedischen Mission erzogen, Amharisch und Italienisch sprechen und schreiben und, wie es scheint, auch vorzüglich kochen gelernt hat. Jedesmal, wenn wir das Vergnügen hatten, bei Narettis zu speisen, erfreuten wir uns eines vorzüglichen Tisches, wobei auch die Kartoffeln nicht fehlten, welche, ursprünglich vom alten Schimper eingeführt, in einigen Gegenden Debra Tabors gezogen werden und sicherlich durch die vormals zahlreich in Gafat lebenden europäischen Arbeiter Verbreitung fanden.

Am Tage vor meiner Abreise berief man mich zur Abschiedsaudienz, und unser Balderaba, der Budjurun-Lauti, hatte zugleich den Auftrag, mich zu beschenken. Denn wenn es auch nothwendige Sitte ist, dem Kaiser Geschenke mitzubringen, so entlässt er doch keinen ohne Gegengeschenke. Da wurden zuerst zwei prächtige Hengste und zwei schöne Maulthiere vorgeführt. Das eine Pferd hatte silbernes Geschirr, aber auch Sattelzeug und Geschirr der andern Thiere war überaus prächtig.

Sodann wurde mir ein Goldbrocatkleid angezogen, eine silberne, mit Goldfiligran umsponnene Armspange angenestelt, ein blausammtner Schild mit Silberplatten nebst zwei ausserordentlich schönen Spiessen dargeboten. Der Abschied vom Negus war kurz und herzlich. Als man mir die Geschenke nachführte, schickte ich den einen Hengst zurück. Das Thier war zu edel, zu schön, um eine so beschwerliche Reise bis zum Rothen Meere ertragen zu können. Die Abessinier beschlagen ihre Pferde und Maulthiere nicht, und wenn letztere auch abgehärteter sind und das Reisen ohne Hufeisen ertragen, so gehen Pferde fast immer zu Grunde. Der Budjurun-Lauti machte anfangs Schwierigkeiten, das Pferd zurückzunehmen, aber endlich nahm er es doch.

Grössere Mühe machte das Ablehnen eines Geschenkes von 1000 Thaler (4000 Mark), welches der Negus mir mittels Anweisung auf den Gouverneur von Schire wollte auszahlen lassen. Immer und immer kam unser Balderaba darauf zurück, ich dürfe das Geld nicht ausschlagen, und ebenso beharrlich erwiderte ich, dass ich kein Geld nöthig habe. Es beweist das aber auch, wie geldarm der Negus ist, denn im Besitze einer so grossen Summe würde er sie geschickt und nicht angewiesen haben. Gordon, dem er eine gleiche Summe „zuschickte", wies ebenfalls das Geld zurück, während, wie Herr Naretti sagte, die übrigen Herren meistens das Geld ohne weiteres nahmen. Die Unterhandlung mit dem Balderaba wegen des Geldes dauerte über eine Stunde, bis ich endlich erklärte, ich bliebe bei meinem Nein und würde nun nicht mehr antworten. Bei dieser Gelegenheit sei mir gestattet, darauf aufmerksam zu machen, dass die Berichte von dem hohen Tribut, den der König von Schoa zu zahlen hätte, meiner unmassgeblichen Meinung nach bedeutend übertrieben sein müssen. Matteucci[1] spricht von 150000 Lire (fast 50000 Thaler), die, abgesehen von vielen andern Dingen, welche hier zu nennen kein Interesse vorliegt, alljährlich vom König von Schoa an den Negus Negesti entrichtet werden müssten. Es kann dies schon deshalb nicht wahr sein, weil der Negus nicht einmal das Geld zum „Kaufen" eines Abuna zusammen hatte. Und diese Summe betrug doch nur 7000 Thaler. In dieser Beziehung sind übrigens die Abessinier wie die Marokkaner, d. h. sie haben von Zahlen gar keinen Begriff. Als die Marokkaner unter Mulei-el-Abbes mit Spanien Frieden schlossen, erklärten sie sich ohne grosse Schwierigkeit bereit, die Millionen zu zahlen, als es aber zum Abzählen des Geldes kam, fand es sich, dass alle ihre Schätze bei weitem nicht ausreichten; sie wussten gar nicht, was eine Million ist, sie kannten den Namen, hatten aber keinen Begriff davon. Und so geht es mit den Abessiniern auch. Wenn das Volk sagt oder das Gerücht geht, Menelek zahle an Johannes 50000 Thaler, so glaube ich schon sehr hoch zu greifen, wenn ich 5000 darunter verstehe.

Den letzten Tag speisten wir noch bei Narettis, welche uns immer mit gleich liebenswürdiger Freundschaft empfingen und mit Rath und That unterstützten. Zugleich sagte uns Naretti, er begleite den Negus nicht, sondern bleibe in Samara, um die Kirche zu vollenden, welche der Negus ihm zu bauen aufgetragen habe. Da Stecker in den letzten Tagen fieberkrank geworden war, luden sie denselben ein, bei ihnen zu wohnen. Die Erlaubniss, eine Reise nach dem Tana machen zu dürfen, hatte der Negus ohne Schwierigkeit auf meine Bitte bewilligt. Mir that es leid, bis zum Tana-See nicht mit Stecker zusammen reisen zu

[1] Matteucci, S. 203.

können, aber sein Zustand erforderte einige Ruhe, um sich für spätere Unternehmungen kräftigen zu können. Und da es nun einmal geschrieben stand, dass wir uns in Samara trennen sollten, so wurde mir der Abschied dadurch weniger schwer, dass ich ihn in Gesellschaft guter Leute und noch dazu bei Europäern einquartiert wusste.

ELFTES KAPITEL.

AM TANA-SEE.

Aufbruch des ganzen kaiserlichen Lagers. — Der Negus erscheint. — Die Lagerordnung. — Reisegesellschaft, darunter drei vornehme Damen. — Hundert Soldaten zur Bedeckung. — Eintretender Mangel, da die Karavane sich bis zu 1000 Menschen verstärkt. — Lieblichkeit der Gegend. — Der Aasgeierberg. — Die erste steinerne Brücke in Abessinien. — Ein Waldbrand. — Lagerplatz dicht am Wasser des Tana-Sees. — Beschreibung des Tana. — Die Kirche auf der Insel im See. — Die Soldaten plündern in den Hütten der Bewohner. — Aufbruch. — Der Zolldirector. — Dembea die reichste und bevölkertste Provinz Abessiniens. — Der zu klein befundene Ochs und abermals Plünderung der Soldaten. — Ankunft in Gondar.

Mein Reisegefährte zog schon tags zuvor von mir fort und nahm in einer recht geräumigen, von Herrn Naretti ihm zur Verfügung gestellten Hütte Wohnung. Am 17. früh morgens brauchte auch der Festschlafendste sich nicht wecken zu lassen, denn schon lange vor Sonnenaufgang tönte ein eigenthümliches Brausen und Lärmen durch die Lüfte: es kam von dem Packen, Satteln, Aufladen der Tausende von Maulthieren, Eseln und Pferden; von dem Gebrüll und Stampfen der Thiere; von dem Rufen, Sprechen, Rennen und Gehen der Menschen; es war, von fern gehört, wie ein Börsengesumme im grossen. Dazwischen knatterten Gewehrschüsse. Ich trete heraus und erblicke etwas

Unbeschreibliches. Das ganze grosse Lager um Samara herum ist in Aufruhr. Ueberall Gruppen, Familien, Einzelne. Man schleppt aus den Hütten die Sachen, welche man mitnehmen will; sie werden verladen, von halsstarrigen Thieren abgeworfen, wieder aufgeladen, umgepackt. Wie ein umgerührter, wimmelnder Ameisenhaufen. Einzelne Züge ordnen sich. Hier hundert, dort weniger Leute mit ihren Thieren. Bei vielen Haufen besteht nur die Hälfte, bei den meisten nur ein Viertel aus Soldaten; die übrigen sind Greise, Weiber, Kinder. Alle ziehen ab nach einer bestimmten Richtung, nach Südost, als ob sie irgendein Punkt mit unwiderstehlicher Gewalt anziehe. Die Hütten, die Gehöfte bleiben verwaist stehen. Kein Mensch kümmert sich um sie. Dann verschwinden die lebendigen Säulen um eine Bergecke herum. Da — es war 8 Uhr morgens — ertönt plötzlich ein Kanonenschuss, noch einer und mehrere: der Negus! Ich trat hervor. Zuerst ein Zug Musikanten, Leute mit riesigen Trommeln, mit Pauken und Trompeten, mit erbeuteten ägyptischen Blasinstrumenten, denen sie entsetzliche Töne entlockten. Dann ein langer und breiter Zug mit Gepäck; eine von Cavaleristen umschwärmte Abtheilung Fusssoldaten; Grosswürdenträger; der Negus auf reichgeschirrtem Maulthier. Ueber ihm ausgespannt der prachtvolle deutsche Sonnenschirm, dessen Gold in dem strahlenden Sonnenschein sich zu verdoppeln schien. Dicht hinter dem Negus mit fast ebenso grosser Pracht der Etschege. Hierauf wieder eine Abtheilung Soldaten und andere Züge bis um 10 Uhr, wo alles hinterm Gebirg verschwand. Das Lager war leer. Samara erschien wie ausgestorben.

Wenn man bedenkt, dass vielleicht 40000 Menschen — so hoch muss man wol die Zahl aller Anwesenden in Samara veranschlagen — innerhalb sechs Stunden mit verhältnissmässiger Ordnung abzogen, so muss man zugestehen, dass hier von vornherein ein System waltete. Man hörte keine Befehle. Es war, als ob ein unsichtbarer Geist alles leitete. Auch Stockungen und wüste Durcheinanderschiebungen schienen nicht vorzukommen. Man muss eben wissen, dass in Abessinien für Kaiser und Heer seit 1000 Jahren eine gewisse Lager- und Marschordnung besteht. Jeder Offizier, jeder Beamte weiss, wann und wo er mit seiner Truppe zu marschiren und zu lagern hat. Voran der Fitorari, welcher gegenüber dem Zelte des Negus nach vorn lagert; zuletzt der Balata Geta mit der Lagerung rückwärts vom Zelte des Negus; der Budjurun unmittelbar vor dem Negus mit der Lagerung rechts vom Zelte desselben. Der Agafari oder wirklich geheime Oberhofmeister marschirt vor dem Budjurun und lagert auf dem äussersten rechten Flügel u. s. w.

Der Bibelkundige ersieht hieraus, dass eine solche auf uraltem Herkommen beruhende Anordnung auf biblische Vorbilder hinweist. Ja, die Vermuthung ist nicht ausgeschlossen, dass diese mosaische Marsch- und Lagerordnung selber ihren Ursprung afrikanischen Völkern verdankt. —

Also alles davon! Nur unser Balderaba blieb zurück und zwar auf besondern Befehl des Kaisers, um diesem über unsere Abreise Bericht zu erstatten.

Und nun mussten wir uns denn ebenfalls für die Reise rüsten, was so ziemlich den ganzen Tag hinnahm. Mein Gepäck hatte sich zwar ausserordentlich vermindert, sodass ich selbst verschiedene Maulthiere zurücklassen konnte, aber andere Elemente vergrösserten meine Karavane. Da kam zuerst der Budjurun - Lauti mit einer vornehmen Dame, welche nach Adua reisen wollte, und die er nebst ihren zehn Dienern unter meinen Schutz stellte. Eine andere Dame, Frau eines Beamten in Uogera, kam selbst, um für sich und ihre acht Diener die Mitreise unter meinem Schutze zu erbitten. Natürlich schlug ich es ihr nicht ab.

Auch einer jungen hübschen Dame von etwas zweifelhaftem Rufe nicht. Man fragte sich wol, wohin will sie? welche Absichten hat sie? Sie besass nur zwei Diener, aber keine weibliche Bedienung. Das etwa waren die vornehmsten Reisenden. Ausserdem aber schlossen sich wieder kaufmännische Gesellschaften an und, wie immer, eine ganze Bande von Bettlern beiderlei Geschlechts. Auch Schimper'sche Verwandte fanden sich ein und *last not least*: ein Oberst mit einer ganzen Militärabtheilung, es mochten ca. 100 Soldaten sein, sollte mich wegen Unsicherheit der Gegend von Uogera bis zum Takase begleiten; bis dahin auch die Districtsgouverneure der Provinzen. Und der Etschege gab mir einen Geleitsmann bis Gondar mit, da diese Stadt zum grössten Theil, dann aber die ganze Gegend am Tana-See sein Eigenthum ist, und ohne seinen speciellen Befehl wären die Lieferungen ausgeblieben. Diesmal in der That sah ich mich auf diese angewiesen. Abgesehen vom Allernothwendigsten, hatte ich unsere Vorräthe Stecker gelassen, und dann handelte es sich um eine Gesellschaft von 500 Menschen, und alle diese zu sättigen, musste selbst bei reichlichen Mitteln bedenklich machen.

Und recht schlimm ging es anfangs. Bis Dobarik herrschte stets Mangel. Dazu kam das anspruchsvolle Benehmen der vornehmen Damen, von denen die eine eine Frau Dedjadj (die meisten übersetzen das mit Herzog) war. Kam ihnen einmal Brot, Fleisch oder Bier etwas später als gewöhnlich, gleich schickten sie, um zu klagen, einen ihrer Diener zu mir oder zu Schimper, den ich ihnen, sowie allen, zum Balderaba gegeben. Allerdings musste man mir täglich 1000 Brote liefern; aber wie oft fehlte daran mehr als die Hälfte! Und um einen Abessinier satt zu machen, bedarf es mindestens dreier Brote. Noch schlimmer aber sah es mit dem Fleisch aus. Täglich sollte für mich ein Ochs und ein Schaf da sein, aber bis wir Gondar erreichten, hielten die mich begleitenden Beamten es für zweckmässiger, sich das Geld dafür von den Ortschaften geben, als die Thiere in natura einliefern zu lassen. Zum Glück hatte sich bei meinem Aufenthalt in Debra Tabor eine ganze Heerde angesammelt, sodass wir zwar täglich Fleisch, aber keineswegs reichlich hatten. Mancher der mich begleitenden Bettler musste abends sich hungerig schlafen legen, so sehr ich auch bemüht war, für alle zu sorgen. Die reifenden Gerstenfelder, die ebenfalls reifen Schimbera zu Seiten des Weges boten zwar einigermassen einen Ersatz; aber welchen Lärm und Skandal machte es, wenn die Leute sich wie grasendes Vieh oder wie Heuschrecken über die Felder ergossen, und die jammernden Bauern herbeieilten, um die hungerigen Plünderer abzuwehren, die sich jedoch auf die sie begleitenden Soldaten verliessen und ihr Geschäft fortsetzten: sie wurden zu wirklichen Heuschrecken in Menschengestalt. —

Der Abschied von Stecker wurde mir recht schwer. Wir hatten zusammen in Kufra gelitten, geduldet und dem Tode ins Auge gesehen, und das schmiedet eine Kette, welche so leicht nicht bricht. Aber endlich mussten wir uns trennen. Von Naretti begleitet, bestieg ich um $1\frac{1}{2}$ Uhr nachmittags mein Maulthier und fort ging's nach Westen, dem blauen Süsswassersee entgegen, welcher eins der Hauptbecken des uralten und ewig jungen Nil bildet. Auch Naretti verabschiedete sich bald, und so war ich denn allein, zum ersten mal, da Schimper um Urlaub gebeten hatte, um seiner an den Oberzolleinnehmer von Abessinien verheiratheten Schwester Lebewohl zu sagen, welche im Dorfe Lisawa wohnt, das noch zum District von Debra Tabor gehört.

Es war ein wundervoller Nachmittag. Ueber der ganzen Gegend lag Ruhe und tiefer Friede ausgebreitet. Nur hin und wieder sah man noch kleine Trupps von Nachzüglern, welche dem Heere des Kaisers nacheilten. Wir kamen nach einer Viertelstunde bei Gafat vorbei, bewunderten die Schlote und leergebrannten Fabrikgebäude, welche die Missionare auf Befehl Theodor's errichten mussten, um dort jene Kanonen und Mörser zu giessen, welche auf den ersten Blick durch ihre Grösse imponirten, beim ersten Schuss aber zerplatzten.

Mit betrübten Herzen dachten wir an die traurigen Stunden, welche hier die britischen Gefangenen verlebten, an die Erniedrigung, welche sich die Missionare und der französische Consul Lejean mussten gefallen lassen. Jetzt sind nur noch Ruinen da, und auch diese werden wol in einigen Jahren vom Erdboden verschwunden sein.

Prachtvolle mähbare Gerstenfelder, dicht daneben junge Gerste, welche saftgrün eben den Mutter-Erdboden verliess, weiterhin Bauern, beschäftigt, das Korn gerade der Erde anzuvertrauen — so entrollte sich vor uns ein lachendes Bild nach dem andern, während im Norden das Melsa-Gebirge, im Süden das Debra Tabor-Gebirge in grossartiger Weise den Blick begrenzten. Natürlich konnten wir, da wir so spät aufbrachen, am ersten Tag nur einen kurzen Marsch zurücklegen, wir campirten bald an einem kleinen tief eingeschnittenen Bache, der nach Norden abgoss und dem Reb zufliesst. Hätten wir nur gleich einen doppelt so grossen Weg machen können!

Immer mehr Reisende kamen, um sich uns anzuschliessen. Die günstige Gelegenheit, unter militärischer Bedeckung nach Tigre kommen zu können, war zu verlockend. Aber die meisten hatten keine Vorräthe. Wie sollte das schliesslich enden? Und wieder kam eine vornehme, in einen himmelblauseidenen Mantel gehüllte Dame, welche ebenfalls mit kaiserlicher Erlaubniss einen Sonnenschirm tragen durfte. Sie liess sich ohne weiteres ganz in der Nähe meines Zeltes eine Hütte aus Reisig bauen.

Schimper, immer sehr ehrerbietig und galant gegen Damen, meinte, man müsse auch diese unter die zu Verpflegenden aufnehmen. Wir hatten im ganzen am Abend des ersten Marschtags fast 1000 Menschen um uns.

Die Gegend wurde immer lieblicher und schöner, die Wildheit verlor sich mehr und mehr; die aus weiter Ferne herüberwinkenden Bergriesen mahnten allerdings den Reisenden, welche Schwierigkeiten unter Umständen seiner warteten. Oft glaubte man in einem Hain von Palmen [1] zu wandeln, und die Häufigkeit dieses tropischen Baumes findet denn auch Ausdruck im Sselenoa-Fluss, d. h. Palmenfluss. Natürlich dacht sich die Gegend ab nach dem Tana-[2] See, doch muss man einige grosse Treppen oder Felsufer hinab, welche einen äusserst zerrissenen Charakter zeigen. So am folgenden Tag. Aber die Wildheit, die Unwegsamkeit dieses einige hundert Fuss hohen Absatzes verschwand unter einer wahrhaft überraschenden Pflanzen- und Blumenfülle. Ueberall grosse Büsche von Rosen und Jasmin. Man zog dahin in einem Meer von Wohlgerüchen. Alsdann lagerten wir am Fusse der Amba Tsunko [3], bekannter unter dem Namen Amara Gedell, d. h. Aasgeierfels. Der Berg ist um so auffallender, als er ganz vereinzelt, ein riesiger Block, aus der Ebene aufsteigt, nach allen Seiten fast senkrecht abfällt und unersteiglich ist. Oben aber wird er von einem herrlichen Laubdach bedeckt und dient zahlreichen Aasgeiern und Adlern, welche hier vor allen Angriffen sicher sind, zum Aufenthalt. Die Sage geht, König Theodor

---

[1] Wahrscheinlich eine wilde Dattelpalme mit feinen Blättern von sehr lebhaftem Grün, auf amharisch Sselen, auf tigrisch Sieh genannt.

[2] Dieser schöne See heisst auf amharisch Tana, auf tigrisch Tsana.

[3] Dieser grosse Block besteht aus Sandstein, während sonst die ganze Gesteinsmasse der Gegend vulkanisch ist.

AMARA GEDELL.

S. 236.

habe von dem mindestens 100 m hohen Block einen Adler heruntergeschossen, was denn meine Leute anfeuerte, auch ihre Geschicklichkeit zu zeigen. Es stellte sich aber heraus, dass keiner es dem berühmten Kaiser nachmachen konnte, trotz der bessern Waffen, die sie besassen.

Als ich abends längs des kleinen Baches, der sich in weitem Bogen um die Amba Tsunko hinzieht, einen Spaziergang machte, stiess ich zum ersten mal auf die Musa Ensete, welche an den Ufern wild wächst und hier ihre prächtigen saftgrünen Blätter entfaltet.

Immer anmuthiger wird die Gegend, und der aus verwitterten vulkanischen Massen bestehende Boden immer reicher. Weizen- und Gerstenfelder wechseln ab mit der wickenartigen Schimbera, aus deren reifen Erbsen unsere abessinischen Diener eine „Purée" zu machen verstehen, welche wirklich gut schmecken würde, wenn nur nicht die brennende Schärfe des rothen Pfeffers den Geschmack so sehr beeinträchtigte. Wir lassen nun etwas nördlich die bedeutende Handelsstadt Deritta liegen, welche bis vor kurzem fast nur aus Mohammedanern bestand, die aber sich ebenfalls sämmtlich mussten taufen lassen. Einer meiner Diener, ein junger Mann von 25 Jahren, erhielt dort bei seiner Taufe den Namen Desta.

Man passirt hierauf den Reb, den man erst in unmittelbarer Nähe bemerkt, denn er frass sich tief in den schwarzen Humusboden ein und rollt nur langsam seine trübe Flut zwischen senkrechten Ufern dem Tana zu. Eine steinerne Brücke überrascht mit ihren fast gothischen Bogen, deren ich vier zählte. Die erste Brücke in Abessinien! Aber schon vorher machte sich die ehemalige Anwesenheit der Portugiesen, denn diese erbauten die Brücke, durch eine recht breite, stellenweise sogar gepflasterte Strasse bemerklich. Nachdem man die grossen Kieselsteine weggeräumt, beseitigte man durch kleinere die Unebenheiten.

Also in dem Bezirk der ehemaligen Portugiesenherrschaft sind wir jetzt. Auffallend ist es nur, dass angesichts der in diesem Theile Abessiniens doch gut erhaltenen Brücken spätere Herrscher nie daran dachten, anderwärts ähnliche nützliche Werke zu errichten. Ein tüchtiger Kaiser, Theodor, beherrschte doch unlängst, und ein zweiter tüchtiger, Johannes, beherrscht jetzt Abessinien. In seiner Noth liess Theodor einen Weg von Debra Tabor nach Magdala bauen, aber die dabei nothwendigen Brücken bestanden aus Holzstämmen, waren also ganz vergänglicher Natur. Trotz seiner Scheusslichkeiten, die er beging, indem er Dutzende von Priestern verbrennen und ermorden liess, baute er — Kirchen, z. B. die prächtige Kirche Medani Allem in Debra Tabor. Auch der jetzige Kaiser Johannes, ein sehr frommer Mann, lässt Dutzende von grossen Kirchen aufführen, aber keine einzige Brücke. Was in aller Welt nützen die vielen Kirchen in Abessinien?

Ehe wir nach dem District Eifag kamen, wo wir in der Nähe einiger Dörfer nächtigten, überraschte uns einer jener gewaltigen Waldbrände, wie man sie nicht nur in Abessinien, sondern überall in Centralafrika, ja selbst in den nördlichen Berberstaaten so häufig erlebt. Meist entstehen dieselben durch Unvorsichtigkeit. Irgendeine Karavane lässt lebendige Kohlen oder gar noch loderndes Feuer zurück. Bald darauf jagt der Wind die Flamme in die nahen trockenen Gräser, und der Waldbrand ist da, welcher häufig riesige Dimensionen annimmt von oft quadratkilometergrossen brennenden Räumen, auf unglaublich weite Entfernungen seine Dämpfe entsendet, ähnlich dem Moorrauch, den man bis zu den Alpen hin verspürt. Es entsteht dadurch jener eigenthümliche trockene Nebel, den wir Moorrauch, die Engländer Hamattan nennen.

Diese Waldbrände hemmen denn auch die Entwickelung der Bäume. Es wird wol jedem Reisenden aufgefallen sein, dass, abgesehen von jenen undurchdringlichen tropischen Urwäldern, z. B. in Yoruba, die wegen ihrer Dichtigkeit und daraus resultirenden Feuchtigkeit nicht abgebrannt werden können, alle sogenannten lichten Wälder aus nicht sehr grossen Bäumen bestehen und man erst an den Ufern der Flüsse und Bäche wieder grosse und dicke Bäume vorfindet, zu welchen die Flamme nicht gelangen kann, weil das sie umwachsende Gras und Buschwerk sammt Unterholz während des ganzen Jahres, auch in der trockensten Zeit, grün und feucht bleibt. Aber auf Flächen und Bergen trocknet in der trockenen Jahreszeit alles. Die grossen Bäume behalten zwar ihre Säfte, die nicht, wie bei unsern blattlosen Bäumen, im Winter zurücktreten, aber wenn sie alljährlich die Flammen des Grases umfluten, so wird doch ihr Wachsthum dadurch gehemmt. Nur die Adansonien scheinen nicht daran zu leiden, vielleicht wegen ihrer dicken rhinocerontischen Haut oder Schale.

Eifag[1], ein Distrist mit einigen Oertern, liegt recht hübsch an den Ausläufern der nördlichen Gebirgskette, welche in Amba-Tschara, Michael Debr u. s. w. gipfelt. Man kann nun schon den herrlichen See und im Osten davon die so überaus fruchtbare Ebene überblicken, welche nahe am See aus Marschboden mit hohem Grase besteht, aus welchem, wie bei uns im Norden von Deutschland, die Heerden kaum hervorragen. Scharen von Wasservögeln, welche morgens seewärts, abends landwärts fliegen, kündigen ebenfalls die Nähe des grossen Wasserbeckens an, und breitgetretene Wege durchs Gebüsch zeigen uns die Richtung der Flusspferde und Nashörner, wenn sie zum Wasser wollen. Prachtvolle Juniperus und Wontsabäume (cordia) beschatten den grossen Marktplatz von Eifag, der ausserdem durch zahl-

[1] Heuglin sagt, Eifag läge wol über 1500 Fuss über dem Tana. Das ist ein Irrthum, der Unterschied beträgt kaum 50 m.

reiche steinerne Herde für Schmiede und Garköche, durch Löcher aller Art, durch Holzgestelle zum Aufhängen von Gegenständen und leerstehende Hütten sich bemerkbar macht. In der Nähe desselben lagerten wir, während der Oberst mit seiner Truppe weiter nach oben hinzog. Aber trotzdem die Bewohner Eifags reichlich Lebensmittel verkauften, denn geliefert wurde nicht, da die Beamten das Geld dafür einsteckten, konnten die Soldaten von Plünderungen nicht ablassen.

Wir durchzogen bis zum Tana, diesem grössten See Abessiniens, eine überaus liebliche Gegend. Ich schlug mein grosses Zelt gegenüber der malerischen Insel Matraha auf, welche nur durch einen schmalen Sund vom Festlande getrennt ist. Unser Lagerplatz war der denkbar schönste. Das Zelt lag unmittelbar am Wasser, von diesem nur durch einen etwa 3 m breiten Rasenstreifen getrennt, der ca. 1 m höher lag als der Spiegel des Sees. Rechts also, nach Norden zu, schloss die Scenerie ein kleines über und über mit Candelaberbäumen bestandenes Vorgebirge. Nach Süden zu sah man in weitester Ferne die Berge von Korata und den hohen Guguwieberg; vor uns lag wie eine Silberplatte der ruhige See, und im Hintergrunde hatten wir eine herrliche Baumwand aus Akazien, Worka und Wontsa und andern Laubbäumen, welche mit prächtig farbigen Schmarotzergewächsen, mit tausendfach sie umschlingenden Rankgewächsen umsponnen war. Dazu die Bäume wie übersäet mit jenen kleinen birnförmigen Nestern des Webervogels. Kann man sich ein reizenderes Bild denken? Ich liess mein Lager deshalb so unmittelbar am Rande des Tana-Sees aufschlagen, weil den Tag über der von dem Wasserspiegel herwehende Wind angenehme Kühlung brachte, nachts aber der entgegengesetzte Landwind die Feuchtigkeit desselben abhielt.

Der Tana-See mit seiner birnförmigen Gestalt wurde

AM TANA-SEE.

S. 240.

zuerst von Bruce am eingehendsten geschildert. Seine wirkliche Gestalt ist jetzt von Stecker, welcher nach mir dahin kam und den See fast in seiner ganzen Ausdehnung umging, festgestellt. Die Mitte des Sees wird fast genau vom 12.° nördl. Br. und dem 37.° 15′ östl. L. v. G. geschnitten. Der Flächeninhalt desselben beträgt etwa 3000 □km,[1] also ungefähr so viel wie der des Cantons Tessin in der Schweiz oder wie der der Insel Socotra, die Höhe dagegen über dem Meere ca. 1750 m, welche von Rochet, von mir und zuletzt von Stecker, ganz unabhängig voneinander, gefunden ward. Was die Tiefe des Sees anbetrifft, so liegen darüber noch keine abschliessenden Untersuchungen vor, welche erst dann wirklich richtige Resultate ergeben können, wenn Europäer in ordentlichen Schiffen mit guten Messwerkzeugen Tiefseemessungen anstellen. Wenn man den Tana als einen ehemaligen Krater betrachtet, dürfte seine Tiefe eine beträchtliche sein, während andererseits zu bedenken ist, dass seit undenklichen Zeiten aus den 50 Flüssen und Flüsschen, welche in den See sich hinein ergiessen, grosse Mengen Geröll, Erde u. s. w. abgelagert wurden. Stecker, der, wie wir erwähnten, 2980 □km Flächeninhalt angibt, rechnet davon auf die zwei Inseln Dek und Dega, auf erstere 40 □km, auf letzere 44 □km. Die grösste Tiefe fand Stecker[2] zwischen der Insel Dega und Zegi mit 72 m, zwischen Korata und Zegi mit 67 m. Aber auch nach ihm dürfte die grösste Tiefe, weit über 100 m, nördlich von Dek zu suchen sein. Wie wenig zuverlässlich aber derartige Angaben von Messungen oft sind, geht daraus hervor, dass Rochet d'Héricourt bei der Insel Matraha bei 197 m noch keinen Boden zu finden vorgab, Stecker dagegen

[1] Nach Stecker 2980 □km.

[2] Siehe Stecker's Bericht in den „Mittheilungen der Afrikanischen Gesellschaft in Deutschland". 1881. Bd. III, S. 32.

die Tiefe daselbst auf 5 m angibt, und ich, der ich in einer Tankua [1] überfuhr, fand, dass die mich nach der Insel übersetzenden Fährleute mit ihren 4 m langen Stangen schon bei 2 m auf Grund stiessen. Keineswegs ist aber vielleicht an diesen so voneinander abweichenden Angaben der verschiedenartige Wasserstand des Tana-Sees schuld, welcher sehr wenig wechselt, wie man an den Wassermarken sehen kann. Trotz der zahlreichen Zuflüsse dürfte derselbe während und nach der Regenzeit kaum mehr betragen als 1,25 cm, welche Höhe durch Sturmfluten nach der einen oder andern Seite sich noch um 50 cm erhöhen mag. Die regelmässige Regenzeitswassermarke war, wie man an den Felsen ersah, in der That nur 25 cm über dem Spiegel des Meeres.

Der Tana ist äusserst fischreich, hat aber keine Krokodile. Flusspferde sahen wir, aber wegen zu grosser Entfernung konnten wir nicht Jagd auf sie machen. In bewunderungswürdiger Ruhe sassen aber in nächster Nähe von unserem Zelte buntfarbige Enten, schöne wilde Gänse, Riesenreiher, Schwäne und Strandläufer. Pelikane stopften sich Fische in ihre Kropfbeutel, und in der Baumwandung zwitscherten und sangen die Vögelchen, dass es eine Lust war. Man glaubt gewöhnlich, in Afrika gebe es wenig Singvögel, das ist aber irrthümlich; namentlich in Abessinien sind sehr viele, von denen die meisten sich im farbenprächtigsten Federschmuck zeigen.

Das Erste, was ich that, war, dass ich ein Bad im See

---

[1] Tankua nennt man jene eigenthümlichen Fahrzeuge auf dem Tana-See, welche aus Schambuko-Rohr zusammengebunden werden. Dieses Schambuko-Rohr (arundo donax) erreicht eine Länge von 5—8 m, wird unten 4—5 cm dick und trägt wegen seiner Porosität ziemlich grosse Lasten. Auf dem Tana-See kennt man nur dieses meist flossförmige, oft aber auch schiffsförmige, mit einem Schnabel versehene Fahrzeug.

nahm. Die Wasserwärme betrug bei 24° Luftwärme 25°. Die wundervolle Süsse des Wassers erinnert an den Geschmack des Nilwassers. Die Einwohnerschaft der am Ufer zerstreuten, dem Etschege untergebenen Hütten waren zwar recht freundlich, aber mit Lieferungen sah es schlimm aus, und verkaufen wollten sie auch nichts, offenbar aus Furcht, kein Geld zu bekommen. Erst als ich für ganz kleine Dienstleistungen reichlich mit Amolen bezahlte, fassten sie Zutrauen, und bald schwammen wir im Ueberfluss. Direct unterstellt sind sie der Geistlichkeit von Matraha, jener kleinen Insel, welche unserm Lagerplatz gegenüberlag. Sobald der mich begleitende Bote des Etschege dort erschienen war, kam eine Deputation der Geistlichkeit und bat um Erlass der Lieferungen [1] (1 Ochs, 1 Schaf, 1000 Brote, Butter, Honig u. s. w.), was ich mit Freuden bewilligte, aber nur bat, mir durch ihre Unterstützung den reichlichen Einkauf von Lebensmitteln zu erleichtern. Zugleich ersuchte ich, mir eine Tankua zu stellen, da ich gern am andern Tage ihrer berühmten Kirche einen Besuch abstatten wolle. Matraha, dessen Kirche die Gebeine des Kaisers Jesus oder Jasus I. birgt, ist nämlich Asyl und steht bei den Abessiniern in grosser Verehrung.

Am andern Tage kamen denn auch zwei kräftige Inselbewohner mit ihrer Tankua, und Schimper, ich und einer meiner Diener schifften hinüber. Die Einrichtung der Tankua bringt es mit sich, dass den untern Theil immer Wasser überschwemmt, während man auf dem obern Rohrbündel sitzt. Wenn man aber die Füsse nicht angezogen hielt, wurden diese vom Wasser überflutet. Das hat ja nun für die Abessinier, welche alle mit Ausnahme der Geistlichkeit barfuss gehen, keinen Uebelstand, vollends nicht für die

[1] Sie unterstützten aber ihre Bitte gleich durch vorzügliche, in der Nähe gewachsene und schon reife Pfirsiche.

Matrahenser, welche wahre Amphibien sind, aber für Europäer kann man es gerade nicht „angenehm“ finden. Wir kamen schnell an, denn nur ca. 500 m liegt die reizende Insel vom Ufer. So wie beim Einsteigen wurden wir beim Landen von den Leuten getragen, da die tiefgehende Tankua kein unmittelbares Landen gestattet.

Natürlich mussten wir zuerst zur Wohnung des obersten Geistlichen, wo man uns in einem dunkeln Gemach Erfrischungen darbot. Als wir auf einem hübschen Angareb sassen, der gerade für uns beide Platz hatte, brachte man Kaffee und darauf Schnaps in kleinen Gläsern. Auf meine erstaunte Frage, wie man in dieser Abgeschiedenheit Schnaps erhalten könne, erwiderte er, die Kunst zu destilliren habe er in Jerusalem gelernt; auch dem Negus Negesti und dem Etschege sende er alljährlich einige Flaschen, der Kaffee aber sei von der nahen Halbinsel Segi.[1] Dieser ehrwürdige Priester, dessen Namen ich leider vergessen habe, konnte nicht genug hören über Jerusalem, Kairo, Alexandria, Städte, die er vor mehr als einem Menschenalter besucht hatte.

Dann standen wir auf, und nun ging es nach der auf der westlichen Seite der Insel gelegenen Kirche. Es war wie eine Procession, denn fast die ganze Bevölkerung der kleinen Insel schloss sich an. Jung und alt, alles ging mit. Und recht freundlich, zutraulich und anständig benahmen sich die Leute. Auch die Wohnungen aus Stein, die von niedrigen Mauern umschlossenen Gärtchen sahen so schmuck aus, dass man unwillkürlich an die Portugiesen denkt, welche so lange Zeit hier ihren Einfluss ausübten. Ja, wie

[1] Meistens Zegi geschrieben, die Priester sprachen aber Segi aus. Diese am Südufer des Tana gelegene Halbinsel, dort wo der blaue Nil aus demselben herauskommt, ist berühmt wegen ihrer Kaffeezucht.

in Gondar, erinnert die Bevölkerung dieser kleinen Insel auffallend an den portugiesischen Typus. Die meisten haben ganz schlichtes Haar, und der nach oben sich erweiternde Schädel ist echt portugiesisch.

Die Kirche selbst ist ein äusserst interessantes Bauwerk: allerdings ein Rundbau in abessinischem Stil, aber einige Bauten daneben sind offenbar portugiesischen Ursprungs. Dicht umgeben die Kirche uralte, aufs üppigste von prachtvollen Lianen umschlungene Juniperus und Oelbäume. Die Bilder in derselben, ältern Ursprungs, sind, wie die meisten abessinischen, auf stark gegipster Leinwand[1] gemalt, die man fest anliegend auf die nackte Wand klebt, sodass man recht gut von al fresco sprechen kann. Auch erkennt man die Leinwand auf den ersten Blick gar nicht. Wie gewöhnlich, waren die gemalten Gegenstände der Bibel und der abessinischen Geschichte entnommen. Die hölzernen[2] Königsärge ruhen nicht mehr in dem Gewölbe, welches oberhalb der Erde hinter der Kirche offenbar früher Grabstätte gewesen ist. Mit Bestimmtheit wussten die Geistlichen selbst nicht anzugeben, ob ausser Jasus noch ein anderer Kaiser in Matraha begraben liege, da sie gar keine Documente oder geschichtlichen Nachweise zu besitzen vorgaben. Und die „ältesten Leute" der Insel wollten oder konnten sich dessen nicht erinnern. Die Möglichkeit, dass sie keine Bücher und Documente mehr besassen, ist übrigens, wie Schimper mir mittheilte, nur zu wahrscheinlich, da Theodor einst mit wahrer Berserkerwuth die Insel

---

[1] Neuere Maler malen auch auf Papier und kleben hinter das Papier Leinwand, um es vor dem Zerreissen zu bewahren. So ist das in meinem Besitze sich befindende grosse Schlachtengemälde von Gudda-Guddi auf Papier gemalt.

[2] Das Holz schien mir Wachholder zu sein, was mir auch die Priester bestätigten: ein Holz, das sich als besonders widerstandsfähig gegen Fäulniss erweist.

überfiel und die ganze Priesterschaft, von der er beleidigt zu sein glaubte, fortschleppte. Die meisten von ihnen wurden grausam umgebracht, die Einwohner der Insel aber in ihren Häusern verbrannt. Schimper, als kleines Kind, war Augenzeuge dieser Schandthaten.

Am meisten interessirte mich das aus zwei Stockwerken bestehende Gewölbe, sodann eine kleine Kapelle mit Rundbogen, ferner die Fenster und Thürme, welche als Schutzthürme aufgeführt sein mochten und die mir zum ersten mal einen vollen Blick über die staunenswerthe Thätigkeit jener Hand voll Jesuiten gewährten, die unter Christof de Gama nach Abessinien kamen. Höchst merkwürdige grosse Spinnen, welche vor dem Gewölbe und, wie ich später sah, auch in den die Kirche umgebenden Bäumen und Büschen wahrhafte Riesennester — förmliche Wagenräder — errichtet hatten, durfte ich leider meiner Sammlung nicht einverleiben, da die frommen Geistlichen baten, sie nicht zu stören oder gar zu tödten.

Es versteht sich von selbst, dass ich für die Geistlichkeit ein reichliches Almosen zurückliess, und befriedigt kehrten wir auf unserer Tankua nach dem Festlande zurück. Mein Geldgeschenk musste übrigens Wunder gewirkt haben, denn abends liess sich die Geistlichkeit noch einmal melden, und siehe da, man brachte nun ganz aus freien Stücken die Lieferung. Selbstverständlich hatten sie sich nicht verrechnet, als sie annahmen, sie würden dafür blanke, neue Maria-Theresienthaler erhalten.

Ueber die Insel füge ich noch hinzu, dass dieselbe etwa 1 km lang und 0,5 km breit ist. Grössere Fische, als 1 m lange, gibt es nach der Versicherung der Matrahenser im See nicht. Von meinem Besuche auf der Insel Matraha und von meinem Lagerplatz am Tana-See nahm ich nur liebe und angenehme Erinnerungen mit. Desto mehr wundert es mich, dass man Dr. Stecker eine kurze Zeit darauf nicht so gut empfing, obwol ich eigens die Priesterschaft gebeten, meinen Begleiter, falls derselbe käme, ja recht freundlich aufzunehmen. Sollte die Freundlichkeit der frommen Leute nur der dringenden Empfehlung des Etschege zuzuschreiben sein?

Denke ich an den Tana-See mit seinen tiefblauen Fluten und ewiggrünen Ufern zurück, dann muss ich sagen: von den Aequatorialseen wird er zwar bedeutend an Grösse, aber gewiss nicht an Schönheit und Ueppigkeit der ihn umgebenden Natur übertroffen. Und was die Reinheit der Luft anbetrifft, so ist die an und für sich hohe Lage des Sees und die stellenweise unmittelbar ans Ufer stossenden, nicht niedrigen Berge, z. B. der Tekla Haimanot auf Segi mit 2074 m, im Norden der Goraf mit 2134 m Höhe die beste Bürgschaft für gesunden Aufenthalt. Wann aber werden die Zeiten kommen, dass man nach Abessiniens herrlichen Seen, dem Aschangi, Tana etc. und nach den Alpenlandschaften von Semien, Guna etc. Kranke schickt, um in ewig reinen Lüften zu gesunden? Gewiss in sehr ferner Zukunft! Augenblicklich möchte ich keinem Vergnügungsreisenden einen Ausflug nach Aethiopien empfehlen.

Am 22. Februar 1881 fingen wir von neuem zu packen an, während die Soldaten des Obersten es nicht lassen konnten, zu guterletzt noch mit Plünderungen verbundene Abschiedsbesuche in den Hütten der Bewohner zu machen. Bis dahin betrugen sie sich am Tana ziemlich anständig: sie erhielten ja wirklich genug Lebensmittel von mir; auch hielt sie eine Art Scheu von Wohnungen ab, welche unmittelbar unter der Geistlichkeit standen. Jetzt aber glaubten sie noch schnell die kurze Zeit vor dem Aufbruch benutzen zu müssen, um hier etwas Kusso (Wurmmittel), dort einige Eier, hier etwas Butter, dort Gescho (zum Tetschbereiten) zu ergattern, was dann wieder ein allgemeines Jammern und Wehklagen der Besitzer zur Folge hatte.

Und wen betrachtete man als den Urheber und Anstifter aller dieser Plündereien? Meine Wenigkeit natürlich. Zu mir kamen sie heulend und schreiend und verlangten die Herausgabe der gestohlenen Gegenstände oder Ersatz. Ich half so gut es ging. Als aber die Geistlichkeit von Matraha beim Abschiednehmen in Klagen über das unwürdige Benehmen der Soldaten ausbrach — und aus langer Erfahrung kannten sie es doch gewiss recht gut — und mich dafür verantwortlich machen wollten, musste ich dies durchaus ablehnen. Ich liess ihnen durch Schimper sagen, sie möchten sich in dieser Angelegenheit an den Obersten wenden und ihm meinetwegen ihren Fluch geben. Aber sie erreichten gar nichts bei ihm, im Gegentheil, er liess die Priester fortjagen. Wie verwünschte ich innerlich diese Escorte, welche plündernd durchs Land zog, überall Wehklagen und Jammer hervorrief, die Felder zerstampfte, die Häuser durchsuchte und überhaupt mit der grössten Anmaassung auftrat.

Der Weg geht fast gerade nordwärts, neben dem See, den man häufig erblickt, oft aber entziehen ihn hohes Buschwerk oder Hügel dem Auge. Bei Ferkaber, einem felsigen Absatz, dessen Grat wie ein Sporn westlich nach dem Tana verläuft, und vor welchem mit schmuckem Kirchlein die reizende Insel Kalamondj liegt, ist eine bedeutende Zollstätte. Denn wir verlassen nun mit dem District Dangurieh die Provinz oder vielmehr, wie Schimper behauptet, die Landschaft Fogara, die mir allerdings kein politischer Bezirk zu sein scheint, während Dangurieh einen solchen bildet, und betreten Begemeder.

Ganz überrascht glaubte ich im Zolldirector, einem jungen stattlichen Manne, einen Weissen, einen Europäer zu erblicken. „Da kommt ein Europäer oder der Sohn eines Europäers!“ rief ich Schimper zu. Und es war so. Der junge Mann, welcher in Ferkaber als Zolldirector fungirt und den Namen Takal-Michael oder auch Haile Michael führt, ist der Sohn eines berühmten französischen Forschers, welcher ehemals längere Zeit in Anthiopien weilte. Ich bat ihn, der mich so freundlich begrüsste und mir auf Arabisch gleich seine Herstammung mittheilte, mich abends zu besuchen. Leider kam er nicht, wahrscheinlich weil wir weiter von Ferkaber lagerten, als wir eigentlich beabsichtigten. Mich freute nur, dass ich ihm noch sagen konnte, dass sein Vater lebe, wahrscheinlich aber wol nicht mehr nach Abessinien zurückkomme.

Als wir am selben Abend auf dem rechten Ufer des Gomara lagerten, befanden wir uns schon nördlich vom Tana. Wir waren jetzt in Dembea, einer der reichsten Provinzen Abessiniens. Grosse Viehherden bezeugten dies allerdings genugsam, und der fette Boden, einst offenbar Seeboden, musste überall die reichsten Ernten geben. Auch Wald fehlte nicht, und der Gomara selbst gab uns einen Beweis von Fischreichthum, denn ein Mann warf sein rundes, mit Steinchen beschwertes Netz aus, und im Nu hatte er eine grosse Anzahl Fische zusammen, eine Art Karpfen oder Schleien, die er uns zum Geschenk machte. Interessant war es auch, zu sehen, wie in ganzen Schwärmen meist grosse Wasservögel beständig vom See her und kleinere Vögel nach dem See hinzogen.

Dembea ist meines Wissens der bevölkertste Theil von Abessinien, aber was will eine solche Dichtigkeit gegen die in unsern Ländern bedeuten? Es kam hier zu einer äusserst widerlichen Scene zwischen den Soldaten und den Einwohnern von Belange, welcher Ort, 2 km südlich von unserm Lager entfernt, den Ochsen zu liefern hatte. Der Oberste behauptete, dass derselbe zu klein sei, und schickte daher, um Leute als Geiseln einfangen zu lassen, Soldaten ins Dorf, welche diese Gelegenheit natürlich wieder zum Plündern benutzten. Die Einwohner widersetzten sich aber, es kam zum Streit, es wurde geschossen und der Schum (Ortsvorsteher) verwundet, kurz, es fehlte nicht viel an einer regelrechten Schlacht. Ein solcher Vorfall veranlasste denn nicht endenwollende Debatten, man zog die Geistlichkeit mit zu Rathe und schliesslich verlangten sie, ich solle entscheiden. Aber ich brauche wol kaum zu sagen, dass ich auf die Schiedsrichterrolle rundweg verzichtete, obschon der Streit selbst am andern Morgen nicht enden wollte. Der Schum selbst — er hatte nur einen Streifschuss bekommen und davon macht man in Abessinien nicht viel Aufhebens — und einige Dorfbewohner wurden gefangen fortgeschleppt. Das setzte aber doch dem Ganzen die Krone auf! „Wer hatte denn eigentlich unrecht", fragte ich Schimper, „die Soldaten oder die Bürger?" „Nach deutschen Begriffen", sagte Schimper, „allerdings die Soldaten, aber nach abessinischen die Dorfbewohner, weil sie nicht vorschriftsmässig lieferten und ausserdem sich widersetzten."

Glücklicherweise wurde am folgenden Tage, als wir bei dem Orte Teda lagerten, der Streit in Güte beigelegt. Verwandte kamen und brachten Geschenke, nachträglich auch noch Lieferungen, und so setzte man den Schum und seine Mitbürger wieder in Freiheit. Aber auch in Teda kamen wieder Scenen vor, wie denn überhaupt kein Tag ganz in Friede und Ruhe verging. Die schönen, mit Zwiebeln, Pfeffer, Kürbissen und Rüben bepflanzten Gärten wurden zum Theil ausgeraubt. Diese entsetzliche Soldateska verleidete mir die Reise, welche unter andern Umständen viel angenehmer gewesen wäre.

Wir näherten uns aber nun der alten Kaiserstadt, und innerhalb derselben war ich wenigstens für einige Zeit dem Einflusse des Obersten entzogen. Die Bergketten, welche von Norden her mittels ihrer beiden auseinandergehaltenen Schenkel auf dem Tana-See stehen, und dem dazwischenliegenden Lande den Anschein geben, als ob es selbst einst Seebecken gewesen wäre, ziehen sich nun mehr und mehr zusammen und da, wo sie zusammenstossen, liegt Gondar. Mit welcher Spannung ging ich dieser altehrwürdigen Stadt entgegen! Man steigt immer höher und höher und passirt dann den Magetsch auf einer steinernen fünfbogigen Brücke. Ich erinnerte mich, gelesen zu haben, dass Bruce die Besorgniss hegte, die Pfeiler dieser Brücke könnten von herabgeschwemmten Felsblöcken zerstört werden. Das ist ganz richtig. Aber glücklicherweise hat sich das bisjetzt nicht ereignet. Noch ebenso stolz, wie zuvor, als Sabagadis, jener Städteerbauer, sie mit Hülfe der Portugiesen oder deren Nachkommen errichtete, noch ebenso fest wie Bruce sie gesehen, der darüber hinritt, steht sie heute und wird hoffentlich so bleiben, bis bessere Tage für Abessinien mit einer würdigern Verwendung seiner Kräfte und Hülfsmittel anbrechen.

ZWÖLFTES KAPITEL.

GONDAR IM JAHRE 1881.

Die Lage Gondars. — Theodor plünderte die Stadt. — Ursachen der verminderten Bevölkerung. — Der von der frühern Kaiserfamilie abstammende Knabe. — Milde des Negus Johannes gegen Abkömmlinge vormaliger Kaiserfamilien. — Der Gemp oder das Kaiserschloss. — Der Eremit auf dem Thurm. — Besuch beim obersten Geistlichen. — Theuere Marktpreise. — Gold- und Silberarbeiter. — Sklavenhandel in Abessinien verboten, doch noch betrieben. — Der Vater des Etschege. — Zahl und Beschäftigung der Geistlichen. — Lustschlösser. — Kirchen. — Stadttheil der Falascha oder Juden. — Die Falascha-Missionare. — Die Falascha von den Soldaten geplündert. — Abschied. — Der Mönch.

Gondar liegt auf einem Sporn, welcher aus den gleich nordwärts von der Stadt sich zusammenziehenden Bergketten entspringt. Westlich davon rinnt die Kaha, östlich der Angareb. Beide vereinigen sich am Fusse des Gondarberges zum Kaha-Angareb und gehen dann bald darauf in den Magetsch, dessen aus Lavasteinen erbaute Brücke wir soeben überschritten. Noch erblickt man nichts von der alten Stadt, dann aber plötzlich — man glaubt zu träumen — tauchen Burgen und Schlösser auf, man erblickt crenelirte Mauern, in weiterer Entfernung liegen, versteckt zwischen buschigen Bäumen, Paläste und Kirchen. Ist das

GONDAR MIT DEM GEMP (KAISERSCHLOSS).

S. 252.

eine abessinische Stadt? — Wenn man sonstwo in Abessinien auf eine Stadt oder einen grössern Ort trifft, sieht man weiter nichts als eine Anhäufung spitzdachiger, strohbedeckter, gleichförmiger Hütten. Und daneben oder darüberhin ragt ein grösseres Gebäude mit konischem Dach: es ist die Kirche, die gewöhnlich in einem Hain von Oel- oder Wachholderbäumen liegt. Wie so ganz anders hier! In Gondar herrschte europäischer Einfluss, das merkt man gleich. Freilich, beim Näherkommen wird dieser erste Eindruck abgeschwächt, weil sich nun bald auch die eigentlichen Stadttheile der Eingeborenen herausheben, die man zuerst gar nicht bemerkte oder übersah. Jene auf europäische Art gebauten Burgen und Schlösser bilden einen eigenen, vom übrigen abgesonderten Stadttheil, aber die Spannung bleibt doch, und man beeilt sich mit der Findung des Lagerplatzes, um so bald wie möglich die interessanten Baulichkeiten einer nähern Besichtigung unterwerfen zu können.

Wie immer, so lehnte ich auch diesmal die von den Bewohnern uns angebotene Wohnung ab, obwol sie uns dringender als anderwärts dazu einluden, und am dringendsten der neue Kentiba[1], welcher zugleich mit uns Debra Tabor verliess, wo er einige Tage vor unserer Abreise vom Negus mit der Bürgermeisterei von Gondar belehnt worden war. Ich liess mein Zelt am Westrande der Stadt, aber etwas unterhalb ihres bewohnten Theiles neben dem Flusse Kaha aufschlagen, mit der Aussicht auf die Lustgärten und Bauten Quosquam.

---

[1] Der in jedem Jahre neu ernannte Bürgermeister Gondars, der ehemaligen kaiserlichen Residenz, hat nicht, wie in den übrigen Ortschaften, den Titel Schum, sondern den nur für Gondar geltenden „Kentiba“. Der mit uns gekommene Mekemat Kentiba, ein noch sehr junger, bescheidener, gefälliger Mann, war mütterlicherseits ein entfernter Verwandter des Negus.

Der ganze Morgen ging hin mit Empfang von Besuchen: zuerst kam der Kentiba mit den ältesten Bewohnern, dann die Geistlichkeit von den vielen einzelnen Kirchen, deren jede ihre Vertreter schickte, sodass der Empfang kein Ende nehmen wollte. Auch der Stellvertreter des Etschege erschien und bedankte sich für das rothe Tuch.[1] Alle baten um Entschuldigung, wenn die mir gebührende Lieferung nicht genau käme, aber das war nur eine falsche Bescheidenheit, denn von allen Seiten strömten die Gaben herbei, und da ich keine einzige ohne ein entsprechendes Gegengeschenk annahm, herrschte zwischen uns bald das beste Einvernehmen.

Natürlich hielt ich sobald wie möglich Umschau über eine Stadt, welche wegen ihrer ausgezeichneten Lage sicher dermaleinst wieder eine Rolle spielt.

Gondar liegt nach Bruce[2] auf 12° 34′ 30″ nördl. Br. und 37° 33′ östl. L. von Greenwich.[3] Die Höhe über Massaua beträgt ca. 1904 m, über dem Tana-See ca. 149 m. Die von drei so vorzüglichen Beobachtern verschieden angegebene Breite der Stadt erklärt sich zum Theil vielleicht aus den verschiedenen Standpunkten bei der Beobachtung, denn die Länge von Norden nach dem Süden beträgt mindestens 3 km.

Gondar soll unter Kaiser Fasilidas, welcher von 1633—1668 regierte und als Kaiser den Namen Alem Saged führte, erbaut sein. Wahrscheinlich ist aber Gondar als abessinische Stadt weit älter; nur die grossartigen Bauten: der Gemp, die Lustschlösser und die steinernen Brücken in

---

[1] Ich hatte ihm gar kein rothes Tuch geschenkt, sondern der Negus überwies das ihm von mir gegebene Stück, ca. 40 m, dem Etschege, der es seinen Untergebenen zukommen liess.

[2] Bruce, „Voyage“, I, VI, S. 48, franz. Ausgabe.

[3] Rüppel, II, 431, hat 12° 36′ und 35° 11′ östl. L. von Paris; Heuglin hat 12° 37′ 7″ nördl. Br.

der Nähe der Stadt verdanken ihm ihre Entstehung. Die Einwohnerzahl ist je nach der Anzahl der jedesmaligen Besucher verschieden. Wenn Bruce für Gondar 10000 [1] Familien annimmt, müsste man die Einwohnerzahl mindestens auf 40000 Seelen veranschlagen. Combes und Tamisier geben nur 6000 Einwohner an; Rüppel, welcher etwas früher in Gondar war, 6500, d'Abbadie 12—13000. Heuglin greift wieder auf die Rüppel'sche Zahl zurück und spricht von 6—7000 Seelen. Unter den neuern Reisenden liess sich Vigoni [2] von 8000 Einwohnern erzählen, ohne aber für diese Angabe einstehen zu wollen. Heuglin sagt übrigens in seinem ältern Werke (Gotha 1857): Gondar besitze höchstens 5—6000 Einwohner, dürfe aber vor wenigen

---

[1] Bruce, III, 44.

[2] Bezüglich der Einwohnerzahl fand ich bei der Beschreibung Gondars in Raffray's und Matteucci's Buche über Abessinien eine sonderbare Uebereinstimmung. Das von Raffray erschien zuerst und ist also das ältere. Raffray sagt S. 303: „Les Abyssiniens aiment à représenter surtout Saint-Georges, Saint-Michel et les Miracles de la vierge. Ils ont pour la mère du Christ une dévotion particulière qui se traduit incessamment par de touchantes allégories dans le but de prouver à la fois sa puissance et sa bonté.“ Der Reisende Matteucci übersetzt wörtlich von Raffray ohne Quellenangabe, S. 164, seines Werkes: „Gli Abissini prediligono di figurare sopra tutto S. Giorgio, S. Michele e i prodigi della Vergine. Hanno per la madre di Christo una devozione veramente peculiare, che si risolve sempre in commoventi allegorie allo scopo di segnalare ad un tempo la sua potenza e bontà.“ Aufmerksam gemacht, fand ich noch viele längere Stellen in Matteucci's Buche als wörtliche Uebersetzungen des Raffray'schen, sodass man wol sagen kann: ein einziges Plagiat! Aber derartige Abschreibereien könnte man noch öfter und zwar bei viel berühmtern Reisenden nachweisen, wenn die meisten auch vorsichtshalber andere Worte und Ausdrucksweisen anwenden. Warum aber nicht die Quelle angeben? Ist es denn eine Schande, zu gestehen, dass man dieses oder jenes diesem oder jenem Werke entnommen habe?

Jahren noch mindestens die doppelte Zahl von Einwohnern gehabt haben.

Ich selber versuchte weder die Zählung der Häuser, wie Rüppel, noch die der Familien, wie Bruce. Mein Aufenthalt, der sich kaum auf eine Woche erstreckte, gestattete das nicht. Aber nach häufigen Gängen durch die Stadt, nach Besichtigung aller Stadttheile, kam ich zu der Ueberzeugung, dass Gondar im Jahre 1881 höchstens noch 4000 Einwohner besass, und begründe die Abnahme der so grossen frühern Einwohnerzahl durch den Umstand, dass Gondar nicht ferner Residenz für die Kaiser von Abessinien, die Atseh, und ebenso wenig für die Itegeh, d. h. Kaiserinnen blieb, welche in Gondar Hof zu halten pflegten, falls die Kaiser ins Feld rückten. Zwar verloren die Kaiser in den letzten Jahren mehr und mehr an Ansehen und Reichthum, aber der mit ihrer Person doch immer verbundene Nimbus verfehlte nicht, manche abessinische Familien nach Gondar zu ziehen. Rüppel, d'Abbadie, Tamisier und Combes, welche als letzte Europäer noch den letzten Schattenkaiser besuchten, geben uns in ihren Schilderungen ein treffendes Bild davon. Sodann bewirkten die entsetzlichen, über die Stadt verhängten Heimsuchungen Theodor's die starke Verminderung der Einwohnerzahl Gondars. Nicht nur mordete und schändete er, sondern alles in seinen Augen nur einigermassen Werthvolle schleppte er fort. Gondar, zweimal von Theodor überfallen und gründlich ausgeplündert, verlor, wie man sagt, unter seiner Regierungszeit 5000 Einwohner. Und wenn auch nur die Hälfte der angegebenen Zahl sich bewahrheiten liesse, wie schrecklich für eine Stadt! Bei der Gelegenheit soll Theodor auch sämmtliche Bücher, deren er nur habhaft werden konnte, weggeschleppt haben. So sehr ich auch nach amharischen geschichtlichen Werken in Gondar sowol wie auch später in Axum forschte, wo ich namentlich auf die Chronik fahndete, deren Rüppel im zweiten Bande seines Werkes, S. 108, erwähnt, es gelang mir nur Bücher religiösen Inhaltes ans Tageslicht zu ziehen. Von den vielen Büchern, welche z. B. Combes und Tamisier als vorhanden anführen, war, ausser solchen religiösen Inhalts, kein einziges aufzutreiben. Und sicher hielt sie nicht böser Wille verborgen: mit dem Kentiba und der ganzen Geistlichkeit stand ich ja auf bestem Fuss, wie man mir denn auch Kirchengeräthe verkaufte. Aber auf meine Frage nach Büchern gaben sie stets die Antwort: „Theodor hat alle fortgeschleppt". So auch in Matraḥa. Die werthvollsten abessinischen Bücher befinden sich jetzt wol in London, da den Engländern die ganze Bibliothek Theodor's auf Magdala in die Hände fiel. Wie vieles aber mag bei dieser Gelegenheit zu Grunde gegangen sein, denn die ganze Umgebung von Magdala war beim Rückzug der englischen Truppen mit zerrissenen amharischen Büchern, losen Blättern und Fragmenten überstreut.

Als dritte Ursache der Entvölkerung kann man auch die gewaltsame Bekehrung der Mohammedaner anführen. Der mohammedanische Stadttheil, Islambed genannt, welcher nach Rüppel 300 Häuser enthielt, steht jetzt fast ganz verlassen da. Denn wenn auch ein Theil von den Muselmanen zur christlichen Religion übertrat, so wanderten doch die meisten aus Gondar aus, an welchen die Stadt eine grosse Zahl geschickter Arbeiter verlor. Seuchen, welche gleichfalls in diesem Theile von Abessinien wütheten, trugen auch wol zur Verminderung der Einwohnerzahl bei; kurz, ich glaube mit 4000 die Seelenzahl Gondars sehr hoch angegeben zu haben.

Was weiterhin dem Beobachter bei den Bewohnern von Gondar auffällt, ist die meist vollkommen kaukasische Bildung: sehr viele tragen schlichtes Haar, das sogar nicht einmal die leiseste Kräuselung zeigt. Ich glaube dies direct auf die Portugiesen zurückführen zu müssen. Hier lebten sie ja vorzugsweise und vielleicht im Verhältniss zur abessinischen eingeborenen Einwohnerschaft in grosser Zahl. Kräftig und im besten Alter kamen sie. Und wenn schon die meisten Reisenden und Missionare sich nicht abhalten liessen, mit den jungen schönen Abessinierinnen, die ja so unbefangen ihre Liebe bieten, nähere Verhältnisse einzugehen, die fast nie ohne Folgen blieben, um wie viel mehr ist das von den im Lande bleibenden Portugiesen anzunehmen! Der Einfluss auf körperliche Bildung macht sich auch bis heute noch geltend. Wie viele Jahre sind denn seit jener Zeit verflossen? Etwa zweihundert. Also durch etwa sieben oder acht Generationen hindurch läuft das portugiesische Blut. Einer meiner Diener aus dieser Stadt, Namens Muchenen, sah den Portugiesen so ähnlich, dass ich hätte schwören mögen, sein Urgrossvater sei Portugiese gewesen.

Im übrigen hat sich das Aussehen Gondars, seitdem es die letzten Reisenden beschrieben, wol wenig verändert. Abbadie, Rüppel, Combes und Tamisier sahen und begrüssten noch den letzten Schattenkaiser Atse Sahala Dinguil oder, wie Rüppel schreibt, Aito Saglo Denghel. Der Titel Atse ist augenblicklich in Abessinien erloschen. Es existiren aber noch immer Cognaten der Familie. Ein Knabe von 12—14 Jahren, der Kaiserfamilie entsprossen, besuchte mich zweimal; er brachte auch Geschenke, die ich erwiderte, aber der Aufforderung, seinen Vater zu besuchen, mochte ich nicht nachkommen, um nicht durch meine Aufmerksamkeit den jetzigen Negus Negesti zu verletzen.

Die alte Sitte des Tödtens oder des Einsperrens der nähern und nächsten Verwandten der abessinischen Herrscherfamilie existirt heute nicht mehr. In frühern Jahrhunderten hielt man sie auf irgendeiner Amba gefangen, jetzt lässt man sie leben und laufen. Wir sahen, dass der jetzige Negus Johannes, welcher im günstigsten Falle Cognat der kaiserlichen alten Familie ist, den Menelek von Schoa, der viel grössere Anrechte auf die Stelle eines Atse hätte, nicht nur leben liess, sondern auch aufs neue mit dem Königreich Schoa belehnte. Ja sogar auch der älteste Sohn Theodor's, Meschescha, erhielt die seinem Vater ursprünglich eigene Provinz Quorra zurück. Meschescha fand ich am Hofe des Kaisers, woselbst auch der jüngste erst 15 Jahre alte Sohn des Kaisers Theodor, Namens Heilu, eine prinzliche Stellung einnahm. Die ehemals dem König von Schoa verlobte Tochter Theodor's lebt jetzt verheirathet mit Ras Bariau, dem Statthalter von Schireh. Dieselbe Herrscherfamilie, welche zu Zeiten des Tekla Haimanot die Provinz Lasta erhielt[1], waltet seit der Zeit der Theilung bis heute noch im Ras Gobesieh und Ras Buru-Lande. Uebrigens bewirkt die vermeintliche Abstammung von der alten Salomonischen Dynastie in Abessinien stets Unheil genug. Jeder Prätendent hat nichts Eiligeres zu thun, als sich seinen Stammbaum zurechtzulegen, um seine Ansprüche womöglich in den Augen des dummen Volkes durch eine hundertfältige Ahnenreihe zu legitimiren.

[1] Harris, II, 108, deutsche Ausgabe, sagt: „Die vertriebene Salomonische Linie hatte, reducirt auf die Herrschaft Schoas, ihr altererbtes Gebiet wieder zu erlangen nie den Versuch gemacht. Durch einen jetzt abgeschlossenen Vertrag aber wurde der damals in Schoa herrschende Sekueno Amlak (Syon Amlag) auf seiner Ahnen Thron wieder gesetzt, wobei Naakueto Laab nur die Landschaft Lasta als für ewig unabhängiges Fürstenthum nebst dem goldenen Stuhl, den silbernen Pauken und andern Abzeichen der Königswürde behielt, während ein Dritttheil des gesammten Grundes und Bodens des Reiches dem jeweiligen Primas zur Aufrechthaltung seiner geistlichen Würde und zur Unterhaltung der Geistlichkeit, der Klöster und Kirchen überlassen ward: dies war die sogenannte Zeitrechnung der Theilung.“

Das Verhältniss der Stadt Gondar ist so: der nordwestlichste Theil, Etschegebed, wird westlich von Felaschabed, welches 2 km ausserhalb der eigentlichen Stadt liegt, durch die Kaha getrennt. Das eigentliche Quartier der Bewohner, Farsbed, liegt südlich vom Gemp oder östlich von Etschegebed; südlich von letzterm, aber getrennt davon durch einen grossen unbewohnten Raum, das ehemalige Quartier der Mohammedaner: Islambed; endlich oberhalb des letztern Gaingbed. Auf hügeligem Berge nimmt den nördlichsten und höchsten Punkt der Gemp ein, zwischen welchem und der übrigen Stadt sich ein grosser freier Platz für den Wochenmarkt befindet. Unregelmässig schon wegen der hügeligen Lage, unterscheidet sich die Stadt in ihrem Aeussern durch nichts von den andern grossen Städten des Reichs. Dieselbe Form der Häuser und Kirchen, dieselben krummen Strassen zwischen hohen steinernen Mauern, hinter welchen die runden steinernen Hütten der Bewohner liegen. Doch kann man immerhin in Gondar eine verhältnissmässig grössere Zahl zweistöckiger Hütten finden, die Mauern sind sorgfältiger gearbeitet, und kleine runde Bogenfenster neuern Ursprungs bezeugen, dass die Abessinier das Wölben von den Portugiesen lernten.

Von weitem und von höher gelegenen Punkten sieht Gondar, abgesehen von den wahrhaft grossartigen Ruinen, wirklich reizend aus. Dort die vielen Kirchen in uralten Hainen von Juniperus- und wilden Oelbäumen, und fast in allen Höfen die Uontsa (*cordia habessinica*) oder grosse Sykomoren! Häufig auch lugen über die mit Rankgewächsen und anderm Grün umsponnenen Mauern Mandeln-, Granaten-, Citronenbäume und Schambukgebüsch (*Arundo Donax*), jenes dem Spanischen Rohr ähnliche Gras.

Die meisten Reisenden machen der eigentlichen Stadt, welche am höchsten liegt, den Mangel an Wasser zum Vorwurf. Gondar hat allerdings oben keinen Brunnen,

KAISERLICHES GEBÄUDE IN GONDAR.

THEILE DES GEMP MIT VERZIERUNGEN, WIE SIE HIER UND DA IN STEIN ERHALTEN SIND.

S. 260.

aber zu beiden Seiten der Stadt fliesst Wasser, und je nördlicher, desto näher ist man demselben. Wir campirten weit nach Norden, aber südwestlich vom Gemp, und gleich zu unsern Füssen floss der Kahafluss, aus welchem man fleissig oberhalb Trinkwasser schöpfte, während ihn unterhalb waschende Männer benutzten.

Unser erster Gang galt natürlich dem berühmten Kaiserschlosse, dem schon mehrfach erwähnten Gemp, welchen englische und deutsche Reisende so oft und ausführlich beschrieben, dass eine Wiederholung überflüssig sein möchte. Trotzdem Theodor einigemal im Gemp residirte, kann jetzt von Wohnbarkeit keine Rede mehr sein. Rüppel, Combes, Tamisier fanden doch noch einige bewohnte Gemächer, in welchen der letzte, in nothdürftige Lumpen gehüllte Atse ihnen Audienz ertheilte. Jetzt könnte man kaum noch gegen die Unbilden des Wetters irgendeinen sichern Platz darin finden. Dennoch erregen die wirklich grossartigen Ruinen unser Erstaunen. Von weitem gesehen, macht der Gemp mit den ihn umgebenden, oft 10 m hohen crenelirten Mauern den Eindruck jener alten genuesischen und venetianischen Schlösser, wie man sie im Orient überhaupt und ebenso an der istrischen und spanischen Küste sieht, wenn man von Barcelona südwärts mit dem Dampfer bis Cartagena oder Valencia fährt.

Durch einen hohen gewölbten Bogengang in der Mauer betritt man den grossen gepflasterten Hofraum: eine sonst in Abessinien unbekannte Sache, wenn man absieht von der grossen Plattform vor der Kirche von Aksum. Die Mauern des eigentlichen kaiserlichen Palastes sind gut erhalten, da das Gestein aus Basalt und nur die Fenstereinfassung aus Sandstein besteht, der, wie Heuglin meint, aus Korata stammt. Aber wie traurig sieht es im Innern aus! Die grossen Säle mit ihren Decken in Stucco sind halb verfallen; die geschwärzten Kamine, die Nischen, die alkovenartigen Oeffnungen: alles das lässt wol noch die ehemalige Bestimmung erkennen, ist aber jetzt ganz unbenutzbar. Die Fussböden mancher Zimmer sind jetzt mit Lebensgefahr zu begehen: der Regen hat den Mosaikboden, der darauf ruhte, aufgeweicht, und oft gähnt uns durch ein grosses Loch die darunterliegende Halle entgegen. Die steinernen Treppen zu den Thürmen hinauf, deren massiv cementirte Kuppeln crenelirte Umgänge haben, sind gut erhalten. Auf einem der Thürme fanden wir im obersten Gemach einen Eremiten, welcher, wie er angab, seit zwölf Jahren nicht aus seiner Behausung herauskam. Seine Nahrung, ausschliesslich Brot und Wasser, brachten ihm die Bewohner Gondars und der Umgegend: ein grosser Haufen Brot sowie ein Napf klaren Wassers gaben Zeugniss davon. Seine ganze Kleidung bestand in einem ledernen Hemde. Dazu ein grosser Stab, um Fledermäuse und andere lästige Thiere fern zu halten, ein Rosenkranz und ein Messingkreuz: das war das ganze Geräth dieses sonderbaren Heiligen. Er starrte von Schmuz, denn natürlich hatte er sich seit zwölf Jahren nicht gewaschen, was seine Heiligkeit in den Augen der Abessinier besonders hervorhob.

Welch eine wunderbare Fernsicht von diesem Thurme herab! Ich glaube, kaum von einem Schlosse in Europa gibt es eine schönere. Vollkommen begreiflich, dass hier thatkräftige Kaiser ihr Schloss erbauten. Zu unsern Füssen die ausgedehnte Stadt; dann nach Süden der Blick über die fruchtbarsten Gefilde von Dembea, die sich immer mehr erweitern und auf den herrlichen Tana-See auslaufen, den man am Horizont hell erglitzern sieht.

Besonders interessirten mich am Boden der verschiedenen Säle die Verzierungen, welche meistens an maurische Architektur erinnerten. Stets wiederholte sich im Stucco das sogenannte Siegel Salomonis, offenbar eine Anspielung auf die Abstammung der Dynastie von Salomo, denn an einen wirklichen Zusammenhang mit maurischer Architektur kann nicht gedacht werden. Das oft angebrachte Kreuz sah man sowol in Stucco als auch auf den äussern Gebäuden in Stein ausgehauen. Auch fehlte im Relief der abessinische Löwe nicht, ganz so, wie man ihn in den Siegeln der Negusse eingeschnitten findet.

Betrachtet man bei der Durchwanderung diesen Palast mit seinen grossen Sälen, Corridoren, Galerien und Kellern, mit den wohlerhaltenen steinernen und halbverfallenen hölzernen Treppen, mit den hohen, stets glasfensterlosen Rundbogenöffnungen, vor welchen aber noch halbvermoderte Holzläden in den verrosteten Angeln hin und her klappern, so konnte man sich trauriger Gedanken nicht entschlagen. Aber die nicht gänzliche Ruinhaftigkeit des Gemp berechtigt zu der Hoffnung, dass dereinst irgendeinem starken Geiste die Wiederaufrichtung Gondars, des Gemp und des ganzen abessinischen Reiches gelingen werde.

Dieser grosse Palast ist keineswegs das einzige Gebäude in dem weitläufigen, von der Mauer umgebenen Hofraume. Nordwestlich erhebt sich, nur kleiner, aber ebenfalls mit flachem Dach und von Thürmen flankirt, ein Ebenbild des grossen Palastes, bestimmt für den Ras, welcher, obschon in Wirklichkeit der Herrscher von Abessinien, äusserlich dem Kaiser nachstand. Der dicht neben dem Palaste des Kaisers befindliche, durch eine Brücke damit verbundene Palast der Kaiserin verdient auch Beachtung. Einen kleinen, zierlichen, pavillonartigen Bau bezeichnete unser Gondarensischer Führer als „Liebeshaus", in welchem sich die Geliebten der frühern Kaiser aufhielten.

Im innern Hofe des Gemp sieht es entsetzlich verwildert aus: überall fast undurchdringliche Dickichte von Ricinus, Schambuk (*Arundo Donax*) und Schlingpflanzen, durch die sich Hyänen und andere Raubthiere enge Pfade zu ihren Höhlen in den dunkeln Gewölben bahnten. Man darf daher ja nicht allein und unbewaffnet im Gemp umherwandeln. Wie unser Führer versicherte, sind häufig schon Kinder, welche sich zum Spielen dorthin begaben, nicht zurückgekehrt.

Auch die von Heuglin schon erwähnten schönen und jetzt prächtig entfalteten Dracänen fanden wir in den Hofräumen des Gemp.

Natürlich machten wir auch dem obersten Geistlichen der Stadt einen Besuch. Seine Wohnung liegt jetzt auf dem höchsten Punkte inmitten Islambeds. Aber für einen so wichtigen Mann, mindestens ein Bischof an Rang, war sein Haus dürftig und arm eingerichtet. Der hohe Geistliche hatte gerade einen Ochsen abschlachten lassen, weshalb wir eine Zeit lang im Hofe warten mussten und zusehen konnten, wie die untere Geistlichkeit seines Sprengels, welche zugleich bei ihm Dienerstelle vertrat, Brondo ass. Zufällig bemerkte ich auch durch die Thür, wie der hohe Würdenträger selbst seine Mahlzeit einnahm, wobei zwei andere Geistliche ihm ihre Schama überbreiteten[1],

---

[1] Es ist eine eigenthümliche Sitte in Abessinien, dass die Leute, wenn sie essen, trinken oder auch auf freiem Felde ihre Nothdurft verrichten, sich von andern eine Schama, eine Decke oder irgendein Tuch oder Kleidungsstück überhalten lassen. Viele behaupten, es geschähe das, um den bösen Blick, den Blick des Neides von sich abzuwehren. Ich glaube aber, dass das Ueberhalten eines Tuches beim Essen deshalb geschieht, um nicht andere einzuladen zu brauchen. Meine Diener, stets 50 an Zahl, assen partienweise. Vor dem Beginn der Mahlzeiten krochen jedesmal acht oder zehn, welche eine Essgenossenschaft bildeten, unter eine Schama. Thaten sie es nicht, was auch wol vorkam, wenn die Sache Eile hatte, dann hielten sie sich stets verpflichtet, zufällig Nahekommende zur Theilnahme an ihrem Gerichte aufzufordern. Und was das Bedecken eines die Nothdurft Verrichtenden anbetrifft — es handelt sich selbstverständlich

damit er von niemand gesehen werde. Wir wurden recht freundlich aufgenommen und dann über eine steinerne Treppe ins obere Haus geführt. Die Bewirthung beschränkte sich, wie fast überall in Gondar, auf Schnaps von sehr zweifelhafter Güte, ja, von fuseligem Geschmack. Die, wie gesagt, nicht besondere Wohnung bestand aus einem Erdgeschoss, in das man nachts Vieh hineintreibt, und einer obern Abtheilung, welche eigentlich nur einen grossen Raum bildet, denn die von derselben ausgehenden kleinern Räumlichkeiten sind so klein, dass sie zum Wohnen nicht benutzt werden können. Dem sofort eröffneten religiösen Gespräch suchte ich mich dadurch zu entziehen, dass ich durch Schimper erklären liess, ich verstände absolut nichts von solchen Dingen. Und als er dennoch immer wieder darauf zurückkam und namentlich meine Meinung über die Jungfrau Maria wissen wollte, machte ich der Sache dadurch ein Ende, dass ich mich erhob und verabschiedete.

Beim Durchreiten des ehemaligen mohammedanischen Stadttheils gewährten die vielen leerstehenden Wohnungen, trotz der kurzen herrenlosen Zeit schon wahre Ruinen, einen trostlosen Eindruck. Noch trauriger sehen aber die leerstehenden oder vielmehr verwaisten Moscheen aus, welche der Pöbel zum Theil demolirt zu haben schien, denn durch grosse Maueröffnungen konnte man in das Innere derselben hineinsehen.

Ich ritt sodann zum Kentiba, welcher in dem vornehmen Gaingbed seine Amtswohnung hat. Aber trotzdem sie vorher, wie Schimper sagte, eigens gereinigt worden

---

nur um Vornehme — so glaube ich dies nur auf Schicklichkeitsgefühl zurückführen zu müssen. In Tafilet beobachtete ich eine ähnliche Sitte: am Markttage drehten alle, welche eine Speisebude betraten, das Gesicht der Wand und den Rücken dem Eingange zu, und in dieser Stellung assen sie. Offenbar auch nur, um nicht zufällig Hereintretende auffordern zu müssen, am Essen theilzunehmen.

war, roch es darin von wahrhaft schauderhaften Dünsten. Auf dem Raume zwischen dem Gemp und Gaingbed hielt man gerade grossen Markt, den wir mit allem zum Leben Nothwendigen sehr gut versehen fanden. Sogar europäische Gegenstände konnte man erhalten, aber zu fabelhaften Preisen. So kostete ein gewöhnlicher Spülkump von weissglasirtem Steingut, wie man ihn in Deutschland und England für 10—15 Pfennig kauft, einen Maria-Theresienthaler, d. h. vier Mark. In demselben Verhältniss theuer waren die sogenannten Beril, d. h. bauchigen Flaschen, aus denen man Tetsch trinkt, Gläser und leere Weinflaschen, sowie andere nicht in Abessinien vorkommende Gegenstände. Ausserdem gab es kleine Spiegel, bunte Taschentücher, weissen, rothen und schwarzen Zwirn, rothes Garn, Knöpfe, Glasperlen verschiedenster Art, meist für die Gallaländer bestimmt. In den Häusern selbst boten aber auch Kaufleute Tuch, Kattun, Sammt und Seide feil. Die Gold- und Silberarbeiter sind meist eingewanderte Griechen oder Mohammedaner, welche in Abessinien Christen wurden oder werden mussten. Ihre Schmucksachen aus Silber oder vergoldetem Silberfiligran würden jedem europäischen Goldschmied zur Ehre gereichen. Ich kaufte kleine Haarnadeln und Silberkettchen mit Medaillons, die manchmal in Gestalt reizender Büchsen oder Rollen Amulette oder Moschus enthalten, welcher bei den Abessiniern beliebt ist.

Die Abessinier, gleichgültig ob christlicher oder mohammedanischer Abstammung, verstehen schon längst die Kunst des Vergoldens. Sie amalgamiren Quecksilber mit Gold, reiben damit das Silber ein und verflüchtigen dann das Quecksilber durch Feuer. Ueberhaupt haben sie in Gold- und Silberarbeiten von allen afrikanischen Völkern, selbst Araber und Berber nicht ausgenommen, den höchsten Grad der Kunst erreicht.

Aeusserst billig waren auf dem Markte die heimischen Producte. Der Thaler hatte hier einen Werth von zwanzig Amolen. Ein gutes Pferd konnte man für sechs bis acht Thaler, ein gutes Rind für drei bis vier Thaler bekommen. Der Kaffee war ebenso billig wie in Debra Tabor, desgleichen Mehl, Getreide, Zwiebeln, Knoblauch, rother Pfeffer. Auf meine Frage, ob man auch Sklaven kaufen könne, erhielt ich eine verneinende Antwort. Der jetzige Negus Negesti verbot den Sklavenhandel im Umfang seines ganzen Reiches, gleichwol betreibt man ihn in Godjam und Schoa wenigstens mit Mohammedanern und Heiden noch öffentlich. Ja, man sagte mir, dass selbst Johannes nach grossen Raubzügen ein Auge zuzudrücken pflege, wenn seine Soldaten von den geraubten Frauen und Kindern welche verkaufen, nur dürfen es keine Christen sein. Männer werden stets entmannt und getödtet. Der fortwährende Sklavenhandel auf der ägyptischen Grenze ist eine bekannte Thatsache. Die ägyptischen Soldaten verkaufen ihre gefangenen hübschen Abessinierinnen oder heirathen sie bestenfalls, stets aber müssen diese zum Islam übertreten. Viel häufiger noch fallen mohammedanische Civilisten, welche den immerwährenden Kriegszustand benutzen, auf abessinisches Gebiet ein, um zu plündern und Gefangene zu machen, die sie verkaufen. Die englische Jagdgesellschaft, welche 1881 aus Bogos und Mensa zurückkam, traf unterwegs eine ganze Karavane gefesselter abessinischer Sklaven. Dass von Suakin Sklaven ausgeführt werden, erwähnte ich bereits. Es ist auch ganz unmöglich, die weite ägyptische Grenze zu überwachen. Die ägyptische Regierung möchte den Sklavenhandel gern abschaffen, kann es aber nicht. Das ganze, durch die mohammedanische Religion aufs innigste mit dem Wesen der Sklaverei verwachsene Volk hält diese für gesetzlich.

Anerkennen muss man aber doch immer, dass sowol

Theodor, dieser auf Plowden's und Bell's Zureden, wie auch später Johannes den Sklavenhandel verbot. Anzuerkennen deshalb, weil bei den Christen Abessiniens Neues und Altes Testament in gleicher Geltung steht, in letzterm aber genug Stellen vorkommen, aus denen mit Leichtigkeit Sklavenhalten und Sklavenverkauf als vollkommen erlaubte Dinge nachgewiesen werden können.

Ich besuchte auch den ehrwürdigen Vater des Etschege. Obschon ohne officielle Stellung und nicht einmal Geistlicher, bewohnt er eine schöne Wohnung in Etschegebed, eigentlich die einzige in Gondar reinlich gehaltene, in der sich auch etwas Luxus entfaltete. Der alte Mann vereinte viel Wohlwollen mit Wissen, und eine gewisse Herzensgüte leuchtete von seinem Antlitz. Sein Sohn, damals oberster Geistlicher im Reich, war sein Abgott. „Ich bete täglich, dass es ihm gelinge, den Kaiser von Raubzügen abzuhalten und zu veranlassen, dass er sich eine feste Wohnstätte wähle. So lange keine feste Residenz, so lange kein Friede im Lande!“ fügte er nach einer Weile hinzu. Ich hütete mich wohl, irgendwie eine Meinung zu äussern, obwol ich innerlich aus vollem Herzen zustimmte. Denn eine feste Residenz würde den Negus nöthigen, seine Einkünfte zu regeln, seine Truppen, seine Beamten zu besolden. Dann endlich wäre das Land vor jenen Raubzügen sicher, welche jetzt unternommen werden müssen, um die Truppen zu ernähren.

Auch der Vater des Etschege liess uns Schnaps darbieten, den wir nicht ausschlagen durften. Man trank ihn aus kleinen Kaffeeschalen, zuvor aber musste der Diener einige Tropfen davon kosten, um an den Tag zu legen, dass kein Gift darin sei.

Nach der Aussage der Bewohner hat Gondar vierzig Kirchen. Die Zahl der Geistlichen ist Legion. Ob sie aber 1200 beträgt, wie Heuglin will, wage ich nicht zu behaupten. Man nannte mir einige hundert. Aber das ist für eine Stadt von höchstens 4000 Seelen schon zu viel. Man sollte meinen, in Abessinien seien die Geistlichen ohne alle Beschäftigung, aber das ist keineswegs der Fall: nicht selten Meister der Kalligraphie, stellen sie auf Pergament geschriebene Prachtwerke mit schön ausgemalten Anfangsbuchstaben her. Uebrigens malen sie auch alle Bilder: kleinere auf 20 cm langen oder grössere auf 3—4 m langen und nur 10 cm breiten Pergamentstreifen, wo Bibelsprüche mit scenischen Darstellungen abwechseln. Dann die grossen Kirchenbilder. Ebenso verfertigen sie jene Andachtskrücken, deren sich stets alle abessinischen Geistlichen, auch Mönche und Nonnen, bedienen, zu welchen ihnen Goldschmiede die eisernen, messingenen, silbernen und goldenen Kreuze liefern. Ferner die höchst originell gearbeiteten Lesepulte, welche gewöhnlich aus einem Spiess bestehen, den man auf Pilgerreisen als Waffe brauchen kann. Will man ihn als Pult benutzen, so steckt man die eiserne Spitze in die Erde und befestigt ein Pult daran, mit Bleikugeln an zwei Schnuren, die man auf die Seiten des Buches legt, damit sie der Wind nicht umweht.

Wie zur Zeit der frühern Kaiser ist Gondar auch jetzt noch immer Mittelpunkt der Kunst und Wissenschaft, wenn von letzterer die Rede sein kann. Hier erhalten die meisten Geistlichen und zahlreicher als in Aksum, ihre Ausbildung, auch Laien. Namentlich kommen die Söhne vornehmer Familien nach Gondar, um lesen und schreiben zu lernen.

Wie schon erwähnt, werden hier die hauptsächlichsten Gold- und Silbersachen hergestellt. Aber auch solche von Horn, namentlich die Trinkbecher. Dann musikalische Instrumente, Kirchengefässe, prächtige Sattel für Pferde und Maulthiere, und nirgends kunst- und prachtvoller.

Nichts gibt aber dem Fremden einen bessern Begriff

von dem ehemaligen Glanze und der Pracht, welche an den Höfen der frühern äthiopischen Kaiser geherrscht haben muss, als ein Besuch der ausserhalb der Stadt zerstreut liegenden Lustschlösser.

Verlässt man Gondar westwärts, so trifft man zuerst auf ein längliches Viereck hoher steinerner Mauern mit Schiesscharten und an den Ecken mit Thürmen, von denen einige mit Thüren versehen sind. Südlich bemerken wir eine grosse Bresche und ein offenes Thor von niedrigen Verhältnissen, nördlich den Haupteingang durch ein besonderes Gebäude hindurch. Von dem eigentlichen Schloss sieht man von aussen gar nichts, denn ein einziger dichter Wald prachtvoller uralter Wachholderbäume ragt über den Mauern hervor. Es ist dies das vom Kaiser Jasu Berhan Saged erbaute Lustschloss, welches Heuglin merkwürdigerweise als eine von Fasilidas erbaute Kirche bezeichnet. Das Schloss, Namens Kaha-Mankil, hatte wahrscheinlich wie in Kassel das Marmorbad dieselbe Bestimmung. Nur ist die Anlage ganz anders. Inmitten des herrlichen Gartens grub man ein grosses ca. 3 m tiefes Becken und darin auf steinernen Säulen und Bogen erbaute man ein wie der Garten längliches Haus mit zwei Zimmern, also mit derselben Anordnung, wie das vom jetzigen Kaiser auf Samara in Debra Tabor errichtete. Das Ganze ist Ruine, aber nicht dergestalt, dass es nicht mit einigem Aufwand vollkommen wiederhergestellt werden könnte. Eine Brücke, welche zum Hause führt, ist noch vorhanden. Selbst die Wasserleitung, um das Becken zu speisen, existirt noch. Sie kommt aus der unfern vorbeifliessenden Kaha, welche diesem Lustschloss den Namen gab und speiste ausserdem noch zwei grosse massiv aufgeführte Badestuben, die jedoch jetzt vollkommen Ruine sind.

Noch vor dem Betreten dieses reizenden Lustgartens bemerkt man an der nordöstlichen Ecke des Gartens einen

QUOSQUAM, RUINE DES KAISERLICHEN LUSTSCHLOSSES.

MIT ORNAMENTEN IN VERGRÖSSERTEM MASSSTABE.

S. 271.

kleinen Dom, welcher in seinem Aeussern sehr an die bekannten „Marabuts“, d. h. Kuppelbauten Nordafrikas erinnert. Angeblich soll der Kaiser Kaleb hier sein Pferd begraben haben.

Noch malerischer liegt hier das Lustschloss Koskam oder Quosquam [1], wie ich es aussprechen hörte. Man erblickt es schon von Kaha-Mankil aus. Hoch oben auf den Bergen liegt es, reizend von Waldung umgeben, auf dem Berge selbst stehen schöne Schirm-Akazien. Auch hier umschliesst es eine Mauer, jedoch mit ebenso vielen Breschen als heilen Stellen. Zuerst gelangt man auf eine grosse Plattform, mit herrlicher Aussicht auf Gondar, auf den im Wiesenthal so reizend eingebetteten Kaha-Mankil und endlich nach Süden zu auf den silbernen Tana-See. Die mit grossen Steinplatten belegte Plattform hat Platz für mehrere hundert Menschen. Will man nun durch ein grosses Thor zwischen zwei hohen Thürmen von ungleicher Dicke das Hauptgebäude betreten, so gähnt einem schon nach einigen Schritten ein verödeter Raum mit eingefallenem Dach und dem zertrümmerten Gebälk des ersten Stockwerks entgegen. Wahrscheinlich verursachte ein Brand den Ruin des ungefähr 50 m langen und 20 m breiten Baues. Mittels einer steinernen Treppe gelangt man auf den dickern Thurm und oben in ein gewölbtes Zimmer, vor welchem sich über dem Portal ein betretbarer Balkon befindet. Ohne Zweifel fand der Brand schon vor Jahren statt, da jetzt im Innern des Baues grosse Bäume wachsen. Hier aber und zwar als Gast der Iteghe [2], deren Sommerresidenz dieses Schloss war, lebte längere Zeit Bruce, welcher uns in ergreifenden Worten die Demüthigungen schildert,

---

[1] Bruce schreibt: Coscam; Rüppel: Koskam; Heuglin: Qosquam; Raffrai: Kouskouam u. s. w.

[2] Kaiserin.

welche während seiner Anwesenheit sich der regierende Atse musste gefallen lassen.

Südlich von diesem grossen Gebäude stehen noch die Ruinen eines Rondels, worüber Heuglin (S. 218 seiner „Reise nach Abessinien“, Jena 1868) sagt: „In einem auf Bogen ruhenden grössern Hause, etwas südlich von dem Lustschlosse und östlich von der Kirche, wohnt ein Nachkomme der alten abessinischen Dynastie, den ich schon vor Jahren hier kennen lernte. Er heisst Asfa Wosen und lebt ziemlich zurückgezogen von bescheidenen Einkünften. Seine Wohnung besteht in einem niedrigen runden Thurm aus zwei Stockwerken, mit grossem Strohdach. Um die ganze obere Etage führt ein offener Gang, in den Zimmern prangen noch spärliche Reste aus vergangenen bessern Zeiten, seidene Tapeten mit metallenen Stiften verziert, glasirte Ziegel mit Arabesken und Bildern und einige alte Oelgemälde, sowol Porträts als Thierbilder, offenbar von einem europäischen Künstler in Abessinien gefertigt.“

Von alledem ist, abgesehen von den nackten Wänden der Zimmer, an welchen man allerdings noch Spuren ehemaliger Tapeten bemerkt, nichts, gar nichts mehr übrig. Unheimlich starrt dieses einst so reizende Häuschen mit seiner Leere gen Himmel. Dass aber dort vormals eine gewisse Pracht herrschte, wissen wir aus der Beschreibung Bruce's, welcher unter andern von den grossen venetianischen Spiegeln des kaiserlichen Empfangssaals spricht.

Weiter nach hinten, aber noch innerhalb der Ringmauer, liegt die grosse Kirche von Quosquam. Wie alle abessinischen Kirchen gebaut, zeichnet sich diese durch ihre besondere Grösse aus und soll vordem durch die zu ihr gehörenden Ortschaften sehr reich gewesen sein, die man ihr jetzt zurückgab, aber ohne die kostbaren Gefässe aus Edelmetall, ohne die Kronen ehemaliger Könige, ohne die grosse Bibliothek.[1] Alles das schleppte Theodor fort, wenn es nicht schon theilweise vorher bei andern Wirren und Plünderungen verloren ging.

Auf eine der übrigen Kirchen Gondars, obschon ich die meisten besuchte, hier näher einzugehen, gewährt kein Interesse. Alle zeigen ungefähr dieselbe Fassung. Erwähnen will ich blos noch: nur zwei Kirchen haben Glocken, von welchen die holländische Regierung im vorigen Jahrhundert der abessinischen zwei zum Geschenk machte. Einige Kirchen weisen auf portugiesischen Ursprung.

Selbstverständlich besuchten wir auch den Stadttheil Falaschabed, welcher auf dem rechten Ufer der Kaha liegt, also eigentlich gar nicht zu Gondar gehört. Einen Ausbruch von Fanatismus fürchtend, nahm ich einige zwanzig Soldaten Bedeckung mit, aber das wäre kaum nöthig gewesen, so demüthig zuvorkommend, aber zugleich auch so zurückhaltend fand ich die Bewohner. Die Kenner abessinischer Literatur wissen, dass die Falascha die abessinischen Juden sind. Man hat viel über ihr Herkommen geschrieben, aber es ist wol kein Zweifel, dass sie eines Stammes mit den übrigen Abessiniern sind. Dasselbe Aeussere, dieselbe Kopfbildung, dieselbe Hautfarbe; sie unterscheiden sich nur durch ihre Sprache, indem die meisten den Quorra-Dialekt, die bei Gondar Wohnenden aber auch Amharisch sprechen. Juden sind sie unzweifelhaft, obwol sie von den andern Juden der Welt sehr abweichen. Zwar fussen sie, wenigstens zum Theil, auf dem

---

[1] Im Grabgewölbe, welches früher die kostbaren Handschriften barg, entdeckte ich zwei Metallsärge, welche Gebeine der Kaiser enthalten sollten. Auch befand sich darin ein schöner, reich mit Elfenbein und Perlmutter ausgelegter Stuhl oder Thron eines Atse.

Alten Testament; sie regeln ihr Leben nach den zehn und übrigen Geboten Moses'; aber sie glauben an kein Wiedererscheinen des Messias; sie wissen nichts von der Babylonischen Gefangenschaft, was schon für das Alter ihrer Religion spricht; sie haben keine Kenntniss von der Existenz des Talmud; sie stehen ausser der Gemeinschaft mit den eigentlichen Juden. Gerade so auch die Juden von Draa und Tafilet. Nimmt man an, dass alle Abessinier ursprünglich aus Arabien stammen; dass sie dort schon in frühester Zeit den mosaischen Glauben annahmen; hierauf nach Afrika, nach ihrem jetzigen Stammland Abessinien zogen und daselbst wohnen blieben; dass also sämmtliche Abessinier einst jüdischen oder, besser gesagt, mosaischen Glaubens waren; dass die Mehrzahl derselben im 4. Jahrhundert zur christlichen Lehre übertrat, ein kleiner Rest aber mosaisch blieb: dann haben wir die einfachste Lösung über Herkunft und Abstammung jenes interessanten jüdischen Bruchtheils.

Am Abend nach meinem Besuche in Falaschabed überraschten Schimper zwei Falascha-Missionare, welche über Metemmeh ins Land kamen, nachdem sie vorher von Massaua in Aethiopien einzudringen versuchten. Von da kamen sie aber nur bis Tsatsega, denn Ras Alula liess sie in Ketten legen und einkerkern. Vielleicht sässen sie noch in Gefangenschaft, wenn nicht Schimper dorthin kam, dessen Fürsprache ihre Freiheit bewirkte. Sie sprachen etwas Englisch und Deutsch und waren europäisch gekleidet. Sie wollten nach Debra Tabor, um sich vom Negus die Erlaubniss zur Bekehrung der Falascha zu erbitten. Ich rieth ihnen davon ab, als sie mich bei meiner Abreise von Gondar begrüssten: ich kannte die Gesinnungen des Negus Negesti in Betreff solcher Bekehrungen genau.

Trotzdem verschiedene deutsche Missionare über ihre Reisen zu den Falascha eigene Schriften veröffentlichten, z. B. Stern, Rosenthal und besonders Flad[1], so ist doch manches Irrthümliche über die abessinischen Juden verbreitet. So behaupten die meisten, sie gingen unbewaffnet. Aber es kamen verschiedenemal Falascha zu mir, um Töpfe oder andere Sachen zu verkaufen, und stets waren sie bewaffnet. Es geht hieraus schon hervor, dass sie Handel treiben, obwol man abermals behauptete, dass sie den Handel als mit ihrer Religion nicht verträglich verabscheuten. Die Falascha kleiden sich ebenso wie die abessinischen Christen und haben mit diesen hinsichtlich der Speisevorschriften u. s. w. eine grössere Verwandtschaft, als man nach den bisherigen Berichten über sie annehmen möchte. Man muss nur immer festhalten, dass die christlichen Monophysiten Abessiniens ebenfalls alle Satzungen des Alten Testaments als zu Recht bestehend betrachten. Was ihren Fanatismus anbetrifft, so dürfte derselbe kaum den der abessinischen Christen übersteigen, und ebenso wenig wie diese sind sie mit der hebräischen Sprache bekannt. Ihre mit den abessinischen Christen gemeinsame Sprache ist das Gees[2] (auch Ghez,

---

[1] Flad hat ein anziehendes Büchlein veröffentlicht: „Kurze Schilderung der bisher fast unbekannten abessinischen Juden (Falascha).“ (Kornthal bei Stuttgart 1869.) Stern publicirte: „Wanderings among the Falaschas.“

[2] Es ist bezeichnend, dass alle monotheistischen Religionen eine sogenannte heilige, nur von der Priesterschaft verstandene Sprache haben: die Abessinier ihr Gees oder Gheez, heute eine todte, selbst den meisten Priestern unverständliche, rein mechanisch von ihnen erlernte und von Mosaisten und Christen angewandte Sprache. Sagt man: „Aber du verstehst ja gar nicht, was du betest“, so wird beständig geantwortet: „Das ist auch nicht nöthig, der liebe Gott hört es und versteht es.“ Die Mohammedaner bedienen

Gheez u. s. w. geschrieben). Wären sie echte Juden, müssten sie alle Schriften des Alten Testaments besitzen und Hebräisch sprechen können, denn bei den Juden ist das Hebräische die heilige Sprache; der echte Jude darf nur das Alte Testament im hebräischen Text lesen und nur auf Hebräisch beten. Für die abessinischen Mosaisten ist aber Gees die heilige Sprache.

Möglich, dass die Falascha von Gondar keine regelrechte Kirche besassen. Zwar die Missionare beschrieben sie als eine aus drei Abtheilungen bestehende, den christlichen Kirchen ähnliche. Aber das mir gezeigte gottesdienstliche Gebäude hatte gar keine Aehnlichkeit damit, es glich eher einer mohammedanischen Moschee: länglich-viereckig aus Stein gebaut, mit nur einer Thür, ihr gegenüber eine Art hölzerner, durchaus mit Matten belegter Tisch (Altar), auf welchem ein grosser, wie es schien, aus Bronze verfertigter Leuchter stand, mit je drei Armen und einem Arm in der Mitte, wie er im Buche Mosis beschrieben wird. Ich war wol der erste Christ, dem sie gutwillig einen Einblick in ihre Kirche gestatteten. Ebenso freundlich und gefällig wie die übrigen Abessinier, kamen sie, mit ihrem Schum an der Spitze, um mich zu begrüssen. Als ich aber Miene machte, ihre Kirche zu betreten, baten sie mich, davon abzustehen, auch von dem Besuche ihrer Häuser, „sie würden sie sonst nicht wieder bewohnen können“. All diesen Unsinn äusserten sie so freundlich

---

sich des Arabischen, aber mindestens zwei Drittel der Muselmanen verstehen nicht Arabisch. Für die Juden gilt das Hebräische als heilige Sprache, aber wer von englischen, französischen, deutschen u. s. w. Laien-Juden versteht heute Hebräisch? Die Christen hatten und haben zum Theil noch die lateinische Sprache, bis Luther den Bann brach und allen Völkern ihre Muttersprache für die Anbetung Gottes empfahl.

und liebenswürdig, dass ich selbstverständlich meine Bitte durchaus nicht wiederholte, obschon es nur eines Winkes bedurfte, um sie durch die Soldaten mit Gewalt zu erzwingen. Nachdem ich noch einige hübsche Silberkettchen von ihnen gekauft, schied ich in bester Freundschaft. Als sie jedoch hinter mir her mit Wasser (wahrscheinlich geweihtem) sprengten, um ihr Dorf von der Anwesenheit eines Ungläubigen oder so vieler Ungläubigen zu reinigen, musste ich die Soldaten zurückhalten, welche sich auf sie stürzen wollten, um sie „für diese Unverschämtheit", wie sie sich ausdrückten, zu züchtigen.

Aber unverschämt waren nicht sie, sondern die Soldaten. Ich erhielt in Gondar nicht nur die gesetzlichen Lieferungen in reichlichem Maasse, sondern auch von allen Seiten viele Geschenke. Ausserdem kaufte ich täglich Bier, Tetsch und sogar Schnaps, welchen die Frau eines ehemaligen Missionars, Namens Meier oder Obermeier, gut zu destilliren verstand, um meine ganze Begleiterschaft an Ruhetagen bewirthen zu können. Sogar die anspruchsvollen Damen meines Gefolges zeigten sich in Gondar zufrieden. Die Soldaten aber ergossen sich über die ganze Stadt. Gleich am ersten Tage liess mir ein hoher Geistlicher sagen, dass sie sogar in Etschegebed eingedrungen wären, um ein Haus zu plündern. Offenbar geschah die Beschädigung dieses für unverletzlich gehaltenen Stadttheiles aus Unkenntniss. Ich beeilte mich, der geplünderten Familie ihren Verlust zu ersetzen.

Aber bald nach meinem Besuche der Falascha, als ich mich bei eintretender Nacht bereits zurückgezogen, stürzte Schimper in mein Zelt mit dem Rufe: „Die Soldaten morden und plündern die Falascha!" In der That ertönte aus hundert Kehlen ein markdurchdringendes Geschrei. Bald darauf fielen Schüsse. Zwei Häuser standen in Flammen. Der Kentiba kam und verfügte sich nebst meinem Hauptmann Mariam[1] an Ort und Stelle. Dann meldeten sie: „Soldaten drangen bei einem Falascha ins Haus und wollten etwas Tiefkorn (*cragrostis*) haben. Der Falascha widersetzte sich. Andere Soldaten kamen hinzu. Nun Rauferei, wobei ein Schuss fiel. Nur ein Falascha wurde verwundet. Das Feuer entstand wol nur zufällig. Jetzt ist alles wieder ruhig.“ Von einer Bestrafung der Soldaten war natürlich keine Rede, man hatte ja nur einen Falascha verwundet! Meiner Verwunderung darüber begegnete ein Bewohner Gondars mit der Bemerkung: „Nun, was thut's damit? Der Negus gibt ohnedas nächstens Befehl, dass sich alle Falascha sollen taufen lassen.“

Ich rüstete zum Aufbruch. Abgesehen von den Plünderungsscenen konnte ich von Gondar nur angenehme und bezüglich der prachtvollen Ruinen auch sehr denkwürdige Erinnerungen mitnehmen. Bürger wie Geistlichkeit machten mir den Aufenthalt so angenehm wie möglich, und wenn ich auch hier hartnäckig die Annahme einer Wohnung verweigerte, so that ich dies lediglich aus Reinlichkeitsrücksichten. Männer, Frauen, auch junge Mädchen kamen häufig mit kleinen Angebinden. Frisches Brot, Pfirsiche, junges Gemüse oder irgendetwas anderes brachten sie. Ging auch bei den meisten der Hintergedanke auf den Empfang eines bessern Geschenkes, so äusserten sie doch keine Unzufriedenheit, wenn sie anscheinend zuerst nichts erhielten. Um so grösser dann ihre Freude über das schliesslich doch Erhaltene.

Zum Mitgehen meldeten sich viele Nonnen und Mönche, welche alle auf meine Kosten nach Jerusalem wollten. Einen Mönch nahm ich denn auch in meinen Dienst, mit

---

[1] Meine ursprüngliche, von Ras Alula mir beigegebene Escorte hatte ich als Leibwache beibehalten, die übrige Soldateska unter ihrem Oberst stand mit mir in gar keinem nähern Verhältniss.

der Zusicherung, dass ich ihn auf meine Kosten nach Jerusalem wolle reisen lassen. Aber alle?! Dazu gehörte viel Geld. Meine Karavane vergrösserte sich auch hier wieder; selbst einige Mönche und Nonnen schlossen sich an, sie konnten dann doch wenigstens bis Massaua sicher reisen.

Der mich begleitende einäugige Mönch — die meisten Mönche in Abessinien leiden an irgendeinem körperlichen Gebrechen — führte alle seine Habe mit sich, denn eine Reise nach Jerusalem und der damit verbundene Aufenthalt in der heiligen Stadt dauert Jahre. Er trug ein ledernes, seit vielen Jahren nicht gewechseltes, ungewaschenes Hemd. Gegen Regen oder kaltes Wetter diente ihm eine Art Lederburnus.[1] Auf seinem Haupte sass ein gelbes Käppchen. Ein Rosenkranz, ein hölzernes Kreuz, ein Strohsonnenschirm, ein gewöhnlich als Spiess getragenes, oben schon beschriebenes Bücherpult, endlich ein an seinem Gürtel aus Hanfseil hängendes Büchlein mit den Psalmen David's bildete seine übrige Ausstattung. Hosen trug er nicht. Von meinen Maulthieren liess er zwei Ledersäcke tragen: der eine mit Büchern, die er verkaufen wollte und später in Massaua auch recht gut los wurde; der andere mit angesammelten Nahrungsmitteln. Seit er Mönch wurde, hatte er, weil dies für fromm galt, sich nicht gewaschen; und da wir uns in der Fastenzeit befanden, enthielt er sich trotz der anstrengenden Märsche jeder thierischen Nahrung, auch der Eier und Fische. Sobald wir lagerten, baute er sich dicht neben meinem Zelte eine kleine Hütte aus Reisig und las vor seinem aufgestellten Bücherpult mit näselnder Stimme seit Jahren denselben Psalm täglich vielleicht funfzigmal; denn er hatte ein Gelübde gethan, diesen Psalm, ich erinnere mich nicht mehr welchen, viele tausend-

[1] Diese Kleidungsstücke sind jetzt im berliner Ethnographischen Museum.

mal zu lesen. Die Abessinier liessen sich indess seine Anwesenheit gern gefallen, denn nun konnten sie ja von dem guten Mönch leicht Absolution erhalten, z. B. Samstags, wenn sie von dem geschlachteten Rinde assen oder überhaupt nicht fasteten. Umsonst und ohne Auferlegung von Bussübungen ertheilte er die Absolution: die kostenfreie Reise nach Jerusalem sei für ihn Belohnung genug, sagte er. Nur einmal machte er eine Ausnahme: ein abessinischer Diener, der ihm gebeichtet, dass er nachts von Ratten und Mäusen geträumt habe, musste so und so oft ein Gebet hersagen.

Absichtlich zeichnete ich so genau das Bild dieses Mönches, eines übrigens durchaus guten, sittenreinen und unschuldigen Menschen, um dadurch auf die mehr oder weniger grosse Aehnlichkeit aller abessinischen Mönche hinzuweisen.

BRÜCKE ÜBER DEN MAGETSCH IN DER NÄHE VON GONDAR. S. 281.

DREIZEHNTES KAPITEL.

VON GONDAR NACH AKSUM.

Die drei Regionen Abessiniens. — Riesendisteln. — Ein Kurier mit einem Schreiben des Negus Negesti. — Eine Deputation Geistlicher. — Die Aussicht von Lamalmon-Berg. — Ein Gemeindecomplex mit 1000 Mönchen und 29 Nonnen. — Die Aebtissin. — Der Oberst mit seinen Soldaten zieht ab. — Bettler zu Pferde. — Das Flusspferd. — Der Neffe des Negus Negesti. — Streit zwischen Dienern und den Soldaten des Hauptmanns Mariam wegen eines Mädchens.

Am 1. März verliess ich Gondar, eine Strecke weit begleitet vom Kentiba und andern Einwohnern der alten Kaiserstadt. Bald entschwindet der schöne Gemp den Blicken. Nordwärts muss man noch eine von den Portugiesen erbaute Brücke, die über den Magetsch führt, überschreiten. Rasch alsdann, auf verhältnissmässig guten Wegen, geht es stetig bergan. Aber so saftig auch zwischen blühenden Rosen- und Jasminbüschen die Matten daliegen, so wenig bevölkert ist die Gegend. Dennoch aber weisen grosse Getreidefelder auf nicht gänzliche Besitzlosigkeit hin. Riesige Rododendren, Eriken, mehr als doppeltmannshoch, blühende Kusso-Bäume (*Brayera anthelmintica*), Hypericum geben kund, dass man sich bedeutender Höhe nähert. Aber Akazien, Spargelgebüsche, Aloë und andere abessinische Gewächse sieht man noch. Diese Gegend muss schon zur Deka [1] Abessiniens gerechnet werden, deren unterste Grenze man zu ca. 2500 m annehmen darf.

Wir nähern uns der bedeutenden Höhe von 3000 m und finden an verschiedenen Stellen jene wunderbaren Riesendisteln mit mannskopfgrossen Köpfen, deshalb Kugeldisteln (*echinops giganteus*), auf Amharisch aber koschoschilla genannt. Koqualbäume fangen an zu verschwinden, während Schirmakazien noch häufig vorkommen. Ganz reizend sind die auf den Wiesen blühenden lilienartigen Gewächse. Oft durchduftet Rosmarin die Gegend. —

Unterwegs überholte mich ein Kurier, der mir vom Negus einen Brief brachte, den ich mit Bangen Schimper zum Uebersetzen gab. Mit Bangen, weil er möglicherweise den Befehl der Zurückkehr enthielt. Das passirte ja Gordon, als er schon dicht auf der Grenze nach Metemmeh zu plötzlich umkehren und den Weg nach Massaua einschlagen musste. Was macht sich ein abessinischer Kaiser daraus, wenn jemand seinetwegen einen Weg von 1000 km in rasender Eile zurück-

---

[1] Die Abessinier selbst theilen hinsichtlich der Bodengestaltung ihr Land in drei Regionen: 1) Tiefland, Kolla genannt, womit sie die Gegenden bezeichnen, welche unter 1500 m liegen. 2) Deka-Woina, zwischen 1500 bis 3000 m hoch. 3) Deka schlechtweg, über 3000 m hoch. Natürlich sind diese Grenzen nicht genau gezogen. Am grössten ist die Deka-Woina: im Süden reicht ihre Grenze bis zur Höhe von ca. 4000 m. Auch in Semien steigen auf der südwestlichen und südlichen Seite des Gebirgslandes die bewohnten Striche bis zu 4000 m Höhe. Interessant ist es, dass der Name Woina, abgeleitet vom griechischen οἶνος, Wein, zur Bezeichnung der untern Deka, d. h. der mittlern Region diente. Denn gerade auf dieser Deka war in früherer Zeit der Weinbau so ausgedehnt, dass er der ganzen Gegend den Namen Deka Woina: Weinhochland, gab. Jetzt stehen nur noch die leeren Weinberge da. In und um Gondar kann man deutlich an der Veranlagung erkennen, dass man den Wein ähnlich wie bei uns am Rhein anbaute. Aus dem Worte οἶνος, Woina, darf man wol folgern, dass die Griechen den Wein vielleicht von Adulis über Aksum nach Abessinien einführten.

RIESENDISTEL, ECHINOPS GIGANTEUS.

S. 282.

legen muss. Vielleicht wollte er, dass ich statt eines Hutes[1] zwei für ihn kaufe. Oder irgendein anderer nichtiger, in seinen Augen aber wichtiger Grund veranlasste die Entsendung eines Kuriers. Glücklicherweise war meine Besorgniss unbegründet, denn der Brief enthielt weiter nichts als Folgendes:

„Der Brief des Gottverordneten Johannes, Königs von Zion, Königs der Könige von Aethiopien, gelange an den Hofrath Dr. Gerhard Rohlfs. Wie ist Dir's ergangen? Ich mit meiner Armee bin Gott sei Dank wohl. Vom Gallafeldzug bleibe ich zurück, nachdem ich von der Ankunft der zahlreichen kaiserlichen Gesandten gehört habe; denn ich sagte, ehe ihre Rede gehört ist, will ich nicht gehen, Völker zu vertilgen. Geschrieben im Claudius-Lager (Galaddeos-Safar) am 17. Jekatit im Jahre der Barmherzigkeit 1873."[2]

Ich antwortete gleich mit demselben Kurier, dass ich die Maassnahme Seiner Majestät für sehr weise halte, und es namentlich vorzüglich fände, dass er das „Völkervertilgen" noch aufgeschoben habe. —

Je höher wir kamen, desto grossartiger wurde die Natur.

---

[1] Beim Abschied bat er mich, ich möge ihm einen indischen Helm besorgen, der meinige, den ich dem Negus anbot, convenirte ihm nicht.

[2] Herr Professor Dillmann in Berlin hatte die Güte, mir diesen Brief zu übersetzen. Der Ausdruck: „gehen, Völker zu vertilgen" ist echt biblisch. Gott selbst hat sich durch Moses' Vermittelung oft dieser Formel bedient. Was das Datum anbetrifft, so bemerke ich, dass der Monat Jekatit etwa unserm Februar entspricht. Das abessinische Neujahr beginnt am 10. September. Im ganzen sind die Abessinier in der christlichen Zeitrechnung um 7 Jahre und 112 Tage zurück. Bei Christi Geburt zählten sie seit Erschaffung der Welt 5499 Jahre. Ihre zwölf Monate heissen: Maskarem, Tekimt, Hedar, Tachsas, Ter, Jekatit, Magabit, Mijazia, Ginbot, Senie, Hamlieh und Nehasie, und da jeder Monat dreissig Tage hat, bleibt ihnen stets ein dreizehnter Schaltmonat, Pagumiehne, der dreimal hintereinander 5 und das vierte mal 6 Schalttage enthält.

Nach Westen zu sah man in unabsehbare Fernen. Ganz Kolla-Uogera lag vor uns. Aus der Tiefebene aber stiegen zahlreiche Bergriesen empor. Man irrt also gewaltig, wenn man sich die Kolla als eine einzige Ebene vorstellt. Nach Osten und Nordosten zeigten sich die Biala- und Lalibala-Berge und der schneebedeckte Semien-Gebirgsstock, an dessen Wänden, wie uns das Wetterleuchten andeutete, allabendlich starke Gewitter niedergingen.

So erreichten wir mit c. 2800 m Höhe die bedeutende Ortschaft Dobarik, welche fast auf dem höchsten nördlichen Rande des Uogera liegt, der in seinen höchsten Spitzen noch einige hundert Meter die Höhe von 3000 m übersteigt.

Eine grosse Deputation Geistlicher in Ornat, mit Kreuzen, Fahnen und Kirchenmusik, kam aus dem nahen Fares Saber, um uns zu begrüssen. Aus Neugier kamen sie, aber auch mit der Bitte um Erlass der Lieferungen. Zufriedengestellt, zogen sie wieder heim. Nachmittags machte ich selbst einen Gang zu diesem für Abessinien so bedeutungsvollen Ort, denn hier war es, wo Theodor, aus Zorn über den Tod seiner Günstlinge Plowden und Bell, fast 2000 Abessinier kaltblütig schlachten liess.

In Dobarik verliessen uns die Beamten, welche uns bis dahin auf Befehl des Kaisers begleitet hatten, und mit ihnen verschwand ein Theil der Damen.

Darauf begannen wir den Abstieg vom Lamalmon-Berg. Zum ersten und einzigen male sahen wir hier die merkwürdige Gibara-Pflanze (*rhyncho-petalum montanum*), die Charakterpflanze der höchsten Berge Semiens, wie denn überhaupt der Lamalmon-Berg und Hoch-Uogera orographisch zu Semien gerechnet werden müssen. Die Aussicht vom Lamalmon nach Norden zu ist wol die grossartigste Abessiniens. Unmittelbar zu unsern Füssen verliert sich über kolossale Basaltabsätze und Säulen hinweg der Blick in geheimnissvolle, unergründliche Tiefen, die Bergwand von

LAMALMON-BERG.

S. 284.

Semien aber, welche man früher, von weitem gesehen, für eine compacte Wand hielt, löst sich in ein Meer von Bergen auf. Und welche sonderbare Gestaltungen! Will man verrückte Bergformen sehen, muss man nach Abessinien kommen.

Man spricht den Eingeborenen alle Empfindung für Naturschönheiten ab: dass die Pracht der Blumen, der Sternenhimmel, das blaue Meer, der hehre Glanz schneebedeckter Berge sie gleichgültig lasse. Im allgemeinen ist das richtig. Oft genug, wenn ich zwischen hohen Rosengebüschen schwelgte und mit Entzücken dem Gesange der Vögel lauschte oder mit Bewunderung meine Blicke über jene prachtvollen Alpenlandschaften schweifen liess, blieben meine abessinischen Diener vollkommen kalt. Ja, wenn man sie auf all das Schöne aufmerksam machte, wussten sie nicht, was sie eigentlich dazu sagen sollten. Hier aber erlebte ich eine Ausnahme. Aus dem unten gelegenen Orte Dibbewahr kam uns eine vom Schum angeführte Deputation bis zum obersten Abstieg vom Lamalmon entgegen, um beim Heruntersteigen behülflich zu sein. Als wir gerade den Abstieg oder vielmehr das Herunterklettern beginnen wollten, nahm mich der Schum bei der Hand, zog mich nach einer Plattform, einem kanzelartigen Vorsprung, und rief: „Ueberschauen Sie dies und sagen Sie, ob Ihr Land auch so schön, so grossartig ist!“ — Ich habe nie eine grossartigere, wildere Gebirgslandschaft gesehen. Selbst in Amerika nicht. Unsere europäischen Alpenlandschaften sind „zahm“ dagegen.

Ohne Unfall geschah der Abstieg. Aber grösstentheils verdankten wir das den freundlichen Bemühungen der Leute von Dibbewahr, welche die den Maulthieren abgenommenen Lasten heruntertrugen. An manchen Stellen konnte ich nur kriechend weiter kommen. Und nun der klimatische Unterschied! Eben noch oben der Kampf mit Schnee und Regen, und einige Stunden darauf schon, nach ganz veränderter Thier- und Pflanzenwelt, der Eintritt in die Tropenregion. Eben noch erinnerten die eigenthümliche Gibara, die Riesenheidekräuter (*Erica arborea*), die Kugeldistel an die kalte Zone, und gleich darauf sagten einem die Kandelaberbäume, die Palmen und Feigen, die Pavianheerden und zuckerhutförmigen Termitenhügel, dass man sich in der heissen Zone befinde.

Meist immer nördlich haltend, senkt sich der Weg bis zum Takaseh, aber keineswegs stetig; im Gegentheil, es ist ein einziges Auf- und Abklettern. Abgesehen jedoch von einigen schrecklichen Stellen, als deren schrecklichste der Lamalmon-Steig bezeichnet werden muss, ist dieser Weg von Gondar nach Adua ungleich besser als der von Debra Tabor nach Adua.

Beiläufig will ich bemerken, dass der Lamalmon-Steig ein Abstieg oder Aufstieg, keineswegs aber ein Pass ist, wie er auf Karten und in Reisebeschreibungen bezeichnet wird.

Wir berührten sodann die Landschaft Uoldeba, die wir als Eigenthum des Etschege besonders hervorheben. Es leben hier an 1000 Mönche in 17 Gemeinden oder Ortschaften, und in einer achtzehnten, der Männerwelt unzugänglich, ungefähr 29 Nonnen. Neben Debra Damo, Lalibala und Teklaheimanot ist Uoldeba die berühmteste Aufenthaltsgegend der Klosterbewohner. Kloster ist eigentlich nicht der richtige Ausdruck, denn weder Mönche noch Nonnen wohnen in grössern Gebäuden beisammen, sondern je einer oder eine für sich in kleiner Hütte. Sie leben von den Einkünften des Bodens, vom Betteln, von ihrer Familie, von ihrem eigenen Vermögen. Ueber Tracht und Gebaren der Mönche berichteten wir schon. Der Oberste oder, sagen wir, „Prior“ von Uoldeba kam natürlich, sobald wir unsere Zelte aufgeschlagen, mit einer grossen Anzahl Mönche und brachte mir, ausser Geschenken an Lebensmitteln, als willkommene

Gabe einen ganzen Sack frischen Ingwers, welcher gekocht nicht nur eine angenehme Zuthat zu Braten und Fleischspeisen abgibt, sondern sich auch allein als ein pikantes wohlschmeckendes Gemüse zubereiten lässt. Mit entsprechenden Gegengeschenken entliess ich die Mönche. Bald darauf erschien die „Frau“ Aebtissin — oder war sie ein Fräulein? — begleitet von einem halben Dutzend Nonnen. Sie brachten ebenfalls einen Sack mit Ingwer, den sie vor mein Zelt stellten. Ihre Kleidung bestand aus einem grobbraunwollenen Kattunhemd; darüber ein gelbes Mäntelchen aus demselben Stoff; auf dem Haupte ein gelbes Mützchen, bei der Aebtissin dick umwickelt, sodass ein mächtiger Turban entstand. Dazu bei allen der Rosenkranz, und jene Andachtskrücke, auf die sie sich sehr würdevoll stützten, bis ich sie zum Sitzen einlud. Die Aebtissin theilte mir mit, dass sie aus sehr guter Familie stamme und schon seit längerer Zeit in Amt und Würden sei. Keine einzige dieser Nonnen war jung, noch weniger schön oder auch nur schön gewesen, allem Anschein nach. Wie die Mönche mussten sie das Gelübde der Keuschheit ablegen, aber sie treten gewöhnlich nie jung in die Klosterschaft, sondern nachdem sie in reichlicher Weise die Freuden des Lebens genossen. Obgleich nahe bei den Ortschaften der Mönche wohnend, sehen sie diese nie, wie die Aebtissin behauptete. Auf meine Frage, wovon sie lebten, antwortete sie: „Von Gartenbau und der Verfertigung von Kleidungsstücken und Stickereien, die wir verkaufen; hauptsächlich aber“, fügte sie hinzu, „beten und lesen wir, denn nur dadurch kommen wir zu Gott.“ Wie vorhin die Mönche, erhielten auch alle Nonnen ein Gläschen Schnaps und die Aebtissin ausserdem ein Geldgeschenk, womit sie so zufrieden gewesen zu sein schien, dass sie am Morgen, als ich eben den Lagerplatz am Inso verlassen wollte, noch einmal angeritten kam, um mir — eine von ihr selbst genähte Hose zu verkaufen. Das war doch rührend. Da jedoch dieses Kleidungsstück recht bedenklich hinsichtlich der Reinlichkeit aussah und übrigens schon ein solches zu meinen ethnographischen Merkwürdigkeiten gehörte, bat ich die Aebtissin, es zu behalten, gab ihr aber ausserdem den Werth dafür in Geld, da ich, wie ich ihr bemerkte, nicht wollen dürfe, dass eine so hochgestellte und gottesfürchtige Frau meinetwegen den weiten Weg umsonst mache. —

Je tiefer wir nun hinabstiegen, desto tropischer wurde die Natur, und manchmal kamen wir durch ungemein grosse Bestände von Bambus, welches eine Höhe von 10—15 m erreichte. Namentlich Bra Amba umsäumte ein wahrer Bambuswald. Eigentlich sollte der Oberst mit seinen Soldaten mich bis zum Takase begleiten, da aber eingezogene Erkundigungen von hier bis Adua und weiter nach Norden zu Sicherheit vor Rebellen oder Räubern verbürgten, so stimmte ich mit Freuden ein, als der Oberst mir den Wunsch äusserte, schon am Mai Zabri zum Negus zurückkehren zu dürfen. Das Gebaren dieser rohen Landsknechte war von Tag zu Tag widerlicher geworden. Raubend und plündernd zogen sie neben meiner Karavane her. Kein Dorf liessen sie unbesucht, kein Haus ununtersucht. Wehe, wenn die Besitzer auf den Feldern sich befanden! Kehrten sie heim, fanden sie ihr Haus rein ausgeplündert. Das Unangenehmste dabei war, dass mich die Landbevölkerung für verantwortlich hielt, da ja das Plündern immer vom Anführer des Zuges ausgeht.

Ich hatte gehofft, in Frieden vom Oberst scheiden zu können, und nicht nur für jeden Soldaten, sondern auch für ihn hielt ich ein bedeutendes Geldgeschenk bereit. Aber nicht zufrieden damit, oder um von mir oder Schimper ein noch grösseres Geldgeschenk zu erpressen, schickte mir der Oberst das Geld — irre ich nicht, 150 Thaler, die ich ihm durch Schimper geben liess: eine für Abessinien vollkommen genügende Summe — mit der Bemerkung zurück: er habe strenge Weisung vom Negus Negesti, weder Geld noch irgendein anderes Geschenk anzunehmen. Was aber that der Mensch? Er liess die Verwandten Schimper's in Ketten legen.

Natürlich liess ich den Oberst gleich zu mir bescheiden, setzte ihn zur Rede und fragte ihn, wie er dazu komme, Leute zu fesseln, welche unter meinem Schutze reisen. Seine Antwort lautete: die gefesselten Leute seien aus Debra Tabor entflohen, nur dem Kaiser sei er für sein Thun verantwortlich, die Leute würde er auf alle Fälle mit sich nehmen. Man kann sich denken, in welch unangenehmer Lage ich mich befand. Gewalt gegen den Oberst konnte ich nicht anwenden, möglicherweise war derselbe auch in seinem Rechte, möglicherweise hatten sich die Leute aus dem Staube gemacht, waren vielleicht nicht einmal Schimper's Verwandte. Jedenfalls keine nahen Verwandten. Aber da sie nun einmal unter meinem Schutze reisten, musste ich nichts zu ihrer Befreiung unversucht lassen. Und ein Umstand begünstigte mich. Als ich gerade in nicht höflicher Weise mit dem Oberst die Angelegenheit nochmals beredete, erhielt ich den Besuch des Districtsgouverneurs Dedjadj Uogai, der ihm verständlich machte, dass, wenn der Kaiser erführe — und er selbst würde darüber berichten — wie wenig er meinen Wünschen nachkäme, da er doch auf Befehl des Negus nur zu meinem Schutze da sei, könnte ihm das leicht den Kopf kosten. Das wirkte. Der Oberst liess die Gefangenen entfesseln, aber der grösste Theil ihres Gepäckes war dabei auf Nimmerwiederfinden abhanden gekommen, während die Säcke der Soldaten inzwischen bedeutend an Umfang zugenommen hatten. Das Schönste aber bei dem Vorfall war, dass der Herr Oberst, obwol er sich bereits verabschiedet, nochmals herschickte und sich das Geldgeschenk ausbitten liess. Ich gab es ihm, froh, von dieser unverschämten Begleiterschaft befreit zu sein.

In der That, wir athmeten auf, zumal uns auch ein Theil der lästigen Reisebettler verliess, vielleicht in der Meinung, bei den Soldaten sei mehr und auf längere Zeit etwas zu haben als bei mir, dessen Reise nun bald zu Ende sei. Welch sonderbare Auswüchse aber das gewohnheitsmässige Betteln in Abessinien erzeugt, das sollte ich am folgenden Tage erfahren. Als ich in Mai Zabri lagerte und an einer reizenden Quelle unter Citronen- und Pampelmusbäumen (*citrus decumana*), mit grössern als mannskopfgrossen Früchten, nach anstrengendem Ritt im Schatten und Dufte jener herrlichen Bäume ausruhte, kam eine Bande auf mich zugeritten und machte in einiger Entfernung, die Hände bittend gegen mich erhoben und um Almosen flehend, halt. Die Hüftknochen ihrer abgemagerten, fadenscheinigen Pferde, die sich gegenseitig vor Hunger auffressen zu wollen schienen, standen aus dem Körper heraus, als ob sie gar nicht dazu gehörten. Aber die darauf sitzenden Männer! Wahre Jammergestalten, hohläugig und hohlwangig, einige über und über gefleckt, andere mit aufgeschwollenen Gliedmaassen, einer mit offenen Wunden. Entsetzlich, schrecklich! Reitende Bettler?! Reitende Kranke?! So etwas war mir doch noch nicht vorgekommen. Freilich las ich, dass auch Bettler bei uns sich Vermögen erwerben, sodass sie sich Pferde und Wagen halten können, aber sie betteln doch nicht in der Carrosse oder auf dem Pferde! Und hier stand nun eine ganze Gesellschaft „berittener Bettler“. Schimper gab mir die Erklärung. Es waren Aussätzige und andere mit widerlichen Krankheiten Behaftete, welche in Abessinien ihrem Schicksal überlassen bleiben, aber abgesondert leben müssen. Sie vereinigen sich dann zu ganzen Gesellschaften, kaufen auf gemeinschaftliche Kosten alte Klepper und senden die äusserlich Widerwärtigsten, welche am meisten das Mitleid zu erwecken im Stande sind, auf Bettel aus. Sie dürfen sich jedoch den Ortschaften nur bis auf eine gewisse Entfernung nähern, und Entgegenkommenden müssen sie sich von weitem schon durch Zurufen oder andere Zeichen bemerklich machen, da jeder das Recht hat, sie todtzuschlagen, falls sie nicht aufs gewissenhafteste das eben Gesagte befolgen. Etwaige Spenden, Almosen, Lebensmittel, Kleidungsstücke legt man auf besondere Plätze, von denen die Kranken sie abholen. —

Kurz vor meiner Ankunft am Takase kam Ras Bariau eigens an die Strasse heran, um mich zu begrüssen. Dieser mächtige und einflussreiche Mann, ein Schwiegersohn Kaiser Theodor's, spielte ebenfalls in der letzten Geschichte der Kämpfe und Kriege um die Krone eine hervorragende Rolle, ist aber seitdem ein treuer Anhänger des Negus Negesti. Ras Bariau, der mit seinem würdevollen Auftreten einen angenehmen Eindruck machte, lud mich zu einem Besuche in seiner Wohnung ein, leider aber musste ich es wegen des zu grossen Umwegs ablehnen.

Der Abstieg nach dem Takase ging ziemlich gut von statten. Aber seit einigen Tagen waren wir nun von 3000 m Höhe zu 800 m herunter gekommen. Schon vorher machte das vulkanische Gebilde dem Sandstein, Thonschiefer und Urschiefer Platz, und an den tiefsten Einschnitten findet man, wie fast wol in ganz Abessinien, als anstehendes Gestein Thonschiefer. Wir setzten über den Takase ohne Schwierigkeit, obschon derselbe c. 100 m breit und über 1 m tief war. Flusspferde und Krokodile sahen wir nicht; aber beim Durchtreiben wurde doch eins unserer Schafe von einem jener grossen Saurier weggeschnappt.

Von 3000 m Höhe zu 800 m herab erzeugt natürlich einen grossen Temperaturunterschied. Wir mussten unten im breiten Thal, wo man sogar ackerte, lagern und erwachten vor Sonnenaufgang mit + 19°,5. Nachts wurden wir aufs unangenehmste durch ein Flusspferd alarmirt, welches mitten durch unser Lager trabte und namentlich den Theil desselben, wo sich unsere abessinischen Anhängsel befanden, in arge Beunruhigung versetzte. Von der grossen Menge der Flusspferde an diesem Theile des Takase zeugten die Pfade derselben durchs Dickicht und die vielen Haufen Losung, welche man überall fand.

Auch der Aufstieg macht keine grossen Schwierigkeiten. Von da kommt man in die überaus fruchtbare, aber keineswegs stark bevölkerte Landschaft Simbila. Wie sehr man sich jetzt schon dem Norden genähert, erhellt am besten aus den Geldverhältnissen. Die Amole nimmt man von nun an nicht mehr als Kleingeld, dagegen kann man auf den Märkten schon wieder 40 Stück für einen Maria-Theresienthaler kaufen. Oben wird wieder alles vulkanisch, nur bei Mai Schivinni fand ich die Gegend abermals mit Sandsteinblöcken ühersäet.

In Tembela kam Dedjadjmatsch Mengescha, der Gouverneur der Provinz, ein Neffe des Negus, zu mir, um mich zu begrüssen. Eigentlich aber wollte er dies: „Ich erhielt", sagte er, „direct vom Negus Negesti den Befehl, Ihnen 1000 Maria-Theresienthaler zu zahlen; indess stehen mir höchstens nur 70 Thaler zur Verfügung, die können Sie gleich erhalten." Ich liess ihm durch Schimper antworten, ich könne weder seine 70 noch seine 1000 Thaler annehmen und hätte dies schon auf das bestimmteste dem Budjurunt Lauti erklärt. Als Mengescha jetzt merkte, dass es sich um eine vollständig erledigte Sache handle, war es höchst ergötzlich, zu hören, wie er folgendermassen auftrumpfte: „Ich werde die 1000 Thaler auf der Stelle herbeischaffen, nichts ist leichter als das! Dem Befehl des Negus muss man gehorchen!" Schliesslich jedoch, als er einsah oder einsehen wollte, ich würde das Geld durchaus nicht annehmen, rückte er mit dem sonderbaren Anliegen heraus, ich möge ihm über den

Empfang des Geldes eine Quittung schreiben. Ich brauche wol kaum zu sagen, dass ich seinem Wunsche nicht nachkam.

Endlich sahen wir die Gegend etwas besser bevölkert: wir näherten uns ja jetzt der ältesten Hauptstadt des äthiopischen Reiches. Trachyt wechselte von nun an mit Granit und die Kolqualeuphorbien erreichten eine früher von mir nicht gesehene Höhe. Im Südosten erblickten wir aber noch immer die schneeigen Gipfel Semiens, während sich vor uns und immer schärfer die Umrisse der merkwürdig geformten Berge von Adua zeigten.

Eine unangenehme Episode stand mir noch bevor. Wie ich schon erwähnte, behielt ich meine ursprüngliche Bedeckung unter Hauptmann Mariam. Nun aber gerieth dieselbe mit meinen Dienern in heftigen Streit. Zum Unglück war Schimper nach Adua voraus, um mir dort einen Kurier zu besorgen und übrigens noch einige Geschäfte vor seiner Reise nach Massaua zu erledigen, wohin er mich auf Befehl des Negus begleiten sollte. Einer meiner abessinischen Diener sprach zwar etwas Arabisch, aber das war für eine gute Verständigung nicht hinlänglich. Der Streit nun brach aus über ein junges, etwa siebzehnjähriges Mädchen, welches, wie das in Abessinien üblich, eine Ehe auf Kündigung mit einem der Soldaten einging, welcher sie von Gondar mitnahm. Auf dem Wege nach Mai Schum, also schon im Gebiete von Aksum, schien ihr aber einer meiner Diener, Namens Tassama, besser zu gefallen. Sie verliess also in Mai Schum ohne weiteres den Soldaten Gebr Selassie und baute ihre Hütte aus Reisig mit Tassama auf, was jeden Abend alle Soldaten und Diener und übrigen Reisegenossen für je eine oder zwei oder mehrere Personen wegen des häufigen Regens ebenfalls thaten. Natürlich liess sich das Gebr Selassie nicht gefallen, seine Kameraden unterstützten ihn, meine Diener dagegen den Tassama, und so entspann sich eine grossartige Prügelei, welche in eine Schlägerei, in eine Schlacht ausartete. Unglücklicherweise befand ich mich ausserhalb des Lagers auf einem Spaziergange. Man hatte schon zu Messern, Säbeln, Dolchen gegriffen, und eben war man mit Schiesswaffen daran, als mein plötzliches Erscheinen der Schlacht ein Ende machte. Es war Blut auf beiden Seiten geflossen, einem meiner Diener hatte man einen Finger abgehackt.

Ich wollte die Aburtheilung bis auf Aksum verschieben, wo wir andern Tags eintreffen mussten, um sie der dortigen Gerichtsbarkeit zu unterbreiten, aber das gefiel beiden Parteien nicht, und nun begann ein gegenseitiges Anklagen, sich Beschuldigen und Vertheidigen, dass einem Hören und Sehen verging. Der Hauptmann Mariam meinte zwar, man solle gleich für alle mit einer energischen Bastonnade beginnen, aber dazu konnte ich mich doch nicht entschliessen. Vor allen Dingen, sagte ich, müsse man die Ursache des Streites, die junge Abessinierin, aus dem Lager entfernen, aber das wollten beide Parteien nicht, auch Hauptmann Mariam nicht, welcher ganz ernsthaft versicherte, die Abessinierin habe doch nichts verbrochen, sie sei nicht regelrecht verehelicht und könne deshalb auch von niemand gezwungen werden, mit diesem oder jenem zu leben. Unter solchen Umstänblieb mir nichts anderes übrig, als mich jeden Urtheils zu enthalten und sie nochmals, falls sie nicht einig werden sollten, auf das nahe Aksum zu verweisen. Der geringste noch einmal ausbrechende thätliche Streit solle aber sofort mit Wegjagung der Veranlasser betraft werden: immer die härteste Strafe, die ich über sie verhängen konnte.

VIERZEHNTES KAPITEL.

AKSUM IM JAHRE 1881.

Lagerung vor Aksum. — Nachts bei Regen ein Unfall. — Nicht Opferstein, sondern Königsstuhl. — Keine Obelisken, sondern Stelen. — Eine noch nicht veröffentlichte Inschrift. — Die Wohnung des Negus Negesti. — Die lästige Rotte Jungen und Mädchen. — Gefesselte Knaben. — Der Nebreïd von Aksum. — Besuch der Metropolitankirche. — Musikanten. — Besuch beim Nebreïd in der Kirche. — Beschreibung seiner Umgebung und der Kirche. — Unterredung mit dem Nebreïd. — Abschied von Aksum. — Priester mit Geschenken des Nebreïd. — Die Einwohnerschaft Aksums.

So lagerten wir denn angesichts der alten Hauptstadt Aksum, die ich während der britischen Expedition schon einmal, wenn auch nur flüchtig, besuchte. Städte mit historischem Hintergrund haben immer ein erhöhtes, doppeltes Interesse. Und vollends in Afrika, wo wir neben Ländern mit ältester Geschichte andere vorfinden, von deren Vor- und Neuzeit wir durchaus nichts wissen. Zum Theil ist es ja mit Abessinien auch so, dessen Geschichte erst durch das Eingreifen der Portugiesen eine einigermassen auf Wahrheit beruhende Fassung erhält, denn die Ereignisse in diesem Lande vor Christof da Gama können wegen ihrer Lücken- und Nebelhaftigkeit kaum auf wirklichen Werth Anspruch machen. Und was nützt eine lange Liste von Kaisernamen bis in die tiefe Vergangenheit hinein? Blosse Namen für Begriffe ohne charakteristische Merkmale! Selbst die neueste Geschichte Abessiniens, die uns Bruce in ununterbrochenem Zusammenhange gab, wie wenig reizvollen Inhalt bietet sie! Sie zeigt uns in detaillirteren Zügen, wie das Kaiserthum mehr und mehr zur Schattenmacht herabsank, wie aus dem unaufhörlichen Kriege aller gegen alle zeitweilig ehrgeizige „Lidj“ oder „Abkömmlinge Salomo's“ hervorgingen, die nur an die Behauptung ihrer Macht, nicht aber an die Segnungen des Friedens dachten. Interesse erregt das Land erst, als es mit dem Auslande durch die britische Expedition und die ägyptischen Feldzüge in Wechselbeziehung zu treten schien. Von wirklich culturellem Einfluss verspürt man wenig. Auch heute noch ist dort Krieg aller gegen alle die Losung und „Völkervertilger“ ein Wort von derselben Geltung, wie bei uns Ratten- und Mäusevertilger.

Wir lagerten auf einer grossen Wiese, ca. 1 km südöstlich von Aksum. Unfern unserer Zelte schlängelte sich ein kleiner Bach, der sich nach dem Takase hinabzog. Im Norden sahen wir die Bergwand, die wir von Tembela an entlang zogen, dicht vor uns die alte Krönungsstadt Aksum, überschattet von jenen Sykomoren, welche alle Reisenden bewundern, in weiter Ferne die schneeigen Köpfe Semiens. Mit dem Aufschlagen der Zelte und dem Herbeiholen des Reisigs zum Hüttenbau ging viel Zeit hin, sodass ich am Tage unserer Ankunft nicht mehr zur Stadt konnte. Dagegen kam der kaiserliche Beamte zu meiner Begrüssung heraus, und der Nebreïd schickte, um seine wohlwollende Gesinnung an den Tag zu legen, einige Töpfe Honigwein. Meine Leute fanden vollauf Verpflegung. Wie immer, wenn wir nach einer Stadt kamen, liess ich für sie Bier kaufen, und alle gaben sich der angenehmen Erwartung hin, hier einige Tage Ruhe zu finden.

Die ersehnte Ruhe musste aber theuer erkauft werden. Nachts fing es an zu regnen und zu gewittern, wie es eben in diesen Bezirken eigentlich nur während der Regenzeit zu geschehen pflegt. Aber was hatte ich davon zu fürchten? Mein doppeltgedachtes Zelt schützte vor Wasser von oben, ein rings um das Zelt angebrachter guter Graben vor dem Hereinlaufen des Wassers von unten. Lachen konnten sich nicht bilden, da wir auf sanft sich neigendem Boden lagerten. Aber im besten Schlaf sank auf einmal das Zelt zusammen. Ich lag begraben unter der nassen wuchtigen Leinwand. Zum Glück war die schwere Zeltstange, welche ca. 25 kg wog, auf die andere Seite gefallen. Dabei goss es ununterbrochen herunter, und die grell zuckenden Blitzstrahlen blendeten derart, dass man jetzt erst recht nicht die Finsterniss durchdringen konnte. Endlich kam Hülfe. Die Leute befreiten mich aus meinem nassen Grabe, mein anderes Zelt wurde schnell aufgeschlagen. Aber welch eine höchst unangenehme Nacht! Ich sowol wie alle Gegenstände waren windelweich nass geworden. Die Katastrophe verursachten eiserne Pflöcke, deren sich die Diener zur Befestigung des Lagers statt der hölzernen bedienten; erstere liess ich nur in felsigem Boden anwenden. Die am andern Morgen glänzend aufgehende Sonne machte bald alles wieder gut.

Es ist in der That schade, dass man von den wirklich interessanten Bauresten, soweit sie historischen Werth haben, nicht zu retten sucht, was noch zu retten ist. Die grosse Steinplatte mit der von Salt zuerst veröffentlichten griechischen Inschrift geht sichtlich dem Untergange entgegen. Die Seite mit der äthiopischen Inschrift ist schon vollständig verwittert, und die griechische Inschrift beginnt ebenfalls unleserlich zu werden. Mehr und mehr versinkt auch der Stein, welcher ursprünglich 31 Reihen enthielt; jetzt liegen nur noch 24 zu Tage. Besser, wenn der Stein in einem trockenen oder in einem der abwechselnden Witterung nicht ausgesetzten Erdboden verborgen läge, um ihn für die Wissenschaft zu erhalten. So aber gestattet die körnige Zusammensetzung der Steinplatte eine volle Verwitterung, zumal wenn die zerfressenden Einflüsse des nassen Humus hinzukommen.

Ich bin der Meinung, dass das, was die meisten Reisenden als Opfersteine bezeichnen, keine sind. Sie haben dieselbe Form wie der sogenannte Königsstuhl vor der Metropolitankirche und dürften dazu gedient haben, hölzerne oder steinerne Statuen aufzunehmen. Wenn die Rinne, welche man oben auf dem Steine bemerkt, eine wirkliche Blutrinne gewesen wäre, so hätte man sie bis zum Abfliessen verlängert. Auch lassen sich die vor dem Stein befindlichen länglichen Vertiefungen nur durch die Bestimmung zur Auf-

a. Blutrinne, wahrscheinlich aber Einsatz für eine steinerne Lehne.

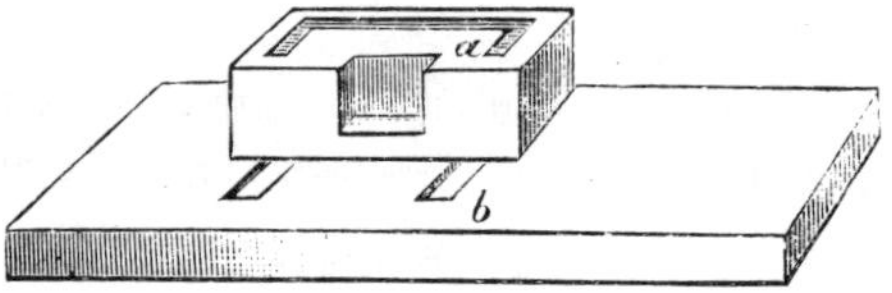

b. Aushöhlungen für die Füsse.

nahme der Füsse der Statue erklären. In Aegypten haben wir ja gerade an den Memnonssäulen und andern ähnlichen sitzenden Bildsäulen die entsprechenden Vorbilder. Und die aksumitischen Denkmäler, wenn auch von Griechen errichtet, erinnern nur zu sehr an ägyptische Bildhauerei.

Von den sogenannten Obelisken, die aber gar keine Obelisken, sondern viereckige Stelen sind, Stelen allerdings von kolossalen Dimensionen, liegen in den verschiedensten Werken so genaue Abbildungen und Beschreibungen vor, dass man es mir erlassen kann, näher darauf einzugehen. Jedenfalls hat Rüppel vollkommen recht, wenn er dieses Obeliskenfeld, wie er das Säulenfeld nennt, als einen Begräbnissplatz bezeichnet. Dass die Aksumiten so riesige

Stelen ihren Dahingeschiedenen widmeten, darf uns auch nicht wundern. Ohne Zweifel kamen die Griechen nach Adulis aus Aegypten, von wo sie die Mode, den Todten so grosse Denkmäler zu errichten, mitbrachten. An den Pyramiden bei Memphis, an den grossen Königsgräbern bei Theben lernten sie ja das Grossartigste kennen, was es in dieser Beziehung auf Erden gibt. Alles bisjetzt in Aksum Gefundene erinnert an Aegypten und vorchristliche abessinische Zeit. Die Christen hätten wol, nachdem der heidnisch-griechische Einfluss aufgehört, derartige Säulen nicht mehr errichtet. Ich möchte deshalb auch kaum die Meinung Rüppel's unterschreiben, welcher annimmt, dass die vier Löcher an der obern Fläche der noch aufrecht stehenden Säule zur Aufnahme eines Kreuzes gedient hätten. Die ursprünglichen Erbauer wollten doch wol keins daran befestigen! Die grosse aufrecht stehende Säule ist die einzige noch vollkommen erhaltene. Zwar hat sie sich auch schon etwas gesenkt, jedoch liegt die Lothlinie noch innerhalb der Basis. Aber wie lange noch? Alle andern Säulen liegen zertrümmert am Boden. Jene könnte man retten, wenn man sie ans Rothe Meer schaffte und ihr als ausgeprägtestem Denkmal aksumitischer Grösse einen Platz in Europa anwiese.

Vor der Säule auf der grossen Steinplatte befinden sich drei in den Stein ausgehauene Schalen. Die jungen Damen Aksums benutzten sie als — Mörser: eine Bestimmung, die sie wol ursprünglich nicht hatten. Die von Rüppel erwähnten drei äthiopischen Steinschriften konnte ich nicht ausfindig machen, möglicherweise sind sie schon zerstört. Dagegen fand ich die von ihm erwähnte, jetzt mit Erde angefüllte Schale aus Lava im Hofraum der Kirche Tekla Haimanot. Alle übrigen von den Reisenden erwähnten Bauüberreste sind noch im selben Zustande vorhanden.

Auch die unterirdischen Bauten auf dem Am Nelicalos-

Berg, welche Heuglin Qonasel, Fuchsbau, nannte, die Einwohner Aksums dagegen Königssohnsgräber, Dachel ebn Negus, nennen, besuchte ich. Hier fand ich eine Inschrift, welche noch nicht veröffentlicht worden ist:

ΣΠΨΔΔΥΗC
ΚUϘΨ4ΗΙΦΥUC4Y

Jedenfalls würde ein Archäologe bei gründlichen Nachgrabungen gewiss manches Interessante und vielleicht für die alte Geschichte Abessiniens Bedeutsame zu Tage fördern. Aber unter den jetzigen Verhältnissen ist das absolut unmöglich.

Aksum[1] ist immer noch die alte Krönungsstadt. Hier liess sich denn auch Kaiser Johann, vormals Fürst Kassai, krönen, und in der alten Kirche salbte ihn der damalige Abuna.

Diese so oft beschriebene und abgebildete Kirche macht ebenfalls einen traurigen Eindruck. Früher soll sie von Gold und Silber gefunkelt haben — von dieser Pracht ist aber nichts mehr zu sehen. Ganz ausgeplündert und niedergebrannt 1535 von Mohammed Granje, blieb weiter nichts übrig als vier nackte, nothdürftig ausgebesserte Wände. Das einstige Gewölbe der Kirche ist durch ein Balkendach mit Cementüberwurf ersetzt. Man weiss nicht: ist sie noch Ruine, oder gehört sie zu den noch zu benutzenden Gebäuden?

Ich besah auch die Wohnung des Negus: den einzigen bemerkenswerthen, neuerdings in Aksum hergestellten Bau. Alle Achtung vor Signor Naretti, welchem die meisten Reisenden wegen seiner Freundschaftserweise zu Danke verpflichtet sind! Aber diese Königswohnung macht nicht den Eindruck

---

[1] Aksum ist jedenfalls die richtigere Schreibweise und dem Axum, wie die Italiener, oder dem Axoum, wie die Franzosen es schreiben, vorzuziehen. Denn in der äthiopischen Sprache gibt es kein X. d'Abbadie schreibt übrigens auch Akzoum.

eines baukünstlerischen Könnens. Möglich, dass man ihm beim Bauen die Hände band, dass er genau nach den Plänen des Negus verfahren musste. Man denke sich eine grosse runde, mit Stroh gedeckte Hütte, inwendig ein grosses Gestell, von dem man nicht weiss, ob es „Mimber“ (Kanzel der Mohammedaner) oder Thron sein soll. Abscheulicher Geschmack! Dazu die geringe Sorgfalt der Abessinier für Aufbesserung: der Angareb (Sofa) auf dem Throne war von zerrissenen Fetzen bedeckt, aber der Haushofmeister, der mir die Wohnung zeigte, nicht wenig stolz auf solch buntes Lappenwerk.

Auf dem Rückwege nach meinem Lager verfolgte mich zum ersten male seit meiner Anwesenheit in Abessinien eine lästige Rotte Jungen und Mädchen, welche lärmend und schreiend hinter mir drein zogen. Aksum ist Asylstadt und ermangelt einer weltlichen Behörde, denn der dort residirende Schum ist eigentlich nur wegen der Umgegend da, soweit diese nicht unter nebreïdlicher Botmässigkeit steht, woher es denn wol kommt, dass eine gewisse Zuchtlosigkeit unter der Jugend herrscht. Oft sammeln sich Hunderte von Familien, um ihr Eigenthum zu retten, in diesem Asyle, wozu sich Aksum auch deshalb besonders eignet, weil es, abgesehen von solchen Zufluchtsstätten, welche ihrer natürlichen Beschaffenheit wegen Schutz gewähren, wie Debra Damo in Tigre, einer der geheiligtsten Oerter ist. Viele Kinder bleiben nun, wenn auch die Aeltern in ruhigern Zeiten nach der Heimat zurückkehren, in der „Stadt der Mutter Gottes“, um sich dem geistlichen Stande zu widmen. Wo auch besser, als in diesem uralten Heiligthum, könnten sie die abessinische Religion erlernen! Die Geistlichkeit verhängt übrigens auch körperliche Strafen, wie wir gleich sehen werden. Als ich nämlich, nachdem meine Soldaten, obwol ungern, diese angehenden Heiligen auseinandergetrieben, einen bessern Ueberblick über die kleinen Unholde gewann, bemerkte ich mit grossem Erstaunen, dass viele von ihnen zwischen den Füssen mit einer ziemlich dicken Kette gefesselt waren. „Was?“ fragte ich, „so jung und schon Verbrecher unter ihnen?“ „Das nun gerade nicht“, antwortete der mich begleitende Aksumit, „aber sie hatten ihre Aufgaben nicht gelernt, sie hatten die Schule ohne Erlaubniss geschwänzt und, um sie am Weglaufen zu verhindern, werden sie gefesselt und zwar mit Bewilligung ihrer Aeltern. Sie sehen, dass sie nur hüpfen, aber nicht laufen können.“ — Das war in der That so. Aber noch einmal, wie höchst sonderbar das: 6—10jährige Knaben mit eisernen Ketten gefesselt! Das war ein Seitenstück zu den „reitenden Bettlern“! Welche Zustände!

Der Nebreïd von Aksum ist einer der höchsten Geistlichen und gleichen Ranges mit dem Etschege, ja, oft wetteifert er in Ausübung seiner Machtvollkommenheit mit dem Abuna.

Der alte ehrwürdige Mann liess mich zu einem Besuche einladen, da er, weil er Kusso eingenommen, selber nicht kommen könne. Ich antwortete, dass ich, falls er im Stande sei, mich vor dem Geheul und Gejohl der Jugend in den Strassen der Stadt zu schützen, gern seinen Wunsch erfüllen würde. Ihm schien die unliebsame Scene mit der Strassenjugend schon zu Ohren gekommen zu sein, denn gleich darauf liess er einen Ausrufer in den Strassen verkünden, dass die Aeltern und Lehrer unverzüglich ihre Kinder einsperren sollten. Das wollte ich aber doch nicht, ich schickte daher meinen Geistlichen, den Mönch von Gondar, mit der Bitte zu ihm, diese Maassregel rückgängig zu machen, ich würde mich schon selbst mit der Jugend auseinanderzusetzen wissen. Meine Fürbitte hatte denn auch, wie ich richtig vermuthet, die Gewogenheit aller Schüler und Kinder zur Folge. Die ganze Stadt erfuhr ja auch inzwischen, dass ich in besonderer Werthschätzung beim

Nebreïd stehe, der, man kann wohl sagen, in Aksum ein weit grösseres Ansehen geniesst als der Negus selbst.

Weil es jedoch schon Abend geworden, konnte ich den Nebreïd nicht besuchen, ich begab mich daher zur Metropolitankirche, um sie eingehend zu besichtigen. Der bei dieser altehrwürdigen Kirche angestellte und auf meinen Besuch vorbereitete Klerus nahm die Gelegenheit wahr, im Ornat und unter Musik einen feierlichen Gottesdienst — natürlich auf meine Kosten — für mein Seelenheil abzuhalten. Es war dies eine ganz besondere, innerhalb einer Kirche seitens der Geistlichkeit mir noch nicht zu theil gewordene Ehre und Auszeichnung. Processionen von Geistlichen im Ornat, mit und ohne Musik, mit und ohne Kirchenschmuck, hatte ich oft genug empfangen und stets den Segen der frommen Leute und sie dafür grössere oder kleinere Geldgeschenke erhalten. Nun aber vollends eine solche Feier! Uebrigens bezweifelte die abessinische Geistlichkeit nicht im mindesten meine Rechtgläubigkeit. Zwar wussten sie genugsam, dass ich nicht ihr Christ sei, denn ich hielt ja nicht die Fasten, aber mein Mönch verkündete allen laut, ich schaffe ihn nach Jerusalem, und das absolvire mich. Zwar wussten sie nicht minder, dass ich ihren Glauben an die Jungfrau Maria nicht theile, aber oft genug sahen sie, dass ich beim Betreten einer Kirche die Thürpfosten küsste[1], und das machte mich, auch wenn ich keine blaue

---

[1] Viele werden dies als Heuchelei auslegen, aber es geschah aus der auf meinen Reisen gewonnenen Erfahrung, dass man am besten reist, wenn man sich den Sitten und Gebräuchen der Völker, unter denen man sich befindet, so viel wie möglich anschmiegt. Und wenn man in einer europäischen Kirche von jedem, auch dem Nichtgläubigen, erwartet, dass er beim Betreten des Gotteshauses sein Haupt entblösst, so wird man auch nichts darin finden können, in Abessinien einen Gebrauch mitzumachen, den man bei uns als überflüssig betrachtet. Dabei will ich keineswegs Bruce vertheidigen, der so

Schnur trug, in ihren Augen zu einem echten Christen; sie sahen ferner, dass ich den abessinischen Priestern stets mit Hochachtung begegnete, was sie mit Ausnahme von Bruce noch von keinem Europäer erlebten, und schlossen daraus, dass ich von der Güte ihrer Religion überzeugt sei und nicht, wie die Missionare, gegen dieselbe eifere. Und schliesslich hörten sie, zunächst durch Vermittelung meiner zahlreichen Dienerschaft, dass ich der freigebigste Mensch sei und nie, auch das Geringste nicht, ohne Vergütung annehme. Letzterer Punkt fiel in Abessinien überhaupt und besonders bei der Geistlichkeit in die Wagschale. Und so erhielten denn auch die Priester dieser ältesten und geheiligtsten Kirche Abessiniens für ihren aussergewöhnlichen Gottesdienst gebührend Belohnung und, Hymnen singend, zogen sie feierlichst von dannen.

Als ich bei meinem Lager wieder ankam, wartete meiner eine neue Ueberraschung: der Nebreïd hatte, um mir ein Abendconcert zu geben, fünf mit grösseren und kleineren Instrumenten versehene Musikanten geschickt, die sich auf die Erde niederliessen und ihre Mollweisen begannen, während sich rund herum bald ein Zuhörerkreis bildete, der nach

---

weit ging, sich von der abessinischen Geistlichkeit den Segen ertheilen zu lassen, hernach aber sich über sie lustig macht. Am Ende des 7. Buches sagt er:

Unterdessen hatten sich zwanzig dicke Mönche auf meinem Wege angestellt, um mir ihren Segen zu geben, wie Teusa Christos. (Diesen hatte er um seinen Segen und seine Fürbitte gebeten.) Ich hatte wenig Glauben zu ihren Gebeten, und es lag mir nichts daran, die Hände und fettigen Aermel dieser Unwissenden zu küssen. Dennoch unterzog ich mich dieser unangenehmen Ceremonie, gab ihnen aber auch auf englisch meinen Segen: „Möge Gott euch allen einen Strick zukommen lassen, wie er dem Abba Salama einen schickte.“ Ich spielte auf den vor kurzem gehängten Accab Saat an, aber sie glaubten, ich empfehle sie dem Patriarchen Abba Salama, und antworteten mit einem salbungsvollen: „Amen!“

MUSICIRENDER ABESSINIER.

S. 304.

Hunderten zählte. Bei besonderer Gelegenheit erhoben sich auch zwei, um Gegentänze aufzuführen. Von eigentlicher Melodie, geschweige denn von Harmonie wer nichts zu verspüren. In der musikalischen Veranlagung stehen die Abessinier wol noch hinter den Arabern zurück, wie denn auch namentlich die abessinische Kirchenmusik durch Mistöne auf europäische Ohren höchst beunruhigend einwirkt.

Am andern Morgen machte ich dem Nebreïd meine Aufwartung. Um seine ganze Macht und Herrlichkeit vor mir entfalten zu können, hatte er zum Empfangsort die Kirche selber bestimmt. Angekommen vor der Umfassungsmauer der Kirche, empfingen mich weissgekleidete Schüler und führten mich durch eine Reihe von Priestern zu ihm. Er sass in der Ecke der Vorhalle, die man mit hübschen Teppichen belegt, auf weichen seidenen Polstern, während ich selber neben ihm auf einem besondern Teppich Platz nahm. Um uns herum gruppirte sich die ganze Priesterschaft Aksums, im ganzen wol 500 Personen. Man glaubte in einer mohammedanischen Versammlung zu sein, denn alle waren beturbant, mit Ausnahme der Schüler, an Zahl etwa 100, welche barhaupt gingen. Zur Feier des Tags hatte man den Faulen die Ketten abgenommen, und unter Leitung eines ältern Priesters sangen sie im Hintergrunde der Kirche, sodass der Gesang nur gedämpft unsere Ohren erreichte, während der ganzen Zeit Psalmen.

Der Nebreïd selbst war mit einem blauen, goldverzierten Mantel angethan, neben ihm stand eine hübsche, goldene Krone, die eines frühern abessinischen Kaisers, ringsum mit Bildern geziert, mit grossen bunten Steinen besetzt, von einem dreifachen Goldkranz umgeben und fast ebenso hoch wie die des Negus Negesti. Zur Seite des Nebreïd standen jüngere Priester, von denen der eine einen baumwollenen Schirm, der andere einen Fächer hielt. Er selbst hatte in seiner Hand ein mächtig dickes Goldkreuz. Sein Haupt bedeckte, wie immer bei den Priestern, ein hoher weisser Turban. Die ihm zunächst stehenden Priester und Deftera (Schriftgelehrte, welche die weltlichen Angelegenheiten der Kirche besorgen) waren ebenfalls in prächtigen Kleidern, ja, noch glänzender gekleidet als der Nebreïd selbst, einige von ihnen hatten goldgestickte Gewandung.

Die Unterhaltung ging anfangs nicht recht, da Schimper fehlte und somit Arabisch gedolmetscht werden musste. Der Nebreïd entschuldigte sein vorhin erwähntes Nichterscheinen mit dem Unwohlsein infolge des Einnehmens von Kusso. Er bat mich sodann wegen der Ungezogenheit der Schüler um Entschuldigung und erkundigte sich nach dem Befinden des Negus Negesti, von dem er bezüglich meiner einen warmen Empfehlungsbrief erhalten habe. Darauf verallgemeinerte sich das Gespräch, und ich benutzte die Gelegenheit, einige Geschenke zu überreichen, welche allerdings nicht, wie ich wünschte, ausfallen konnten, denn allmählich waren meine Vorräthe doch sehr zusammengeschmolzen. Ich freute mich indess, wenigstens seinen Schirm durch einen bessern ersetzen zu können, da ich ihm meinen eigenen seidenen zurückliess.

Auf meine Frage, ob er auch schon in Jerusalem gewesen sei, erwiderte er, ob ich denn nicht wüsste, dass ich mich in diesem nämlichen Augenblick an ebenso heiliger Stätte befände wie Jerusalem selbst? Das hatte ich allerdings nicht gewusst und nur, dass Aksums Kirche ein unverletzliches Asyl sei. Aber Ubieh sowol wie Theodor respectirten trotzdem nicht die Heiligkeit dieses Schutzortes, ja, Gott selbst kümmerte sich so wenig darum, dass er einst die Plünderung und Verbrennung dieses Heiligthums durch Mohammed Granje gestattete. — „Sie wissen also auch nicht“, fuhr er fort, „dass diese Kirche, in welcher Sie sich jetzt an geheiligter Stätte befinden, von Joseph, dem Vater unsers Heilandes, erbaut worden ist?“ Ich wagte nicht, meine Unwissenheit einzugestehen, sondern erwiderte: „Ich hörte allerdings davon, wusste aber nicht, ob es wahr sei.“ „Ja“, sagte er, „hier an dieser Stätte hielt sich die Jungfrau Maria mit dem Christuskinde auf, als die heilige Familie aus Aegypten kam, und zum Andenken daran erbaute Joseph mit eigenen Händen unter Beihülfe unsichtbarer Engel die Kirche, in der wir uns jetzt befinden.“ Da ich gar keinen Einwand erhob, glaubte der Nebreïd natürlich, dass ich ebenso von der Wahrhaftigkeit seiner Aussage überzeugt sei wie er selbst und alle anwesenden Priester. Ich erlaubte mir jetzt die Frage, ob die Bundeslade (Tabot), welche Menelek, der Sohn der Königin von Saba und Salomo's, bei seiner Flucht aus dem Tempel der Israeliten zu Jerusalem mit nach Abessinien nahm, bei der Ausbrennung der Kirche durch die Mohammedaner unverletzt geblieben sei. — „Wie können Sie nur so fragen?“ antwortete der Nebreïd; „als Mohammed Granje die Kirche ausbrannte, war die Bundeslade seinen Augen entzogen, Gott gestattet keinem Ungläubigen, sie zu sehen.“ — „Also [1] ist die Bundeslade

[1] Gobat in seinem „Journal d'un séjour en Abyssinie“ (Paris) sagt S. 322: Salomo, welcher mit der Königin von Saba einen Sohn Namens Menelek zeugte, welcher ihm so ähnlich war, dass die Bewohner Jerusalems ihn mit ihm verwechselten, schickte ihn aus Eifersucht fort, ihm anempfehlend, vom Königreich Abessinien Besitz zu ergreifen. Bei seiner Abreise von Jerusalem nahm Menelek die Bundeslade mit, sowie eine grosse Zahl von Juden; unterwegs aber setzte er sowie ein Theil seines Gefolges am Sabbattag über einen Fluss, und seitdem war er Christ, sowie die, welche mit ihm den Fluss passirt hatten. (Die Abessinier waren also nach dieser Sage schon zu Salomo's Zeit Christen, Christen vor Christi Geburt!) Die Falascha sind die Abkömmlinge von denen, welche dem Gesetz Moses treu blieben und den Fluss am Sabbat nicht überschreiten wollten. Die Bundeslade ist seitdem in Aksum, aber für die Christen unzugänglich; nur die Falascha können herankommen. Wenn ein gelehrter und frommer Falascha sich dem Orte nähert, wo die Bundeslade ist, theilen sich die Mauern und gestatten die Anbetung etc. etc.

immer noch da und, wie früher, nur den Falascha sichtbar?" — „Wer hat Ihnen dieses Märchen erzählt?" — „Ich las es", sagte ich. — „Ihr wisst nur bei euch, was den Reisenden unwissende Leute mittheilten. Die Wahrheit verkündet nur, wer sie hat. Wir, die Diener des Höchsten, sind im Besitze des Schatzes. Die echte Bundeslade ist allerdings hier: keineswegs eine gewöhnliche Nachbildung, wie man sie im innersten Raum (im Allerheiligsten) der Kirchen findet, sondern eingemauert in der Kirchenwand, und blos mittels einer nur uns bekannten Thür kann man zu ihr gelangen." — „Würde es mir nicht gestattet sein, o heiliger Vater, dieses altehrwürdige Denkmal des Bundes zwischen Gott und dem erwählten Volke zu sehen?" — „Unmöglich. Nicht einmal der Kaiser, nicht einmal der Etschege, ja, nicht einmal der Abuna bekommt die Bundeslade zu sehen, sie würden auch gar nicht den Anblick derselben ertragen können!" — „Aber, o höchster Priester, ist denn nicht den übrigen Geistlichen der Kirche der Anblick der Bundeslade vergönnt?" — „Nein, nur mir, dem Hüter derselben, und meinem Nachfolger, wenn ich sterbe. So war es vor Tausenden von Jahren, und so wird es bis zum Jüngsten Tage sein!" — „Wenn nun aber Gott nach seinem unerforschlichen Rathschlusse Ihrem Leben ein plötzliches Ziel setzt, wie erfährt dann der neue Nebreïd den geheimnissvollen Zugang der Bundeslade?" — „Sehen Sie hier", sagte er, indem er an blauseidener Schnur eine kleine silberne Kapsel aus seinem Gewande hervorzog, „diese Kapsel trug Moses selbst. Mein Testament liegt darin oder vielmehr nur die Anweisung, wie man zum Eingange der Kammer gelangt, in der sich die Bundeslade befindet." — „Sie sind also, o heiliger Erzpriester, eigentlich der rechtmässigste Nachfolger Moses' und jedenfalls noch mehr als dieser, weil Sie zugleich sich der Segnungen Christi erfreuen." — Diese Worte riefen beim Nebreïd eine grosse Befriedigung hervor. „Habt ihr gehört, meine lieben Gefährten, was der Fremde sagt? Merkt euch seine Worte, sie sind voll innerer Wahrheit und fordern zum Nachdenken auf.“ Einer grössern religiösen Auseinandersetzung hörte ich aufmerksam zu, ohne jedoch durch neue Fragen zu unterbrechen. Lag nun auch hier wieder Betrug oder Selbsttäuschung vor? So dachte ich bei mir selber, kam aber schliesslich zu dem Resultate, dass es beim Glauben auf ein wenig mehr oder weniger nicht ankommt. Mögen die Abessinier mit ihrem Glauben passiren. Ob sie damit aber auf eine hohe Stufe der Güte und Gesittung gelangen, ist eine andere Frage.

Obgleich ich die Kirche schon besah, sollte ich sie doch noch einmal besehen. Jetzt gewissermassen in Procession. Der Nebreïd, dessen Herz ich durch meine Fragen und besonders durch mein andächtiges Anhören seiner weisen Worte gewonnen zu haben schien, machte selbst den Führer, so schwer ihm das Gehen auch wurde. Die von den Portugiesen wiedererbaute Kirche von Aksum ist länglichviereckig. Das Dach tragen vier dicke Säulen. Eine Art Bundeslade ist auch darin, aber nur, wie man sie in allen andern abessinischen Kirchen vorfindet. An den Wänden sieht man halb verwischte Frescogemälde, in einer vordern Abtheilung einige grosse mit Elfenbein ausgelegte Kirchenstühle und Kircheninstrumente. Von einer besondern Ausschmückung bemerkt man nichts. Im Gegentheil, das Innere der Kirche ist äusserst unsauber und schmuzig. Vergebens suchte ich beim Rundgang den geheimnissvollen Eingang zur Bundeslade zu erspähen, der Nebreïd verrieth durch nichts, woraus man hätte darauf schliessen können. Betrachtet man die gar nicht starken Wände der Kirche, so entdeckt man auch nirgends eine Stelle, welche dick genug wäre, um eine ganze Kammer in sich bergen zu können.

Gleich nach dem Rundgang verabschiedete ich mich vom Nebreïd. Inzwischen waren auch meine Leute mit sämmtlichem Gepäck vom Lager heraufgekommen, sodass ich noch am selben Tage meine Reise nach Adua fortsetzen konnte. Längs des Berges dahinreitend, hatte ich aber noch nicht einmal den von Salt zuerst entdeckten Stein mit der Inschrift erreicht, als ein Bote nachgesprengt kam mit der Bitte, halt zu machen.

Ich benutzte die Verzögerung, um auch die andern Steine einer eingehenden Besichtigung zu unterziehen, fand auch eine zweite Steinplatte, welche Spuren von Inschrift zeigte, aber auch nur Spuren. Ich war erstaunt, als nach einigem Warten zehn Priester mit Geschenken des Nebreïd kamen. Obwol der gute Mann mir täglich Lebensmittel und Tetsch die Menge geschickt hatte und keineswegs so schöne Geschenke von mir erhielt, wie ich sie andern hohen Personen zu ertheilen pflegte, wollte er mir doch noch einen Beweis seines Wohlwollens geben. Die Geschenke bestanden in einem Ochsen, einem Zicklein, in Gerste, Honig, Butter, Brot, Tetsch etc. etc. Dazu noch einmal sein Segen, dessen Empfang ich mit gebührenden Dankesworten, aber auch, um ihn noch wirksamer zu machen, mit einer Summe funkelnagelneuer Thaler bestätigte. Wären unter den Geschenken des Nebreïd nur auch Bücher, besonders geschichtlichen Inhalts, gewesen! Ich wenigstens konnte nichts davon in Aksum auftreiben. Wenn dergleichen Bücher existirten, gingen sie bei früherer Gelegenheit zu Grunde. Lalibala dürfte der einzige Ort sein, wo man jetzt noch werthvolle Bücher antrifft. Vielleicht auch Debra Damo, welches man trotz seiner scheinbaren Unersteiglichkeit einigemal wahrscheinlich durch Verrath einnahm. Aber bei solchen Gelegenheiten nimmt man alles mit, auch Bücher und Manuscripte und, einmal herausgerissen aus ihrem Heiligthum, gehen sie nur zu leicht dem Untergang entgegen. Anders die Stadt Lalibala, welche bisjetzt nie einer Plünderung ausgesetzt gewesen ist, daher lässt gerade dieser Umstand interessante Manuscripte daselbst vermuthen.

Schliesslich noch einige Bemerkungen hinsichtlich der Einwohnerschaft Aksums, welche die Aduas und Gondars übersteigen möchte. Die Krankheit, welche erstere Stadt so schwer heimsuchte, scheint in Aksum keine merkbaren Menschenverluste hervorgebracht zu haben. Auch litt Aksum nicht zu sehr durch die Plünderung Theodor's, der sich einen „Gottgesandten“ nannte, welchen Ausdruck viele Abessinier mit „Gottesgeisel“ vertauschten. Ausserdem erhält die Stadt beständigen Zufluss von Auswärtigen, welche ihr Leben gern in unmittelbarer Nähe eines so grossen Heiligthums beschliessen möchten. Die vielen in den niedern Graden sämmtlich verheiratheten und meistentheils verhältnissmässig gutgestellten Geistlichen tragen ebenfalls zur Vermehrung der Bevölkerung bei. Wenn auch nicht so zahlreich wie in Gondar, leben doch wol beständig 800 Priester in Aksum. Dazu kommt, dass alle übrigen abessinischen Geistlichen es für eine heilige Pflicht erachten, wenn nicht wegen der grossen Entfernung nach Jerusalem, doch wenigstens einmal im Leben nach Aksum zu pilgern. Infolge dieser Verhältnisse bekommt die Stadt, um uns so auszudrücken, ein gewisses internationales Gepräge, insofern hier stets Leute aus allen Theilen Abessiniens zusammentreffen. Natürlich macht sich da auch eine gewisse, durch viele Geistliche und Fremde erzeugte Wohlhabenheit bemerklich.

Man lebt in Aksum etwas lustiger als in Adua, aber nicht lustiger als in Gondar. Was sollen die Leute auch anfangen? Der Erwerb ist leichter als in den übrigen Städten, und das durch wenig Mühe Erworbene pflegt man ja ebenso sorglos bald wieder zu verthun.

Es befremdet vielleicht, wenn ich für Aksum 5000 Seelen veranschlage, aber die eben angeführten Gründe bestimmen mich dazu.

FUNFZEHNTES KAPITEL.

VON AKSUM NACH MASSAUA.

Geburtstag des Deutschen Kaisers und die dabei aufgeführten Spiele. — Mr. Baraglion. — Herr Abarguez de Sosten. — Ein abessinisches Bad und seine Aerzte mit ihren Mitteln. — Aeusserst wenige Geisteskranke und körperlich Verkrüppelte in Abessinien. — Ein Räuberhauptmann. — Eine merkwürdige Begegnung. — General Gebro. — Eine Gerichtssitzung. — Gefangennahme mehrerer Diener des französischen Consuls. — Das Bisen-Kloster und dessen Beschreibung von Alvares. — Das Thal von Genda. — Zurücksendung der abessinischen Bedeckung. — Der Gouverneur von Massaua sendet freundlichst eine Compagnie Soldaten entgegen. — Ein mächtiges Gewitter. — Ankunft in Massaua. — Schmerzlicher Abschied von den Abessiniern. — Ein Beispiel von Anhänglichkeit abessinischer Diener.

Der Weg von Aksum nach Adua ist nicht nur malerisch schön — das versteht sich eigentlich in Abessinien überall von selbst — sondern verhältnissmässig recht belebt. Der Austausch der beiden grossen Städte unter sich trägt zur Belebung bei, ausserdem ist aber auch die Umgegend an und für sich besser bevölkert. Man geht zuerst bis auf halbwegs nach Adua längs der Bergkette, an deren Fusse Aksum liegt, und da man fast in gerader Ostrichtung vorgeht, bleibt das Gebirge nördlich vom Wege liegen, während rechts der Blick über schöne Ebenen streift, aus welcher riesige Berge hervorragen: Duksa Amba und der imposante Zuckerhut Damo Galila. Ad Jesus, eine zwischen Kolqualbäumen versteckte Kirche, gilt als die Hälfte des Weges, aber genau genommen ist sie es nicht. Oestlich davon auf dem Sporn zwischen Ad Jesus und Bit Johannes findet man wundervolle Opale, welche dermaleinst in Europa Verwerthung finden dürften, besonders in den grossen Schleifereien von Oberstein, wo man jetzt den Bedarf dem viel entferntern Brasilien entnimmt.

Der Priester von Bit Johannes, dessen Kirche malerisch auf der höchsten Bergspitze liegt, lud mich schon früher, als ich in Adua war, zu sich ein. Jetzt hatte er sich nebst andern Geistlichen am Wege aufgestellt und bot mir Tetsch, Brot, Butter, Milch und Honig zum Geschenk. Wir schwelgten in der That fortwährend in Ueberfluss, und meinen Leuten schmeckten diese Gaben aus frommer Hand natürlich doppelt so gut.

Bald kam Adua in Sicht. Schon von weitem erglänzten die vergoldeten Kreuze auf den Kirchen, und namentlich funkelte im heitern Sonnenschein der echt vergoldete, von einem Kreuze überragte Janitscharenmusikschmuck, den der Negus den Aegyptern in der Schlacht von Gura abnahm und auf der neu errichteten Siegeskirche anbringen liess.

Schimper kam mir entgegen; ich machte halt und errichtete mein Lager auf dem rechten Ufer des Mai Gogo, etwa gegenüber der Stelle, auf welcher ich lagerte, als ich nach Debra Tabor reiste. Meine anfängliche Absicht, gleich am folgenden Tag weiter zu ziehen, da mich nichts in Adua hielt, gab ich auf, weil Kaisers Geburtstag auch von unsern Abessiniern sollte gefeiert werden. Wie oft schon beging ich diesen festlichen Tag in Afrika, und zwar stets so glänzend, wie es die Verhältnisse gestatteten! Mit türkischen Soldaten, mit Beduinen, mit Deutschen inmitten der unbewohnten Libyschen Wüste! So durfte denn auch diesmal der Tag nicht ohne Sang und Klang vorübergehen.

Ich liess mit Sonnenaufgang die deutsche Flagge entfalten — sonst geschah das nur Sonntags — und mit Flinten und Revolvern in schnell und regelmässig nacheinanderfolgenden Pausen 101 Schüsse abfeuern. Ausser einem Geldgeschenk erhielt das ganze Lager, selbst die Bettler und Reisenden, die mich noch immer in grosser Zahl umlagerten, eine grosse Quantität Tetsch. Auch die Fremden, welche kamen, um sich das Lager anzusehen, waren von meiner Bewirthung nicht ausgeschlossen. Nachmittags wurden Spiele und namentlich ein Wettlaufen mit Hindernissen angeordnet. Es handelte sich darum, das rechte 4—5 m tief in Humus und Lehm eingeschnittene Ufer des Mai Gogo zu gewinnen. Also über das an und für sich schon zerrissene Erdreich hinüber durch das Wasser des Mai Gogo hindurch zu seinem Ufer hinauf und von da wieder herunter zum ersten Ufer empor und zum Lager zurück — man kann sich denken, welche lustigen Vorfälle und Verwickelungen da stattfanden!

Auch das Sacklaufen oder in Ermangelung einer genügend grossen Anzahl von Säcken das Hüpfen mit zusammengebundenen Füssen, ferner das Topfschlagen, Tauziehen, Klettern und sonstige noch nie in Abessinien aufgeführte Spiele belustigten nicht nur die Diener, sondern, verlockt von den Geldpreisen oder andern Gaben, welche dem Gewinner zufielen, nahmen auch Bewohner Aduas theil an den Spielen, und mancher zog mit einem hübschen Sümmchen davon.

Schimper, Monsieur Baraglion und ich hielten aber eine Festtafel ab, welche um so luxuriöser ausfiel, als ersterer mit einer Flasche jerusalemer Wein angezogen kam, sodass wir den Toast auf den Kaiser in wirklichem Wein trinken konnten. Auch Mr. Baraglion stiess aus vollem Herzen mit an: „Ihm, dem Deutschen Kaiser, verdanke ich“, sagte er taktvoll, „dass ich nun mit all meinem Vermögen in Sicherheit Abessinien verlassen kann.“ Und das war auch wirklich der Fall.

In Adua kam ich diesmal nicht hinein. Den Gouverneur zu besuchen fühlte ich mich nicht veranlasst, da er mir das letzte mal keinen Gegenbesuch machte und sogar Schimper's Abreise mit mir verzögerte. Er schickte nur die üblichen Lebensmittel, und ich ihm als Gegengeschenk Branntwein, nach Schimper's Meinung das Liebste, was ich ihm bieten konnte. Und so lag denn dem letzten Theile meiner Rückreise von Adua aus nichts im Wege. Ja, eigentlich verlässt man mit Adua schon das rechte Abessinien, das echte alte Aethiopien.

Meine Karavane wurde nun merklich kleiner. Allerdings hatte ich immer noch meine militärische Bedeckung und meine eigene Dienerschaft. Viele Bettler blieben aber zurück, weil sie richtig urtheilten, dass sie in Adua eher Gelegenheit finden würden, sich wieder als Reisebettler anzuschliessen, als im Norden von Hamasen oder gar in Massaua.

Am Abend vor meiner Abreise bezog auch Mr. Baraglion das Lager. Er hatte zur Tragung seines Gepäckes nur einige Esel, und so bat er mich, sein baares in den letzten Zeiten noch erspartes Geld in meine Koffer zu verschliessen. Mr. Baraglion machte den ganzen Weg von Adua zu Fuss und schien trotz seines *Embonpoint* keineswegs Beschwerden davon zu spüren. Abends schlug er mit Hülfe seiner beiden Diener sein kleines Zelt auf und kochte seine Abendmahlzeit, wozu ich ihm regelmässig aus meinen Lieferungen das nothwendige Fleisch und Brot schickte.

Zum ersten mal seit meiner Anwesenheit in Abessinien begegnete ich am Tage meiner Abreise von Adua, kaum eine Stunde Weges davon, Europäern. Es war Herr Abarguez de Sosten[1] mit seinem Diener. Nach einigen freundlich ausgetauschten Worten theilte mir Herr Abarguez mit, dass er Zeitungen und Briefe für mich habe, weshalb ich sogleich zwei meiner Abessinier bei ihm zurückliess, um sie mir zu überbringen. Leider aber hatte Abarguez gar keine Lastthiere, da seine Mittel zum Ankauf derselben wahrscheinlich nicht ausreichten. Wenn man aber nur auf abessinischen Regierungstransport angewiesen ist, vergehen Wochen, ehe das Gepäck an Ort und Stelle gelangt. Wenn ein besonderer Befehl des Kaisers zu schneller Beförderung vorliegt, oder wenn man die Provinzialgouverneure durch Geschenke geschmeidig macht, geht die Sache noch an. Aber diese Voraussetzung schien bei dem spanischen Reisenden zu fehlen, denn sein ganzes Gepäck lag zerstreut an der Strasse, oft nicht einmal in den Ortschaften, sondern unter irgendeinem Baum: von Adua bis Asmara. Und so musste Abarguez wochenlang auf die Ankunft seines Gepäckes in Adua warten. Meine Post bekam ich erst in Massaua, denn zum Unglück für mich hatte er sie in einen Koffer eingeschlossen, den man ihm als einen der letzten nach Adua trug.

---

[1] Herr Abarguez de Sosten, welcher im Auftrag der Madrider Geographischen Gesellschaft reiste und zugleich Geschenke vom König von Spanien dem Negus Negesti überbringen sollte, versuchte zuerst landwärts nach Abessinien zu kommen, kam jedoch nur bis Siut. Um aber eine solche Mission auszuführen, denn sein Plan ging von Abessinien aus nach dem Süden, bedurfte es eines grössern Glanzes. Der ärmliche Aufzug erweckte beim Negus Negesti den Verdacht, dass die Geschenke gar nicht vom König von Spanien seien, und daraufhin musste denn Abarguez, nach kurzem Aufenthalt beim Kaiser von Abessinien, nach Aegypten zurückkehren. Nähere Details hierüber, welche mir Dr. Stecker später brieflich aus Abessinien mittheilte, eignen sich nicht für die Veröffentlichung.

Ich weise nochmals darauf hin, dass die Dieberei in Abessinien nicht so häufig ist, wie man gewöhnlich annimmt. Denn all das Gepäck des Herrn Abarguez, welches zerstreut hier und da, ganz allein ohne Wache auf der Strasse lag, kam richtig in seinen Besitz. Es ist wahr, sobald das Gepäck einer Ortschaft oder den Trägern einer Ortschaft übergeben ist, übernehmen diese die Verantwortung. Wenn man aber bedenkt, wie häufig Räuber und Rebellen in Abessinien das Land unsicher machen, so ist es sehr wunderbar, dass so wenig verloren geht.

Beim Weiterreiten begegnete ich Herrn Mitzaki, hellenischem Consul in Sues, welcher als Ueberbringer des Erlöserordens für den Negus Negesti zum zweiten mal nach Abessinien kam und mir mittheilte, dass auch Herr Raffray im Begriff stände, nach Abessinien zu reisen.

Ende März bemerkt man schon eine bedeutende Veränderung in der Natur: Alles wollte grünen und sprossen, und täglich noch vor Beginn der eigentlichen Regenzeit hatten wir Gewitter. Welch einen Reiz gewährt dieses neue junge, zumal im tropischen afrikanischen Alpenland wunderbar sich entfaltende Grün! Auch die Fauna zeigte ein fröhlicheres Leben, und es war, als ob hinter den Menschen der Frühling selber stände, der sie zum Pflügen und Säen anregte, wie man auch überall sah. Im Süden von Abessinien freilich pflügen, säen und ernten sie das ganze Jahr hindurch.

Bis Ad Dochali ganz derselbe Weg wie auf der Herreise. Dann aber bogen wir etwas nordwestlich ab, direct auf den imposanten Bergstock Dabamatta[1] zu. Wir liessen also diesmal Godofelassi östlich liegen. Als wir etwa 2 km östlich vom Orte Kesadaro lagerten, welcher am Fusse des

---

[1] Dabamatta, d. h. Haus von Abba-Matta, ist zusammengezogen aus Edda-Abba-Matta.

Dabamatta liegt, lernten wir, fast an der Quelle desselben, im Dabamatta-Bach eine berühmte Heilquelle, ein abessinisches Bad [1], kennen.

Der Dabamatta-Bach entspringt aus Wiesengewässern am Fusse des Dabamatta selbst und stürzt sich dann, nachdem er sich langsam durch die Wiese geschlängelt, urplötzlich in eine steilabfallende Schlucht, welche ganz eng mit senkrechten Felswänden beginnt und sich allmählich zu einem Thal erweitert, welches bei Teramne vorbeigeht, um in den Mareb zu münden. Die urplötzlich auftretende Steilheit des Flussbettes dürfte wol dafür sprechen, dass wir es hier mit einer Auswaschung nicht zu thun haben, sondern mit einer Spaltung der Erdoberfläche. Obschon das Gestein seiner Beschaffenheit nach Trachyt ist, hat sich eine dicke Kalkschicht darauf abgelagert, welche dort, wo das Wasser darüber hinrieselt, zum Theil Tropfsteingestalt annahm. Natürlich veranlasste das Bächlein einen kleinen Wasserfall, der bei jähem Regenfall oder während der Regenzeit recht hübsch sein wird. Kolossale Sykomoren beschatten den Beginn dieses Spaltes, der noch merkwürdiger dadurch wird, dass sich unter seinem Rande grosse Höhlungen befinden, von denen man eine ohne viel künstlerische Beigabe zu einer Kirche einrichtete. Einige dieser Höhlen haben schöne Tropfsteinbildung. Leider

---

[1] Es gibt viele Bäder oder Thermen in Abessinien. So wird seit mehr als hundert Jahren das zwischen Debra Tabor und der Stadt Korata am Tana-See gelegene Bad Madera-Mariam als sehr heilkräftig benutzt, und noch zur Zeit, als Oberst Gordon in Abessinien war, besuchte es der jetzige Kaiser. Combes und Tamisier beschreiben den Ort, ohne über die Natur des Wassers Aufklärung zu geben. Auch Dr. Stecker, welcher 1881 über Madera-Mariam kam, erwähnt nichts von der Beschaffenheit des Wassers, doch sind auf seiner Karte des Tana-Sees (Bd. III, Heft I der Mittheilungen der Afrikanischen Gesellschaft) „heisse Quellen“ verzeichnet.

konnte ich dieselben nicht besuchen, da die dazu führenden Wege so steil, abschüssig und Schwindel erregend sind, dass eine abessinische Natur dazu gehört, um sie benutzen zu können.

Die eigentliche Heilquelle hat gewöhnliche Temperatur, wirkt also wol besonders durch ihre mineralischen Bestandtheile, wenn anders nicht die ganze Heilkraft derselben auf Glauben beruht. Denn von Geschmack und Farbe spürte man nicht das Geringste. Dennoch war die Frequenz der Heilsuchenden so gross, dass sie die Anwesenheit mehrerer Aerzte erforderlich machte. Die Badenden — es mochten einige Hunderte sein — benutzten grosse natürliche, im Grunde der Schlucht befindliche Wasserbecken, in welchen sie einen halben, oft gar einen ganzen Tag blieben. Nach der grossen Mannichfaltigkeit der Krankheiten zu urtheilen, müsste das Wasser eine Universalheilkraft besitzen.

Die Aerzte, von welchen einer sich eines Rufes erfreut, der durch ganz Abessinien geht, sind von Haus aus Priester. Die neben dem Bade befindliche Kirche[1] gehört ihnen und wird von ihnen bedient. Möglich, dass die Kirche erst Veranlassung zum Bade gab. Irgendein erfinderischer Kopf verordnete den Genesung Suchenden nach dem üblichen Kirchgang ein Bad, welches mit seiner reinigenden Wirkung den ersten wohlthätigen Einfluss ausübte. Der eigentliche Finder, wenn ich so sagen darf, soll übrigens der fromme Aba Mata selbst gewesen sein. Eine etwas grössere Hütte für Aussätzige befand sich ebenfalls hier, aber weiter stromabwärts. Ich hebe dies besonders hervor, weil verschiedene Reisende behaupteten, dass man Leprose nicht absondere, sondern frei herumgehen lasse.

---

[1] Jene natürliche zu einer Kirche eingerichtete Tropfsteinhöhle, von der eben die Rede war.

Die Abessinier sind ein viel zu mosaisches Volk, um sich so etwas zu erlauben.

Der oberste Arzt, der unverheirathet war, weil er einen höhern geistlichen Rang bekleidete, erwiderte auf meine Frage, womit man die Leprosen sonst noch behandle: „Wir verordnen ihnen, ausser den langen Sitzungen im Bade, Sassaparille; namentlich aber erfolgt die Heilung durch Amulete, welche um den Kopf getragen werden müssen." Also ein ähnliches Heilverfahren wie bei den Arabern, Berbern und Türken. Ich fragte ihn ferner, ob er bei einem solchen Heilverfahren Erfolge erziele? worauf er mit der grössten Kaltblütigkeit sagte: fast nie!

Auch viele mit Syphilis Behaftete bemerkte ich, obschon keineswegs in so schlimmen Formen, wie man sie in West-Algerien und Marokko unter den Eingeborenen antrifft. Diese Krankheit ist sehr verbreitet in Abessinien, tritt aber mehr unter primären Erscheinungen auf, und bei einigermassen rationeller Behandlung, wie Schimper mir sagte, erzielt man leicht Heilung. Aber leider verlassen sich die Abessinier wie hier so in allen Krankheitsfällen nur auf ihre Priester (die, wie gesagt, allerdings zugleich die Heilkunde handwerksmässig betreiben), welche in dieser Beziehung den grössten Unsinn machen. Man wird doch Syphilis nicht durch Gebete und Amulete heilen können! Das sind aber die am meisten angewandten Mittel. Oft heilt das Uebel durch die Zeit, auch Sassaparille wendet man dagegen an; Quecksilber erst in neuerer Zeit, aber ohne Vermittelung des Priesters bei Gott ist kein Erfolg da. Man denke sich: Arzt und Priester in einer Person! Wie einflussreich wird dadurch der Mann, namentlich wenn ihn bei seinen Curen das Glück begünstigt!

Auch Grindige waren vorhanden, welchen man den Kopf rasirte, ohne Heilung zu bewirken. Wie auch? Gebete, Amulete, Weihwasserbesprengungen, welche die medicinische Geistlichkeit anwendet, sollen helfen! Anspucken gehört auch mit zu den beliebten Mitteln, namentlich in Augenkrankheiten, die übrigens bei weitem nicht so häufig sind wie in Nordafrika, wo die Menge Staub die vielen Augenkrankheiten erklärlich macht. Sicher würde Reinlichkeit dagegen helfen. Aber niemand wäscht sich in Abessinien. Alt und jung legt sich reichlichst Butter aufs Haupt, um dadurch, wie sie meinen, das Ungeziefer fern zu halten; auch die Jungfrauen legen auf, aber wozu? da sie ja den Kopf bis auf einen zwei Finger breiten Haarstreifen abrasiren. Nun schmilzt die Butter, vermischt sich mit dem jahrelangen Schmuz der Haut, fliesst über Nacken und Gesicht herab und erzeugt auf diese Weise häufig genug jene Augenübel, gegen die man das Dabamatta-Bad besonders rühmt. Aber das reine Wasser wird wol die Hauptsache dabei sein und nicht das auch hier übliche Anspucken der Augen.

Nur zwei Krankheiten behandeln die Abessinier vernünftig: *Taenia* und *filaria medinensis*. Letztere entfernen sie durch langsames Herauswinden um ein rundes Hölzchen. Von der allmonatlichen, bei manchen allzweimonatlichen Kusso-Cur gegen Bandwurm sprach ich bereits, der jedoch eigentlich gar nicht als Krankheit angesehen wird. In dieser Beziehung gehen die Abessinier so weit wie die rechtgläubigen Fesanar hinsichtlich der *pediculi hominis*, beide halten das Nichtvorhandensein dieser Parasiten für eine Schande.

Und welche medicinische Schätze mögen gerade in der Pflanzenwelt Abessiniens noch verborgen sein! Ja, ich bin überzeugt, dass in weit abgelegenen Ortschaften, welche nicht so sehr unter dem Einfluss der Priester stehen, die Einwohner manche heilkräftige Pflanzen kennen, welche dermaleinst eine grosse Rolle spielen werden. Ist doch das kräftigste Bandwurmmittel: Kusso Brayera *anthelmintica* erst seit den dreissiger Jahren durch Dr. Brayer, einen französischen Arzt in Konstantinopel, aus Abessinien eingeführt. Aber wie soll man durch Erforschung und Ausprobiren Mittel kennen lernen, wenn man sich, wie die abessinischen Priester-Doctoren, seit tausend Jahren darauf beschränkt, Krankheiten durch Gebete, Zauberformeln, Amulete, Anspucken und Prügeln zu beseitigen!

Ja, man prügelt auch gewisse Kranke in Abessinien: man prügelt die Epileptischen oder, wie man dort nach biblischer Weise sich ausdrückt, die vom Satan Besessenen. Den Teufel will man auf diese Weise austreiben! Leider geschieht das hier und dort auch in Europa.

Wie in allen wenig civilisirten Ländern gibt es in Abessinien gar keine oder doch äusserst wenige Geisteskranke. In früherer Zeit pflegten sich die Kaiser Hofnarren, in der Regel Zwerge, zu halten, aber von einer Verrücktheit dieser Leute hörte man nie etwas. Auch körperliche angeborene Verunstaltung sieht man in Abessinien sehr selten, wie denn z. B. Buckelige zu grossen Ausnahmen gehören.

General Plata Gebro, der jetzt in Abwesenheit Ras Alula's die Grenzarmee gegen die Aegypter commandirte, schickte uns schon von Dabamatta Soldaten entgegen. Oestlich von Teramne hatte sich nämlich ein Räuberhauptmann in die Mareb-Schluchten geworfen und brandschatzte von hier aus das Land. Er gehörte zu einer der ersten Familien von Tigre, war sogar nahe verwandt mit dem Negus Negesti, weshalb die Provinzialgouverneure und Districtscommandanten es für rathsam hielten, mit nicht allzu grosser Strenge gegen ihn vorzugehen. Er plünderte und brandschatzte übrigens nur fremde Karavanen. Kaufleute, die von Gondar kamen und von Massaua heimkehrten, mussten mit hohen Zöllen sich freien Durchzug erkaufen oder wurden eingekerkert, geprügelt, auch wol getödtet.

Den umwohnenden Leuten that er nichts, und da er sehr fromm war, der Geistlichkeit öfters Geschenke machte, erfreute er sich eigentlich des besten Rufes, welcher ihm selbst in den Kreisen des Negus Negesti und seiner Generale nicht fehlte, denn er hatte — so behauptete man — eigenhändig Dutzende von Aegyptern entmannt. Balata Gebro, welcher fürchtete, dass er mich angreifen möge, schickte mir daher noch 20 Soldaten.

Wir finden also auch hier wieder ganz dieselben Zustände, wie sie vor einigen hundert Jahren in unserm eigenen Vaterlande und in den übrigen Ländern Europas stattfanden. Irgendein Reichsgraf, *un barone*, *an earl* oder *un marquis*, vielleicht nahe Verwandte ihrer Fürsten, lagerten am Wege, raubten, zollten, plünderten und mordeten ungestraft. Diese „guten alten Zeiten" sind nun lange dahin. Warum also sollen nicht auch in Abessinien bessere Tage kommen? Wenn es dem Lande, dem Volke gelingt, sich von den Fesseln und Anschauungen der Geistlichkeit zu befreien, wenn es gelingt, dort Gesetze einzuführen und diese ohne Ausnahme für alle geltend zu machen, dann erst kann es auch in Abessinien besser werden. —

Beim Dorfe Ad Saul erreichten wir wieder die alte Strasse und campirten auf demselben Lagerplatze, welchen wir auf der Hinreise innehatten. Zuvor aber begegneten wir, wie sich erweisen wird, einem sehr eigenthümlichen Manne.

Schon von weitem bemerkte ich, dass der uns Entgegenreitende ein vornehmer Mann sein müsse. Auf einem prächtig geschirrten Maulthier sass er, vor ihm gingen zahlreiche Diener, alle gut bewaffnet, einige sogar mit Gewehren neuester Construction. Ein Priester folgte unmittelbar hinter ihm. Bagage, welche zum Theil Maulthiere, zum Theil Menschen trugen, Weiber mit Tetschtöpfen,

Männer mit Brotkörben auf den Köpfen deuteten auf Reichthum; ein Knabe mit einem Tetschhorn, ein anderer mit einem Hornbecher im Lederfutteral auf Luxus. Dann kam eine elegant gekleidete Dame mit wundervoll gestickten Hosen und ebenso elegantem Untergewand, umwunden vom buntseidenen Margef und von weiblichen Dienern umgeben, welche seine Frau oder Tochter zu sein schien. Viele mit Speeren, schönen alten Silberschilden und krummen Säbeln bewaffnete Diener schlossen den imposanten Zug. Der vornehme Mann, einfach im Margef, aber ohne Ehrengewand gekleidet, trug eine schwarzseidene Binde, musste also wol augenkrank sein. Ein Krieger führte sein Maulthier am Zaum. Wir grüssten uns im Vorbeireiten, nahmen aber weiter keine Notiz voneinander. Bald darauf kam Schimper athemlos und in grosser Aufregung zu mir herangeritten.

„Ist Ihnen nicht eben ein vornehmer Abessinier begegnet?“ fragte er, nachdem er sich etwas gesammelt. — „Gewiss“, erwiderte ich, „dort sehen Sie die letzten seines Gefolges hinter den Bergen verschwinden.“ — „Oh, Sie wissen nicht! Glücklich, dass mich, wie es scheint, keiner von seinem Gefolge erkannte, und er selber — er konnte nicht sehen, er ist geblendet.“ — „Wer, wer ist geblendet?“ fragte ich. — „Der vornehme Mann. Doch Sie wissen nicht — ja, es ist mein Schwager, oder vielmehr er war es — Dedjadj Abba Kessi heisst er.“ — Hierauf erzählte mir Schimper, nachdem er sich etwas beruhigt, Folgendes:

„Sie erinnern sich wol, dass mein Vater eine Zeit lang unter Ubieh Gouverneur in Entitscho war, wo er Versuche mit Einführung der Kartoffeln machte, die auch vorzüglich gediehen und bei besserer Unterstützung sich leicht über ganz Abessinien hätten verbreiten können. Theodor enthob meinen Vater der Statthalterschaft, nicht aus Unzufriedenheit mit ihm, sondern weil er ihn in seiner Nähe haben wollte. Meine Aeltern, Geschwister und ich befanden uns in Magdala, als die Engländer die Festung erstürmten. Damals bei meinen Aeltern lernten Sie meine Schwester kennen: ein zu einer blühenden Jungfrau herangewachsenes funfzehnjähriges Mädchen, in den Augen der Abessinier um so schöner, weil sie sich durch besonders weisse Hautfarbe auszeichnete und langes schlichtes Haar trug.“ — „Gewiss“, rief ich, „alles das weiss ich und Ihrer Schwester erinnere ich mich recht gut.“ — „Gut“, fuhr er fort; „nach Abzug der Engländer, mit welchen ich nach Europa kam, erhielt Abba Kessi von Kassai, damaligem Prinzen von Tigre, jetzigem Kaiser von Abessinien, die Statthalterschaft. Meine Aeltern und Geschwister lebten aber ganz zurückgezogen in Adua. Abba Kessi kam nun häufig, um sich bei seinem Vorgänger in der Statthalterschaft über dies und jenes Raths zu holen, wodurch sich ein freundschaftliches Verhältniss gestaltete, zumal sich Kessi sehr eifrig für die von meinem Vater begünstigten Kartoffelanpflanzungen interessirte. Bei seinen öftern Besuchen mochte er wol meine Schwester gesehen und für sie eine heftige Leidenschaft erfasst haben. Eines Tages wieder in Adua, wohin er sogar einen grossen Sack von ihm angebauter Kartoffeln für meinen Vater mitbrachte, entführte er mit Hülfe mehrerer Diener meine Schwester, die er knebeln, aufs Pferd setzen und im gestreckten Galop hinwegführen liess. Als mein Vater von der Entführung hörte, war der Gouverneur schon ausserhalb Verfolgungsweite. Sie können sich vorstellen“, fuhr Schimper fort, „wie unser ganzes Haus in Aufruhr gerieth. An Verfolgung konnte man nicht denken, selbst wenn sich der Gouverneur von Adua, die ganze Stadt für uns interessirte. Prinz Kassai war fort in Hamasen. Uebrigens kam schon nach zwei Tagen die überraschende Nachricht, Abba Kessi habe sich mit meiner Schwester kirchlich trauen lassen. Und wenn Sie wissen, dass jetzt in Abessinien die meisten Ehen ohne kirchliche Einsegnung geschlossen werden, so hatte mein Vater allen Grund, zufrieden zu sein. Auch eine vor dem Gesetze gültige Civilehe gibt es bei uns im Lande nicht, sondern eigentlich nur ein freiwilliges Zusammenleben von Mann und Frau, von Jüngling und Jungfrau. Abba Kessi war von angesehenster Familie, reich von Haus aus, Provinzialgouverneur, was wollte man mehr? Und da noch dazu meine Schwester ganz zufrieden war, gab mein Vater die Einwilligung und eine Versöhnung fand statt.

„Kurze Zeit darauf rebellirte aber Abba Kessi, wurde gefangen genommen, jedoch von Prinz Kassai begnadigt. Zum zweiten mal empörte er sich, fiel abermals in die Hände des Fürsten von Tigre, welcher sich gerade zum Kaiser von Abessinien in Aksum hatte krönen lassen. Es gelang ihm zwar zu entfliehen, aber seine Frau, meine Schwester, gerieth in die Hände der kaiserlichen Truppen und musste nun für die Rebellion ihres Gatten schwer büssen.[1] Der Kaiser liess sie zum Tode verurtheilen, da sie gegen das Gesetz gehandelt habe, welches besagt, «dass jeder mit dem Tode zu bestrafen sei, der dem Feinde des Kaisers Speise und Trank reiche und mit ihm in Verbindung bleibe». Der Kaiser verwandelte auf Bitten meines Vaters die Strafe des Todes in die des Peitschens, gab

---

[1] Der Hauptsache nach stimmt die Erzählung des jungen Schimper mit der seines Vaters, des Dr. Schimper, in der „Zeitschrift für Erdkunde", Jahrg. 1872, S. 365. — Der alte Schimper hatte eine sehr lebhafte Phantasie. Diese seine Tochter war nicht mit einem Missionar vorher verheirathet gewesen. Auch hatte er selbst nicht von seiner 65jährigen Frau (Jahrg. 1872, S. 270), sondern von einem jungen Mädchen, seiner zweiten Frau, einen Sohn bekommen. Ich folge daher lieber den Ausführungen Schimper's des Jüngern.

auch schliesslich meine Schwester wieder frei. Wie mein Vater behauptet, liess sie der Negus geiseln, um Lösegeld zu erpressen, aber dieser wusste so gut wie jedermann, dass mein Vater nichts geben konnte. Natürlich liess sich meine Schwester jetzt scheiden, und obschon sie der Negus hart bestraft hatte, trug er ihr das Verhältniss zu Abba Kessi so wenig nach, dass sie bald darauf den Oberzolldirector des Reiches heirathen durfte. Abba Kessi aber, nicht zufrieden damit, sich zweimal gegen den Negus Negesti empört zu haben, verband sich mit Uld-Michael, jenem Hauptrebellen, welcher mit Aegypten ein Bündniss abschloss, wurde aber bei Gura abermals zum Gefangenen gemacht und diesmal wollte ihn der Negus tödten lassen. Dennoch begnadigte er ihn einigermassen. Abba Kessi war Jugendgespiele des Negus gewesen, der für ihn eine grosse Zuneigung besessen. Um ihn aber von nun an für immer unfähig zum Empören zu machen, liess ihm der Kaiser die Augen blenden; sein Vermögen ist aber nicht confiscirt worden. Er lebt in der Nähe von Adigrat auf seinen Besitzungen.“ So die Erzählung Schimper's, die ich zur Ergänzung in das von mir entworfene Gemälde abessinischer Verhältnisse einfüge.

Die Bewohner des Dorfes Saul empfingen uns ebenso freundlich wie das erste mal. Als ich am folgenden Morgen den Mareb überritt und nordöstlich mich wandte, um nach Daro Kaulus zu gelangen, wo Balata Gebro lagerte, fand ich dort eine Ehrenwache vor, welche der General und derzeitige Vicegouverneur von Hamasen mir bis dahin entgegengeschickt hatten. Der Offizier derselben meldete mir zugleich, Balata Gebro habe Zelte aufschlagen lassen, damit ich bei ihm bleibe. Das lag aber nicht in meiner Absicht; ich dirigirte daher schnell mein Gepäck nach Asmara, während ich selbst mit Schimper und einigen Dienern nach Daro Kaulus ritt.

Daro Kaulus ist kaum ein Ort zu nennen, da er nur

aus einigen stets bewohnten Hütten besteht, in der Nähe einer Kirche, die auf einer Anhöhe auf dem ohnedies schon ca. 2000 m hohen Plateau liegt. Hier also lagerte der „magere" Balata Gebro, wie er sich selbst nannte, derselbe, bei dem ich im grossen Lager von Tsatsega Gastfreundschaft genoss. Das Heer war natürlich bedeutend zusammengeschmolzen, denn den grössten Theil desselben nahm Ras Alula mit, aber immerhin noch gross genug, um einen Einfall der Aegypter abweisen zu können.

Balata Gebro befand sich in einer grossen von Menschen gedrängt vollen Hütte. Im Hintergrunde auf einem Angareb sass er, reinlich und gut angekleidet. Zu seinen Füssen lag ein Knabe, der ihm die untern Extremitäten streichelte und knetete. Als ich die Hütte betrat, machte man Platz, der General erhob sich und war sichtlich erfreut, mich zu sehen. Ich überreichte ihm einen Empfehlungsbrief, den mir der Negus Negesti unerbeten aus freiem Antrieb gab, denn dem General Balata Gebro gegenüber wäre das kaum nöthig gewesen. Man brachte für mich einen Stuhl und je einen Schemel für Schimper und Mr. Baraglion, welcher anfangs nicht mitgehen wollte, aus Furcht, von Balata Gebro zurückbehalten zu werden. Ich rieth ihm jedoch, da ihm der Negus die Abreise erlaubt habe, lieber offen Abschied zu nehmen; seine Anwesenheit könne ja doch nicht verborgen bleiben: als tüchtiger Waffenschmied sei er fast bei jedem Soldaten bekannt.

Balata Gebro benahm sich denn auch ganz freundlich gegen ihn und fragte darauf höflich, ob er die Sitzung zu Ende führen dürfe. Er hielt Gericht. Natürlich hatte ich nichts dagegen einzuwenden; im Gegentheil war es für mich höchst interessant, einem solchen Acte beiwohnen zu können. Ich muss gestehen, dass die mit Ernst und Würde geführte Verhandlung einen vortheilhaften Eindruck auf mich machte. Wie schon Rüppel[1] nachwies, haben die Abessinier ein geschriebenes Gesetzbuch, Pheta Negust, d. h. Richtschnur der Regenten genannt, welches angeblich unter Konstantin dem Grossen von Kirchenvätern auf dem Nicäischen Concil verfasst wurde und von da nach Abessinien kam. Das von unserm um die Erforschung Abessiniens so hochverdienten Landsmann nach Frankfurt a. M. gebrachte schöne Exemplar enthält eine Abtheilung kanonisches Recht mit 22 Kapiteln und eine Abtheilung bürgerliches Recht mit 28 Kapiteln. Rüppel meint aber, die Annahme bleibe nicht ausgeschlossen, dass der von Bruce, III, 718 erwähnte Peter Heyling von Lübeck, ein protestantischer Missionar, welcher 1634 Abessinien besuchte, diese Gesetze dorthin gebracht habe.

Wie dem auch sei, sie kommen jetzt nie in Anwendung. Das Gerichtsverfahren ist in Abessinien durchaus mündlich. Der Schum eines Ortes, der Gouverneur einer Provinz entscheidet, und in letzter Instanz als oberster Richter des ganzen Landes der Negus Negesti. Hat dieser seinen Spruch gethan, dann gibt es keine weitere Appellation. Likaonten, wie man die obersten zwölf Richter nannte, als es noch Kaiser aus der wirklichen Kaiserfamilie gab, gibt es jetzt nicht mehr.

Hier nun plaidirten zwei Leute in eigener Sache, aber einem jeden stand noch ein Helfer, eine Art Advocat, zur Seite. Es handelte sich um einen Gegenstand, den der eine dem andern verkaufte, den dieser aber nachher nicht dem Werthe entsprechend fand. Die Rede des ersten war lebhaft, er gesticulirte, entrollte häufig die Schama und brachte sie ebenso oft wieder in Ordnung. Dann der Gegner mit ebenso lebhafter Sprache und Bewegung; auch er machte sich fortwährend mit seiner Schama zu schaffen:

[1] Rüppel, II, 185 fg.

es war gewissermassen ein Kokettiren mit dem Kleidungsstück. Hierauf sprachen die beiderseitigen Advocaten und brachten einen ebenso grossen Redefluss ins Gefecht, wobei sie gleichfalls höchst anmuthig ihr Kleidungsstück in Unordnung und wieder in Ordnung zu bringen suchten. Während die Parteien, wenn sie sprachen, aufrecht standen, sass die ganze übrige Versammlung, ohne jedoch einen Laut zu äussern oder Zeichen des Beifalls oder der Misbilligung zu geben. Keine Partei durfte die andere unterbrechen, jeder musste seinen Gegner ruhig ausreden lassen. Endlich, nachdem er lange und aufmerksam zugehört, erhob sich der Balata Gebro und ebenso die ganze Versammlung. Er hielt eine längere, wie es schien, gut geordnete Rede. Häufiges Beifallsgemurmel unterbrach ihn. Als er geendet, ergriffen die Soldaten den einen Mann und führten ihn hinaus, während der andere dem Balata Gebro zu Füssen fiel, um seinen Dank abzustatten.

Der General entliess die Versammlung. Wir selber blieben noch bei ihm und tranken ein Glas Tetsch miteinander. Dann nahmen wir freundlichst Abschied.

Balata Gebro hatte dem Hauptmann Mariam befohlen, mich bis Massaua zu begleiten. Natürlich musste ich dafür haften, dass ihn die Aegypter nicht gefangen nähmen, wie ich eine solche Verpflichtung auch hinsichtlich Schimper's dem Negus Negesti gegenüber einging.

Ein schneller Ritt brachte uns nach Asmara, wo wir in der Nähe der Ortschaft lagerten. Asmara, 2300 m über dem Meere gelegen, ist, wie alle Grenzdörfer, ein ärmliches Nest mit einigen hundert Einwohnern. Eine portugiesische Kirche, nicht Rundbau, wie die meisten abessinischen Kirchen, enthält nichts Bemerkenswerthes.

Kaum hatten wir unser Zelt aufgeschlagen, als ein Abessinier zu mir hereingestürzt kam. Er sei, sagte er, ein Diener des französischen Consuls Herrn Raffray und von diesem mit mehrern andern aufs Hochland geschickt, um Maulthiere für seine bevorstehende Reise zum Negus anzukaufen; alle aber seien von Soldaten Balata Gebro's gefangen genommen, in Ketten gelegt, des Geldes entledigt; er selber sei entronnen und wünsche meine Fürsprache. Ich schickte sofort Hauptmann Mariam zu Balata Gebro, der mir jedoch durch einen Obersten melden liess, er habe die Diener des Consuls gefangen nehmen lassen, weil sie in Gemeinschaft mit Dienern der katholischen Mission Salpeter nach Aegypten hätten schmuggeln wollen; auch läge der dringende Verdacht vor, dass sie den vorhin erwähnten Räuberhauptmann von Teramne mit Geld unterstützten; Freilassung könne also nicht erfolgen.

Um kein Mittel unversucht zu lassen, schickte ich Schimper zurück und liess nochmals bitten, die Diener des französischen Consuls freizulassen, indem ich zugleich den General aufmerksam machen liess auf die Folgen, welche daraus für ihn selbst erwachsen könnten, falls der Negus diese Vorgänge erführe. Balata Gebro blieb aber bei seiner Weigerung.

So musste ich denn unverrichteter Sache den Abstieg beginnen.

Wenn es in den letzten Wochen in Abessinien stets geregnet und geschauert hatte, irgendwo überhaupt an jedem Tage und zu jeder Stunde in Abessinien feuchter Niederschlag stattfindet, besonders auf den höchsten Regionen des Landes, so machte sich beim Abstieg selbst der Regen noch bemerklicher. Alles aber stand hier jetzt in beispielloser Ueppigkeit. Der Abstieg von Asmara ist bedeutend weniger schwierig, als der von Kasen, da er einer natürlichen Rinne folgt und allmählich zur Ebene hinabsinkt. Wie ein goldener Stern leuchtete vor uns her das grosse Kreuz der Kirche des berühmten Bisen-Klosters, das man, obwol man anscheinend in gerader östlicher

Richtung darauf losgeht, bald südlich hoch oben über sich liegen lässt. Das Bisen-Kloster ist eins der berühmtesten von Nordabessinien. Die beste Beschreibung gibt uns Alvarez[1]: „Das Kloster wäre sehr gross, gewaltig und schön, also, dass man Gott billig zu danken, das in diesen frembden, onbekandten vnd weit entlegenen Landen, bey so viel Feinden des Christlichen glaubens dennoch noch etliche Christen, vnd solche stadtliche Kloster vnd Gotteshäuser zu befinden, darinnen Gott teglichen gelobet vnd gepreiset würde u. s. w." Alvarez erzählt uns sodann von dem grossen Reichthum des Klosters, den vielen Mönchen, angeblich 3000, die er selbst aber nur zu 300 habe schätzen können. Ferner heisst es: „Dieses Kloster vnnd alle Klöster demselben zugethan, halten in ihrer Regel, das kein Weib, kein Kue, kein Maulesel, kein Henne, oder einiges Thier Weibliches geschlechtes darff in das Kloster kommen" u. s. w. Etwas weiter fügt er aber drastisch hinzu: „Ob sie aber diese Regel so steiff halten, vnd gar keine Weiber hinein lassen, das wissen sie am besten. Gleichwol fragt ich zu etlichen malen die jungen, die im Kloster wie gemelt erzogen wurden, wes Kindt ein jeder, oder wer sein Vater were, die sagten gemeinlich, die Brüder im Kloster weren ihre Väter, das war mir etwas wunderlich zu hören, wie die alten Brüder die jungen Brüder on Weiber aushecken kondten."

Auch heute nach 300 Jahren ist noch alles im Kloster wie vordem. Ueberhaupt änderten sich die kirchlichen Verhältnisse in Abessinien gar nicht. Mit den Filialen mag Bisen auch 1881 gegen 1000 Mönche aufweisen. Alles Weibliche ist auch heute noch verbannt. Kein neuerer Reisender, soviel mir bekannt, besuchte Bisen. Und doch

---

[1] „Wahrhaftiger Bericht" u. s. w. F. Alvarez, 1566 insignia Joachimi Helleri Leucopetraei.

dürften ebenfalls hier manche Bücherschätze verborgen sein, da Bisen nie, auch von Theodor nicht, geplündert wurde. Selbst die Aegypter umgingen es bei ihrem Aufmarsch, obschon der Berg keineswegs schwierig zu ersteigen ist.

Am ersten Tag kamen wir schon auf 1800 m herab und lagerten im Mai Hinsi, einem engen, von Wasser durchrieselten Thale. Die Schlucht verbreiterte sich bedeutend am zweiten Tage, wo wir das prachtvolle Thal von Genda erreichten, worin zur Zeit Theodor's eine protestantische, reizend auf einem Hügel gelegene Mission sich befand. Auch Kirkham liess sich hier ein Wohnhaus bauen, und der ganze Grund und Boden soll ihm von Johannes geschenkt worden sein. Von all diesen Bauten blieben nur noch unregelmässige Steinhaufen übrig, aber ausgedehnte Strecken Landes, man sieht es, standen schon unter Cultur. Obwol 900 m über dem Meere, hat die Pflanzenwelt von Genda durchaus tropischen Charakter. Die Kolqualeuphorbie verschwand, dagegen winden sich Stapelien durch die Akazien; Tamarinden längs des Flusses geben herrlichen Schatten, und grosse Haufen Elefantenlosung deuten darauf hin, dass diese Dickhäuter noch nicht ganz aus den untern Gehängen der Berge verschwunden sind. Menschen aber gibt es nirgends. Der ganze eigentliche Steilabhang ist jetzt unbevölkert. Die stummen Gräber und Friedhöfe erzählen jedoch laut genug, dass einst diese fruchtbaren Gefilde gut bevölkert waren. Das Genda-Thal, von Mai Hinsi an, könnte allein 100000 Menschen mit Leichtigkeit ernähren. Auch in Genda hatten wir abends wieder Gewitter und Hagelschlag, das aber nur zu einer noch üppigern Entfaltung der Natur beitrug.

Das Land östlich von Kasen und Asmara bis Ailet ist in diesem Augenblick völlig herrenlos, was eben die grösste Unsicherheit und damit den Mangel an aller Bevölkerung veranlasst. Meine abessinische Bedeckung hatte ich zurückgeschickt, aus Besorgniss, dass ich mir dennoch ihretwegen in Massaua Unannehmlichkeiten zuziehen könnte. Froh jedoch war ich, als mir nach meinem Aufbruche von Genda ein Naib entgegensprengte mit der Meldung, dass etwas weiter eine Compagnie Soldaten auf mich warte. In der That verhielt es sich so: Herr Hassen Bei und der Gouverneur Allah ed Din von Massaua erwiesen mir diese Freundlichkeit.

„Jetzt bin ich gerettet, jetzt bin ich ganz gerettet und in Sicherheit!" rief Monsieur Baraglion, sobald er sich von den Soldaten umgeben sah. Und in der That hatte er recht, denn was sollte er machen, wenn es Balata Gebro eingefallen wäre, ihn zurückzurufen? In Abessinien ist Jeder Sklave, auch der Fremde. Sobald man dieses Land betritt, hört jede persönliche Freiheit auf. Und in wirklicher Sicherheit ist der Reisende erst wieder auf ägyptischem Boden, wo das Gesetz, nicht die despotische Willkür eines Einzelnen herrscht.[1]

Wir campirten mit den Soldaten östlich von der Digdigta-Hügelkette, bei Mai Atal. Aber welche Nacht mussten wir noch erleben! Ein Gewitter brach über uns los mit Regen und Schlossen, wie es sich eben nur unter den Tropen entfesselt. Zum Glück hatte ich mein Zelt auf einer Anhöhe aufpflanzen lassen, denn alles Land glich nach wenigen Minuten einem See, einem starkfliessenden See. Am schlimmsten waren die Soldaten daran, welchen aller Schutz fehlte. Die Offiziere und einige Soldaten flüchteten in mein Zelt, aber die meisten blieben dem Unwetter ausgesetzt. Die Rinnsale füllten sich und, wie wir am andern Tage wahrnahmen, hatten sich die Fluten durch Hotumlu gewälzt. Aber der Schall des Donners wurde nicht bis

---

[1] Dies wurde geschrieben vor der Empörungsepoche unter Arabi.

nach Massaua getragen, trotz der geringen geraden Entfernung, welche etwa 12 km beträgt. Man sah dort nur das grossartige Wetterleuchten.

Nachdem Gott Phöbus am folgenden Morgen mit tropischer Glut die Uniformen der Soldaten und die Kleidung der Diener getrocknet, machten wir von hier nach Hotumlu, wo wir nur einen Tag blieben, die letzte kleine Etappe. Der so formvollendete Gedem-Berg verkündete uns bald die Nähe von Massaua; die hohe schwedische Mission leuchtete uns entgegen, und als unsere Karavane vorbeizog, sagten uns die aus den Fenstern wehenden weissen Taschentücher, dass wir erkannt seien. Und kaum hatten wir das Zelt aufgeschlagen, als unser Freund Hassen Bei[1], der französische Consul Mr. Raffray, Herr Tagliabue, Herr Habib Schiavi, die schwedischen Missionare u. s. w. kamen, um uns zu begrüssen. Es war ein frohes Wiedersehen.

Gütigst stellte uns der Chedive das Gouvernementsgebäude in Massaua zur Verfügung. Da fanden wir luftige, hohe Zimmer, schöne Einrichtung und unmittelbar am Meere alle Bequemlichkeit für Seebäder, auf die man gleich ein Wannenbad mit Süsswasser folgen lässt. Auch blieb ich nicht lange allein, denn bald kam eine Gesellschaft junger Engländer, welche in Bogos und Mensa gejagt hatten und nun ebenfalls der Heimat zustrebten. Bereitwilligst trat ich ihnen den grössern Theil des Palais ab. Herr Schimper, der mich, wie ich früher erwähnte, auf Befehl des Kaisers von Abessinien bis Massaua begleiten musste, reiste zurück, und nun, nach Erledigung aller Geschäfte, traf gerade zur rechten Zeit ein Dampfer ein, auf welchem ich meine Rückreise antrat.

Der Abschied von meinen Freunden in Massaua war schmerzlich, der von meinen treuen Abessiniern fast noch

[1] Ist auch im August d. J. plötzlich verstorben.

schmerzlicher. Die Frauen, Mädchen, Kinder, Bettler, alle, die als gänzlich überflüssig die Reise mitgemacht hatten, musste ich allerdings schon in Asmara mit Gewalt abschütteln, und auch da fehlte es nicht an Thränen und Rührscenen. Nun aber galt es, mich von meinen eigenen Dienern zu trennen. Sie umklammerten mich, sie warfen sich auf den Boden, küssten meine Füsse und beschworen mich, wieder zu kommen, wenn nun einmal von Mitgehen nicht die Rede sein könne; auf Lohn und Geld seien sie bereit für immer zu verzichten. Und das waren nicht blosse Redensarten. Von der Hingebung und Aufopferung der abessinischen Diener erhielt ich unterwegs Beweise genug. So zwang mich gewissermassen zu Daro Kaulus im Lager des Balata Gebro ein von mir entlassener Diener, dass ich ihn wieder aufnahm. Ich gab ihm den Abschied, nicht wegen eines Vergehens, sondern wegen verschiedener Nachlässigkeiten, die sich bei ihm trotz mehrmaliger Drohung wiederholten. Obwol das Ende meiner Reise bevorstand, musste ich, der Disciplin wegen, zu dieser Strafe greifen; ein anderes Mittel stand mir überhaupt nicht zu Gebot. Nun eilte er, um bis zum Schluss bei mir bleiben zu können, nebst seiner Frau vorauf zum Balata Gebro und bat diesen um seine Vermittelung. In der That sagte der General, als ich mich von ihm verabschiedete: „Ich habe noch eine Bitte.“ — Anfangs meinte ich, es handle sich um einen Revolver oder sonst eine Waffe, die er noch zu besitzen wünsche. Ich erwiderte also: „Sagen Sie — und wenn irgend möglich gewähre ich.“ — „Nehmen Sie Desta und seine Frau wieder auf, sie grämen sich so sehr darüber, dass sie nicht bis zum Schlusse Ihrer Reise bei Ihnen bleiben sollen.“ — So kam denn Desta wieder in meinen Dienst, denn kaum hatte er mein dem General gegebenes „Ja“ gehört, als er auch gleich da war, um nach abessinischer Art zu danken, d. h.

meine Füsse zu küssen. Und alle andern Abessinier freuten sich mit ihm, sie umringten ihn, wünschten ihm Glück, und der, welcher ihm meine Flinte, die er früher getragen, wieder einhändigte, rief: „Der Desta versteht es, er hat goetana [1] Rohlfs «gezwungen», ihn wieder aufzunehmen.“

Ja, ich musste von meinen Abessiniern scheiden! Es rührte mich tief, als ich sie noch weinend am Ufer stehen sah, während der Dampfer sich langsam aus dem Hafen von Massaua entfernte.

[1] Goetana = Herr.

SECHZEHNTES KAPITEL.

RÜCKREISE.

Fürchterliche Hitze auf dem Rothen Meere. — Die jungen Engländer. — Herr Gessi an Bord. — Die Geschichte seines Unglücks. — Sues im Festkleid. — Chedive Tewfik. — Ankunft in Berlin.

Der von uns benutzte ägyptische Dampfer war besser als die meisten übrigen; er hatte neue Kajüteinrichtung und eine Restauration, Kapitän sowie Ober- und Untersteuermann erwiesen sich als freundlich und zuvorkommend. Durchschnittlich legte er acht Knoten zurück, was für einen ägyptischen Dampfer auf dem Rothen Meere schnell genannt werden muss. Die Hitze war jetzt viel bedeutender als auf der Hinfahrt. Die Sonne hatte den Wendekreis überschritten und sandte nun ihre senkrechten Strahlen zur Erde herab. Aber wir fuhren ja dem Norden zu und waren ausserdem von einer für die dortige Gegend ausnahmsweisen Kühle begünstigt.

Die jungen englischen Gentlemen, unter der Leitung von Mr. James als dem ältesten von ihnen, benahmen sich so liebenswürdig gegen mich, dass ich es kaum nach Gebühr hervorheben kann. Alle waren gut erzogen und, obwol noch jung — Mr. James zählte erst etwa 24 Jahre — von einem Unternehmungsgeiste, wie man ihn eben nur in der angelsächsischen Rasse findet. Da die Verpflegung an Bord doch manches zu wünschen übrigliess, nahm ich dankbarlichst die Einladung der jungen englischen Jäger an, ihr Tischgenosse zu werden. Vorzüglich ausgerüstet, mit reichlichen Vorräthen und europäischen Köchen versehen, konnten sie jeden Tag lucullische Mahle halten. Aber zu den materiellen Genüssen kamen auch geistige: sie führten eine ganze Bibliothek mit sich.

In Suakin nahmen wir Gessi an Bord. Welch Bild des Jammers! Sein Geist war anscheinend frisch geblieben, aber sein Körper bestand nur noch aus Haut und Knochen. Wie ein Gespenst sah er aus. Und das Schlimmste dabei: er konnte keinerlei Nahrung bei sich behalten!

Die mit afrikanischen Forschungen Vertrauten werden sich erinnern, dass es Gessi unter Gordon's Generalgouvernement speciell oblag, jene Räuber und Sklavenhändler unschädlich zu machen, welche den schändlichen Menschenhandel gewerbsmässig betreiben. Auch ist bekannt, in wie energischer Weise Gessi sich seiner Aufgabe entledigte. Förmliche Schlachten schlug und gewann er. Als aber Gordon, sein Beschützer und Gönner, zurücktrat und Aegypten verliess, erbleichte auch Gessi's Stern: alle Paschas stürzten über ihn als den grimmigsten Feind der Sklaverei her, und im alten Gleis ging es wieder. Zum Unglück traf Gessi noch, als er gerade für immer den Dienst des Chedive verlassen wollte, ein entsetzliches Unglück. Eingekeilt in einer jener grossen schwimmenden Grasinseln[1] beim Glaba Gjesdiga auf dem

[1] Die Zerkleinerung und Fortschaffung dieser — Papyrus-Grasbarren, welche oft Quadratkilometer weit die Breite des ganzen Stromes verstauen, geschah 1880 durch Marno, welcher monatelang am Bahr el Abiad mit einem Dampfer arbeitete, um die zuvor zerstückten Barren und Inseln stromabwärts treiben zu lassen. Siehe hierüber das interessante „Tagebuch während der Beseitigung der Grasbarren

Bahr el Gazel des obern Nil, mit 500 Soldaten an Bord, erlagen die meisten dem Hungertode. Mag vieles räthselhaft hierbei erscheinen; mag es sein, dass Gessi, wie Spruchfähige behaupten, es an den nothwendigen Vorsichtsmaassregeln fehlen liess; dass er vielleicht bei einbrechender und eingebrochener Katastrophe nicht genug Energie und Klugheit[1] entfaltete: so viel steht immer fest, dass er absichtlich nichts verschuldete und sich um die momentane Unterdrückung des Sklavenhandels die grössten Verdienste erwarb. — Von den 500 mitgenommenen Soldaten nun erlagen 400 dem Hungertode. Die befreiten Sklaven kamen alle um. Die Zahl derselben konnte mir Gessi nicht angeben. Er theilte mir ferner mit: „Meine letzte Nahrung bestand aus Schuhen und Gewehrriemen. Von den hingestorbenen Leuten ass ich jedoch nicht. Die Soldaten boten mir eines Tags einen menschlichen Schenkel an und, vom nagenden Hunger getrieben, hätte ich beinahe davon gegessen, aber Gedärme hingen am Schenkel, das machte mich schaudern, und so widerstand ich.“ Es war entsetzlich, wenn er mit matter Stimme von seinen Leiden erzählte. Gleich nach der Ankunft in Sues erlag Gessi seiner Schwäche im französischen Hospital. Am 30. April 1881 starb er.

Als wir uns Sues näherten, sahen wir die Stadt im Festkleid: die Schiffe auf der Rhede, die beflaggten Häuser, die Ehrenpforten und Blumenkränze verkündeten ein Ereigniss: die Anwesenheit des Chedive.

Abends um 9 Uhr am 27. April wurde unser Dampfer am Steindamm des Hafens befestigt, und am folgenden Tage früh bezogen wir das schon so oft bewohnte Sues-Hotel.

---

im Bahr el Abiad und Bahr el Gebel von Ernst Marno, in den Mittheilungen der Kais. Königl. Geogr. Gesellsch. XXIV. Band (Wien 1881).

[1] Es ist wol anzunehmen, dass Gessi während des entsetzlichen Unglücks geistig getrübt war.

Der Chedive Tewfik hatte kaum meine Ankunft vernommen, als er zu mir schickte, mit der Bitte, ihn zu besuchen. Er war zum ersten mal in Sues, nicht etwa seit seiner Regierungszeit, sondern überhaupt seit seiner Geburt. Der Chedive hatte bis dahin Kairo noch nie verlassen!

Ich gab nun noch meinen Mönch auf dem Patriarchat in Cairo ab, wo man ihn freundlich aufnahm und ihm die Möglichkeit in Aussicht stellte, in Bälde mit andern abessinischen Mönchen seine Pilgerreise nach Jerusalem fortsetzen zu können. Ich selbst reiste dann ohne Aufenthalt über Neapel der Heimat zu, traf am 15. Mai in Berlin und einige Tage später in Weimar ein. Im ganzen also hatte meine Reise nach Abessinien nur sieben und einen halben Monat gedauert.

REGISTER.

Druck von F. A. Brockhaus in Leipzig.

MODERNE KUNST IN ABESSINIEN.

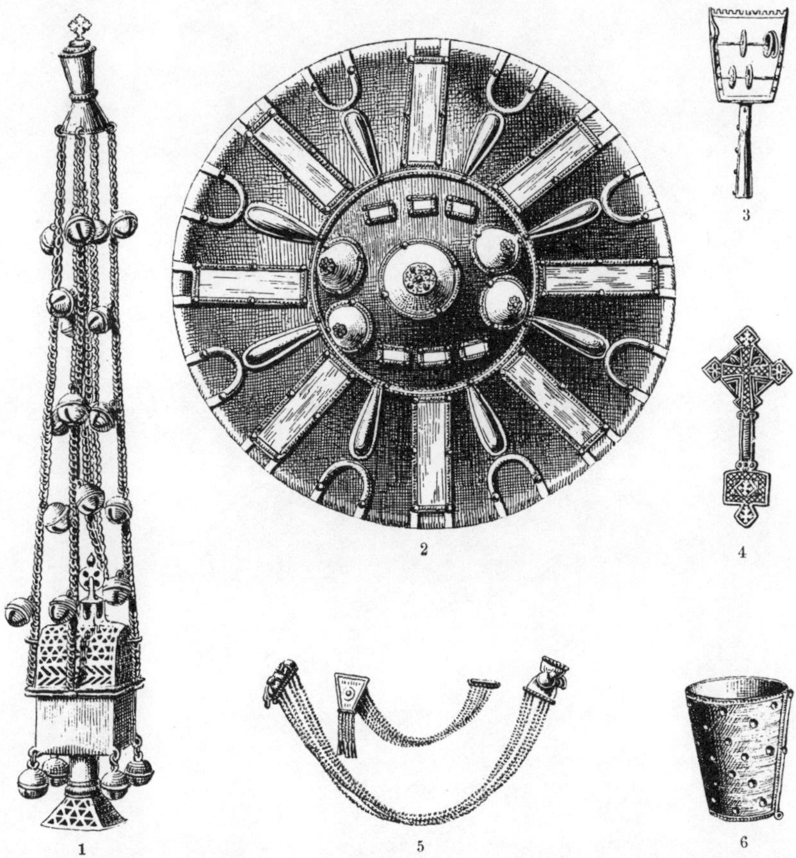

1. RÄUCHERGEFÄSS AUS MESSING, BEIM GOTTESDIENST GEBRÄUCHLICH. 2. SCHILD, MIT BLAUEM SAMMT ÜBERZOGEN UND MIT SILBERPLATTEN UND GOLDFILIGRAN BEDECKT. 3. RASSEL AUS MESSING ZUM GOTTESDIENST. 4. HOLZKREUZ DER ABESSINISCHEN PRIESTER. 5. HALSKETTE UND ARMKETTE AUS SILBER. 6. SILBERNE ARMWEHR MIT GOLDFILIGRAN BEDECKT.

1/5 NATÜRL. GRÖSSE. — 2 u. 6 GESCHENKE DES NEGUS.

MODERNE KUNST IN ABESSINIEN.

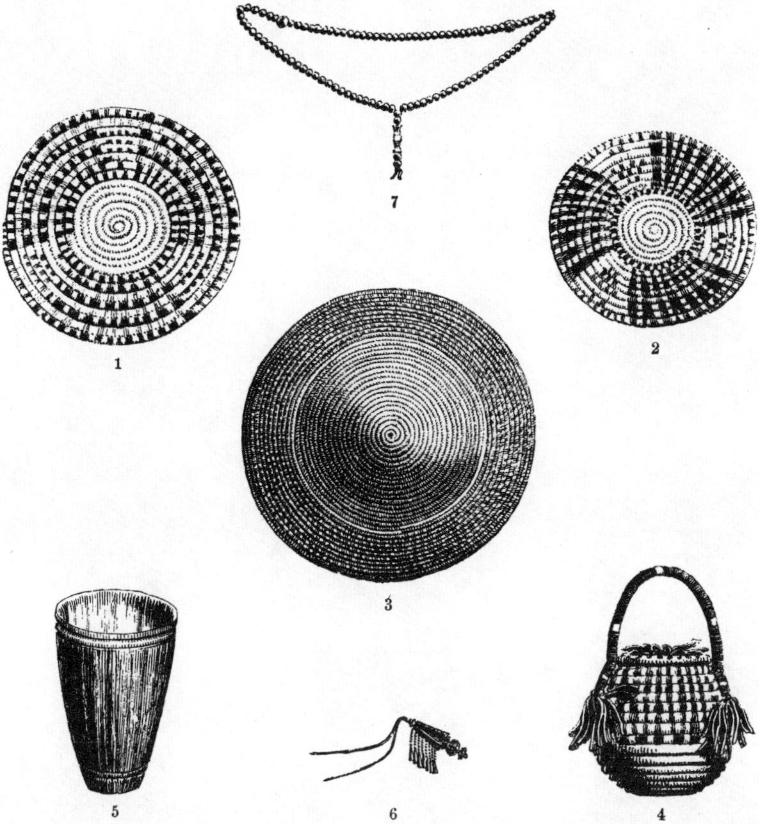

1—3. STROHTELLER. 4. STROHKORB. 5. BECHER AUS HORN GEDRECHSELT. 6. HAARNADEL, FILIGRANARBEIT. 7. ROSENKRANZ AUS OLIVENHOLZ.

1/5 NATÜRL. GRÖSSE.

1

2

3

4

5

ABESSINISCHE BIBLISCHE DARSTELLUNGEN.

1. HÄUFIGES SYMBOL ÜBER ABESSINISCHEN KIRCHEN, AN DIE ÄGYPTISCHE GEFLÜGELTE SONNENSCHEIBE ERINNERND. 2. DIE MUTTER GOTTES. 3. DANIEL IN DER LÖWENGRUBE. 4. DER HEILAND. 5. DER NEGUS, HERR ÜBER ABESSINIEN, DEN LÖWEN REITEND, DAS SINNBILD DES LANDES.

1

2

5

3

4

ORNAMENTIK AUS DEM INNERN ABESSINISCHER KIRCHEN.

1. MÄRTYRER. 2. DOPPELADLER (WAHRSCHEINLICH NACHBILDUNG DES WAPPENS DES MARIA-THERESIEN-THALERS). 3. SYMBOLISCHES BILD. 4. DER TEUFEL. 5. ABESSINISCHES WAPPEN, DER LÖWENKOPF.

ORNAMENTIK AUS DEM INNERN ABESSINISCHER KIRCHEN.

መልእክት፡ዘሥዩመ፡እግዚአብሔር፡ዮሐንስ፡ንጉሠ፡ጽዮ
ን፡ንጉሠ፡ነገሥት፡ዘኢትዮጵያ፡ይድረስ፡ከመካሪ፡ሊቅ፡
ዶክተር፡ጊርሃርድ፡ሮልፍስ፡እንዴት፡ሰነበትህ፡እኔ፡ከሠ
ራዊቴ፡ጋራ፡እግዚአብሔር፡ይመስገን፡ደኅና፡ነኝ፡ደብዳቤ
ኽም፡ደረሰኝ፡እኔም፡በዝያው፡በጻፍክልኝ፡ምላሺ፡እንዳል
ከኝ፡አድርጌ፡ማኅተሙንም፡አትሜ፡እንግዳሼትንም፡አድ
ርጌ፡ሰድጃለሁ። ነገር፡ግን፡አትበዝን፡የሆነውን፡ሁሉ፡የጧ
ት፡የማታውን፡ነገር፡ጻፍልኝ፡በኛ፡ጉዳይ፡እንዳትበለጥ፡
ሁን። ተጽሕፈ፡በዘብል፡ከተማ፡አመ፡፳ወ፩ለሐምሌ፡በ፲
ወ፰፻፸ወ፫ዓመተ፡ምሕረት።

PROBE EINES VOM NEGUS AN DEN VERFASSER GERICHTETEN AMHARISCHEN BRIEFS MIT DEM STAATSSIEGEL.